Heiner Emde **VERRAT UND SPIONAGE IN DEUTSCHLAND** Ringier

Heiner
Emde

VERRAT UND SPIONAGE IN DEUTSCHLAND

Texte – Bilder – Dokumente

Ringier

Redaktion: Günter Padberg.
Historische Dokumentation: Klaus Reindl.
Satz: pro-team, München.
Gedruckt in der Schweiz bei C. J. Bucher AG, Luzern.

ISBN 3 85859 125-4

Inhalt

Im Schatten der Geschichte

Gültige Grenzen zwischen Spionage und Verrat lassen sich nicht ziehen. Spionage bewegt sich immer in der Nähe von Verrat; wenn es nicht Landesfremde sind, die spionieren, so ist ihr Tun tatsächlich – und allgemein auch de jure – Verrat. Ebenso verschwommen sind die trennenden Linien zwischen den Motiven. Die Beweggründe und Anlässe liegen in notwendiger Aufklärung zum eigenen Schutz wie im aggressiven Ausspähen; Habgier spielt eine so starke Rolle wie sie Rachsucht spielen kann; Verräter sind mal Überzeugungstäter, mal üben sie Untreue aus Leichtsinn; Haß und Liebe, Eigennutz oder Abhängigkeit sind Triebfedern. Und noch vieles mehr – alles, was menschlich ist.

Die teilweise sehr spektakulären Verrats- und Spionagefälle in Vergangenheit und Gegenwart unseres Landes mit ihren politischen Auswirkungen, menschlichen Verstrickungen und Tragödien sowie die teils abenteuerliche und geheimnisvolle Atmosphäre sind allemal des besonderen Interesses der Öffentlichkeit gewiß.

Doch wie sich Zeit und gesellschaftliche Strukturen wandelten, so änderte sich auch Spionage: Von der romantischen Abenteuer-Aktion geriet sie zum schädlichen, nicht selten todbringenden Mittel in der Politik und in allen Bereichen, die von ihr bestimmt werden wie Krieg oder Frieden, Wirtschaftsblüte oder industrielle Rückschläge. Im Zeitalter der Atombombe hat nach Ansicht vieler Kundiger nicht nur der Clausewitz-Satz: »Der Krieg ist die Fortsetzung der Politik mit anderen Mitteln« seine Gültigkeit verloren. Vielmehr ist auch eine Verschiebung der Zielrichtung jeder Art von Spionage und des damit verknüpften Verrats eingetreten. Politik und Technik, Wirtschaft und Wissenschaft stehen im Mittelpunkt.

Die Methoden der deutschen Auslandsnachrichten-Beschaffung sind natürlich geheimdienstlicher Art. Und das von dieser Aufklärung – die letztlich unserem Schutz dient – betroffene Ausland wird ebenso natürlich diese Methoden Spionage nennen. Aber das Fehlen jeder exekutiven Gewalt und die strenge Enthaltsamkeit auf dem Gebiet der Sabotage unterscheidet etwa den Bundesnachrichtendienst von der früheren »Abwehr« und ihrer Abteilung II. Besonders unterscheiden diese Merkmale unsere Aufklärung von sowjetischen und anderen östlichen Geheimdiensten und deren Agenten.

Unterdessen haben diese Nachrichtendienste des Ostens als Ergänzung ihrer Späher- und Spitzelarbeit eine besorgniserregende Situation in der Bundesrepublik Deutschland geschaffen, und zwar allein mit Desinformation und Subversion: »Wir nähern uns einem Status, in dem auch bei uns der Agent des Ministeriums für Staatssicherheit der DDR als ›Kundschafter des Friedens‹ bezeichnet wird, während unsere Informanten und Gewährspersonen als Achtgroschenjungen gelten«, klagt der Chef des hamburgischen Verfassungsschutzes Hans Josef Horchem. Und es grenzt allerdings an Verrat – mindestens am Bekenntnis zu Freiheit und Demokratie –, diesen von einem vorzüglichen Experten gefürchteten Status zementieren zu helfen.

Daß die Technik mit ihren Mitteln die Methoden der Spionage verfeinert, darf indes darüber nicht täuschen: Den Menschen kann sie nicht ersetzen. Technische Aufklärung kann viel. Sie kann aber auch getäuscht oder verhindert werden. »Human intelligence«, Findigkeit und Improvisationsgabe können weder verhindert werden noch sind sie berechenbar.

Darum wird es im Schatten der Geschichte immer wieder einen Guillaume geben, der für die DDR spioniert, oder einen Schuhmacher, wie er schon für Napoleon in Deutschland spähte. Aber es wird auch immer Männer geben wie Nicolai und Canaris, Reinhard Gehlen und Richard Meier, die uns und unser Land vor den Guillaumes schützen.

München, im September 1980
Heiner Emde

1. KAPITEL

ANFÄNGER UND AMATEURE

BIS 1500

Die »Steinkirche« von Schwarzfeld bei Osterode. Bereits im frühen Mittelalter (8. Jhdt) war diese rund 40 Meter tiefe Klufthöhle ein traditioneller christlicher Kultplatz. Hier wirkte auch der Engländer Bonifatius, der eigentlich Winfrith hieß, als Missionar und – politischer Kundschafter im Dienste des Papstes Stephan II. gegen den Frankenkönig Pippin III.

Ein gewisser Leo, Bischofskoch im Mittelalter, ist ein frühes Beispiel für eine unmoralische These: Spionage lohnt sich, Verrat zahlt sich aus. Eine provozierende Wahrheit, die – wie herausfordernde Formeln allemal – zwei Seiten hat. Die eine Seite zieht den Nutzen daraus, die andere leidet Schaden. Drei Seiten aber hat das Ding, wenn endlich noch der Verräter belohnt wird; daß Verräter oder Spione durch ihr Tun gar reich werden, ist besonders selten.

So findet sich denn auch schon in alter Zeit einer jener seltenen Fälle, in denen ein Spion – es war ein fränkischer – auszog, auf deutschem Territorium seine »Pflicht« zu tun, schließlich einen (legitimen?) Verrat übte, heimkehrte und üppig entlohnt wurde. Es ist der Fall jenes Leo. Er trug sich im frühen Mittelalter zu – im gewalttätigen, rauhen Reich der Merowinger (die bedeutend daran mitwirkten, daß dieser Epoche das Beiwort »finster« verpaßt wurde).

Der Wein war süß und schwer gewesen, die Männer hatten auch nicht wenig davon getrunken. Nun war das Gelage zu Ende.

Der Sklave Leo folgte einem der taumelnden Männer, dem Schwiegersohn des Gastgebers, mit einem letzten Schlummertrunk. »Du bist ein Lump, wie alle Unfreien«, lallte der Betrunkene. »Wann brennst du mit den Pferden von diesem Hof nach Hause durch?«

Der Sklave ging auf den Ton ein: »Noch in dieser Nacht«, entgegnete er. »Wo ihr Herren doch alle so tief schlafen werdet!«

Leo wartete noch eine Weile. Dann tat er genau das, was der Betrunkene eher im Spaß befürchtet hatte: Er nahm Schwert und Schild des Mannes an sich, versteckte sie draußen in einem Torbogen und holte aus einer anderen Kammer von einem anderen betrunkenen Gast ein weiteres Schwert. Dann schlich er zu den Pferdeställen. Dort lehnte er sich an die Tür und miaute wie eine Katze. Leise schwang die Pforte auf. Einer der Pferdeknechte trat heraus. Leo schlich zu seinem Waffenversteck, der andere ihm nach.

»Einen zweiten Schild habe ich nicht für dich, Attalus«, flüsterte Leo und gab dem anderen ein Schwert. Sie holten zwei Pferde von der Koppel, schwangen sich auf die ungesattelten Tiere und ritten fort. Nach einer kurzen Wegstrecke wagten sie Trab, endlich Galopp. Leo wußte: Sie waren noch in der Nähe von Trier. So hielten sie sich erst mal südlich, dann schlugen sie, durch die Wälder preschend, die Richtung zur Mosel ein. Ihr Ziel war Langres an der Marne im Frankenreich.

Tagsüber mieden sie Lichtungen und Dörfer, in der Dunkelheit stießen sie nur ab und zu an den Waldrand vor, um sich zu orientieren. Leo, Geheimagent des Bischofs Gregorius, bewegte sich wie ein Geheimdienst-Profi »im Feind«.

Die dritte Nacht überlebten sie nur mit Glück. Hufgetrappel schreckte sie, als sie sich westwärts durch die Büsche schlugen. Ein Brombeergestrüpp verbarg die beiden. Mit gezogenen Schwertern preßten sie sich auf den Boden, bereit, es mit den vermeintlichen Räubern aufzunehmen. Doch da hörten sie eine bekannte Stimme: »Verdammt, daß mir diese Burschen entwischt sind! Aber wenn sie gefaßt werden, lasse ich den einen am Galgen hängen und den anderen mit Schwertern in Stücke hauen!«

Leo hielt die Luft an: Es war die Stimme seines Herrn, des Franken. Der freilich fand die Flüchtigen im Finstern nicht.

Die Schrecksekunden gingen vorüber. Der Franke galoppierte mit seinem Gefolge davon, Leo und der befreite Attalus setzten die Flucht fort – bis Reims. Hier entgingen sie ihren Häschern wiederum nur ganz knapp: Sie hatten bei einem Priester Unterschlupf gefunden, als der Franke ihnen abermals auf die Spur kam. Wütend polterte er an des Priesters Tor: »Mach auf! Gib mir die zwei Schurken heraus!«

Die »Schurken« Leo und Attalus waren gleich beim ersten Krach an der Haustür durch eine Hinterpforte entsprungen. Keuchend hetzten sie durch die Gassen von Reims, unbewaffnet. Empört öffnete inzwischen der Priester. »Welche Schurken?« herrschte er den Franken an. »Hier ist niemand! Wenn du aber zwei stadtfremde Männer suchst, mein Freund, die abgerissen aussehen und schlecht bewaffnet sind, dann such' sie im Viertel der Handwerker! Dort hab' ich sie gesehen!«

»Ein Priester lügt nicht!« mag der Franke gedacht haben und schwang sich auf sein Pferd, die Flüchtlinge im Handwerksviertel zu suchen. Kaum war er weg, kehrten die beiden zurück – dreist genug. Bischof Gregor von Tours (538 bis 594), der letzte römische und erste mittelalterliche Geschichtsschreiber, schilderte die Flucht im vulgär-lateinischen Stil seiner Zeit:

»Als die Jünglinge sich durch Speise und Trank gestärkt hatten und noch zwei Tage im Hause des Priesters geblieben waren, zogen sie von dannen und gelangten endlich zum heiligen Gregorius.

Da freute sich der Bischof, als er die Jünglinge sah, und er weinte am Halse seines Neffen Attalus. Dem Leo aber gab er mit seiner ganzen Nachkommenschaft die Freiheit und ein Eigengut; auf dem lebte er mit seinem Weibe und seinen Kindern als ein freier Mann bis an sein Ende.«

Leo der Retter war objektiv ein Hochverräter, – allerdings mit bischöflicher Billigung, der des Bischofs Gregorius von Langres im Frankenreich von 512. Im Reich der Merowinger gab es einen radikalen politischen Brauch: Beschlossen zwei Herrscher, in Frieden miteinander zu leben, so tauschten sie einfach Geiseln aus, die sie willkürlich fingen. Die Armen hatten dann den unsicheren Frieden zu garantieren.

Der geistliche Oberhirte Gregorius war indirekt Opfer so einer königlichen Geiselnahme geworden. Theuderich und Childebert, die Söhne des um 511 gestorbenen Königs Chlodwig aus der Dynastie der Merowinger, hatten sich das Frankenreich mit ihren Brüdern Chlodomer und Chlothar als gleichberechtigte Könige geteilt. Theuderich und Childebert neideten einander den Besitz, tiefes brüderliches Mißtrauen bewegte sie zum Geiseltausch – schließlich kannte der eine den anderen!

Eine der Childebertschen Geiseln war Attalus, ein Neffe des heiligen Gregorius, der damals noch einfacher Bischof war. Als sich aber Theuderich und Childerich unvermittelt wieder einmal befehdeten, hatten die Geiseln in ihrer Funktion ausgedient; Attalus verfiel als Leibeigener dem Besitz des Herrschers. Von dem erwarb ihn ein freier Franke, vermögender Grundbesitzer in der Gegend von Trier. Attalus wurde Pferdeknecht. Gegen zehn Pfund Gold, so ließ sein Herr den Bischof wissen, könne sein Sklave freikommen.

Soviel Edelmetall war selbst für einen Bischof schwer erschwinglich. »List kommt womöglich billiger«, dachte sich Gregorius und ging auf den Vorschlag seines Dieners Leo ein. »Wenn du es mir erlaubst«, hatte dieser seinen Herrn gebeten, »will ich versuchen, Attalus aus der Gefangenschaft zu befreien.«

Der Bischof stimmte zu. Ein erster Entführungsversuch schlug fehl. Da ließ sich Leo an den Sklavenhalter und Herrn des Attalus verkaufen – auch als Sklave. Als Koch war er besonders begehrt. Gregorius aber hatte den Leo gebeten: »Halt Augen und Ohren auf bei dem Franken, und berichte mir, wie er lebt, wie er zu Childerich steht, woher die anderen Sklaven kommen.« Ein klarer Spionageauftrag.

Mit raffinierter Herdkunst gewann Leo rasch das Vertrauen seines neuen fränkischen Herrn. Damit hatte er die erste wichtige Basis eines erfolgreichen Spions geschaffen: Er konnte unerkannt im gegnerischen Lager wirken.

Dieser Pflichtübung eines Geheimagenten folgte Leos nächster Schritt: Er machte sich seinem Herrn unentbehrlich. Der fränkische Gutsherr gab seinem leibeigenen Knecht sozusagen Schlüsselgewalt auf dem Hof; er machte ihn schließlich sogar zum Herrn über Keller und Speisekammern. Bald wußte Leo besser Bescheid über den beweglichen Besitzstand des Franken als dieser selbst – die klassische Situation der Abhängigkeit des Opfers vom Agenten.

Nach einem Jahr hielt Leo seine Zeit für gekommen. Unter einem Vorwand holte er den Roßknecht Attalus auf eine (abhörsichere) Wiese. Aus dem konspirativen Treff entwickelte sich folgender Dialog:

»Ich hole dich hier raus«, murmelte Leo.

Attalus erschrak. »Wer bist du?« fragte er.

»Dein Onkel schickt mich. Du kannst mir vertrauen«, entgegnete Leo. Dann gab er dem verdutzten Knecht einige Details aus dem Leben des bischöflichen Oheims als Erkennungszeichen. Attalus willigte in die Flucht ein.

»Heute nacht wird nicht geschlafen«, befahl der Koch dem Knecht, »heute nacht wird geflohen!« Der listige Leo, der sich in einem Jahr vom Spion – welcher Leben und Launen, Gewohnheiten und Vermögensverhältnisse seines Herrn, des fränkischen Landadligen ausspioniert hatte – zum Verräter wandelte, startete seine kühne Aktion. Er gelangte nach Trier und brachte Attalus zurück zu seinem Onkel.

Trier gehörte zum fränkischen Reichsteil Austrasien, dem neben der Champagne, dem Maas- und dem Moselland auch noch innerdeutsche Stammesgebiete gehörten. Die deutschen Stämme dieses Zeitabschnittes sind nicht als blutsmäßige, ethnologisch einander verbundene Einheiten zu sehen. Sie entstanden vielmehr aus sehr unterschiedlichen Mischungen germanischer Völkerschaften und Volkssplitter. Zu deutschen Stämmen und Stammeseinheiten wurden sie erst später; als die Stämme sich schließlich voneinander abgrenzten, war das schon hohe Politik der spätmerowinger Zeit. Und

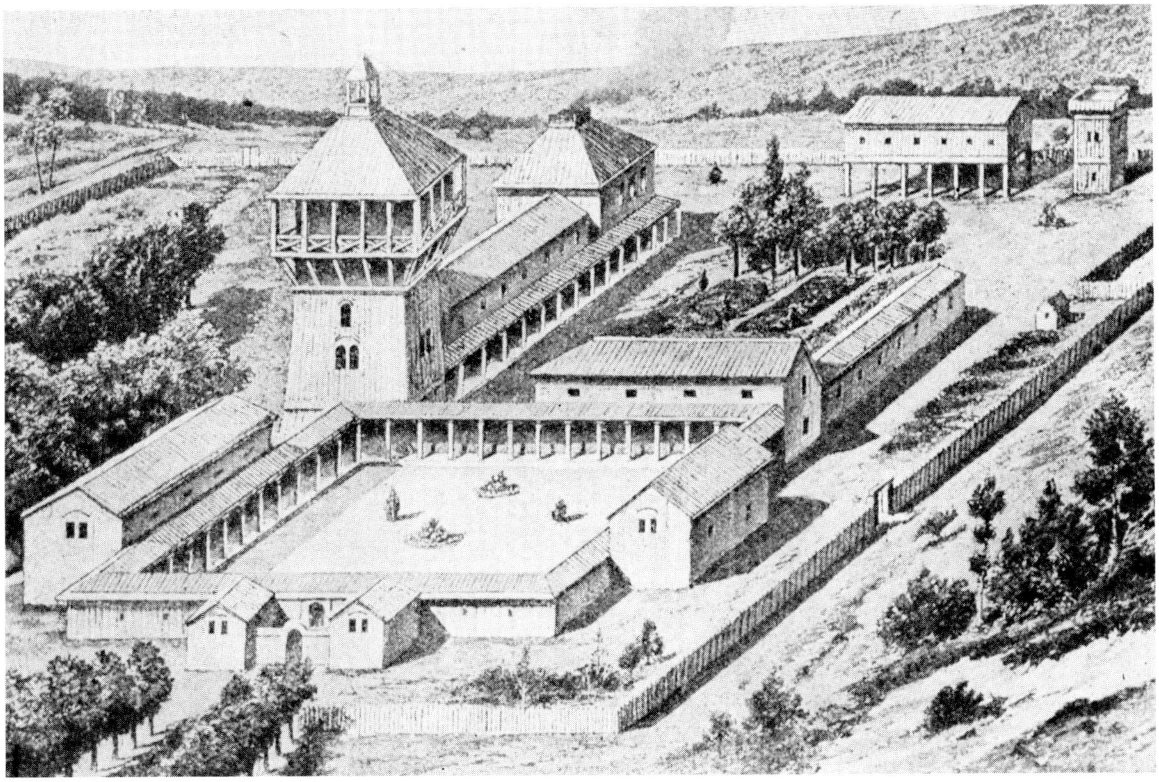

Ort finsterer Intrigen und verschwörerischer Treffs: Die merowingischen Königpfalzen, hier eine Rekonstruktion. Sie dienten nicht nur der Königsfamilie als gelegentliche Unterkunft, dort lebten auch die Ratgeber des Herrschers und seine militärischen Befehlshaber. Spione, die Nachrichten aus dem feindlichen Lager brachten, wurden reich belohnt. Ihre Pläne und Aufzeichnungen wanderten in die Dokumenten-Truhen des Königs.

Biblisches Basiswissen für Spione

Im Bibel-Buch Numeri ist nicht nur eine der ersten literarischen Spionageerzählungen aufgezeichnet; diese Geschichte gibt auch eine bis heute allgemein gültige Auftragsdefinition für Spione wieder: Nachdem Moses das Volk Israel aus Ägypten geführt hatte, geriet sein Zug in der Wüste in die bekannte Wanderpause. Jehova gab Moses den Tip, Kundschafter – vornehme Umschreibung für Spione – nach Kanaan auszusenden. Moses wählte ausschließlich führende Männer seiner Mannschaft für diese Aufgabe aus. »Da sie nun Moses sandte«, ist überliefert, »das Land zu erkunden, sprach er zu ihnen: Ziehet hinauf in das Mittagsland und gehet auf die Gebirge und besehet das Land; wie es ist, und das Volk, das darinnen wohnet, ob es stark oder schwach, wenig oder viel ist; und was es für ein Land ist, darinnen sie wohnen, ob es gut oder böse ist; und was es für Städte sind, darinnen sie wohnen, ob sie in Gezelten oder Festungen wohnen; und was es für ein Land ist, ob es fett oder mager ist, und ob Bäume drinnen sind oder nicht. Seid getrost und nehmet die Früchte des Landes.« – Beweismittel waren also mitzubringen!

die entsetzliche sittliche Verwilderung dieses frühen Mittelalters gab einen überaus fruchtbaren Nährboden für Spionage der Könige gegen die Bischöfe, der Bischöfe gegen die Könige und beider gegen die regionalen Provinzadligen ab. Verrat war offenes Mittel der Politik, Mord oft genug der Schlußpunkt. In der frühesten deutschen Literatur findet sich das berühmteste Beispiel dafür im Mord des Hagen von Tronje an Siegfried – nachdem diesen seine eigene Frau Krimhild verraten hatte, als sie die ungeschützte Lindenblatt-Stelle am Rücken Siegfrieds dem Mörder preisgab.

Kabale und Liebe, Verstrickung und Rache wurden im »Nibelungenlied« besungen. Ist dieses Dichtung, so war das mörderische Gezänk der Merowinger als Vorlage zur Nibelungensage tödliche Realität:

König Chlothar starb um 561. Aus den Erbstreitigkeiten wurde ein Bruderkrieg. In dem taten sich besonders die Königinnen hervor; jede von ihnen unterhielt eine Gruppe halb leibeigener und auch ein paar freie Spitzel und Spione – die ihrerseits eine frühe Art der Abwehr bildeten, indem sie ihre Herrinnen gegen Verräter abschirmten. Galswintha, eine westgotische Prinzessin, hatte in einem Streit mit der Rivalin Fredegunde den kürzeren gezogen – König Chilperich von Neustrien (dem romanischen Westen des Reiches) ließ die schöne Gotin kurzerhand ermorden, um seine Geliebte Fredegunde heiraten zu können. Chilperichs Bruder Sigibert von Austrasien war wiederum mit einer Brunhilde verheiratet – der Schwester Galswinthas. Brunhilde spielte nun den Racheengel – mit gutem Grund, denn kurz nach Galswinthas gewaltsamem Tode fiel ihr eigener Mann Sigibert einem Attentat zum Opfer. Brunhilde setzte ihre Spitzel auf die Spur des Mörders, und diese führte geradewegs zu Fredegunde.

Die Situation war klar: Brunhilde und Fredegunde (deren Mann Chilperich unterdessen friedlich im Bett gestorben war) wahrten als Regentinnen die Interessen ihrer noch minderjährigen Söhne. Ihr gemeinsamer Schwager Guntram von Burgund unterhielt seinerseits Spione an den beiden Königinnen-Höfen; mal unterstützte er die eine, dann die andere – wie es seine geheimen Informationen jeweils geraten erschienen ließen.

Einen bestimmten Ost-West-Konflikt aber vermochte auch der clevere Guntram nicht aus der Welt zu schaffen: Der Reichsadel (der mit den Gerefa, Grafen genannten Beamten, in Grafschaften herrschte und dort für Gericht, Polizei, Heer und Finanzen zuständig war) verschaffte sich zunehmend Einfluß auf die Regentinnen, um deren Streit zum eigenen Vorteil zu nutzen. Schließlich beging Brunhilde – fehlinformiert über die Absichten des Adels – einen folgenschweren Fehler: Sie betrieb eine Politik, die auf Stärkung ihrer königlichen Gewalt ausgerichtet war. Guntram, dem das durch seine Hofspione hinterbracht wurde, ließ sie durch falsche Berater in ihrem Vorhaben bestärken. Die Folge: Der erzürnte Adel von Burgund und Austrasien lehnte sich 613 gemeinsam gegen Brunhilde auf. Die Grafen holten jetzt Fredegundes Sohn Chlothar II. zu Hilfe. Der kam aus Rouen und entschied den Streit – für sich selber: Er ließ die alte Brunhilde umbringen und übernahm die Macht im Frankenreich als Herrscher über alle drei Teile und über den Adel, auch den deutschen.

Wenngleich Leibkoch Leo seinem Bischof Gregorius nützliches Detailwissen über Lebensumstände und wirtschaftliche Verflechtungen des bespitzelten fränkischen Sklavenhalters von Trier nach Langres mitgebracht hatte, war er als Spion absoluter Einzelgänger gewesen. Nichts anderes waren die Informanten Brunhildes, Fredegundes, Guntrams oder Chlothars.

Einem Geheimagenten des frühen Mittelalters, der auf germanisch-deutschem Gebiet tätig werden mußte, fehlte vieles, was seinen Kollegen von heute selbstverständlich ist – vor allem aber fehlte ihm die hilfreiche Zugehörigkeit zu einer geschlossenen Spionage- oder Abwehrorganisation.

Leo war Solist gewesen: operativ und zugleich mit Auswertung und Abklärung (der getarnten Personenüberprüfung – Beruf, politische Einstellung, Schulden, Laster, Leidenschaften, Verwandtschaft) beschäftigt. Er mochte freie Mitarbeiter gehabt haben – die Nestwärme einer Zentrale fehlte ihm jedenfalls.

Die Geschichte ist reich an Beispielen und überlieferten, belegten Berichten von Spionage und Verrat.

König David beschäftigte den Arachiter Husai im Streit gegen Absalom als Geheimagenten. Alexander der Große (356 bis 323 v. Chr.) hatte während eines Asienfeldzuges gehört, daß ein verbündetes Heer ihn verraten wollte. Er verkündete also überraschend, er müsse dringlich nach Griechenland schreiben, und sandte einen freiwilligen Kurier mit dem Brief weg. Der Offizier-Bote kam nicht weit, da pfiff Alexander ihn zurück und prüfte seine Post – sie war schon geöffnet! Scipio Africanus wiederum fürchtete vor der Schlacht gegen Hannibal (247 bis 183 v. Chr.) die Wut der Elefanten, der »Panzerwaffe« des Gegners, die gegen Pfeile und Speere weitgehend unempfindlich waren. Scipio sandte einen Spion ins feindliche Lager. Dieser fand heraus, daß die Dickhäuter ärgerlich auf Lärm reagierten. Scipios Konsequenz: Als Hannibal anrückte, empfing die Elefanten ein tönender Tusch aus sämtlichen Fanfaren der römischen Armee! Hurtig warfen die erschreckten Tiere ihre Lenker ab – Scipios Sieg war gesichert.

Literarisches Dokument eines Verrats: Das Nibelungenlied. Hagen von Tronje wird von Brunhilde gekauft, um auszukundschaften, wie der unbesiegbare Siegfried getötet werden kann. Arglos verrät Kriemhild dem Agenten die verwundbare Stelle ihres Gatten und kennzeichnet den Lindenblatt-Fleck zwischen den Schultern mit einem Kreuz auf dem Gewand. Der Rachemord gelingt. Doch Kriemhild rächt sich subversiv. Sie heiratet den Hunnenkönig Etzel, um eine Möglichkeit auszukundschaften, den Tod Siegfrieds zu rächen.

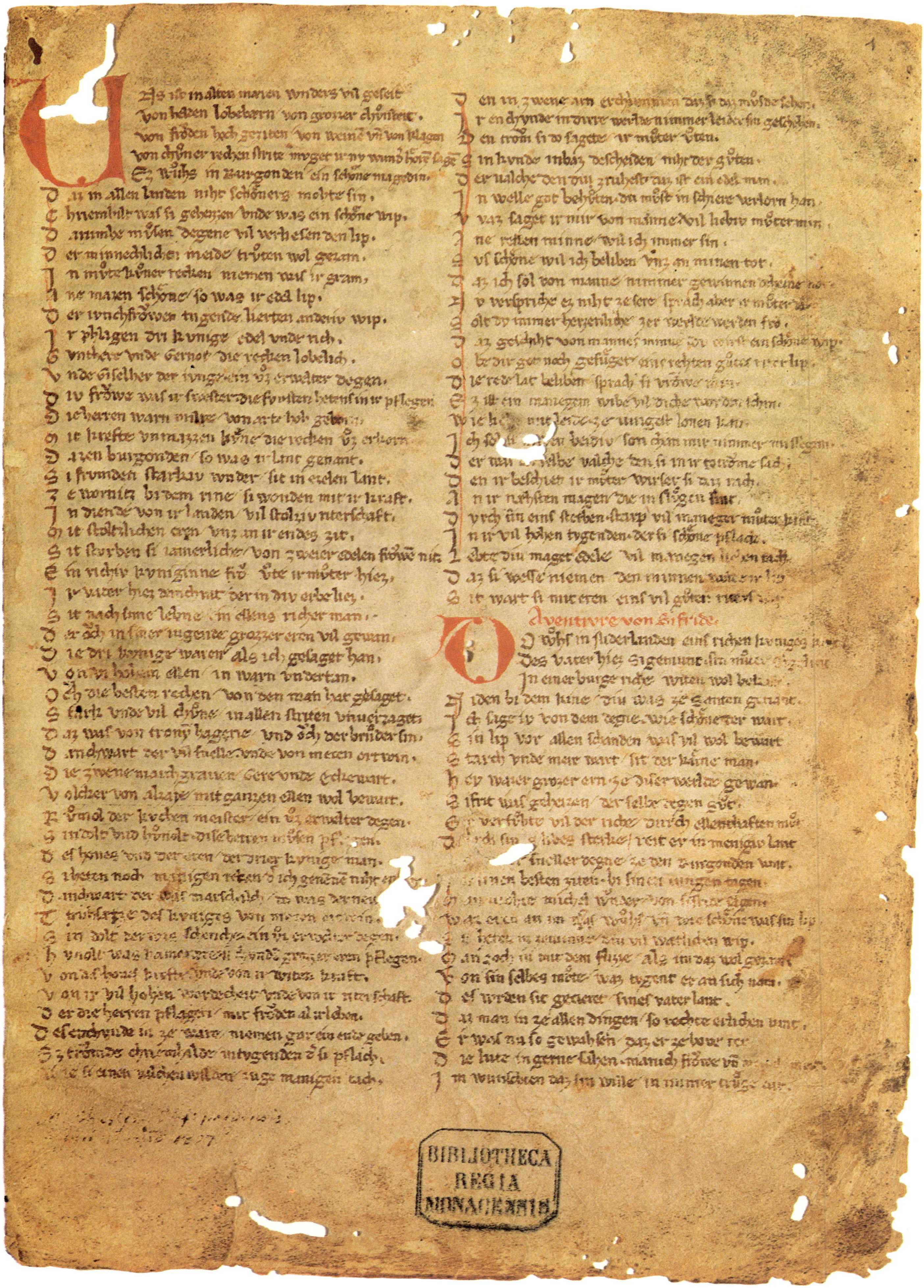
BIBLIOTHECA
REGIA
MONACENSIS

Caesars Chiffre

Die älteste – und einfachste – bekannte Art einer Geheimschrift ist der vom römischen Feldherrn Gajus Julius Caesar verwendete Code. Dabei wird unter das normal hintereinander geschriebene Alphabet eine andere Buchstabenfolge geschrieben:
Nach dieser beliebig variierbaren Methode kann ver- und entschlüsselt werden. Doppelbuchstaben werden in der Chiffre nicht verwendet.
Das Wort
`W a f f e n`
lautet chiffriert folglich
`b f k j s`
Anstelle der Buchstaben kann auch eine Zahlenreihe treten. Steht in diesem Fall beispielsweise 5 für a (und so weiter fortlaufend 6 für b, 7 für c), so wird das Wort
`W a f f e n`

27 5 10 9 18

verschlüsselt.

Perser, Römer, Juden, Griechen und Karthager – gelenkte Spionage war in den Mittelmeerländern viel früher heimisch als im mittleren Europa der Germanen, die zu dieser Zeit noch verhältnismäßig primitiv waren. Pytheas von Massilia brachte um 325 v. Chr. von einer Seefahrt an die germanischen Küsten der Nord- und Ostsee erste Kunde von den Germanen überhaupt. Eingehender wird dann aus der Zeit zwischen den Jahren 12 v. Chr. und 16 n. Chr. berichtet, als die Römer ihre Unterwerfungs-Feldzüge gegen die Germanen führten (die erst im Jahre 16 von Tiberius gestoppt wurden). Da schließlich germanische schriftliche Zeugnisse – außer Runen ohne historischen Nachrichtenwert – erst vom 6. nachchristlichen Jahrhundert an bekannt sind (dabei wurden sie noch nicht einmal von Germanen, sondern von in Germanien lebenden Romanen geschrieben), fehlen auch Hinweise oder Schilderungen von spektakulären Verratsfällen, obwohl es die natürlich gegeben hat.

Alle Beschreibungen von der Geografie Mittel- und Nordeuropas, von der sozialen Struktur und den Lebensgewohnheiten der Germanen jedoch können als nachrichtendienstliche Berichte aufgefaßt werden, die von römischen Politikern und Feldherrn durchaus nach taktischen wie strategischen Gesichtspunkten ausgewertet wurden. Ein Feldherr, der in ein ihm unbekanntes Territorium vordringt, ist auf Nachrichten über die Natur des Landes, über Anzahl und Eigenarten seiner Bewohner angewiesen. Folglich sind auch in Germanien – dessen deutsche und gemischte Stämme nicht nur untereinander, sondern auch gegen römische Eroberer Kriege führten – Spione (oder eben Kundschafter), die geheime Form der Erkundung und somit der Nachrichtendienst so alt wie die Kunst der Kriegsführung selber.

Erste Kundschafter waren die Kaufleute, die alle Grenzen überwanden. Auf der einen Seite wurden sie von den besuchten germanischen Handelspartnern über Beschaffenheit und Größe gegnerischer Heere befragt; auf der anderen Seite forderten römische Feldherrn Auskunft über Standorte und Bewaffnung der Germanen. Allerdings gaben diese früher Doppelagenten ihr Wissen nicht vollkommen preis – schließlich trieben auch die Römer Handel, und der Konkurrenz mußte nicht unbedingt jede Marktlücke oder -chance preisgegeben werden!

Diese Kollaboration zwischen zivilen Reisenden und militärischer Intelligence, also Informationsbeschaffung und -auswertung, blieb über viele Jahrhunderte unverändert erhalten (und wird noch in der Gegenwart geübt). Lediglich in Fällen, da die von solchen Nicht-Profis gewonnenen Erkenntnisse nicht ausreichten, wurden eigene Leute ausgeschickt. Dabei taten sich nicht allein die Römer hervor. Wikinger und Araber hatten sich im Handel auf See und auf den schiffbaren Strömen Europas zusammengetan; arabische und jüdische Händler bereisten auf der Suche nach Absatzgebieten Rußland und das germanisch-deutsche Mitteleuropa – von da brachten sie selbstverständlich auch ihren Für-

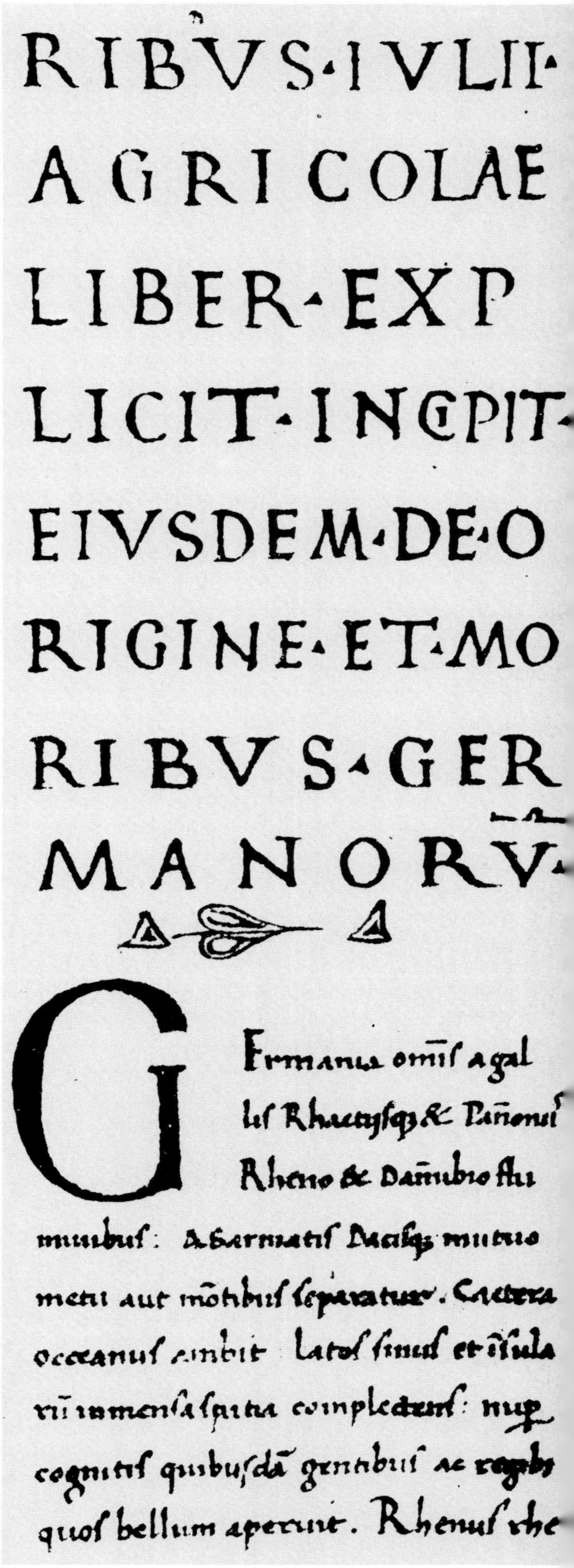
RIBVS·IVLII·
AGRICOLAE
LIBER·EXP
LICIT·INCIPIT·
EIVSDEM·DE·O
RIGINE·ET·MO
RIBVS·GER
MANORV·

Germania omis a gal
lis Rhaetisq; & Pannonis
Rheno & Danubio flu
minibus: a Sarmatis Dacisq; mutuo
metu aut montibus separatur. Cetera
oceanus ambit latos sinus et insula
rum immensa spatia complectens: nup
cognitis quibusdā gentibus ac regibus
quos bellum aperuit. Rhenus rhe

Liest sich wie ein geheimes Dossier: Die »Germania« des römischen Geschichtsschreibers Publius Cornelius Tacitus gilt als erste Aufklärungsschrift über das Gebiet Germaniens.

Alles, was die Römer wissen mußten über das Volk, das sie unterwerfen wollten, schrieb Tacitus nieder – wie die Germanen lebten, was sie dachten, wie sie handelten. Ihre

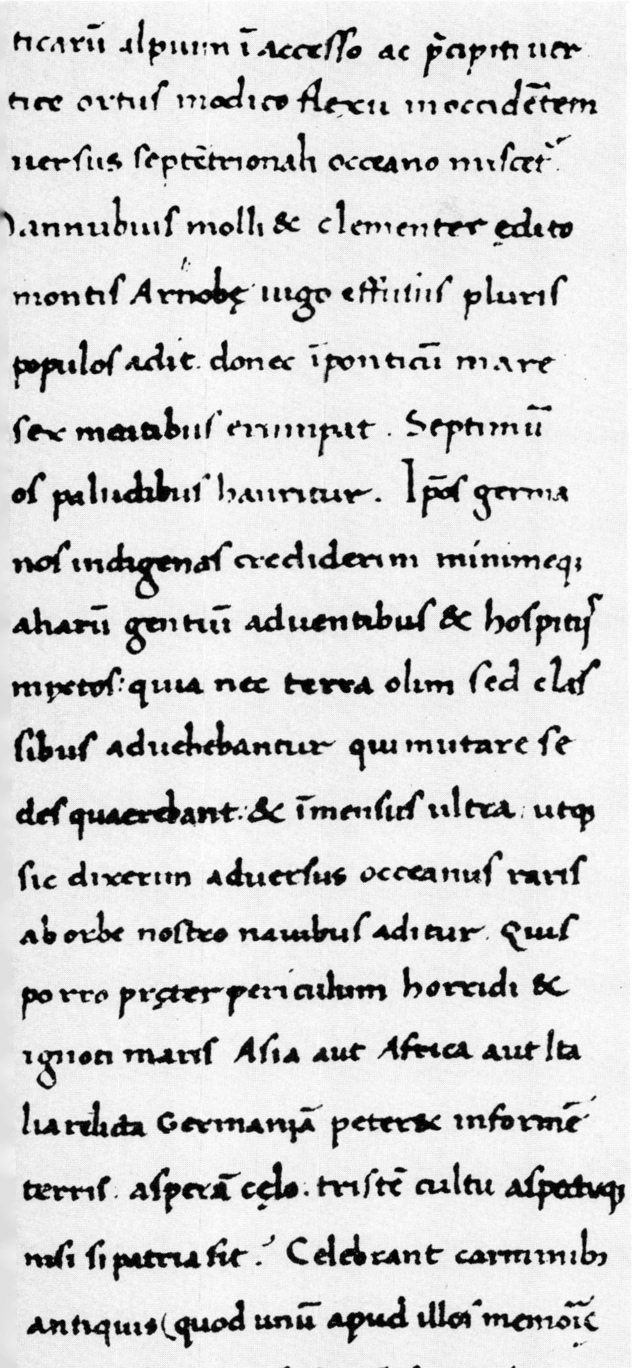
ticaru alpium i accesso ac pcipiti uer
tice ortus modico flexu in occidetem
uersus septetrionali occeano miscet.
Danubius molli & clementer edito
montis Arnobe iugo effusus pluris
populos adit. donec i ponticu mare
sex meatibus erumpit. Septimu
os paludibus hauritur. Ipos germa
nos indigenas crediderim minimeq;
aliaru gentiu aduentibus & hospitijs
mixtos: quia nec terra olim sed clas
sibus aduehebantur qui mutare se
des quaerebant: & imensus ultra. utq;
sic dixerim aduersus oceanus raris
ab orbe nostro nauibus aditur. Quis
porro preter periculum horridi &
ignoti maris Asia aut Africa aut Ita
lia relicta Germania peteret informe
terris. aspera celo. triste cultu aspectuq;
nisi si patria sit. Celebrant carminibus
antiquis (quod unu apud illos memorie
& annaliu genus est) Tuiscone deum
terra editum et filiu Mannu origine
gentis conditoresq;. Manno tris filios
assignant e quoru noibus proximi oc
ceano Ingeuones: medij hermiones
ceteri Istreuones uocentur. Quidam

Kriegsführung, ihre Bewaffnung und Logistik, alles wurde detailliert festgehalten. Die meisten seiner Informationen bezog er vom weitgefächerten Agentennetz römischer Spitzel.

Der Wahrheitsgehalt der »Germania« wird bis heute von den Geschichtsforschern nicht angezweifelt.

sten nachrichtendienstlich wertvolle Berichte mit. Es ist bekannt, daß der Sklavenhändler Ibrahim Ibn Jaqub auf der Suche nach menschlicher Ware um 970 auch Otto I. in Mitteldeutschland aufsuchte. Der Deutsche verkaufte zwar dem Orientalen keine Untertanen. Doch zurück in Bagdad, lieferte Ibn Jaqub seinem Kalifen einen ausführlichen Bericht über Reiserouten und Verbindungswege, Größe der Städte, Bedeutung der Märkte und politische Ansichten der besuchten Herrscher, besonders Otto des Großen.

Den eindrucksvollsten nachrichtendienstlichen Bericht freilich überlieferte der römische Geschichtsschreiber Publius Cornelius Tacitus (55 bis 120 n. Chr.) in seiner Schrift »Germania/De origine et situ Germanum Liber«. Bei der Abfassung seines Berichts ging Tacitus wie ein Sachbearbeiter im Innendienst einer modernen Nachrichtenorganisation, Abteilung Auswertung, vor. »Germania«-Übersetzer und -kommentator Manfred Fuhrmann: »Manche Nachricht beruht gewiß auf mündlicher Mitteilung; römische Beamte und Kaufleute, die Germanien bereist hatten, mögen sie dem Autor zugetragen haben. Doch hauptsächlich ist der Stoff der »Germania« aus literarischen Quellen geschöpft. Den berühmtesten Gewährsmann nennt Tacitus selbst: Julius Caesar, der in seinem ›Gallischen Krieg‹ einen Vergleich der Gallier und Germanen eingefügt hatte. Der Autor konnte außerdem noch manche, jetzt verlorene Schrift für seine Zwecke ausbeuten; er wird vor allem den Germanenexkurs im Geschichtswerk des Livius (Buch 104) und die ›Germanischen Kriege‹ des älteren Plinius benutzt haben.«

Im Sprachgebrauch der modernen Nachrichtendienste: Tacitus stützte sich wesentlich auf »offenes Material«.

Die wohlüberlegte Gliederung verrät aber den Profi: Nach einer allgemeinen Betrachtung der Germanen geht er auf die einzelnen Stämme ein. Er schildert präzis die Grenzen des Landes, den Ursprung seiner Bewohner, Beschaffenheit der Natur, Flora und Fauna, und der Agrarerzeugnisse. Zwei größere Abschnitte sind dem öffentlichen und dem privaten Leben der Germanen gewidmet. Die Kapitel über Waffen und Kampfweise, über Wehrhaftmachung (Mobilisierung) und Gefolgschaftswesen wechseln mit Beschreibungen von Religion, Volksversammlung und Gerichtsbarkeit.

Die »Germania« darf als frühester Geheimdienstbericht über ein Territorium gelten, auf dem sich im Laufe der Geschichte Deutschland einrichtete.

Als unter den römischen Kaisern Trajan (98 bis 117) und Hadrian (117 bis 138) die großangelegte und durch Türme befestigte Sperre gegen Germanien entstand (die bei Hienheim oberhalb von Regensburg begann, von dort zunächst westlich durch Bayern und nördlich durch Württemberg führte, bei Groß Krotzenburg den Main überquerte, die Wetterau umschloß und südlich von Bonn den Rhein erreichte), mag den gebildeten römischen Kommandeuren das Tacitus-Werk als »Abwehr-Handbuch« gedient haben.

Keine Abwehr für Caesar

Die Römer galten nicht gerade als pingelig in der Nachrichtenbeschaffung, wenn es darum ging, ein Feindlagebild zu erstellen. Dennoch weigerte sich Julius Caesar mehrfach, einen geregelten römischen Geheimdienst einrichten zu lassen. Daß er von nicht beauftragten Spitzeln – waren es aus der Sicht der Gegenseite Verräter, oder soll man sie Spione nennen? – von einem Mordanschlag erfuhr, den der germanische Stammesfürst Ariovist zusammen mit römischen Verschwörern um 57 vor Chr. gegen ihn plante, war eher Zufall. Von Attentatsplänen des Brutus, der ihn um 44 vor Chr. meuchelte, hatte Caesar nichts geahnt – hätte er einen Geheimdienst unterhalten, wäre das Attentat möglicherweise vereitelt worden.

Kundschafter der Kohorten

Häufig wurden die Heere der Römer von Nachrichteneinheiten begleitet: Speculatores und exploratores eilten den Kohorten als Kundschafter voraus: teils unerkannt als Spione, teils – ähnlich den heutigen Militärattachés – als friedfertige Botschafter ihrer Heerführer.

Tacitus: nicht nur Germania

Auch Ausblicke auf die südlichen, westlichen und nördlichen Nachbarn finden sich in Tacitus' Standardwerk »Germania«. Ein ausführliches Kapitel ist eigens einer Betrachtung der östlichen Grenzvölker Germaniens gewidmet. Der wißbegierige Politiker jener Tage fand hier interessante Hinweise auf den Mangel an Metallen und die Herstellung von Waffen, aber auch auf psychologische Deutungen bestimmter germanischer Bräuche.

Grenzkontrolle am Limes: ein Umschlagplatz nachrichtendienstlicher Geheimnisse (links).

Monument für einen V-Mann: das Hermanns-Denkmal im Teutoburger Wald. Cheruskerfürst Arminius (später fälschlich Hermann genannt) schlich sich in das Vertrauen des römischen Statthalters Varus und lockte dessen Legionen in einen Hinterhalt, wo er sie vernichtete.

Geheimdienst und Abwehr sind wichtige Instrumente für die Staatsführung. In ihrem Endzweck sind sie auf die Sicherung der eigenen Landesverteidigung ausgerichtet. So erhalten sie ein deutliches militärisches Gewicht. Sicherungsbedürfnis des einzelnen wie einer Gemeinschaft sowie die Absicht, Einblick in die geheime Sphäre des anderen – des möglichen Gegners – zu gewinnen, beruhen auf dem Mißtrauen, der andere könnte seine Pläne womöglich mit Waffengewalt durchsetzen.

Beide Teile werden also vor allem im Interessenkonflikt darauf hinwirken, ihre Absichten und Ziele, Mittel und Möglichkeiten voreinander geheimzuhalten. Weil meist die verfügbaren normalen, legalen und »offenen« Informationsquellen nicht ausreichen, eine günstige und vollkommene Beurteilung der Lage zu ermöglichen, Willensbildung und anschließende Entscheidung herbeizuführen und endlich Maßnahmen zu ergreifen, müssen eben geheime Kundschafter – Spione – die geheimen Absichten der anderen Seite ausspähen.

War in der Frühgeschichte der Spionage der Agent ein tückischer wieselflinker Bösewicht mit lauerndem Blick, der kaum auf eigene Faust und Rechnung, fast immer im Auftrag eines hohen Herrn arbeitete, so ist der kecke Kundschafter und moderne Alleskönner vom Schlage eines James Bond in der Gegenwart vom Wissenschaftler, vom Politologen und nicht zuletzt vom kühlen Rechner am Computer abgelöst worden.

Nur eine kleine Minderheit arbeitet heute noch mit Köpfchen und Karate, Tarnung und Tricks, Revolver und Routine zugleich in dem Job, der Spionage heißt. Immerhin ist es eine

Minderheit, ohne die auch ein neuzeitlicher Geheimdienst nicht auskommt.

Früher machte jeder alles. Heute sind Geheimdienste in Ressorts eingeteilt. Spionage ist Nachrichtenbeschaffung, Gegenspionage ist Abwehr fremder Versuche der Nachrichtenbeschaffung.

Die geheimdienstliche Aktion, losgelöst von der ordinären Spionage, losgelöst auch von Gegenspionage, Abwehr und Abschirmung, bedeutet für Agenten das kaum berechenbare, geradlinig-verworrene Eindringen in vornehmlich politisches Gebiet. Die geheimdienstliche Aktion lebt von der Witterung, von Gespür. Ihr Wesen liegt im Abtasten neuer Schaltmöglichkeiten, in der Suche nach verdeckten Kontaktpunkten, nach politischen »Steckdosen«, die anzuzapfen sind: um zu testen, zu stören, selbstverständlich auch, um notfalls zu zerstören.

Die geheime Aktion heißt bisweilen auch, Freunde um ihr Leben rennen zu lassen. Die Spionage-Operation bedeutet, zu überbrücken und zu integrieren oder zu desintegrieren, zu desinformieren und zu vertuschen, zu boykottieren und zu kontaktieren. Sie bedeutet auch, zu retten. Sie kann bedeuten, seinen Kopf ganz allein und ungedeckt und bedingungslos hinzuhalten – ohne Gnade und Aussicht auf Austausch gegen einen gefangenen Spion der Gegenseite.

Heute entspricht es den Grundsätzen der Geheimdienste der Bundesrepublik Deutschland, den »Bedarfsträgern«, das sind die Staatsmänner, nur solche geheimen Informationen zur Kenntnis zu bringen, die zuvor die Beurteilungsbarriere der jeweiligen Auswertungsabteilung übersprungen haben. Und zwar, damit sich die Staatsmänner über Beweggründe, Hintergründe und Tendenzen, kurz: die Lagebezogenheit der geheimen Nachrichtenware ja nicht irren. Sie sollen vielmehr ihre eigenen Beweggründe, Hintergründe und Tendenzen wiedererkennen.

Das alles verführt leicht dazu, eine geheime Information in das allgemein zugängliche Lagebild einzupassen und dann alles zusammen zu einer geheimen Gesamtlage auszuwerten, anstatt sie als Korrektiv zu benutzen. So wird nämlich das Korrektiv zum Kommentar verfälscht: VS-Verschlußsache – geheim – amtlich geheimgehalten.

Was aber die geheimen Nachrichtendienstler nicht akzeptieren mögen, ist die einfache Wahrheit: daß Kommentieren oder Auswerten nicht in jedem Fall geheim sein muß. Doch Profis dieses Gewerbes neigen nun mal dazu, zunächst alles und noch das Banalste geheim zu behandeln, vertraulich zu bewahren – vorbeugend.

Nachricht als Ware hat es in Deutschland gegeben, seit es politische Gemeinwesen gibt, seit Geschichte ist. Auf Wissen als Ware trifft dieses ebenso zu. Der Schmiedegeselle, der sich von einem Meister erst anheuern ließ und dann einem konkurrierenden Waffenschmied im benachbarten Gau ein neues Verfahren verriet, mit dem sein alter Chef Schwertschneiden zu härten pflegte, darf getrost als Spion bezeichnet werden. Der Fuhrknecht des ambulanten Kaufmanns, der gegen einen Becher Met, gegen ein neues Gewand dem konkurrierenden Händler exklusive Märkte seines Herrn preisgab, war eindeutig ein Wirtschaftsspion, wenn er eigens zu dieser Aufgabe angestiftet gewesen ist.

Während sich jedoch diese Industrie- und Wirtschaftsdelikte in früher Zeit kaum fassen ließen und allenfalls in den Zunftbestimmungen angesprochen waren, war Spionage seit je hauptsächlich auf Politik und Militär gerichtet.

»Geheimdienst ist in erster Linie Melde- und Nachrichtendienst«, definiert der angesehene Zeithistoriker Gert Buchheit. »Er sammelt Informationen, die es den zuständigen militärischen und politischen Kommandostellen ermöglichen, die Absichten des offenen oder potentiellen Gegners so früh zu erkennen, daß die Staatsführung danach die eigenen Pläne einrichten kann. Bei der Beschaffung solcher Auslandsnachrichten auf geheimen Wegen war und ist keine in Anweisungen und Befehlen niedergelegte Weisheit maßgebend. Entscheidend sind andere Voraussetzungen wie Kenntnis des zu erkundenden Landes, der Sprache, seiner Bevölkerung und ihrer Mentalität sowie seiner politischen und wirtschaftlichen Probleme; Einsatzfreude, Phantasie, Entschlußkraft, Ausdauer und Rückendekkung von oben. Der Geheimdienst hat ferner zu erkunden, welche Mittel dem Gegner zur Verfügung stehen, um sein Vorhaben zu verwirklichen. Daher muß er nicht nur das militärische, sondern auch das wirtschaftliche, technische und industrielle Potential des Gegners, das der Weltöffentlichkeit nur in Umrissen bekannt ist, klären.

Diese Tätigkeit des Geheimdienstes, die man auch seine Informationsfunktion nennen kann, gehört seit Urzeiten gewissermaßen zum zwischenstaatlichen Geschehen. Ihr letzter Sinn liegt darin, Nachrichten zu beschaffen, auf denen man Führungsentscheidungen aufbauen kann. Zur Durchführung solcher Aufgaben und zur Erzielung solcher Erkenntnisse ist der Geheimdienst von jeher auf Vertrauenspersonen, Spione und Agenten angewiesen. Selbstverständlich gibt kein Staat zu, daß er Spione und dergleichen beschäftigt. Aber dadurch wird freilich niemand getäuscht. Die überwiegende Völkerrechtslehre betrachtet übrigens die Spionage – eine der Hauptwaffen der Geheimdienste – nicht als völkerrechtswidrige Kriegshandlung.

So wurde etwa im Prozeß gegen den Leiter des deutschen politischen SD-Nachrichtendienstes, Walter Schellenberg, dem Angeklagten nicht seine Tätigkeit im Interesse der deutschen Kriegsspionage zur Last gelegt, sondern die Überschreitung dieser Tätigkeit durch kriminelle Handlungen wie Menschenraub und Beteiligung an der sogenannten ›Endlösung der Judenfrage‹.

Wird jedoch ein Spion während eines Krieges festgenommen und seiner Tat überführt, dann darf er erschossen werden, weil der Kriegführende das Recht hat, sich durch wirksame abschreckende Strafen zu schützen. Die Spionage ist also eine zwar völkerrechtlich erlaubte, aber äußerst riskante Handlung.

Mit Moral auf krummen Wegen

»Man kann es bestreiten, daß es auf dem Gebiet des Geheimdienstes eine verbindliche Berufsmoral gibt oder wenigstens international konventionelle Richtlinien. Was es zweifellos in der Praxis gibt, ist eine ganze Menge von sehr willkürlichen Spielregeln, korrekte und skrupellose, gerade und krumme Wege. In welchen Bahnen sich ein Geheimdienst bewegt, wird weitgehend von dem Manne bestimmt, der ihn führt – von der Autorität, die er genießt, vom Ansehen, das er sich zu verschaffen weiß durch Beispiel und Vorbild« (Buchheit).

Neben der Informationstätigkeit hat der Geheimdienst noch eine weitere, nicht weniger wichtige Aufgabe, nämlich die Ausübung der Schutzfunktion, ›Spionage-Abwehr‹ genannt. Sie hat im allgemeinen defensiven Charakter; sie kann aber auch und muß sogar sehr oft offensiv werden mit dem bereits erwähnten Ziel, die gegnerischen Geheimorganisationen mit ihren Agentennetzen irrezuführen oder in sie einzudringen. In diesem Falle spricht man von Gegenspionage – ein Spezialgebiet, dessen Beherrschung außergewöhnliche Fähigkeiten und Kenntnisse verlangt«.

Als dritter verwandter Zweig gesellt sich zu Spionage und Abwehr die Sabotage. Militärisch ist sie zumeist gegen bestimmte ausgewählte Objekte gerichtet, also gegen Waffenlager – in grauer Vorzeit ebenso wie heute –, gegen Nachschubwege im Feindgebiet, gegen Rüstungsindustrie und Waffenschmiede, gegen Brücken und Bergwerke, Flugplätze oder früher eben Pferdeställe.

Politische Sabotage und Subversion – denen in aller Regel wie der militärischen Sabotage gezielte Spionage vorangehen – zielen darauf ab, politische Gruppen im gegnerischen Lager zu unterwandern oder Strömungen zu verfälschen, auch zu zersetzen. Unterdrückte politische oder ethnische Minderheiten können gegen die Regierung aufgehetzt werden. Und während Sabotage vorwiegend in Kriegszeiten durchgeführt wird, ist sie doch vielfach schon im Frieden vorbereitet worden.

Im Wesen des Verräters, des Saboteurs und Spions liegt es, getarnt, unerkannt und unentdeckt vorgehen zu können. Werden die Namen von Spionen, ihre Verbindungen, Meldewege, Beobachtungs- und Stützpunkte (Residenturen) bekannt, sind sie aus dem Geschäft. Deckt die Abwehr ihre Arbeitsweise (Modus operandi), ihre Taktik und Methoden auf, sind sie außerstande, ihre Aufgaben weiter zu erfüllen.

Klar, daß Spione und Geheimagenten wegen ihrer undurchsichtigen Arbeit unter Ausschluß der ahnungslosen Öffentlichkeit ein Hauch von Romantik und ein Ruch von Abenteuer umweht. Klar auch, daß es höchst gegensätzliche Naturen in die Reihen von Nachrichtendienstlern treibt: käufliche Elemente, gescheiterte Existenzen, geborene Verräter, enttäuschte Idealisten, Abenteurer (die wegen mangelnder Disziplin ungern als Profis eingesetzt werden). Aber einem neugierigen Auftraggeber, einem Geheimdienst ist es erst in zweiter Linie wichtig, durch wen er seine Informationen bekommt. Wichtiger ist, daß er überhaupt welche erhält. Quelle nachrichtendienstlicher Erkenntnisse kann unabhängig vom Agenten/Spion eine Indiskretion sein, eine Pressemeldung, unbedachte Plauderei, Wichtigtuerei oder schlichte Unvorsichtigkeit beziehungsweise Schlamperei. Geheimes Material kann ebensogut von einem gewerbsmäßigen Nachrichtenhändler zum Kauf angeboten werden. Vor allem aber hat es nie gesellschaftliche Grenzen bei der Nachrichtengewinnung gegeben. Ein erfolgreicher Spion oder Informant kann prak-

Was ist eigentlich ein Geheimdienst?

In seiner Geschichte der militärischen Abwehr (»Der deutsche Geheimdienst«) stellt Gert Buchheit unter einer klaren Formel der Aufgabenteilung eines Geheimdienstes zwei Hauptarbeitsgebiete dar:
»Aus den Aufgaben, die der Staatsführung mit der Sicht nach innen und der Sicht nach außen erwachsen, ergeben sich zwangsläufig und verständlich die einzelnen Ressorts für einen Geheimdienst: a) ständige aufmerksame Beobachtung des Kräftepotentials der ausländischen Staaten = aktiver, vorwiegend militärischer Meldedienst; vorsorglicher Geheimschutz des eigenen Kräftepotentials = militärischer Abwehrdienst. b) ständige, aufmerksame Beobachtung des ausländischen politischen Kräftespiels sowohl im Verkehr dieser Staaten untereinander als auch im innerpolitischen Bereich = politischer Meldedienst; vorsorglicher Schutz gegen innerpolitische Umtriebe, vor Zersetzung und vor staatsfeindlichen Angriffen auf die Verfassung = politischer Abwehrdienst. So gesehen, obliegt jeder Sparte des Geheimdienstes ein festumrissenes Aufgabengebiet, das – in der Theorie jedenfalls – sachlich und fachlich keine Differenzen oder Streit untereinander aufkommen läßt. Beide Sparten haben die Aufgabe, im Frieden, in Spannungszeiten und im Kriege die Staatsführung mit dem erforderlichen Informationsmaterial zu versehen und für den äußeren und inneren Schutz des Staates vor Ausspähung und Sabotage besorgt zu sein. Beiden Sparten gemeinsam ist ferner das Lancieren von Zweckmeldungen oder zurechtgemachten Materials, um damit Gegner irrezuführen. Ebenso gemeinsam ist die Aufgabe, in den gegnerischen Nachrichtendiensten durch Vertrauensmänner Fuß zu fassen, um deren Ziele und Arbeitsmethoden kennenzulernen und sie nach Möglichkeit zu durchlöchern oder mattzusetzen«.

Hochverrat – Landesverrat

Landesverrat ist die Weitergabe oder Veröffentlichung von Staatsgeheimnissen und Nachrichten, welche die öffentliche Sicherheit gefährden. Hochverrat ist die Handlung eines einzelnen oder einer Gruppe, die in Bruch oder Aufhebung der Treue zu einem Staat besteht. Eingeschlossen ist der gewaltsame Angriff gegen den Bestand des Staates, um den Umsturz der inneren Ordnung anzustreben.

tisch jeder Gesellschaftsschicht entstammen. Daß Vertrauensmänner (V-Männer), Agenten und Spione geschickt und unauffällig operieren müssen und dabei zuverlässig und verschwiegen zu sein haben, ist selbstverständlich. Bloß mit dem Vertrauen in den Auftraggeber im Falle einer Panne – etwa wenn ein Späher erwischt wird – ist es oft genug unter Spionen jeder Couleur dürftig bestellt. Es liegt an den Auftraggebern. Das Wort vom »geliebten Verrat« und vom »ungeliebten Verräter« ist Spionen frühzeitig zum Stigma geraten.

Trotzdem ist geheimdienstliche Arbeit – die von der Gegenseite natürlich Spionage genannt wird – Profi-Arbeit, Teamwork.

Spielregeln der Spionage sind ungeschrieben, aber es gibt sie. Gezielte Indiskretion etwa, um den Gegner zu warnen, damit er einen Angriff unterläßt – das kann heißen, ihm beispielsweise echte Zahlen über eigene Stärkeverhältnisse zuzuspielen. Verrat freilich – Landesverrat, Hochverrat, Verrat von unpolitischen, vielleicht wirtschaftlichen Geheimnissen – entzieht sich erkennbaren Regeln. Bestimmte normative Abläufe sind nicht nachzuzeichnen. Dabei sind gerade Landesverrat und Hochverrat in Deutschland wenigstens so alt wie das Streben der ersten Stammesfürsten Germaniens nach Einheit und Zusammenschluß von Gauen und Stämmen.

»Träger des Verrats war früher ein einzelner«, sagt die Historikerin Margret Boveri. »Heute ist der einzelne nicht ausgeschaltet, aber neben, gegen, hinter ihm steht die Gruppe: fünfte Kolonne, ferngelenkte Zellengemeinschaft oder Untergrundbewegung.« Wobei früher wie heute eingeschränkt werden muß: Verbünden sich Verräter zur Gruppe und bleiben erfolglos oder werden gar entlarvt, so werden sie als Verräter gebrandmarkt und verurteilt. Verbünden sich Verräter zur Verschwörergruppe und erreichen die angestrebten Ziele, werden sie gepriesen – bisweilen von der falschen Seite, doch immer unabhängig davon, wen oder was sie verraten haben. Der Zweck und ihr Ziel werden durch die Mittel – Verrat eingeschlossen – geheiligt.

»Denn der Verrat ist in unserem Leben zum Alltagsbegriff geworden, so umfassend, als habe er sein eigenes geheimes und so undurchsichtigmächtiges Reich auf einer Ebene errichtet, die sich nicht mit Völkern, Nationen, Verfassungen, Glaubensgemeinschaften deckt, aber doch alle zerstörend oder verwandelnd durchdringt. Der Inhalt des Verrats wechselt, indem sich das Rad der Geschichte dreht« (Boveri).

Beliebtes Spiel unter Spitzenpolitikern ist es, sich gegenseitig Verrat vorzuwerfen. Altes Beispiel dafür: der Cherusker Armin (16 v. Chr. bis 19 n. Chr.) und sein markomannischer Gegenspieler Marbod. Marbod hatte in den Jahren zwischen 6 und 2 v. Chr. ein erstes germanisches Reich gegründet, indem er Markomannen, Lugier, Quaden, Hermanduren, Semnonen und Langobarden zusammenschloß. Im Jahr 6 unternahmen die Römer einen Zangenangriff von Lippe und Donau aus gegen Marbod; die lateinischen Besetzer fürchteten, durch die Reichsgründung an Einfluß zu verlieren. Der Feldzug wurde wegen des Aufstandes der Provinz Pannonia abgebrochen. Marbod blieb von nun an ruhig. Auch an Armins Befreiungskrieg, dessen Höhepunkt die Schlacht gegen Varus im Teutoburger Wald vom 9. bis 12. August des Jahres 9 war, nahm Marbod nicht teil. Die Cherusker aber sowie die Stämme der Foser, Brukterer, Angrivarier, Marser, Chatten, Chattuarier, Usipeter, Tubanten und Chaswarier ließen sich als Befreier feiern.

Es folgte eine Zwischenspiel: Im Jahre 14 zog Caesar Germanicus gegen die Marser, um die Niederlage des Varus zu rächen. Der Feldzug wurde zu einer, wie jene 1959 Jahre später beim Jom-Kippur-Krieg: Überrumpelung. Als die ahnungslosen Germanen ihr heiliges Tamfana-Fest feierten, fielen die römischen Legionen über sie her. Ein Jahr darauf fing Germanicus Armins Frau Thusnelda und den Sohn Thumelicus. Beide wurden als Sklaven verschleppt.

Die Germanen waren zerstritten. Marbod war zwar König. Doch Armin hatte den Ruhm des Befreiers für sich. Gleichwohl meinte Rom, sich vor einer wachsenden germanischen Gefahr schützen zu müssen. In dieser Zeit wurde der Verfasser des Reports »Germania«, Tacitus, nachrichtendienstlich operativ: Gestützt auf Recherchen seiner Agenten – Kaufleute, auch germanische Soldaten in römischem Sold –, riet er den römischen Politikern, den Zwist zwischen den Germanen zu schüren. Die frühdeutschen Adligen hatten nämlich etwas gegen eine dauerhafte feste Gewalt, erst recht gegen einen mächtigen König, wie Marbod einer werden wollte. Andererseits neideten sie Armin den Ruhm. Sie argwöhnten zudem, daß der Cheruskerführer nach mehr Macht streben würde. Es kam also im Jahr 17 zur offenen Auseinandersetzung zwischen Marbod und Armin.

Tacitus überlieferte in seinen »Annalen« die Auftritte der zwei deutschen Widersacher vor der Schlacht. Armin, »der zu Roß alles durchmusterte«, hielt keine mitreißende Rede – er sprach mal hier, mal dort einen Mann an: »Erinnerst du dich, wie wir die drei Legionen des Varus zusammengehauen haben?« Zu einem anderen: »Hast du nicht selber ein Feldzeichen, einen Adler damals im Wald von den Römern erbeutet?« Und zu einem Haufen Reiter gewandt: »Jetzt dürft ihr wieder eure Tapferkeit beweisen, wie schon damals, als ihr eine ganze Kohorte allein aufgerieben habt! Diesmal geht es gegen Marbod, den Verräter!«

Da war das Wort heraus! Marbod, der Reichsgründer, ein Landesverräter! Armin weiter: »Der hat sich doch seinerzeit im Wald versteckt, dieser Feigling Marbod. Statt zu kämpfen, hat er von den Römern durch Geschenke und durch Bittboten Verträge erbettelt, die seinen Thron sichern sollen. Jagt ihn aus dem Land, den Vaterlandsverräter!« Armins Männer jubelten.

Marbod, der mit seinem Heer Armin im offenen Feld in Sichtweite gegenüberstand, verfuhr ähnlich. Auch er sprach erst zu den einzelnen, doch dann erhob er seine Stimme und sprach zu allen:

»Seht hier, den Onkel Armins, den Tapferen Inguiomer! Er wählte die richtige Seite!«

Dieser Inguiomer, brachte Tacitus später in Erfahrung, war bloß aus falschem Stolz zum Verräter an seinem ruhmreichen Neffen Armin geworden. Aus Zorn war er zu Marbod übergelaufen: »Weil er es unter seiner Würde achtete, seines Bruders Sohn, dem Jüngling, als alter Mann zu gehorchen« (Tacitus).

Armins Onkel war also aus verletzter Eitelkeit zum Hochverräter geworden.

Marbod fuhr fort: »Wer hat denn im Wald den Sieg gegen Varus erstritten? Der hier war's! Ohne seine Ratschläge hätte der aufgeblasene Armin nie gesiegt! Armin ist doch nicht mehr als ein Verrückter, ein junger Kerl ohne Erfahrung, der noch dazu fremden Ruhm für sich beansprucht. Drei arglose Legionen und einen Feldherrn, der von Verrat nichts ahnte, hat er mit seiner Falschheit hintergangen. Ist er nicht überhaupt ehrlos – wo er doch seine eigene Frau und seinen Sohn im Sklavenjoch der Fremde duldet? Macht ihm den Garaus! Richtet ihn, den Mann, der Schande über Germanien gebracht hat, diesen Vaterlandsverräter!« Da jubelten Marbods Männer.

Die Schlacht endete unentschieden. Marbod mußte dennoch nach Ravenna ins Exil. Zwei Jahre später fiel Armin in einem Bürgerkrieg gegen die Opposition im eigenen Land.

Die subversive Rechnung der Römer war aufgegangen.

Was die alten Römer mit den alten Germanen gemacht hatten, gehört noch heute zur Praxis aller Geheimdienste: Untergrundarbeit, aufwiegeln, unterwandern. Was die Germanen gegeneinander trieben, treiben die Völker noch immer: gegensätzliche Interessen ausspielen, politische und militärische Überlegenheit anpeilen. Agenten, Spione, Saboteure und Verräter aus Habgier oder Rachsucht machen die Dreckarbeit. Finden sich beide streitenden Parteien im Gleichgewicht, genügte und genügt oft nur ein einzelner Mann, der durch Kühnheit und Findigkeit die Balance verändert und seiner Seite Übergewicht verschafft.

In den Jahrhunderten des Mittelalters war jedoch wie zuvor bei Germanen und Römern der Begriff des Rüstungsgleichgewichts unbekannt. Wer der Stärkere war, wurde praktisch geprüft – in Kriegen und Schlachten. Weil von Beginn der Geschichte an Völker oder deren Herrscher nach Expansion, nach Ausdehnung drängten, war dieser Drang wiederum ständig wiederkehrender Konfliktauslöser beziehungsweise Kriegsgrund.

Auch der Aufstieg der Karolinger aus den Resten des Merowinger-Imperiums gelang nicht ohne Erbstreitigkeiten, Bruderzwist und Kriege. König Pippin III. (751 bis 768) hatte mit der römischen Kirche ein Bündnis geschlossen, das dem Frankenherrscher seine Macht absichern half, andererseits dem Papst Stephan II. Unterstützung gegen den Langobardenkönig Aistulf gewährte. Zweifellos war Pippin papsttreu. Trotzdem ließ Rom des Frankenkönigs Politik immer wieder überprüfen. Am wirkungsvollsten als Kirchenrevisor erwies sich dabei der britische Missionar Winfrith. Was Pippin in dauerndem Briefkontakt mit dem Heiligen Vater nach Rom übermittelte – etwa die innere Reform der fränkischen Kirche –, prüfte Winfrith gegen.

Militärattachés oder Geheimagenten arbeiten heute nicht anders.

Wie ein Kaiser die Konkurrenz lahmlegt

Kaiser Karl der Große beteiligte sich erfolgreich an der Wühlarbeit Roms gegen Byzanz. Dabei bewies er einiges Geschick zu nachrichtendienstlicher Raffinesse. So ließ er am Hof von Byzanz durch gedungene Diener das Gerücht streuen, die Kaiserin Eirene des oströmischen Reichs wolle Karl heiraten. Das unsinnige Gerücht brachte die Herrscherin so sehr in Verruf, daß sie im Herbst 802 gestürzt wurde, und zwar unmittelbar nach dem Austausch von Botschaftern. Karls Gesandter in Byzanz hatte sozusagen das Startzeichen zum Putsch gegeben, nachdem Karls Spione einen günstigen Lagebericht geliefert hatten.

Die enge Verbindung zwischen Kurie und Krone blieb bestehen. Als der verjagte Papst Leo III. 799 nach Paderborn zu Karl dem Großen (768 bis 814) kam, um von diesem Beistand gegen die heimische Opposition zu erbitten, wurde ihm dieser gewährt: Karl setzte eine Synode in Rom durch, der Papst leistete einen »Reinigungseid« (mit dem er seine Unschuld bewies), und schon zwei Tage darauf, am 25. Dezember 800, wurde Karl durch den rehabilitierten Papst im Petersdom zum Kaiser gekrönt. Der Karolinger hatte die höchste weltliche Würde erlangt, im Abendland regierte wieder ein römischer Kaiser.

In seinem Reich unterhielt der große Karl die sehr nützliche Institution der »Königsboten« oder »Missi dominici«: Ab 802 überwachten sie alle kaiserlichen Administrations-Anordnungen als persönliche Vertrauensleute des Kaisers. Stellvertretend für ihn hielten sie Gericht. An seiner Statt nahmen sie Klagen über Mißstände entgegen – Lageberichte über die Stimmung im Volk. Wie »Fallführer« eines modernen Geheimdienstes sorgten sie mit Hilfe von V-Männern und Unteragenten für die Weitergabe aller eingesammelten Informationen nach oben, zu Karl. Daß die Kirche in dieser Organisation eine maßgebende Rolle spielte, war selbstverständlich. Denn das Reich war in kirchliche Sprengel unterteilt. Diese Bezirke wurden jeweils immer von einem weltlichen Vertrauensmann Karls und einem geistlichen Würdenträger zu Kontrollzwecken und zum Abfragen der Lageberichte bereist.

Mit zunehmender Komplizierung von staatlicher Macht, von Bürokratie und Verwaltungsaufwand, doch auch mit steigender Belastung des Verhältnisses zwischen weltlichen und kirchlichen Machthabern im deutsch-römischen Reich verdichtete sich auch die Verstrickung der Kirche in echt geheimdienstliche Aktionen. Doch wie es mit ausufernder Bürokratie geht: Über Filzokratie führt der Weg direkt in die Erfolgslosigkeit. Von den sieben Kreuzzügen zwischen 1096 und 1270 waren die meisten nicht nur erfolglos, sondern schwächten obendrein das Ansehen der Kirche und des Papstes.

Die blutigen Verluste, welche die Kreuzritter bei Belagerungen und in Schlachten erlitten, waren weniger auf erdrückende Überlegenheit der türkischen Seldschuken zurückzuführen, als auf die ausgezeichnete Erkundung des christlichen Potentials, seiner Absichten und seiner Marschwege. Denn im ganzen Orient bestand schon zu dieser Zeit ein dichtes Netz von Geheimagenten.

Als Kalif Mamun den Thron bestieg, erweiterte er im 10. Jahrhundert den Geheimdienst seiner Vorgänger auf einen Auslandsnachrichten-

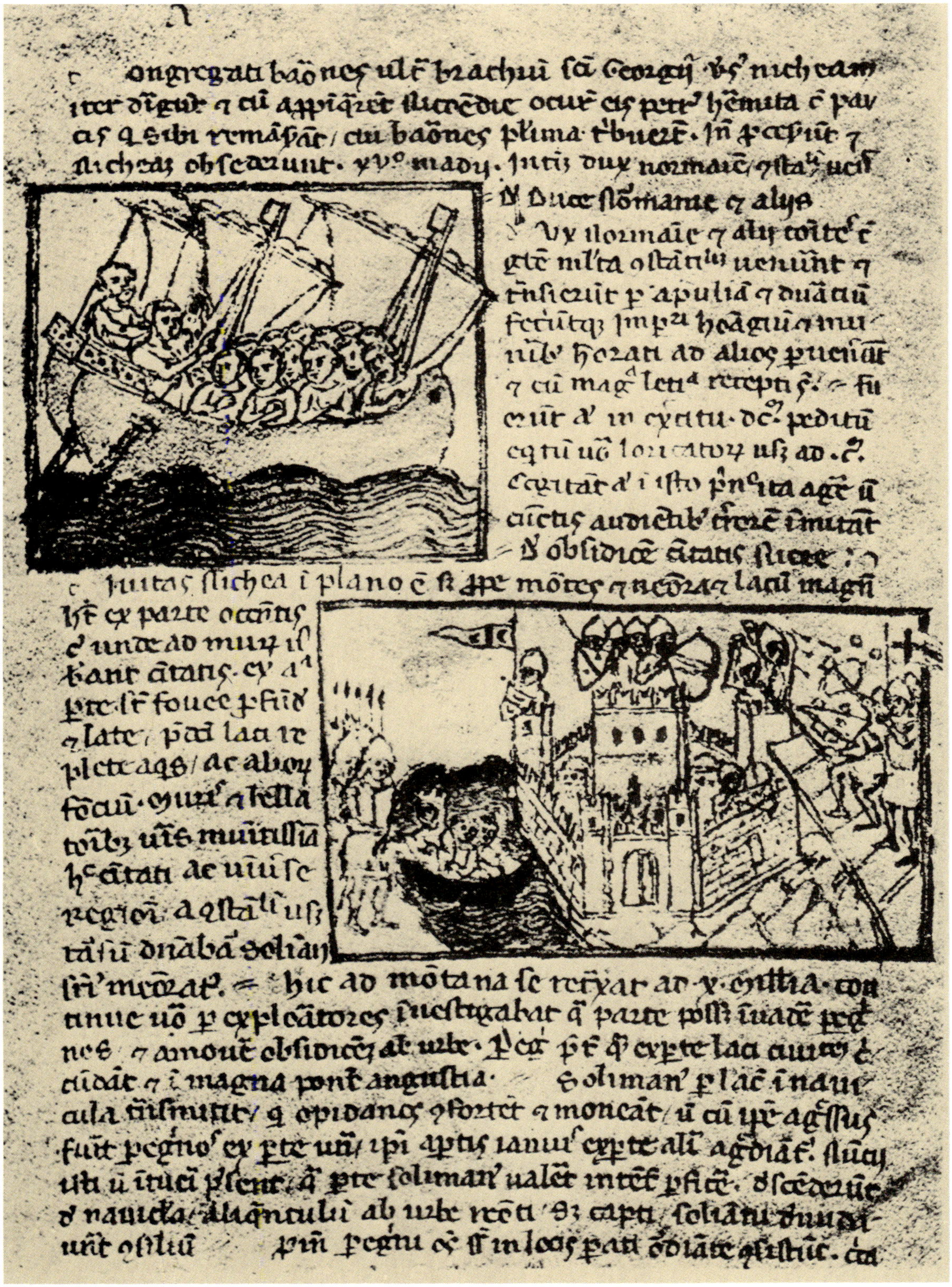

Königliche Hinterlist: Im Vertrauen auf einen Brief König Sigismunds, der ihm freies Geleit zusicherte, reiste der tschechische Reformator Johann Hus zum Konzil nach Konstanz. Aber das Wort des Herrschers galt nichts. Als Hus seine Lehren nicht widerrief, wurde er seiner Priesterwürde enthoben, in Ketzerkleidung abgeführt, auf dem Scheiterhaufen verbrannt und angeblich verscharrt (Bildleiste oben, von links).

Auf dem Weg ins Verderben: Blindlings rannten die Armeen des Papstes auf ihren Kreuzzügen in die Fallen, die feindliche Agenten ihnen gestellt hatten. Schon damals zeigte sich, wie vorteilhaft sich militärische Aufklärung auswirkte. Die türkischen Seldschuken hatten genügend Informationen über Absichten und Marschwege der Kreuzritter erkundet, um ihnen vernichtende Niederlagen beizubringen. Die Chronik des ersten Kreuzzuges 1096 (links) zeugt von dem blutigen Drama, das sich bei der Belagerung von Nicäa abspielte.

Claus Stürz den Becher
Ich Stürtz den Becher und die Kandel.
und hab damit ein guten Handel.
Auch find ich meiner Brüder viel
Die eben das Leben was ich will.

dienst. Dessen Mitarbeiter – reisende Kaufleute, Gesandte an fremden Höfen, Sklavenhändler – erkundeten systematisch politische und militärische Vorgänge im Ausland. Das Netz hatte Bestand. In der Zeit der Kreuzzüge war es so wirkungsvoll, daß muselmanische Geheimdienstler in Verkleidung als Christen bis nach Deutschland und Frankreich vordrangen, wo sie Frühaufklärung gegen die Kreuzzüge betrieben: militärische Abwehrarbeit von hohem Rang.

So lief Bischof Otto von Freising 1147 im zweiten Kreuzzug bei Laodikeia in Kleinasien in eine türkische Falle – sein Heer wurde aufgerieben, Otto rettete sich mit wenigen Begleitern nach Konstantinopel. Der Überfall galt als Erfolg militärischer Aufklärung. Ottos Abwehr aber hatte nicht etwa geschlafen. Er besaß gar keine.

Während also der Papst und die Orientalen, Franzosen und Venezianer bereits gut funktionierende Geheimdienste unterhielten, verließen sich die eher rückständigen deutschen Fürsten und Könige auf die traditionellen Einzelgänger mit Einzelaufträgen. Zwar drang an deutsche Höfe im Hochmittelalter auch Kunde von der Einrichtung eines »Secret Service« als feste staatliche Organisation unter König Edward III. (1327 bis 1377) in England. Der Britenherrscher gilt damit als erster Gründer eines Geheimdienstes von beinahe modernem Zuschnitt in Europa. Mit seinem Zeitalter geht auch – im Zusammenhang kein Wunder – die Entstehung moderner Politik und Diplomatie einher.

Aber die Deutschen lernten nichts. Waffengewalt im Notfall und ein wenig Spitzelei hier, ein bißchen Herumhorchen da – das war alles, was sie an Aufklärung und Abwehr leisteten. Das Überwachungssystem Karls des Großen war schon nach dessen Tod zerfallen.

Es herrschte im Deutschland des hohen Mittelalters noch immer die »Steinzeit der Geheimdienste«. Spione von außen gar erkannte man nur selten.

Doch es gab ja immer noch die Kaufleute. Diese – die deutschen nicht weniger als ihre ausländische Konkurrenz – waren immer an Nachrichten interessiert, aus denen sie ihre handelsstrategisch wichtigen politischen Großwetterlagen herausanalysierten. Die ständige Handelsniederlassung deutscher Kaufleute in Venedig, die heute noch erhaltene Fondaco dei Tedeschi – eine Unterkunft für Reisende und ein Stapelhaus für ihre Waren – ist ein Zentrum geheimer Nachrichtenübermittlung und vertraulicher Berichte aus dem Mittelmeerraum gewesen. Wenn mit Kaufleuten befreundete Herrscher davon profitierten, dann willkürlich und allenfalls über Informationen, die von den Lieferanten erst einmal ausgewählt (und zensiert) worden waren.

Unterdessen hatten sich neben den Klöstern mehr und mehr die Städte als Mittelpunkte kulturellen Lebens etabliert. Bürger nahmen es an Wohlstand mit dem Adel, an Bildung mit der Geistlichkeit auf. Obendrein bewies das Bürgertum, daß sich in ihm eine Gesellschaftsschicht gebildet hatte, in welcher der einzelne unabhängig von seiner sozialen Abkunft aufsteigen, es »zu etwas bringen« konnte. Und das nicht mit dem Schwert, sondern mit den Werkzeugen des Kaufmanns, mit Schreibfeder und Waage und Beziehungen. Zugleich mit dieser unauffälligen sozialen Evolution drohte der Einfluß der Kirche zurückzugehen.

Ein erster Schritt zur Rückgewinnung und Ausdehnung von Macht wurde mit der Annahme landesherrlicher Rechte im 12. Jahrhundert durch die Bischöfe getan. Erst Napoleon schuf diese geistlichen Landesherren wieder ab. Als Landesherren aber hatten sie sofort wieder ein bewährtes Spitzelnetz gewoben. Damit trieben sie auch die neu eingeführte Kreuzzugsteuer (drei Jahre lang ein Zwanzigstel der Einkünfte) bei der untergebenen Geistlichkeit ein. Gestützt wurden sie dabei von den Bestimmungen des Laterankonzils von 1215, das den Bischöfen – mit Hilfe eben ihrer Spitzel – die Auffindung und Verfolgung von »Ketzern«, Abweichlern von der kirchlichen Meinung, befahl.

Das jahrhundertelange Wüten der Inquisition begann. Um 1232 übertrug Papst Gregor IX. die Inquisition dem Dominikaner-Orden. Seine Mitglieder wurden »Spürhunde des Herrn« genannt; der Volksmund taufte sie naheliegend in »Bluthunde» um.

Kurz nach dem Laterankonzil kehrte Graf Heinrich von Schwerin von einem Kreuzzug zurück und stellte fest, daß ihm Waldemar II. von Dänemark die Hälfte seines Landes weggenommen hatte. Er selbst hatte Waldemar als Lehnsherrn bestellt. Landesverrat! Heinrich fing den ungetreuen Waldemar und sperrte ihn in Dannenberg ein. Gegen Zahlung eines Lösegeldes sowie die Verpflichtung zur Rückgabe des geraubten Landes (und noch einiger Ländereien dazu) kam er wieder frei.

In dieser Epoche stand der Staufer Friedrich II. (1212 bis 1250) dem deutsch-römischen Reich als Kaiser vor. Obwohl ein Mann von hoher staatsmännischer Begabung, energisch bis zur Skrupellosigkeit, trachtete er nicht nach Absicherung seiner Innenpolitik und Festigung der außenpolitischen Handlungsfreiheit durch einen vertraulichen Nachrichten- und Informationsdienst. In ständigem Streit mit dem Papst (der ihn mehrfach mit dem Bann belegte), blieb er noch in Amt und Würden, als er 1245 im 1. Konzil von Lyon als Ketzer für abgesetzt erklärt wurde. Friedrich behauptete sich – ein leichtes für ihn, zumal der Papst durch rücksichtslose Anwendung geistlicher Strafmittel mit Folter und Hinrichtungen die Treue seiner deutschen Klerusvertreter zum Vatikan und gegen den Kaiser auf eine harte Probe zu stellen versuchte.

Der Anfang der Wirtschaftsspionage: Mit dem Handel der Hanse wuchs auch deren Agentennetz. Aus den Stützpunkten der Kaufleute, wie etwa dem »Stalhof« (unten), bezogen Nachrichten-Händler ihre Informationen über Auslaufen und Ladung der Hanse-Segelschiffe (Mitte rechts).
Davon profitierte auch der berühmteste Freibeuter, Klaus Störtebeker, (oben links), der mit seiner Flotte (oben rechts) den hansischen »Pfeffersäcken« jahrelang die Geschäfte verdarb.

Das Spitzelnetz des Postministers

Ibn Kordadbeh, Postminister der Kalifen von Bagdad, hatte bereits im 9. Jahrhundert einen geheimen Nachrichtendienst aufgezogen, dem rund 200 Jahre später die Kreuzfahrer zum Opfer fielen. Postbeamte in dieser Organisation hatten nicht allein die Pflicht, Briefe entgegenzunehmen (und zu lesen). Sie mußten darüber hinaus regelmäßig Berichte über die Stimmung in der Bevölkerung, über Lebensmittelpreise, Handelsverbindungen und das Eintreffen fremder Kaufleute abfassen.

Daß endlich der Nachfolger des Heiligen Vaters Gregor IX., Innocenz IV. (1243 bis 1254), alle religiösen Mittel und sogar die Anstiftung zum Hochverrat zur Verfolgung seiner Ziele nutzte, blieb auch im Volk nicht verborgen – der Papst schadete dem Ansehen des Heiligen Stuhls in den Seelen der Gläubigen.

Höhepunkt dieser Entwicklung: Kaiser Friedrich deckte einen Mordplan gegen sich auf. Verwickelt darin war – trotz dünner Beweismittel – offenkundig der Landgraf von Thüringen, Heinrich Raspe, sowie eine Gruppe geistlicher deutscher Fürsten. Nun erst setzte Friedrich – nachdem er durch Vertraute (nicht: Agenten) vom Hochverrat Wind bekommen und ihn vereitelt hatte – eine Handvoll anonym gebliebener Geheimagenten in Rom ein. Das Resultat dieser nachrichtendienstlichen Aktion: Die Kundschafter brachten Indizien dafür mit, daß Papst Innocenz selbst mit Sicherheit Mitwisser, mit hoher Wahrscheinlichkeit sogar Anstifter des Attentatsplanes gewesen ist.

Gleichzeitig wird, um 1250, vom Erzbischof Konrad von Hochstetten aus Köln berichtet: Er habe unter den konkurrierenden Patriziern der Stadt durch gelenkte Unterwanderer Zwietracht säen und sich im anschließend unvermeidlich ausbrechenden Handelsherren-Krieg als Schiedsrichter einsetzen lassen. Klar, daß er die ihm unliebsamen Kaufherren in seinem Spruch verdammte.

Während der weltliche Herrscher Friedrich II. nur fallweise und akut Agenten einsetzte, förderte sein Widersacher Innocenz nicht allein hochverräterische Vorschläge, sondern duldete beifällig die subversiven Praktiken seines deutschen Konrad in Köln.

Kölns Kaufleute waren während dieses unliebsamen »Zwischenfalls« schon längst nicht mehr auf ihre Heimatstadt, deren Umgebung oder den Warenverkehr bloß in Deutschland beschränkt. Seit langem unterhielten sie – zusammen mit westfälischen Handelsherren – eine »Gildehalle« in London, die ähnlich dem deutschen Kontor in Venedig zugleich Nachrichtenzentrale und Umschlagstation geheimer Botschaften und Berichte war.

Secret Service gegen Hanse

Die Rolle des Edwardschen Secret Service und des englischen Heinrichs VII. (1485 bis 1509), der den Geheimdienst seines Vorgängers noch ausbaute, war in der Abwehr der Hanse-Spionage undurchsichtig: Zwar wurde der Londoner »Stalhof« der Hanseaten zwischendurch mal geschlossen. Aber seine Agenten blieben rührig, das Netz intakt. Und als um 1474 der Hanse ihre Privilegien von Edward IV. wieder zugesprochen wurden, öffnete auch der »Stalhof« seine Pforten wieder.

Schließlich entstand um 1281 die allgemeine Hanse: Städteverbunde waren – auch in Süddeutschland – nützliche Zusammenschlüsse nicht nur von wirtschaftlichem, sondern auch politischem Wert. Zu Bündnissen schlossen sich die Händler hauptsächlich gegen die Ritterbünde zusammen. Es gab einen elsässischen, einen rheinischen und einen Großen Süddeutschen Städtebund. Weil sie sehr mächtig waren, traten ihnen bisweilen auch Fürsten oder Herrscher wie die Wittelsbacher oder die Habsburger bei. Selbstverständlich zogen sie mit dem wirtschaftlichen auch politischen Gewinn aus den hochentwickelten Nachrichten- und Informationstechniken der Kaufleute (die damit einer jahrtausendealten Tradition ihres Gewerbes folgten).

Erst 1358 nannten sich die zusammengeschlossenen rund 200 deutschen Gemeinden »Städte von der deutschen Hanse«. Der Bund gab sich teilweise sogar kriegerisch. So wurden auf gemeinsamen Hanse-Tagen Verteidigungsbündnisse gegen Adel und nichthansische Städte beschlossen; in eigenen, selbstfinanzierten Feldzügen eroberten sie 1370 die Städte Kopenhagen und Helsingborg; Kaperschiffe, Räuberkoggen, fuhren für den feinen Verbund und schädigten den holländischen und den englischen Handel. Sichere Nachrichten über Auslaufen, Ziel und Ladung reicher Kauffahrteischiffe aus englischen Häfen gingen den hansischen Interessenten beispielsweise aus dem Londoner »Stalhof«, der Faktorei der Hanse, zu.

Im späten Mittelalter befand sich das Reich nahezu in Auflösung. Die Könige hingen von ihrer jeweiligen Hausmacht ab, um überhaupt regierungsfähig zu bleiben. Das Spitzelwesen breitete sich aus – immer noch von Einzelgängern und freien Nachrichtenhändlern beherrscht; das »Kolleg der Kurfürsten« trachtete danach, den Reichsherrscher unter seinen Einfluß zu bringen. In jenen Tagen kam es nochmals sehr massiv zu geheimdienstlichen Aktionen der

Agenten des Secret Service (diesmal unter Richard II. von England) auf deutschem Reichsgebiet: Es war zu klären, wieweit der Einfluß des britischen Religions-Reformators John Wyclif auf den Theologie-Professor Johann Hus im böhmischen Prag und auf die Studenten dieser deutschen Universität ging. Drei Jahre, nachdem Hus 1415 als Ketzer verbrannt worden war, zogen sich die britischen Späher wieder auf die Insel zurück.

Die englischen Kundschafter waren im übrigen auch auf der Konstanzer Kirchenversammlung (1414 bis 1418) vertreten, auf der Hus verurteilt wurde. Wieder war Verrat im Spiel gewesen: Die versammelten Fürsten und Prälaten, voran Kaiser Sigismund (1410 bis 1437), hatten dem böhmischen Theologen sicheres Geleit zugesagt. Im Vertrauen darauf pilgerte der arglose Gelehrte Hus nach Konstanz, um die dort Versammelten zu seinen, beziehungsweise Wyclifs Lehren zu bekehren. Das Ergebnis: Man verurteilte ihn als hartnäckigen Ketzer. Der Trick dabei: Einem hartnäckigen Ketzer gegenüber galt sicheres Geleit als erloschen. Hus mußte deshalb sterben. Es ist strittig, wann »das Mittelalter« zu Ende ging: Sicher geht es in Bereichen über das Jahr 1500 hinaus. Gutenbergs Erfindung des beweglichen Letterndrucks um 1450 ist noch Markstein des späten Mittelalters, gleichfalls die Einnahme Konstantinopels durch die Türken (1453) oder die Entdeckung Amerikas im Jahr 1492. Doch die Reformation, am 31. Oktober 1517 durch Martin Luther eingeleitet – ist sie schon nur Neuere Geschichte, ist sie trennbar vom Mittelalter? Die Grenzen sind fließend.

So fließend wie die Grenzen zwischen Verrat und politischer Pflicht, zwischen Spionage und notwendiger Wißbegier. Gewiß ist, daß die Epoche der spionierenden Einzelgänger in Deutschland mit dem Mittelalter zu Ende ging. Die Gelegenheitsagenten machten den ersten Profis Platz. Doch auch die folgenden 300 Jahre zeigten wieder: Spionage lohnt sich, Verrat zahlt sich aus.

Öffentliches »Geheimpapier«: Pläne über feindliches Kriegsgerät, wie diesen »Teleskopturm« (links), waren feindlichen Spitzeln leicht zugänglich. Sie wurden nicht zu Verschlußsachen erklärt.

Grausamer Tod: Ertappte Verräter wurden qualvoll gefoltert. Im Mittelalter fanden Rechtsbrecher den Tod durch Hängen, Köpfen und Rädern (oben).

Der Stolz der Armee: Konstruktionspläne neuer Waffen waren offen zugänglich. Ob es sich um die ersten »Panzer« (unten) oder den Bau eines Verteidigungswalls handelte – der Feind konnte die Schwachstellen eingehend studieren.

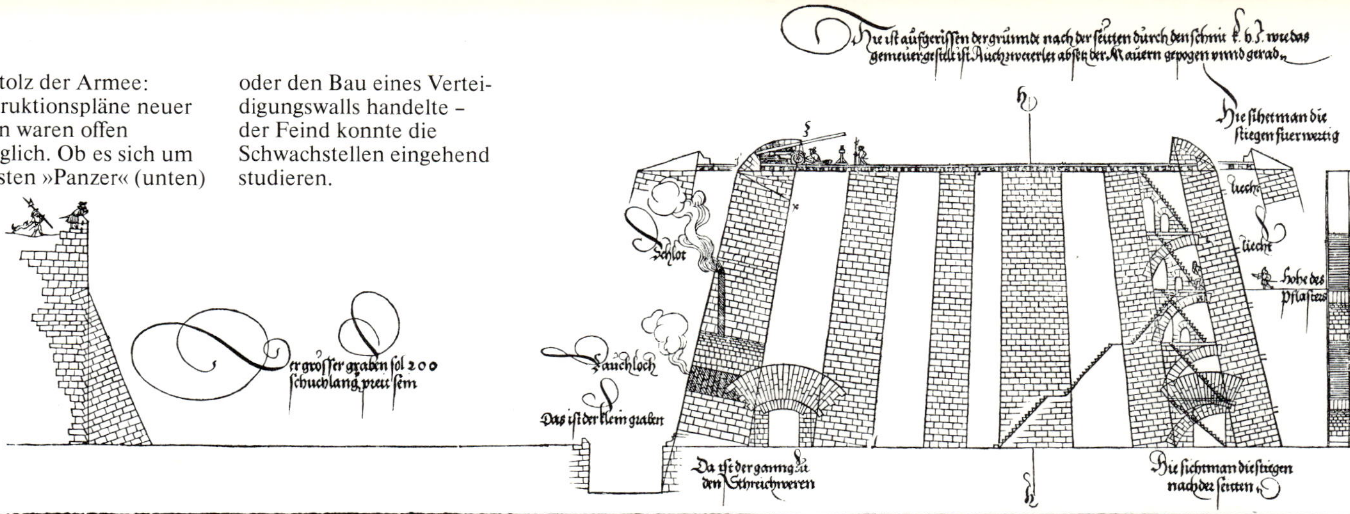

2. KAPITEL

ABENTEURER UND EINZELGÄNGER

1500 BIS 1800

Kaiserliche Kriegsanleihe

Mit seinem riesigen Rüstungsdarlehen entschied ein Fugger – Anton war der Chef im Hause – den Schmalkaldischen Krieg für die Sache des Katholizismus.
In den Monaten Juni und Juli 1546 pumpten Onkel Anton und Neffe Georg Fugger 600 000 Gulden in des Kaisers Kriegskasse, Anfang 1547 weitere 230 000. Die schmalkaldischen Kreditgesuche der Protestanten lehnte der Protestanten-Sympathisant ab.

Der Reiter, der durch den Wald hinter Donauwörth trabte, hatte es nicht sehr eilig. Sein Pferd sollte verschnaufen. Er hatte eine Stunde scharfen Galopp hinter sich. Steg und Weg hier kannte er, er wußte auch, daß die Gegend als sicher galt. Auf Sicherheit mußte er nämlich achten: Er war Kurier in Diensten des Kaisers und gleichermaßen Kundschafter für seinen Herrn, den Kaufmann Georg Fugger. Soldat war er nicht – nüchtern betrachtet war der Reiter Kurier und Spion. In den Satteltaschen trug er geheime Mitteilungen in Briefform aus dem kaiserlichen Heerlager an Georg Fugger.

Der Überfall kam ganz plötzlich. Bis Wörnitzstein hatte der Reiter von etwaigen Verfolgern nichts bemerkt. 800 Meter weiter, ein Stück vor der Kuppe des Rambergs, wandte er sich nach links und geriet auf einen Waldweg. Am Ende des Waldes sah er von weitem den Flecken Reichertsweiler. Dort war er am Zwergbach mit einem anderen Kurier verabredet.

Den Zwergbach hat der Reiter nie erreicht. Hinter und neben ihm brachen Bewaffnete aus dem Gehölz. Blitzschnell drehte er sich um. Sein Griff zur Waffe nützte nichts mehr. Zwar war er mit einem der modernen Radschloßgewehre ausgerüstet, wie sie seit 1515 gebraucht wurden. Doch er kam nicht mehr zum Schuß, die Fremden hatten ihn bereits gepackt, vom Pferd gezerrt und verschnürt wie ein Postpaket der Fugger-Konkurrenten Thurn und Taxis. Ein Knebel im Munde würgte ihn. Mit weit aufgerissenen Augen sah er, wie die fremden Reiter seine Satteltaschen filzten. Sie fanden die Briefe. Ihr Anführer brach die Siegel. Offensichtlich konnte er sogar lesen.

»Weißt du, wer der ›Bretzelbauch‹ ist?« fuhr er den Gefesselten an. Der knurrte unter dem Knebel und schüttelte den Kopf.

»Und Steinberg? Wer ist Steinberg?« wollte der andere wissen. Als Antwort die gleiche Reaktion.

Der Wortführer wurde ungemütlich. »Heh«, er trat dem am Boden Liegenden in die Seite, »wer ist Zollinger? Du kommst doch vom Kaiser, Kerl! Und wenn ich schon weiß, wer mit Bretzelbauch gemeint ist, kann ich mir doch nicht denken, wer die anderen sein sollen. In der Umgebung des Kaisers gibt es keine Männer, die so heißen.« Und zu seinen Leuten gewandt: »Knebel raus!«

Erst einmal holte der Überfallene tief Luft. Dann redete er: »Ich weiß gar nichts. Ich habe einen Freibrief, genau wie alle wichtigen Untertanen des Kaisers, wie Beamte und hohe Herren oder eben Boten. Ich soll nur die Briefe nach Augsburg bringen.«

Der Mann log. Er kannte den Inhalt der chiffrierten Briefschaften. Wie ein moderner Spion oder der Kurier eines geheimen Nachrichtendienstes hatte er die Botschaften auswendig gelernt für den Fall, daß die Schreiben verlorengingen. Er kannte auch die Klarnamen, die sich hinter denen verbargen, nach welchen der fremde Reiter gefragt hatte: »Zollinger« war der Tarnname für Anton Fugger, »Steinberg« war kein Mann, sondern Deckname für Augsburg. Und »Bretzelbauch«, nun Bretzelbauch wußte ja der andere ohnehin: Kurfürst Johann Friedrich von Sachsen trug diesen Spitznamen wegen seines ungeheuren Leibesumfangs. Im übrigen war der Bestimmungsort der Kurierpost nicht Augsburg, sondern München.

»Einen Freibrief hast du?« höhnte der Fremde. »Vom Kaiser Karl?« Er lachte. Dann befahl er seinen Männern: »Bringt ihn zum Reden!«

Der Kurier wurde gefoltert. Er sagte nichts. Er wurde ohnmächtig. Sie weckten ihn wieder auf. Folterten ihn weiter. Er brüllte im Schmerz, aber er wurde nicht zum Verräter. Zuletzt röchelte er: »Seid ihr Männer vom Schärtlin?«.

Statt einer Antwort schoß ihn der fremde Reiterführer mit seinem eigenen Gewehr aus der Nähe ins Herz. Kriegsbrauch um 1546, Agentenschicksal der beginnenden Neuzeit.

Der Mann war ein unbedeutendes Opfer im Schmalkaldischen Krieg (1546 bis 1547). Schon 1531 hatten sich im thüringischen Schmalkalden protestantische Stände Nord-, Mittel- und Süddeutschlands zu einem Verteidigungsbündnis gegen die Religionspolitik des Kaisers Karl V. (1519 bis 1556) zusammengeschlossen. Die evangelischen Reichsstände – Kurfürst Johann von Sachsen, Markgraf Georg von Brandenburg, Herzog Ernst zu Braunschweig und Lüneburg, Landgraf Philipp von Hessen, Fürst Wolfgang zu Anhalt sowie 14 Städte, darunter Straßburg, Ulm, Nürnberg und Konstanz – hatten früher bereits eine »Protestation« gegen die Durchführung des »Wormser Edikts« unterzeichnet, nach welchem Luther als Ketzer in Acht getan worden war. Angesichts der Türkengefahr auf der einen und der bewaffneten Macht der »Protestanten« auf der anderen Seite gewährte der Kaiser den lutherischen Ständen auf dem Reichstag von Nürnberg freie Religionsausübung: im »Nürnberger Religionsfrieden« – der wenige Jahre später vom Kaiser schmählich verraten wurde.

Denn irgendwann, hatte sich Karl vorgenommen, wollte er die Lutheraner doch niederwerfen. Dazu sicherte er sich die Hilfe eines Protestanten – des Herzogs Moritz von Sachsen (ein Vetter des Kurfürsten und Schwiegersohn des hessischen Philipp): Verrat am Schmalkaldischen Bund. 1546 schlug der Kaiser mit seinen Truppen los.

Dieser protestantische Bund, von einer gespaltenen Führerschaft schlecht geleitet und außerstande, seine zahlenmäßige Überlegenheit zu nutzen, war anfangs sogar erfolgreich. Die Armee – in der auch ein gefürchteter Landsknechtsführer namens Schärtlin focht – beherrschte die Donau; Karls – und der Fugger – Agenten hatten Kunde gebracht, daß man auch gegen Tirol marschieren wollte. Doch dem Kaiser eilten jetzt Truppen aus den Niederlanden und aus Italien zu Hilfe. Der Verräter Herzog Moritz von Sachsen ließ sich vom Kaiser die Kurfürstenwürde versprechen und fiel über die Besitzungen des Braunschweiger Herzogs Ernst her. So band er die protestantischen Truppen im Norden. Kaiser Karl V. aber zog die Donau entlang

und besetzte auf seinem Marsch alle Städte, denen er schwere Entschädigungszahlungen aufbürdete. Gleichwohl kehrte sich keine vom neuen Glauben ab. Nur in einer Stadt, wo die kaisertreuen Patrizier die Situation nutzten, um gegen die volksfreundlichen Reform-Ideen anzugehen, wurde die Reformation widerrufen – in Augsburg.

Augsburg war die Stadt der Fugger.

Der Schmalkaldische Krieg, der am 24. April 1547 bei Mühlberg an der Elbe mit einer völligen Niederlage der Protestanten endete, war für die Fugger eine starke finanzielle Belastung gewesen. Denn sie hatten ihn bezahlt.

Wohl war Anton Fugger kaisertreu – er hatte Karl ohnehin schon Millionensummen geliehen –, aber er war mit seiner ganzen Habe an Augsburg gebunden, das zu den Schmalkaldenern hielt. Der Kaiser mußte erst Druck ausüben, um von Anton Fugger wieder Geld zu bekommen. Der Fugger wiederum hatte den Anschein zu vermeiden, als ob er mit seiner finanziellen Schaukelpolitik die Gegner des Bundes fördere. Das wäre ihm als Verrat ausgelegt worden. Folglich brachten die reichen Fugger bei Kriegsausbruch erst mal sich selbst und ihr Vermögen in Sicherheit: Georg übersiedelte nach München (wohin der kaiserliche Bote unterwegs gewesen war); Anton verlegte den Sitz der Firma und seiner Familie nach Schwaz in Tirol.

Noch am 31. Dezember 1546 besaßen die Fugger ein Handelskapital von zirka fünf Millionen Gulden (etwa 40 Millionen Goldmark; nach heutigen Begriffen ein Milliardenvermögen). Mit Niederlassungen und Kontoren, Faktoreien, Bergwerken und Ländereien in ganz Europa waren die Augsburger der erste »Multinationale Konzern« nach dem Mittelalter. Dieser Multi besaß das größte Kapital, das in dieser Epoche überhaupt jemand hatte.

Als sich 1552 der durch seinen Verrat am Schwiegervater zum Kurfürsten von Sachsen gemachte Moritz mit der deutschen Fürsten-Opposition gegen den Kaiser verbündete und in hochverräterischer Absicht gegen ihn zu Felde zog, stand das Haus Fugger auf der Höhe seiner Macht – und kurz vor dem Niedergang.

Mit einer solchen Macht mußte man natürlich etwas anfangen. Denn ohne Informationsvorsprung vor Widersachern oder Konkurrenten und sogar Freunden läßt sich Überlegenheit weder erringen noch festigen.

Also sicherten sich die Fugger auf ihre Art Informationsvorsprünge.

Ein Spitzname wird zum Decknamen: Kurfürst Johann Friedrich I. von Sachsen (Bild Mitte) wurde wegen seiner Leibesfülle »Bretzelbauch« genannt. Auch in chiffrierten Nachrichten wurde diese Bezeichnung verwendet. In die Geschichte ging Kurfürst Johann Friedrich als »der Großmütige« ein.

Kaiser Karl V. vereinigte als Monarch Gebiete unter seiner Herrschaft, die an Ausdehnung, Bevölkerungszahl und Reichtum alles übertrafen, was je seit den Tagen des Karolingerreichs unter einem Zepter zusammengeschlossen war: ein Reich, in dem – so Karl – »die Sonne nicht unterging«. Doch dieser fünfte Karl, in Gent geboren, war als deutscher Kaiser nach Erziehung und Heimatgefühl weder Deutscher noch Spanier. Er war Niederländer, Burgunder. In einem derartigen Imperium – in dem die Fugger wiederum ihr eigenes unterhielten – war für einen erfolgreichen Wirtschaftskapitän wie einen Fugger ein tüchtiges Informationsnetz lebenswichtig. Es mußte dabei nicht nur auf das Sammeln von offenen und geheimen Nachrichten ankommen. Wichtig war auch die Abwehr konkurrierender oder gegnerischer Nachrichtendienste – seien es nun offiziöse (wie die des Papstes Paul III.) oder halb-private (wie die venezianischen). So konnten die Fugger nach einem nachrichtendienstlichen Erfolg Venedigs über die Augsburger Zentrale einen Abwehrerfolg gegen die Venezianer verbuchen:

Anton empfing einen Vertrauten aus Italien. »Was bringst du mir?« fragte der Patrizier. »Ich bringe eine schlechte Nachricht, die von Nutzen für Euch sein wird.«

»Was soll das?« fragte der Kaufherr. »Wie kann mir eine schlechte Nachricht nützen?«

»Karl hat 500 000 Scudi für den Krieg gegen die Protestanten bekommen, stimmt doch?« fragte der Besucher frech. Er hatte richtig gepokert. Anton Fugger brauste nicht auf. Er zeigte lediglich erhöhte Aufmerksamkeit – Tugend eines gewieften Kreditpolitikers (und erfahrenen Intelligence-Chefs). »Woher weißt du das?« fragte er kurz.

Der andere berichtete: »Ich habe im Hause des Marcantonio Mihiel zwei venezianische Diplomaten ihre Geheimberichte aus Deutschland vortragen hören. Danach haben die Fugger diese 500 000 Scudi als Anleihe gezeichnet. Heute, am 4. März 1547, will der Kaiser aus Ulm aufbrechen, um endgültig mit den Schmalkaldenern abzurechnen. In den Geheimberichten war auch die Rede davon, daß des Kaisers Zahlmeister am 2. März, also vorgestern, die erste Augsburger Zahlung von 100 000 Gulden in Empfang nehmen würde. Ich nehme an, er hat sie bekommen.«

Der Fugger wiegte seinen Kopf. »Dieser Marcantonio Mihiel ist ein Patrizier in Venedig. Ich kenne ihn. Wer sind die Diplomaten? Wie heißen sie?« Er erfuhr die Namen. Vier Tage später wußte Fuggers Mann in Venedigs »Fondaco dei Tedeschi«, der Niederlassung deutscher Kaufleute in der Lagunenstadt, diese Namen ebenfalls. Als die Diplomaten zwei Wochen später auf ihren Platz am Hof Karls zurückkehren wollten, hielten die Dogen sie zurück. Ihre Begründung: Deutschland sei nicht mehr die geeignete Wirkungsstätte für sie. Sie würden woanders dringend gebraucht.

Venedigs Spione in Deutschland waren fortan für lange Zeit auf »offene« Quellen angewiesen.

Während so die Fugger ihr Nachrichtennetz ans Mittelmeer spannen, hatten sie in Rom lange zuvor schon einen Doppelagenten untergebracht: den Doctor Markus Fugger alias Marco Fukiere, Schreiber in der päpstlichen »Registratur der Bittgesuche«. Abgesehen davon, daß Bittgesuche allemal interessante Lektüre sind, war Meister Markus auch selbst als Nachrichtenträger interessant. Viele vertrauliche Mitteilungen des deutschen Klerus und der Bischöfe nördlich der Alpen liefen durch sein Büro. Die gab er brav an seine mächtige Familie weiter. Viele vertrauliche Mitteilungen aber erhielt er auch von seiner Familie über deutsche Handelsbeziehungen und kaiserliche Politik. Die gab er brav an seinen

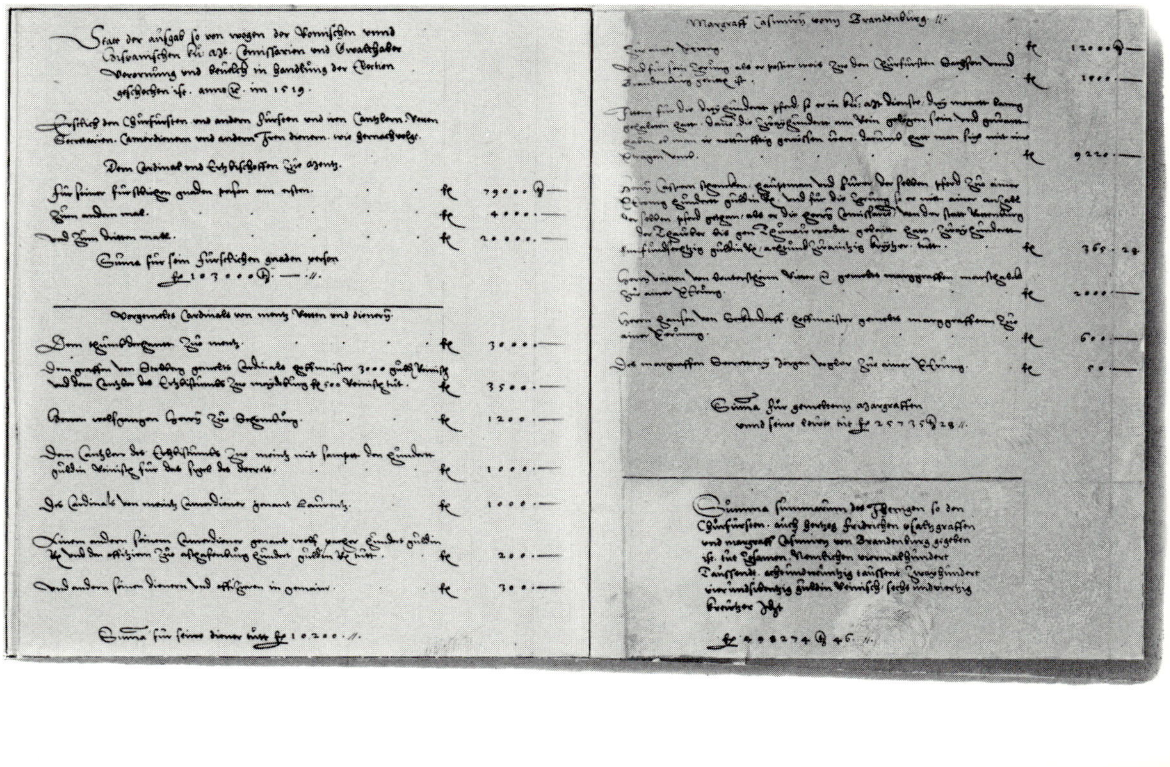

Geld regiert die Welt: Wahlkampf kostete immer schon viel. Kaiser Karl V. benötigte riesige Summen, um sein Reich, in dem »die Sonne nie unterging«, zusammenzuhalten. Gekaufte Wahlstimmen waren ebenso wichtig wie gekaufte Geheim-Informationen, die ihm Agenten lieferten. Die kaiserlichen Hausbanken waren die Fugger und Bartholomäus Welser (Abb. Seite 31). Was sie an Scudi und Gulden vorschossen, forderten sie später in exakten Abrechnungen (Abb. rechts) vom Kaiser zurück.

BARTHOLOMÆUS WELSER. DIV. CAROLO V. ROM. IMP. AUGUST. A CONSILIIS ET REIP. AUGUSTANÆ VIIVIR
NAT. A.C. MCCCCLXXXIV.
DENAT. MDXLVI.
G.C. Einmarf f.

Auch Martin Luther (Abb. links) profitierte vom Ränkespiel der Mächtigen: Weil Franz I. von Frankreich dank seiner Agenten bestens über die Pläne Karls V. unterrichtet war, machte er die Sache Martin Luthers zu seiner eigenen und unterstützte die Protestanten. So blieb die Reichsacht gegen Luther, ausgesprochen auf dem Wormser Reichstag (1521), wirkungslos.

Bürgermut vor dem Kaiserthron: Windsheims Bürgermeister Sebastian Hagelstein (4. von rechts) überreicht Kaiser Karl V. (links) 1530 die Lutherische Bekenntnisschrift. Ein Jahr zuvor noch hätte seine Handlung Hochverrat bedeutet. Hagelstein wartete klug, bis andere den Schritt vor ihm gewagt hatten.

Bestechung und Verrat als Mittel der Machtpolitik: Kaiser Karl V. (rechts) scheute keine Intrige, um seine Idee von der Wiedererrichtung des Heiligen Römischen Reiches in die Tat umzusetzen.

Fürstenverschwörung: Doppelverrat führte zur Belagerung der Stadt Frankfurt am Main (rechts unten). Moritz von Sachsen, erst V-Mann Karls V., fiel wenig später dem Kaiser in den Rücken und verbündete sich mit Heinrich II. von Frankreich.

FRANCOFORDIÆ
EMPORII GERMANIÆ
CELEBERRIMI,
effigatio:
Qualis quidem tum cernebatur, quum tempore
DEI vero OPT. MAX.
Clementia atque
CAROLI V. INVICTISS.
SENATUS CIVIUMque
Joanne Glauburgo & Joanne Völkero, CSS.

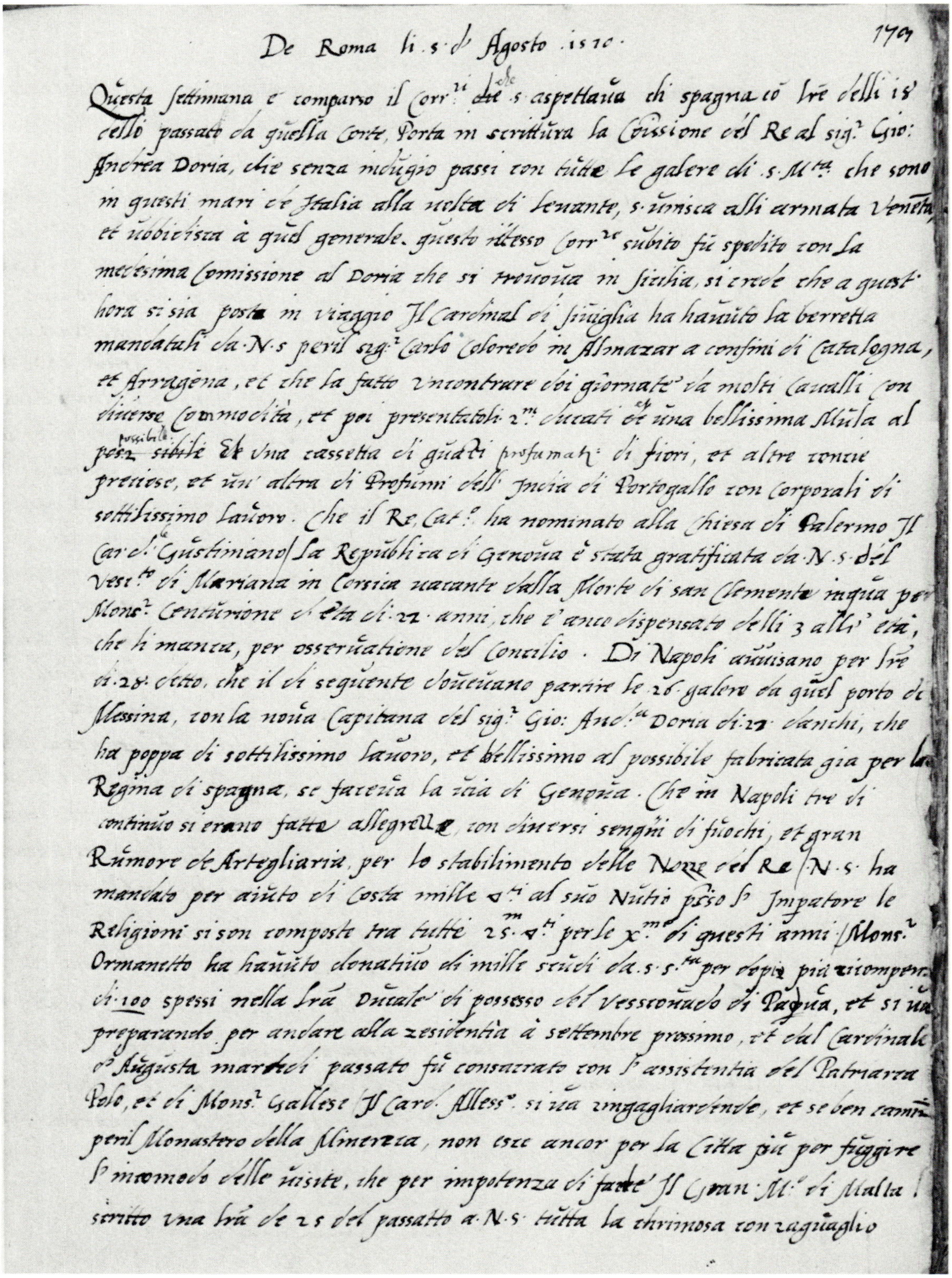
De Roma li 5 di Agosto 1570

Questa settimana è comparso il Corr.ri che s'aspettaua di spagna có lre delli 18 del passato da quella Corte, Porta in scrittura la Cõmissione del Re al sig.r Gio: Andrea Doria, che senza indugio passi con tutte le galere di S. M.tà che sono in questi mari d'Italia alla uolta di Leuante, s'unisca alli armata Veneta et ubbidisca à quel generale. questo istesso Corr.re subito fu spedito con la medesima Comissione al Doria che si trouaua in Sicilia, si crede che a quest' hora si sia posto in viaggio. Il Cardinal di Siuiglia ha hauuto la berretta mandatali da N. S. per il sig.r Carlo [illegible] in Almazar a confini di Catalogna, et Arragona, et che la fatto incontrare doi giornate da molti Caualli con diuerse commodità, et poi presentatoli 2m ducati et una bellissima Mula al [illegible] et una cassetta di guanti profumati di fiori, et altre cose pretiose, et un altra di Profumi dell'India di Portogallo con corporali di sottilissimo lauoro. Che il Re Cat.co ha nominato alla Chiesa di Palermo Il Card.le Giustiniano. La Republica di Genoua è stata gratificata da N. S. del Vesc.to di Mariana in Corsica uacante dalla Morte di san Clemente [illegible] per Mons.r Centurione d'età di 22 anni, che è ancho dispensato delli 3 alli età, che li manca, per osseruatione del Concilio. Di Napoli auisano per lre di 28 detto, che il di seguente doueuano partire le 26 galere da quel porto di Messina, con la noua Capitana del sig.r Gio: And.a Doria di 27 banchi, che ha poppa di sottilissimo lauoro, et bellissimo al possibile fabricata gia per la Regina di spagna, se faceua la uia di Genoua. Che in Napoli tre di continuo si erano fatte allegrezze con diuersi segni di fuochi, et gran Rumore d'Arteglieria, per lo stabilimento della Lega del Re [illegible] N. S. ha mandato per aiuto di Costa mille d.ti al suo Nuntio presso l'Imperatore le Religioni si son composte tra tutte 25m d.ti per le x.me di questi anni. Mons.r Ormanetto ha hauuto donatiuo di mille scudi da S. S.tà per [illegible] di 100 spesi nella lra Ducale di possesso del Vescouado di Padua, et si ua preparando per andare alla residentia à settembre prossimo, et del Cardinale d'Augusta martedì passato fu consacrato con l'assistentia del Patriarca [illegible], et di Mons.r Gallese. Il Card. Alless.o si ua ingagliardendo, et se ben cam[illegible] per il Monastero della Minerua, non esce ancor per la Città più per fuggire l'incomodo delle uisite, che per impotenza di farle. Il Gran M.ro di Malta scritto una lra de 25 del passato a N. S. tutta la [illegible] con ragguaglio

Agentensitz am Canal Grande

Das palastartige Haus der deutschen Handelsherren in Venedig, der »Fondaco dei Tedeschi« (in dem heute Venedigs Hauptpostamt ist), unweit der Rialto-Brücke, war für die Fugger – und nicht bloß für die – ein perfektes Nachrichtenzentrum. Hier, wo deutsche Kaufleute gegen Ende des späten Mittelalters jährlich eine Million Dukaten umsetzten, liefen alle Fäden zusammen, trafen über fremde Seefahrer vertrauliche und geheimste Informationen aus allen bekannten Ländern der Erde ein.
Zwar durften die Deutschen kein Geld ausführen, und die Gondoliere hatten Weisung, neuankommende deutsche Kaufleute zuerst in den Fondaco zu rudern. Aber einmal in San Marco, hörten sie vieles in den Palästen der Dogen und Edlen, dessen Ausfuhr nicht verboten werden konnte: politische und wirtschaftspolitische Nachrichten, Informationen aus Kirchenkreisen und aus der Geheimdiplomatie italienischer Provinzen.

Papst – es war Sixtus IV. – weiter. Der Heilige Vater belohnte ihn denn auch reich: Der bürgerliche Markus – seine Familie war noch nicht geadelt – erhielt ein Kanonikat am Augsburger Dom. Sonst blieben derlei Posten adligen Ständen vorbehalten.

Religion, Politik und Handel ließen sich eben nicht so streng auseinanderhalten. Um aber ihre Nachrichtengewinnung sowie die sorgsam gefilterte Streuung von Information (und Desinformation) perfekt und fehlerlos zu machen, schufen sich die Fugger ein besonders geeignetes Instrument, das es bis dahin im Geheimdienstgewerbe noch nicht gegeben hatte: Zeitungen, die sogenannten Fugger-Zeitungen.

Erst einmal hatte ein allgemein regerer Briefverkehr – begünstigt durch die Strömungen des Humanismus – den Postdienst gefördert. Je regelmäßiger und sicherer dieser seine Aufgaben erfüllte, desto mehr Briefe wurden ihm anvertraut. Schließlich streifte der Brief seine Intimität ab. Der Empfängerkreis wurde größer, die handschriftliche Vervielfältigung bot sich an, endlich sogar das Abonnement.

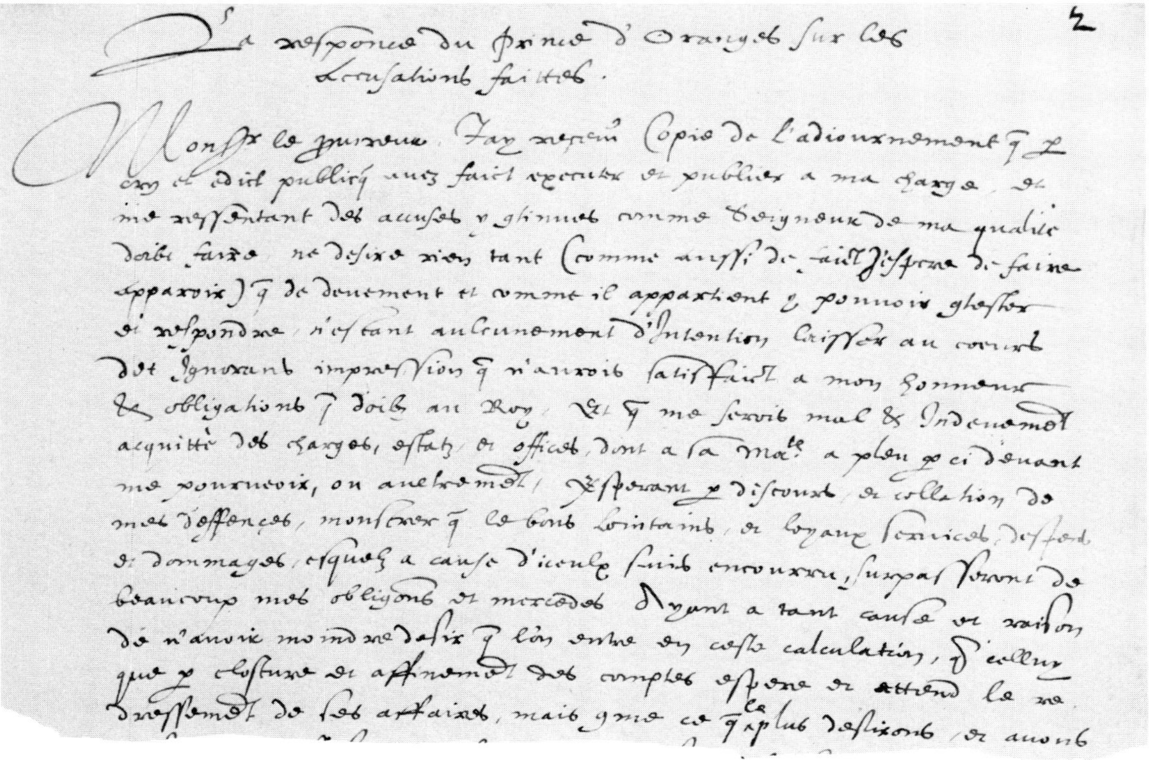

La responce du Prince d'Orange sur les accusations faittes.

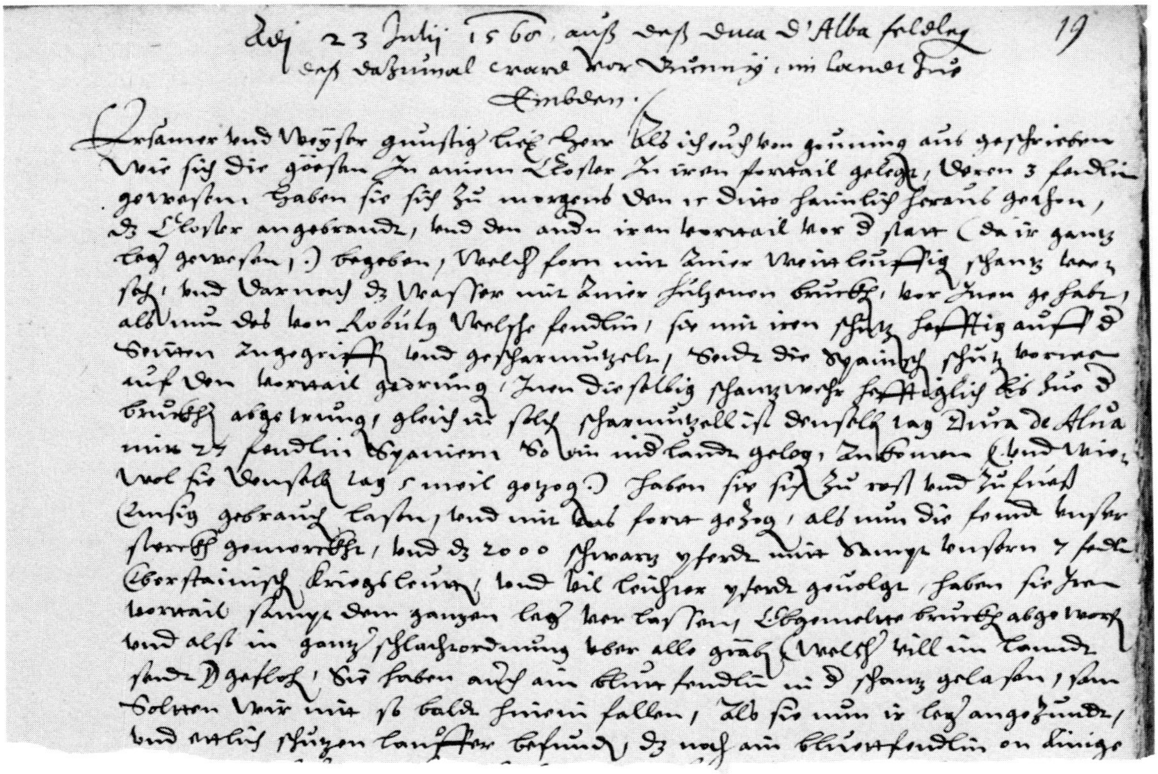

Den 23 Julij 1568 auß des Duca d'Alba feldlag ...

Vorsprung durch den Postdienst: Schon ein Jahr vor der Seeschlacht von Lepanto (1571) erhielten die Fugger erste Informationen über die Vorbereitungen der Gegner. Durch ihren weitverzweigten Briefdienst wußten sie, daß Don Juan d'Austria den Befehlshaber der genuesischen und venezianischen Flotte, Andrea Doria (einen Großneffen des berühmten Admirals und Staatsmannes Andrea Doria) beauftragt hatte, sich mit allen zur Verfügung stehenden Galeeren umgehend nach Osten zu bewegen. Auch der Kardinal von Palermo sollte seine Schiffe nach Genua entsenden. Dafür wurden beträchtliche Geschenke versprochen. Für die Fugger war dieses Wissen ein unschätzbarer Informationsvorsprung für geschäftliche Transaktionen.

Reichster Mann seiner Zeit: Jakob Fugger (Abb. Seite 36) war Herr über ein riesiges Handelsimperium und ein weitverzweigtes Agentennetz.

Ahnherr der modernen Post: Franz von Taxis (Abb. Seite 37) führte die regelmäßigen Kurierdienste ein und damit auch die kontinuierliche Nachrichtenbeschaffung geheimer Dienste.

Bei den Fuggern lief das so: Jeweils samstags ritten von Rom die Boten mit den jüngsten Nachrichten ab; immer freitags zogen die Boten aus Venedig los; acht Tage später waren sie in Augsburg. Gleichzeitig trafen die berittenen Kuriere aus Antwerpen ein (die waren vier Tage unterwegs). Zwischen London und der Hauptstadt der Niederlande verkehrten Postschiffe, auf denen ebenfalls Vertraute Fuggers saßen; aus Spanien kamen die Informationen über Lyon mit dem sogenannten Lyoner Ordinari, einer Kurierkette, nach Süddeutschland. In Augsburg, in der »Goldenen Schreibstube«, filterten die Fugger, was sie einem breiten Publikum weitergaben – und was sie zu eigenem Nutzen für sich behielten.

Als die große Handelsfamilie aus Augsburg längst nicht mehr die kapitalkräftigste in Deutschland war, zeigte sie sich doch immer noch als eine der bestinformierten Sippen: In den »Fugger-Zeitungen« von 1568 bis 1605 finden sich sogar nicht-öffentliche Notizen über das Edikt der englischen Königin gegen die deutsche Hanse, ein ausführlicher Bericht von einem Aufstand peruanischer und chilenischer Kolonisato-

Spionage: ein altes Privileg der Post

Mit Postbeförderung und gleichzeitiger -zensur blieben die von Taxis in einer alten, weitverbreiteten Tradition: Ibn Kordadbeh hatte im 9. Jahrhundert als orientalischer Postminister vorgemacht, wie ein Geheimdienst organisiert wird; John Thurloe tat es im 17. Jahrhundert dem Orientalen und den Taxis nach – auch als Postminister.

ren gegen die spanische Krone im Juli 1570; ja selbst darüber brachte eine »Fugger-Zeitung« Belege, wie die Türkei ihre Mittel für den Kampf gegen das Christentum aufbrachte und wie die geheimen steuerlichen Hebesätze des Soliman von Istanbul um 1588 aussahen.

Tausende von besoldeten Agenten sammelten Informationen für die Fugger, seit Jakob Fugger der Reiche zwischen 1478 und 1480 im venezianischen Fondaco neben dem Handel mit Waren auch den mit Nachrichten gelernt hatte. Anfangs waren es noch keine »Zeddula« oder Zeitungen; es waren versteckte Botschaften unter Güterladungen, oft dreifach auf drei verschiedenen Wegen verschickt – ein Kurierweg, wie ihn Nachrichtendienste noch heute benutzen. So waren die Fugger zugleich Wegbereiter deutscher Geheimdienstarbeit und Gründer eines ersten, wirklich wirkungsvollen privaten Nachrichtendienstes. Und zwar noch vor den Thurn und Taxis.

In einem beziehungsvollen Punkt funktioniert sogar noch heute die stillschweigende Kumpanei, wie sie zwischen konkurrierenden Geheimdiensten Brauch ist: Ohne die Postlinien der Thurn und Taxis lief auch bei den Fuggern wenig. Doch welche Fäden zwischen den Häusern geknüpft waren, ob es Informationsaustausch gegeben hat – was sicher angenommen werden darf – oder wo beide in geheimdienstlicher Nachrichtenbeschaffung zusammengearbeitet haben: davon ist nichts überliefert. Immerhin mögen sich beide – die geadelten Patrizier in Augsburg, die adligen Briefträger mit Sitz in Brüssel – über einen gewinnbringenden Nachrichtenhandel verständigt haben. Denn ohne Zusammenarbeit mit den Herren über das Postwesen (und -unwesen) konnten auch die Fugger nicht immer so erfolgreich gezielte Fehlinformationen an lästige Konkurrenten weiterleiten, um deren Handel zu stören oder um sie zu vernichten.

Fugger sowie Thurn und Taxis verfuhren nach den Leitlinien, die ihr Zeitgenosse Moritz von Sachsen (der erst den Schmalkaldener Bund, dann Kaiser Karl V. verriet) formuliert hatte:

»Man kann Spitzeln und Kundschaftern nicht genug Aufmerksamkeit schenken... Sie sind so nützlich wie die Augen im Kopf und sind einem General genauso unentbehrlich... Man kann nicht genug Geld ausgeben, um gute zu bekommen. Sie müssen aus dem Land beschafft werden, wo der Krieg geführt wird. Es müssen verständige und geschickte Leute beschäftigt werden. Sie müssen überall unter die Offiziere des Stabes im Hauptquartier verteilt werden, unter die Marketender und insbesondere unter die Lieferanten von Nahrungsmitteln, denn die Vorratslager und Brotbäckereien sind ein vorzügliches Mittel, um die Absichten des Feindes zu beurteilen.«

An diesen Regeln des Agenteneinsatzes hat sich bis heute wenig geändert. Selbst die Grundsätze moderner Agentenführung sowie das Verhalten von V-Männern hat der durchblickende Sachse vorgeschrieben:

»Diese Spione dürfen sich gegenseitig nicht kennen und sollten verschiedene Aufträge erhalten. Einige, die für diesen Zweck geeignet sind, schmuggeln sich in die Truppe ein; andere wieder werden die Armee als Käufer und Verkäufer begleiten. Jeder von der ersten Gruppe muß einen von der zweiten Gruppe kennen, damit er von ihm die Nachrichten bekommen kann, die er dem General überbringt, der ihn bezahlt. Diese besondere Aufgabe sollte einem Mann übertragen werden, der klug und zuverlässig ist. Seine Vertrauenswürdigkeit muß täglich überprüft werden, und man muß sich versichern, daß er nicht von der Gegenseite bestochen wird.«

In diesen Worten steckt der Keim moderner konspirativer kommunistischer »Zellen- und Kadertätigkeit«. Immer hat nur ein Mitglied mit anderen Gruppen Verbindung, und auch der Keim des kommunistischen Mißtrauens gegen jedermann – selbst gegen Freunde und Parteimitglieder – liegt in diesen Sentenzen des sächsischen Moritz. Mißtrauen und Spionage sind hoffnungslos verflochten – eines erzeugt das andere.

Franz von Taxis, sozusagen Ahnherr der modernen Post, wurde im Jahr 1459 geboren, also im gleichen Jahr wie Jakob Fugger der Reiche. Aus den Bedürfnissen des Handels und der Diplomatie hatten sich in Italien im Laufe des 15. Jahrhunderts die Anfänge einer regelmäßigen Post herausgebildet. Der Kurierdienst zwischen den Höfen und mit der römischen Kurie war Ausgangspunkt dieser Einrichtung. Unter den Kurieren in päpstlichem Dienst kam einer Familie aus Cornello bei Bergamo eine besondere Vertrauensstellung zu: den Daxis. Dem Kaiser Maximilian (1493 bis 1519) imponierte, wie die Italiener ihr Geschäft handhabten. Weil der »letzte Ritter« in seinen weitverstreuten Ländern nur unzureichende Nachrichtenverbindungen hatte, beschloß er, gleichfalls einen Post- und Kurierdienst nach Mittelmeer-Muster einzurichten. Als bewährt und durch den Transport von Nachrichten schon zu einigem Geld gekommen, empfahl sich die Bergamesker Familie der Daxis. Sie erhielt den kaiserlichen Zuschlag. Es war die Geburtsstunde eines jahrhundertelang gut funktionierenden geheimen Nachrichtendienstes, verquickt mit und getarnt durch eine öffentliche Einrichtung.

Als General-Obristen-Postmeister waren die Taxis mächtiger, als wenn sie Minister geworden wären. So mächtig, daß ihnen Kaiser Leopold I. im Jahr 1680 ausdrücklich gebot, private Postkonkurrenten, »welche eigentätig eines sonderbaren Postierens sich anmaßen, überall zu arretieren und niederzuwerfen«. Kein Problem für Taxis-Agenten: Seit Beginn des 16. Jahrhunderts schon hatten sie nicht nur die Berechtigung zum Führen des kaiserlichen Wappens, sondern auch zum Tragen von Waffen. Und die wandten sie rücksichtslos an:

20. Juli 1680. Im Gasthaus an der »Paradiesbrücke«, die bei Zwickau über die Mulde führt, saßen fünf Männer um einen Tisch und flüsterten. »Wann sollen sie kommen, die Leut'?« fragte einer. »Wann werden sie erwartet?«.

»Heute abend oder in der Nacht«, entgegnete ein anderer, der offensichtlich den Anführer machte, denn sie blickten alle auf ihn. »Sie müssen über den ›Röhrensteg‹. Dort können wir sie am besten abfangen.«

Die fünf beugten sich näher zueinander, der Wirt umschlich den Tisch. »Graf Lamoral hat mir in einem persönlichen Brief empfohlen, drei Fremde aus dem Böhmischen –«, er gab eine ausführliche Beschreibung der drei, »– abzupassen und...«, er stockte, fuhr fort: »...und jeden Widerstand zu brechen. Ohne Pardon.«

Die vier Angesprochenen wußten, was das hieß: ohne Pardon! Bald brachen sie auf, nach Süden, in Richtung der beiden erzgebirgischen Dörfer Cainsdorf und Reinsdorf. Kurz davor verband der holzüberdachte »Röhrensteg« die beiden Mulden-Ufer miteinander, und auf der Cainsdorfer Seite legten sich die fünf auf die Lauer. Sie führten Gewehre und Pistolen bei sich, zwei trugen außerdem Stilette.

Um Mitternacht hörten sie ein Geräusch aus dem Wald. Ein Zweig hatte geknackt, ein unterdrücktes Fluchen war zu hören gewesen. Stille. Dann das Tappen von Füßen, die mit Lappen umwickelt waren, damit sie keinen Lärm auf dem hölzernen Brücklein machten. Drei Männer schlichen über den Steg.

Am Ende der Brücke stürzten zwei aus dem Hinterhalt von links und zwei von rechts auf die Überraschten. Die zogen sofort ihre Messer, ein wüstes Handgemenge hub an, einer schrie getroffen auf, das war einer von den fünfen aus der Kneipe; der Anführer der fünf schoß einen der Überfallenen mit der Pistole in den Kopf, dann schoß er noch sein Gewehr in die Luft ab. Keuchend standen da drei der Angreifer und hielten zwei Überfallene fest. Zwei Männer lagen am Boden, der eine erschossen, der andere aus mehreren Stichwunden blutend, zwei Finger waren ihm außerdem abgeschnitten.

Die Opfer wurden gefesselt, geknebelt und ins Mondlicht gezerrt. Den Toten ließen sie erst mal liegen, der mit den abgeschnittenen Fingern kam mit.

»Schaut mir ins Gesicht«, schrie der Anführer der fünf Männer die Gefangenen an. Sie blickten auf. Er musterte sie. Dann wandte er sich weg. »Verflucht, ich habe den Falschen erschossen!«

Er ging zurück zur Brücke. An den Füßen schleifte er die Leiche des dritten Fremden hinter sich her. Er betrachtete dessen Gesichtszüge im fahlen Schein des Mondes. »Wirklich«, murmelte er noch einmal, »ich hab' den verkehrten Mann getötet!«

»Macht sie kalt!« wies er seine Männer an und deutete mit dem Kinn auf die Gefangenen. Die flehten um ihr Leben. »Wir wissen von nichts«, wimmerten sie. »Wir sollten ihn nur nach Leipzig bringen, wir haben ihn aus dem Böhmischen geholt und über die Grenze geführt. Muß ein feiner Herr sein, er hat jedem von uns drei Gulden versprochen.«

»Sind neun Gulden«, brummte der Anführer. »Also muß er Geld bei sich haben.« Ohne sich um die beiden zu kümmern, die von seinen Männern festgehalten wurden, kniete er neben dem Toten nieder und tastete dessen Kleider ab. »Hier«, er grinste und riß mit einem Ruck die Rückennaht am Wams der Leiche auf, »da ist das Gold.« Er zog Goldstücke hervor, zählte: 30 Stück. Dazu zwei Briefe. Einer war an den Herzog Ernst August von Braunschweig-Lüneburg gerichtet. Darin stand bloß Unverfängliches von einem Ritter am böhmischen Königshof. Der andere enthielt wirres Zeug – Wörter ohne sinnvollen Zusammenhang, eine Adresse fehlte.

»Der da«, der Anführer hob den Brief an den Herzog hoch und steckte ihn ein, »der da interessiert uns nicht. Aber jener«, dabei deutete er auf

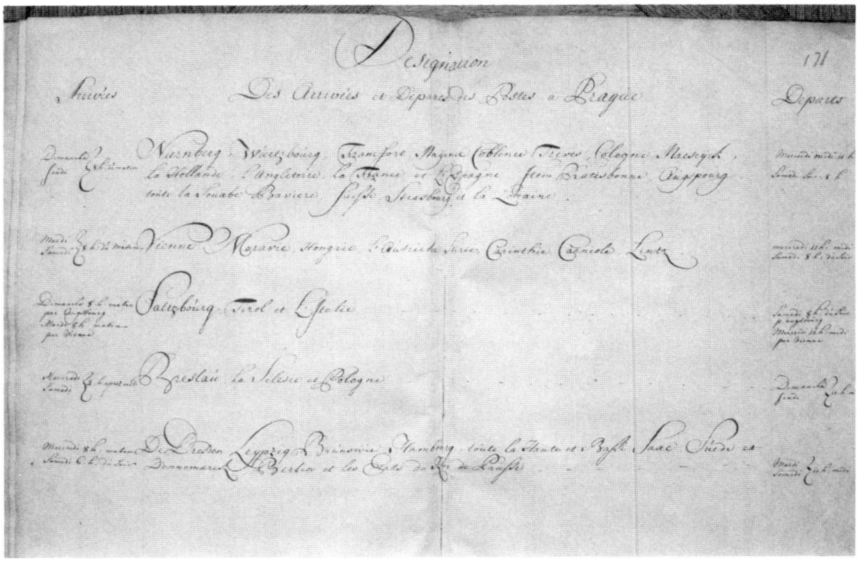
Designation Des Arrivées et Départs des Postes à Prague
171

Die Post als Nachrichtendienst: Graf Lamoral Claudius von Taxis (links) ließ als oberster kaiserlicher Postherr seine Postmeister skrupellos jeden interessanten Brief öffnen und für seine Zwecke kopieren. (Abb. oben). So war der Kaiser stets gut informiert.

Segensreiche Jesus-Gesellschaft

Anders als in Europa wirkten die SJ-Patres beispielsweise im spanischen und portugiesischen Amerika überaus segensreich. Sie bekämpften die Negersklaverei in Südamerika. In Paraguay unterstützten Jesuiten die Versuche der Eingeborenen, sich der menschenunwürdigen Ausbeutung durch die weißen Herren aus Europa zu widersetzen. Sie drangen sogar auf eine Ausübung des Hoheitsrechts durch die Eingeborenen: Es bildete sich eine Art Indianerrepublik, die sich bis Ende des 18. Jahrhunderts behauptete. Nur in Europa, in Deutschland zumal, war vom ordnenden, zutiefst christlichen Bemühen der missionierenden Jesuiten nichts zu spüren. In Deutschland war die Societas schlicht subversiv.

das andere Kuvert, »den wird der Herr gern lesen. Er hat Leute, die dolmetschen ihm schon heraus, was das Gestammel heißen soll.«

Nach diesen Worten drehte er sich um und ging davon, ohne sich weiter um die anderen zu scheren. Hinter sich hörte er zwei Schreie, zwei Schüsse, es klatschte dreimal, als die drei Toten aus dem Böhmischen in den Fluß geworfen wurden. Dann folgten ihm seine vier Männer. In Auerbach waren ihre Pferde untergestellt. Die holten sie noch in dieser Nacht und ritten nach Leipzig. Dort machten sie Meldung – in der Thurn- und Taxisschen Poststelle. Der Brief wurde zweimal kopiert. Die Abschriften und das Original gelangten mit drei verschiedenen Boten nach Augsburg, wo sie vom nächsterreichbaren Taxis-Vetter dechiffriert wurden.

Die fünf Männer, welche die drei aus dem Böhmerland überfallen und umgebracht hatten, waren gedungen gewesen. Angeheuert vom Taxisschen Postmeister zu Leipzig. Nur in einem hatte ihr Anführer seine Männer am 20. Juli im Zwickauer Gasthaus »Paradiesbrücke« angelogen: Nicht er hatte einen Brief vom Grafen Lamoral Claudius Taxis erhalten. Den hatte der Postmeister in Leipzig – der Agentenführer – bekommen. V-Männer in Prag hatten herausgefunden, daß ein geheimer Kurier der nachgelassenen Verwandten des Ex-Führers der Protestantischen Union in Böhmen, des Kurfürsten Friedrich V. von der Pfalz, mit Botschaften nach Regensburg unterwegs sein sollte. In Leipzig hätte er eine weitere Botschaft aufnehmen müssen. Jetzt war der verschlüsselte Brief in den Händen der Taxis – und damit in der Hand des Kaisers.

Graf Lamoral Claudius hat es meisterhaft verstanden, durch ständigen persönlichen Briefkontakt mit seinen obersten Postmeistern und durch persönliche Anweisungen eine wohlgeordnete Verwaltung seines Nachrichtennetzes zu erreichen. Er stand auch stets in enger Verbindung mit dem Kaiser. Fast alles, was dem Post-Graf von seinen besoldeten Zuträger-Spionen, V-Männern und Agenten berichtet wurde, erfuhr der oberste Herrscher des römisch-deutschen Reichs. Manches davon drang auch zu den Fuggern, die ihrerseits einiges von dem, was ihnen durch eigene Agenten bekannt wurde, an die Thurn und Taxis weitergaben: normales Gegenchecken von Informationen durch zwei einander zumindest verbundene Geheimdienste.

Übrigens war es ein offenes Geheimnis: Die Taxis-Postmeister öffneten auf »Empfehlung« ihres Herrn die ihnen anvertrauten Briefschaften ohne alle Skrupel, lasen sie und kopierten sie nach Ermessen oder auf Anweisung.

Die »Agenten im Feind«, wie man die fünf vom »Röhrensteg« heute nennen würde, hatten einen empfindlichen Einbruch in ein Gewerbe geschafft, das als »Nebenbotenwerk« oder auch »Metzgerposten« der Taxis-Post Konkurrenz und Ärger machte. Trotz strengen Verbotes durch den Kaiser und trotz gnadenloser Jagd auf diese »Wilderer im Reichspostwesen« nahm die private Dienstleistung der Nachrichten- und Paketbeförderung überhand. Sogar in Italien, Spanien, Frankreich und England entwickelte sich der Zweig ganz prächtig. Aber es wurden eben auch hier nicht nur Briefe und Päckchen transportiert. Es wurde von den »Privaten« auch kräftig geschmuggelt. Und weit schlimmer: Ausländische Fürsten bedienten sich der Kuriere und Boten auch als Spione. Eine Taxis-interne Hausmitteilung aus dieser Zeit meldet außerdem, daß dieses »Nebenbotenwerk« besonders auch zur »Verwechslung, Ein- und Ausführung vieler ohne das verborgener, unleidlicher schädlicher Münzsorten, sodann unvermerkter eilfertiger Durchschleusung gefährlicher einheimischer als fremder Personen ... mißbraucht« wurde.

Bei der »eilfertigen Durchschleusung« einer solchen fremden Person kam diese im erzgebirgischen Wald ums Leben. Mit ihr zwei Unteragenten. Die Sitten im Spionagedschungel waren von jeher rauh.

Mehrfach waren die Taxis der natürlichen Unbill ihres Gewerbes ausgesetzt. Einmal etwa wurde ihrem Schutzherrn, dem Kaiser Karl V., von Frankreichs Franz I. zugemutet, einen Postkurs nach Paris nicht allein auf eigene Kosten zu erhalten, sondern auch dem obersten Kontrolleur der französischen Post (die gleichfalls nachrichtendienstlich arbeitete) die ganze Einrichtung sowie die Aufsicht über das Personal zu überlassen. Karl lehnte ab – wer läßt sich schon von einem fremden Geheimdienst in die Karten des eigenen schauen.

Nach dem Westfälischen Frieden vom Oktober 1648, der den Dreißigjährigen Krieg beendete, weigerte sich der Kurfürst Friedrich Wilhelm von Brandenburg unter Hinweis auf seine landesherrlichen Rechte entschieden, die Kaiserpost der Taxis über sein Gebiet zu lassen. Statt dessen legte er ein eigenes Postnetz an – nach Taxis-Vorbild ein Dienst, der die geheime Nachrichtenbeschaffung mit der Funktion öffentlichen Nachrichtentransports verband.

Dann wieder wurden in Österreich die geheimen Botschaften der Taxis-Kunden vom Geheimdienst der Donaumonarchie geöffnet. Aber das alles waren die natürlichen Risiken eines solchen Geschäfts zwischen Legalität und Geheimnisbruch.

Viel später erst und auf Betreiben Bismarcks, am 21. Juli 1866, kam die »Thurn- und Taxissche Generalpostdirektion« unter Kontrolle und Leitung der königlich-preußischen Verwaltung. (Den Zu-Namen »Thurn« hatten sie sich aufgrund fehlerhafter Ahnenforschung selbst zugefügt und vom falschen »de la Torre« ins Deutsche übersetzt.) Das Ende des größten und mächtigsten privaten Geheimdienstes in der europäischen Geschichte war damit eingeläutet. Ein halbes Jahr darauf waren die Thurn und Taxis, inzwischen gefürstet und in Regensburg ansässig, nicht mehr die obersten Briefträger des Reiches. Der weltweite Nachrichtenstrom in die Residenz an der Donau versiegte durch Aufhebung des Postprivilegs.

Den Krieg um die Vorherrschaft in Deutschland von 1866 überstand der Regensburger Post- und Geheimdienst nicht. Den großen Krieg aber,

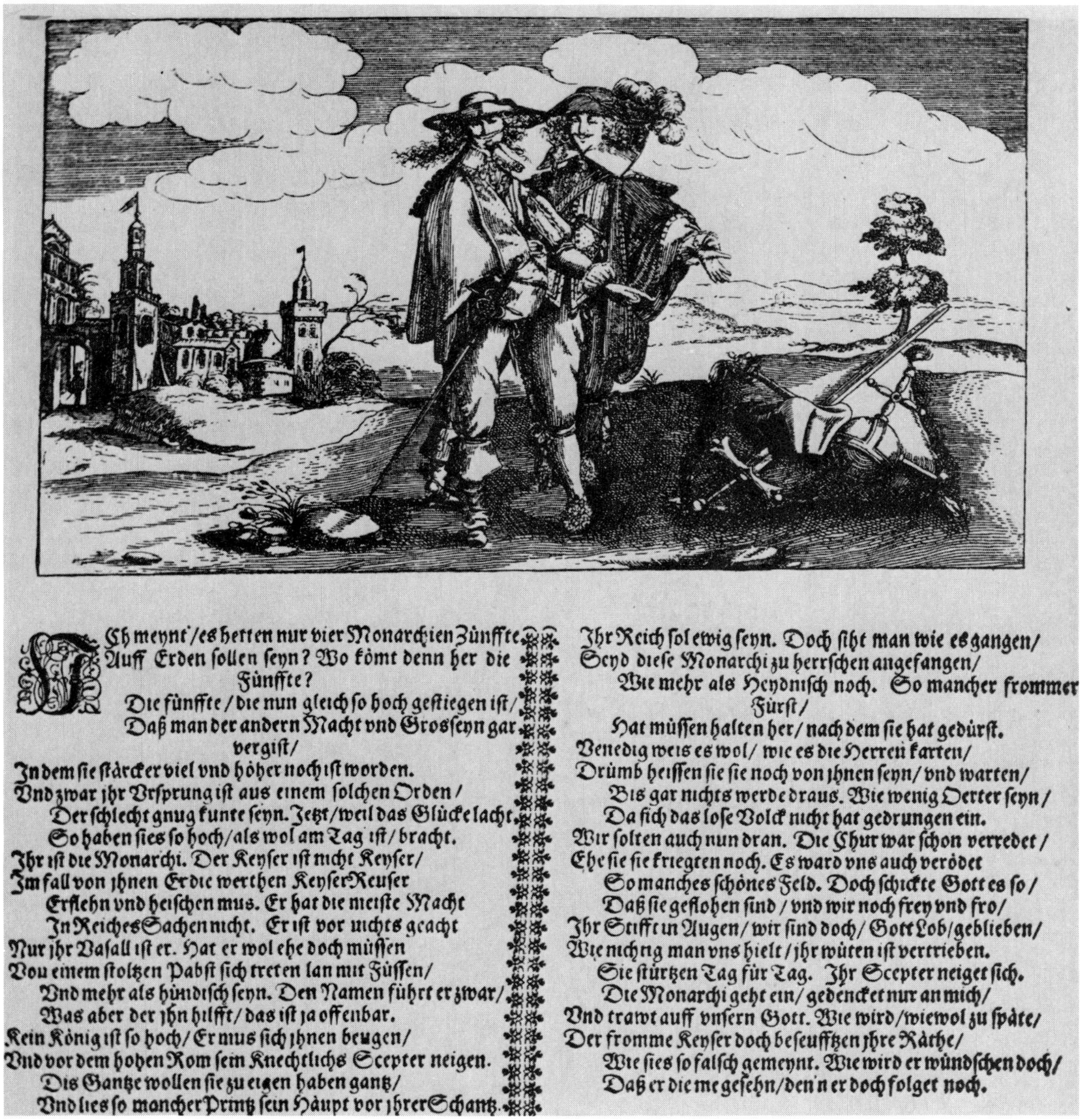

Ich meynt'/es hetten nur vier Monarchien Zünffte
Auff Erden sollen seyn? Wo kömt denn her die Fünffte?
Die fünffte/die nun gleich so hoch gestiegen ist/
Daß man der andern Macht vnd Grosseyn gar vergist/
In dem sie stärcker viel vnd höher noch ist worden.
Vnd zwar jhr Vrsprung ist aus einem solchen Orden/
Der schlecht gnug kunte seyn. Jetzt/weil das Glücke lacht.
So haben sies so hoch/als wol am Tag ist/bracht.
Ihr ist die Monarchi. Der Keyser ist nicht Keyser/
Im fall von jhnen Er die werthen KeyserReuser
Erflehn vnd heischen mus. Er hat die meiste Macht
In Reiches Sachen nicht. Er ist vor nichts geacht
Nur jhr Vasall ist er. Hat er wol ehe doch müssen
Vou einem stoltzen Pabst sich treten lan mit Füssen/
Vnd mehr als hündisch seyn. Den Namen führt er zwar/
Was aber der jhn hilfft/das ist ja offenbar.
Kein König ist so hoch/Er mus sich jhnen beugen/
Vnd vor dem hohen Rom sein Knechtlichs Scepter neigen.
Dis Gantze wollen sie zu eigen haben gantz/
Vnd lies so mancher Printz sein Häupt vor jhrer Schantz.
Ihr Reich sol ewig seyn. Doch siht man wie es gangen/
Seyd diese Monarchi zu herrschen angefangen/
Wie mehr als Heydnisch noch. So mancher frommer Fürst/
Hat müssen halten her/nach dem sie hat gedürst.
Venedig weis es wol/ wie es die Herren karten/
Drümb heissen sie sie noch von jhnen seyn/vnd warten/
Bis gar nichts werde draus. Wie wenig Oerter seyn/
Da sich das lose Volck nicht hat gedrungen ein.
Wir solten auch nun dran. Die Chur war schon verredet/
Ehe sie sie kriegten noch. Es ward vns auch verödet
So manches schönes Feld. Doch schickte Gott es so/
Daß sie geflohen sind/vnd wir noch frey vnd fro/
Ihr Stifft in Augen/wir sind doch/Gott Lob/geblieben/
Wie nichtig man vns hielt/jhr wüten ist vertrieben.
Sie stürtzen Tag für Tag. Ihr Scepter neiget sich.
Die Monarchi geht ein/gedencket nur an mich/
Vnd trawt auff vnsern Gott. Wie wird/wiewol zu späte/
Der fromme Keyser doch beseufftzen jhre Räthe/
Wie sies so falsch gemeynt. Wie wird er wündschen doch/
Daß er die nie gesehn/den'n er doch folget noch.

Agenten im Dienste Christi: Das politische Ränkespiel beherrschten die Jesuiten perfekt. Die »Gesellschaft Jesu« war dem Papst so ergeben, daß sie selbst vor fragwürdigen Methoden nicht zurückschreckte. Verständlich, daß der Kaiser mittels eines Flugblattes (links) vor dem heimtükkischen Treiben der Mönche warnte.

den dreißigjährigen, der Deutschland zwischen 1618 und 1648 erschütterte, diesen Krieg überstanden die Taxis glänzend. Denn dieser Krieg war erstmals auch in entscheidendem Maße ein Krieg der Spionage und des Verrats auf allen beteiligten Seiten. Es war dies eine Zeit, in der sich nahezu jeder von jedem verraten fühlen mußte. Denn die Ursachen des dreißigjährigen Gemetzels lagen in den religiösen Gegensätzen zwischen Katholiken und Protestanten, zwischen den Reformationen der Anhänger Martin Luthers und Johann Calvins einerseits und dem Bemühen der orthodoxen Päpste andererseits, die Liberalisierung der Glaubensregeln zu stoppen. Die Konfrontation zwischen den Richtungen wurde noch verschärft durch das Streben der Reichsstände nach mehr Macht und Souveränität. Dem entgegen stand die Absicht des Kaisers Rudolf II. (1576 bis 1612), unter dem Einfluß von Jesuiten das Reich nicht bloß politisch, sondern auch religiös wieder zu einigen.

Feindliche Lager bildeten sich im römisch-deutschen Reich: Hier die »Union«, das protestantische Verteidigungsbündnis süddeutscher Reichsfürsten; da die »Katholische Liga« des bayerischen Herzogs Maximilian und der Bischöfe. Der Konflikt war programmiert. Die Spitzel wanderten zwischen den Lagern. Der Jesuitenorden breitete sich in Deutschland aus. Sein Auftrag bei der Ordensgründung hatte gelautet: Dienst am Heil des Nächsten – Mißtrauen gegenüber der eigenen Kraft. Die Realität war natürlich ein Dienst – Geheimdienst – zu Heil und Frommen der überkommenen Kirchenstruktur. Verwirklicht wurde auch das Postulat ständigen Mißtrauens – gegen jeden, der nicht der Societas Jesu angehörte. Es bestand eine Pflicht zu ununterbrochener Berichterstattung der Außendienst-Jesuiten an den jeweiligen Ordensgeneral. Die vertraulichen Berichte (die sich zum Teil ausgetüftelter Codes und sehr listenreicher Manipulation des Alphabets bedienten) enthielten einen sogenannten Hauptbrief – zur Vervielfältigung und Weitergabe an Eingeweihte – und einen Nebenbrief, in dem private Ansichten, also auch Analysen von Situationen und Erkenntnissen, geäußert werden durften.

Sein Eyd.

ER schwört dem Herren treuw vnd hold zu sein/ vnd daneben das Gericht getreuwlichen one argwon/vnd der partheyen vnbilliche gefärde besitzen/Reche halten / vnd vrtheil sprechen lassen / wölle kein Parthey vor der andern / oder der andern zu nachtheil fürdern noch hindern / sonder ein gemeiner vnpartheyischer Schultheiß sein/ dem freyen gestracken Rechten nach / einem jeden ders begert/ vnverzogenlich/ niemand zu lieb noch zu leyd / alle gefehrlichkeit hindan gesetzt / Reche ergehn vnd vrtheil sprechen/vnd dieselbig vollnziehen lassen wölle. Man mag disen Eyd nach notturfft scherpffen vnd setzen/ Also schwören auch die Gerichtsleut/vñ alle dem Obersten jres Regiments.

Geld als »Argument«: Der Eid, den die Landsknechte zu Beginn ihrer Verpflichtung leisten mußten (Abb. oben), bot noch lange keine Gewähr für ihre Treue. Ob einfacher Soldat oder gewiefter Agent – der Herr, der mit mehr klingender Münze locken konnte, hatte in der Zeit des Dreißigjährigen Krieges die schlagkräftigere Truppe.

Vom ursprünglichen Sinn dieser Briefe, der dauernden Gewissenserforschung, blieb schließlich nur mehr die Forschung. Wie in jedem guten Geheimdienst war auch die gegenseitige Kontrolle aller Mitglieder, Mitarbeiter und Sympathisanten selbstverständlicher Brauch. Nur gingen eben nicht immer alle intimen Erkenntnisse aus der deutschen Adelslandschaft und von den Höfen oder Bistümern auch nach Rom zum Heiligen Vater. Die Jesuiten sicherten sich stets einen nützlichen Informationsvorsprung.

In jener Epoche vor dem Absolutismus von »Deutschland« zu sprechen, heißt die geopolitische Lage vereinfachen. Anders als die gewachsenen einheitlichen Länder Frankreich, Spanien, England oder Schweden setzte sich das »Heilige Römische Reich Deutscher Nation« aus den zusammengestückelten Resten des mittelalterlichen Reichs zusammen. Religiöse Spannungen, die schon im 16. Jahrhundert aufgekommen waren, machten Kaiser und Fürsten zu Rivalen. Dauerstreit zwischen der bevorrechteten Gruppe der Kurfürsten und den minderen Fürsten ließ eine einheitliche Politik unmöglich erscheinen. Der einfache Adel fand sich nicht damit ab, daß Bürgerliche plötzlich zu Vermögen kommen konnten.

Soviel offener und überdeckter Hader mußte sich in Aggression entladen. Unfriede war der Vater des Krieges. Wie viele Konflikte, eskalierte dieser aus einem kleinen, aus dem böhmisch-pfälzischen Krieg, der mit dem berühmten Fenstersturz zu Prag am 23. Mai 1618 begann: Protestantische Aufständische schmissen die kaiserlichen Statthalter Martinitz und Slawata aus einem Fenster des Hradschin, dem königlichen Schloß.

In den folgenden 30 Jahren, in denen weite Gebiete Deutschlands verwüstet wurden und in denen ganze Landstriche bis zu 70 Prozent ihrer Bevölkerung einbüßten, hatten Doppelagenten und simple Spione, Hochverräter und einfache Spitzel, Einzelgänger wie Organisierte ihre erste große Blütezeit. Politische, nationale oder religiöse Fragen kümmerten einen gemeinen Soldaten überhaupt nicht und ihre Offiziere wenig. Die Söldner verkauften sich den Meistbietenden, die Spione auch. Es galt nicht einmal als schimpflich, wenn ein Soldat zur anderen Seite überlief.

Ist das eigentlich Verrat: Der Feldherr Hans Georg Arnim kämpfte als Brandenburger erst mit den Schweden gegen die Polen, dann für die Polen gegen die Türken, schließlich stritt er für Wallenstein unter der Fahne der Kaiserlichen und starb – nachdem er für die Sachsen gegen Wallenstein gefochten hatte – friedlich als sächsischer Generalissimus (während er einen Feldzug gegen seine früheren Arbeitgeber, die Schweden, vorbereitete). Nur einmal lehnte er ein Angebot zum Übertritt ab: Er wollte nicht auch noch für Frankreich Krieg führen.

Zum geheimen Spiel zwischen den kriegführenden Parteien gehörten Geschick, Mut, List und Tücke. Die angesehensten historischen Figuren spielten selber mit im Poker um geheimes Wissen über Feind und Freund.

So kannte beispielsweise Schwedens König Gustav Adolf die Territorien weiter Teile Deutschlands besser als mancher deutsche Heerführer: Er war nicht nur in Spionage, sondern auch in Tarnung bewandert und hatte Deutschland bereits als junger Mann unerkannt als »Kapitän Gars« bereist. Das Gars-Geheimnis verbarg sich hinter den Buchstaben: Gustavus Adolphus Rex Suediae.

Und da war beispielsweise Albrecht von Wallenstein (Waldstein), geboren 1583, aus protestantisch-böhmischer Adelsfamilie und seit 1606 katholisch, sein eigener erfolgreicher Geheimagent gewesen. Das Einschmuggeln von Spionen und Saboteuren in Lager des Gegners, Codes und Geheimschriften, ja selbst die Verwendung unsichtbarer Tinte waren vertraute Praktiken für ihn. Geheime Aufklärung sah er für so wichtig an wie einen Feldzug, Abwehr für so unausweichlich wie eine Schlacht.

Wallenstein war denn auch einer der ersten Heerführer, der sich eines militärpolitischen Mittels bediente, das in der Gegenwart zwischen gegnerischen Geheimdiensten auch noch manchmal geübt wird. Es ist jenes gefährliche Spiel, den Gegner in bestimmten Fällen über eigene Absichten vage zu informieren, ihn gleichsam zum eigenen Schutz zu warnen. Der kaiserlich-katholische Heerführer Wallenstein spielte dieses Spiel mit seinem Freund und militärischen Gegner von der anderen, der sächsischen Seite, dem protestantischen General von Arnim, überaus geschickt.

Die beiden – Arnim hatte einmal unter Wallenstein gedient und galt als eine Art Schüler des genialen Böhmen – informierten einander häufig über die Bewegungen ihrer Armeegruppen. Bisweilen führten sie sogar Aktionen durch, von denen sie annehmen durften, daß sie der andere für nützlich oder wünschenswert hielt.

Zuletzt aber setzte Wallenstein in seinem Spiel um Macht – und Frieden – zu hoch. Zwar hatte ihm sein Kaiser Ländereien in Mecklenburg und in der Pfalz geboten, aber des Kaisers General war Böhme, Er wollte König auf einem böhmischen Thron werden. Der Kaiser würde ihm gewiß nicht dazu verhelfen. Blieb nur der Gegner als Mitspieler. Und der hieß Hans Georg von Arnim.

Aus dem Spiel wurde Hochverrat.

Am Beginn seiner undurchsichtigen, verschlungenen Verhandlungen mit Schweden, Sachsen, Franzosen und Bernhard von Weimar stand ein geheimes Treffen mit Hans Georg von Arnim. Zugleich entsandte er einen geheimen Boten zu den Schweden. Die Sympathien der böhmischen Exilpolitiker, seit 1621 vertrieben, hatte er sich gleichfalls gesichert.

Bloß der Kaiser in Wien wußte von allem nichts. Jedenfalls nicht von Anfang an. Er wurde dann freilich rasch genug und detailliert unterrichtet – von einer der besten Geheimdienstorganisationen dieser Epoche (neben den Thurn und Taxis): von der Kirche. Da versorgte ihn nicht allein die Bruderschaft der Jesuiten mit fortlaufenden Informationen über die Geheimverhandlungen Wallensteins, die für den Katholizismus wie für den Kaiser gleich gefährlich sein mußten. Da ließ auch der Bischof von Wien seine ausgezeichneten Verbindungen nach Hamburg spielen.

Hamburg war nämlich neutral (es überstand den Dreißigjährigen Krieg als wohlhabendste deutsche Stadt). Die Hansestadt war der ideale Treffpunkt für die Agenten, Spione und Mittelsmänner aller kriegführenden Parteien. Seit 1620 hatten die Schweden eine ständige Residentschaft an der Elbe; die Franzosen hatten einen »Botschafter« da; Rom war – wenn auch nicht so ganz offiziell – vertreten. Hier fädelte Schwedens Gesandter Johan Adler Salvius die tödliche Intrige ein, der Wallenstein zum Opfer fiel.

Wallenstein hatte beschlossen, mit seinem Kaiser zu brechen: Hochverrat. Selbst seine Armee wollte er mit den Sachsen und mit Brandenburg, Frankreich sowie Schweden gegen Ferdinand verbünden, um diesen zum Friedensschluß zu zwingen. Am 24. Januar 1634 enthob der Kaiser Wallenstein durch ein Geheimdekret seines Postens. Dem Geschaßten indes hinterbrachten seine Spitzel vom Hof den Inhalt dieses Dekrets. Er mußte daraus folgern, daß dem Kaiser seine Verschwörertaktiken bekanntgeworden waren: auch durch Spione aus seiner engsten Umgebung. Inzwischen fielen des Heerführers Generale Piccolomini, Aldringer und Gallas von ihm ab.

Gallas wurde Generalissimus an Wallensteins Stelle. Der Kaiser aber befahl, die Rädelsführer gefangenzunehmen oder »als überführte Schuldige zu töten«. Das war der Mordbefehl.

Wallenstein hatte sich nach Eger geflüchtet. Egers Festungskommandant war ein Schotte, Oberstleutnant John Gordon. Dieser gab den letzten vier Offizier-Freunden des Geächteten ein Bankett – auf dem der irische Oberst Walter Butler und der schottische Oberstwachtmeister Walter Leslie die Gäste durch angeheuerte schottische, irische, englische und deutsche Offiziere, Unteroffiziere und einfache Soldaten ermorden ließ.

Wallenstein selbst, der dem Bankett ferngeblieben war, fand den Tod im Schlafzimmer. Die Tür wurde aufgestoßen, der englische Hauptmann Walter Devereux brach herein. »Lump!« brüllte er, »Fallott, Wallenstein, du Verräter, jetzt fährst du zur Hölle!«

Der Heerführer war vom Tisch aufgesprungen, an dem er bei Kerzenschein gesessen hatte. Sein Schwert hing unerreichbar an der Wand neben seinem federgeschmückten Hut. Er sprang zu einem Butzenfenster. Hinter dem irischen Mordgesellen waren weitere Killer eingedrungen, sie schwangen Schwerter und Dolche.

»Ah, Quartier!« schrie Wallenstein nach seinem Adjutanten. Da durchbohrte ihn Devereux mit seiner Partisane. Der Feldherr sank zu Boden. Und der Krieg dauerte noch weitere 14 Jahre.

Butler und Leslie brüsteten sich wenig später mit ihrer »militärischen Execution«. Dabei sprach ganz Europa von Mord. Der Jesuit Pater Joseph schob alles auf den Spanier Onate als Hauptanstifter. Richelieus Zeitungen (aus den geheimen Spionagequellen des machtkundigen französischen Staatschefs unter König Ludwig XIII. gespeist) nannten die feige Tat eine »acte sanglant« – ein reines Verbrechen, begangen an den Mann, der Europa endlich Frieden bescheren wollte.

Den wahren Nutzen aus dem Meuchelmord zogen die untreuen Freunde Wallensteins und ihr adliger Anhang in der Wiener Hofburg: Piccolomini hatte gleich nach der Ermordung seines Ex-Chefs alle Papiere, Schriftstücke und Korrespondenzen des Toten verschwinden lassen. Aus ihnen wäre nicht bloß Wallensteins Schuld, sondern auch die Mitschuld Piccolominis hervorgegangen. So fanden sich denn auch keine schlagenden Beweise für Wallensteins hochverräterisches Treiben.

Prompt ließen sich Piccolomini und eine Schar von Schranzen – die »dem Generalissimus schon immer mißtraut« hatten – vom Kaiser königlich beschenken. Er verteilte die Wallensteinschen Ländereien und sein Geld unter sie;

Verwirrspiel mit Heeresstärken

Über die tatsächlichen Ist-Stärken ihrer Streitkräfte waren die Kontrahenten Arnim und Wallenstein nicht so recht im Bild. Doch da befanden sich die beiden Widersacher mit allen übrigen Parteien in guter Gesellschaft. Die wirklichen Zahlen kannte keiner genau. Die Katholische Liga etwa trat mit 15 000 Mann auf, sprach aber von 20 000. Schwedens Gustav Adolf führte auch 15 000 ins Feld. Wallensteins erstes Heer hatte 6000 Reiter und 15 000 Mann Fußvolk. Das stärkste französische Heer, das im Dreißigjährigen Krieg auf deutschem Boden stand, hatte 12 000 Mann, wurde jedoch auf 18 000 geschätzt. Selbst Begriffe wie Regiment, Schwadron oder Fähnlein waren nicht an feste Soll-Stärken gebunden. General Tilly, der Fuchs, teilte für die Breitenfelder Schlacht (1631) seine 15 000-Mann-Armee in 28 Regimenter ein. So schuf er 28 Obristen-Stellen. Und jeder dieser Offiziere war ihm natürlich schon wegen der Beförderung verpflichtet. Das 15 000-Mann-Heer der feindlichen Schweden hatte nur zehn Regimenter. Allein dieses ständige Zahlenspiel mit seinen Übertreibungen, bedingt durch protzige Aufschneiderei der Generäle, war ein dankbares Betätigungsfeld für Spione und Agenten.

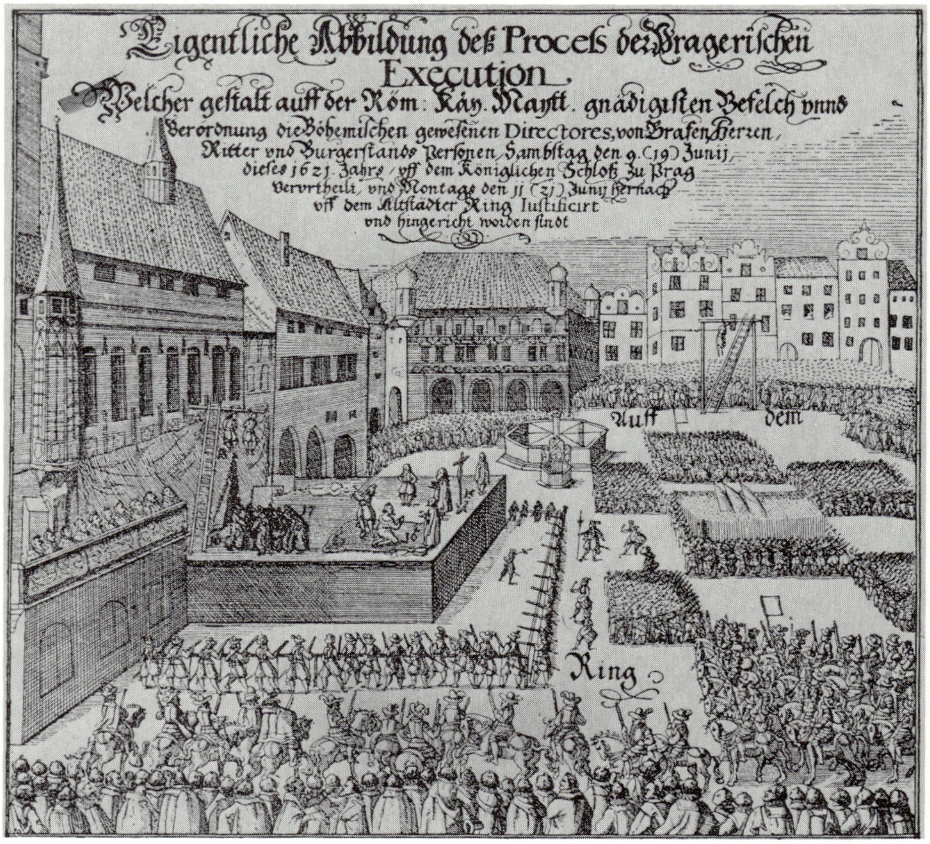

Bestrafter Hochverrat: Mit dem Prager Fenstersturz hatten protestantische Aufständische 1618 den 30jährigen Krieg ausgelöst. Drei Jahre später ließ der Kaiser 27 der Aufrührer in Prag hinrichten.

Gesinnungswandel im Dienste des Erfolges: Feldherr Hans Georg von Arnim, ein Schüler Wallensteins, hängte sein Fähnchen stets nach dem politischen Wind.

Ein König als Agent: Unerkannt durchwanderte Gustav Adolf II. von Schweden zu Beginn des 17. Jhs. Deutschland. Als »Kapitän Gars« sammelte er wertvolle Erkenntnisse über das Land.

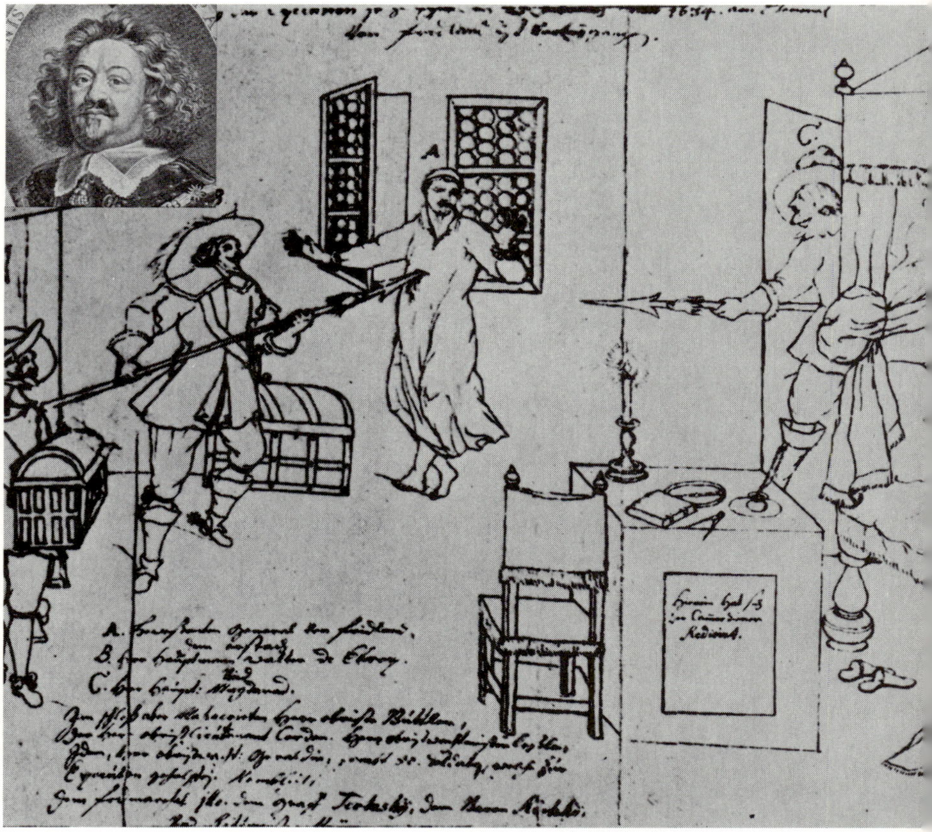

Reich durch Verrat: Octavio Piccolomini (kleine Abb. oben), lange Zeit ergebener General Wallensteins, wechselte zum passenden Zeitpunkt die Fronten. Nach der Ermordung des Feldherrn (Szene große Abb.) wurde er vom Kaiser mit den Gütern Wallensteins fürstlich für den Verrat belohnt.

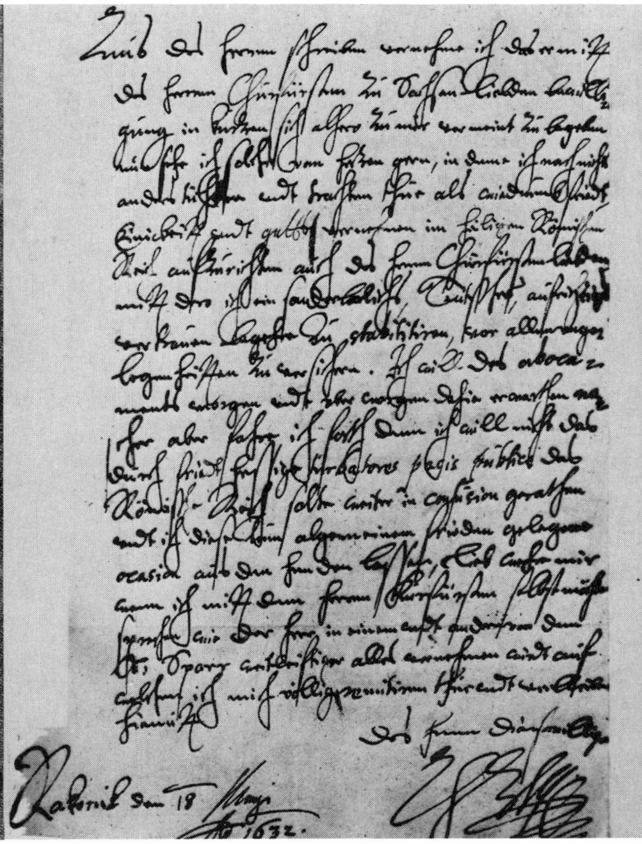

Verräter-Brief: Mit diesem Schreiben wollte Wallenstein seinen einstigen Gegenspieler, Hans Georg von Arnim, für seine eigene Sache – gegen den Kaiser – gewinnen.

Meister der Spionagetaktik: Albrecht von Wallenstein verstand es wie kein anderer seiner Zeit, mit einem Agentennetz umzugehen. Und doch scheiterte er selbst am Hochverrat.

Hier versagten die Agenten: Mit vielen Versprechungen versuchten V-Männer des Herzogs von Württemberg, Oberst Wiederhold zur Übergabe der Feste Hohentwiel an den Kaiser zu überreden.

nicht wenige dieser Familien lebten noch bis 1918 gut von diesen »Treue-Belohnungen«, erworben durch Verrat.

Doch die Gesetze für Treu und Glauben ließen von jeher verlockende Lücken. Das Pendeln zwischen Herrn und Religionen galt nicht direkt als schick, war aber auch nicht eben unüblich. Margaret Boveri: »Im engen deutschen landsherrlichen Nebeneinander mußte allerdings das Bewußtsein des Zwiefachen immer lebendig bleiben: Erlangen und Bayreuth protestantisch, Bamberg und Würzburg katholisch, Schweinfurt und Meiningen protestantisch, Aschaffenburg katholisch, Frankfurt vorwiegend protestantisch, Mainz katholisch – um nur eine schmale Linie nachzuziehen.«

In England saß zu jener Zeit ein Mann, der über die Ereignisse von Eger und Wien jeweils mit ein paar Tagen Verspätung immer gleich aus erster Hand informiert wurde: Oliver Cromwell (1599 bis 1658). Cromwell verfügte über einen sehr fähigen Postminister, John Thurloe (1616 bis 1668). Thurloe hatte erst einmal ein lückenloses Zensursystem geschaffen, das die Zeitungsberichterstattung knebelte und schließlich – konsequenter Schritt – jede Privat- und Handelskorrespondenz mitlesen ließ. Wichtige Stellen daraus wurden kopiert und archiviert.

Thurloe schuf auch ein Netz von Geheimagenten, wie es sein Vorgänger Lord Walsingham als Chef des Secret Service der Königin Elisabeth I. (1558 bis 1603) nicht gewagt hatte. Der Lord war bei den Jesuiten in die Lehre gegangen, hatte auch Deutschland bereist, die deutsche Sprache gelernt, Lebensgewohnheiten studiert und Code und Chiffre in die diplomatische Korrespondenz eingeführt. Aber vor einer straffen Geheimdienstorganisation war er zurückgeschreckt.

Thurloe dagegen arbeitete bedenkenlos mit fest angestellten Leuten. Er machte sich auch die Erkenntnis zunutze, daß ein Deutscher in Deutschland für Engländer besser spioniert als ein Brite, der ortsfremd ist. Dennoch berichteten auch die zahllosen britischen Söldnerführer, die im Dreißigjährigen Krieg in Deutschland mitkämpften, an Ihren Thurloe. Der »Postminister« vergab Prämien für besonders heiße Tips und ergiebige Quellen. Eine überdurchschnittlich gute geheime Nachricht brachte dem Spion 100 Pfund Prämie und eine Jahrespension von 500 Pfund. Und das bei einem eher kleinen Jahresetat des Secret Service von 70 000 Pfund.

Das europäische Agentennetz Thurloes leitete ein spanischer Jude, Antonio Fernandez Carvajal. Dieser setzte auch eigene Leute in Deutschland ein. Er schleuste sie über den Agententummelplatz Hamburg ins Kriegsgebiet. »Die Sorte Menschen, an die ich denke, kann nur mit Geld gewonnen werden, tut dann aber für Geld wirklich alles«, hatte Thurloe seine Außenstellen-Leiter darüber instruiert, wie sie V-Männer und gute Quellen anwerben sollten. Selbst Jesuiten arbeiteten in Deutschland für Thurloe; sie lieferten ihre Informationen in den Hamburger Konsulaten ab. Was sie beispielsweise in Deutschland erfuhren, ging von Hamburg durch diplomatische Kuriere nach Amsterdam – von da nach London; was in Wien geflüstert wurde, gaben sie über Venedig weiter.

Der venezianische Diplomat Segredo, dem die Umtriebe des Thorloe-Dienstes in Deutschland und Italien bekannt (und nicht geheuer) waren, beurteilte die Geheimorganisation: »Eine der Grundregeln dieses Regimes ist die sorgfältige Geheimhaltung, so daß es unmöglich ist, auch nur den Gegenstand der Beratungen herauszubekommen. Ein zweiter Grundsatz ist die Beschäftigung von Agenten, die über alles berichten, was sich in der Welt begibt. Was der Geheimhaltung besonders dienlich ist, ist die Tatsache, daß nur ein sehr kleiner Kreis von Personen – höchstens 16 – von den Absichten der Regierung in Kenntnis gesetzt wird. Um herauszufinden, was bei anderen Mächten geplant ist, bedient sich Cromwells Organisation nicht der Gesandten, wie die meisten Staaten, sondern eben eigener Spione. Die werden zwar weniger beachtet, und die Engländer sind Meister darin, für dieses Geschäft ihrer Stellung nach unbedeutende, aber sehr kluge Männer zu benutzen, die keinem auffallen. So unterhält Cromwell in Frankreich, Spanien, Deutschland und Venedig seine Vertrauensleute«, V-Männer.

Karl II. aus dem Hause der Stuarts, der 1660 nach Cromwells Tod aus der Diktatur wieder eine Monarchie machte, ließ Thurloes Einrichtung verkümmern. Die Kunst des Dechiffrierens geriet in Vergessenheit. Englands Spione in Deutschland suchten sich neue Auftraggeber.

Bis dahin war Spionage mit wenigen Ausnahmen kaum organisiert und professionell betrieben worden. Kleine Leute, womöglich gar aus dem Volk, wie Thurloe sie eingesetzt hatte und die ein Gehalt bezogen, waren in die Spionagearbeit der Herrscher nicht einbezogen. Man hielt sie aus Dünkel für zu dumm. Bestechung schien praktischer: Hohe Beamte an den Höfen der deutschen Fürsten und Kleinfürsten erhielten beachtliche Summen regelmäßig dafür, daß sie

Die Unterschrift des Teufels: Pfeile, Schwert, Stricke, Blitz und Kriegstrompeten wertete die Inquisition nur allzu gern als Signum des Bösen. Daß auch Spione sich solcher Symbole bedienen konnten, um verschlüsselte Nachrichten weiterzugeben, scherte die christlichen Richter wenig.

Sanctus Dæmon Primarius Præses:
Ben∴ Domina Magistra copræsidendi jus habens in ∇∇∇:
Sophia Sapho
Per l'autenticazione della firma del Potente e Santo Bitru:
Il Gran Maestro nel Loto delle Vittorie: ed insieme la Sovrana Maestra:
Il 1° Gran Giudice nel Loto:
Il 2° Gran Giudice nel Loto:
Il Gran Segretario nel Loto
Gli Magi Eletti, Maestri di Sacre Ceremonie, presenti, membri del Loto o visitatori, hanno firmato per conservar la memoria del maraviglioso avvenimento:
Luigi Revello
Il Gran Segretario del Grande Oriente d'Italia:

Hofklatsch und Amtsgeheimnisse an fremde Auftraggeber, Herrscher oder mächtige Patrizier, weiterleiteten. Die Auswertung nahmen dann die Informierten selber vor.

Nach dem Dreißigjährigen Krieg lag Deutschland in Trümmern. Die verwüsteten Staaten suchten sich zu neuer, wirtschaftlicher Blüte aufzuschwingen – Blütezeit auch für die ersten »Industrie«-Spione. In den deutschen Städten entwickelte das Handwerk eine Vollkommenheit, die noch heute Bewunderung verdient. Bewunderung und Neid aber auch damals: Der Neid rief die Spione und die Spitzel auf den Plan.

In ihren Zunftrollen und Amtsschragen trachteten die Gewerbe danach, einen Rechtsschutz ihrer Betriebsgeheimnisse zu sichern. Schon im 13. Jahrhundert hatten sich erste Spuren von Geheimnisschutz in Zunftrollen gefunden. Doch erst, als im 14. Jahrhundert das Wandern der Gesellen üblich und im 16. Jahrhundert zur Voraussetzung für die Aufnahme als Meister wurde, begannen die Zunftrollen Ausnahmen zu machen. Sie erschwerten oder verboten sogar dieses Wandern. Mit Recht: Die Zünfte wollten nicht, daß ihre Kunst und die damit verbundenen persönlichen Eigenarten oder Kenntnisse durch die Gesellen verraten und andernorts ausgeübt würden.

Gesperrte Handwerke, also solche, in denen das Wandern der Gesellen verboten war, sind die »Rothschmieddrechsel, Messingbrenner, Messingschlager, Beckschlager, Drahtzieher (Grob- sowie Gold- und Silberdrahtzieher), Fingerhüter, Geschmeidmacher, Schellenmacher, Sanduhrmacher, Decken- oder Teppichweber« gewesen. In Nürnberg waren – gegen Geheimnisverrat – außerdem gesperrt: die Brillenmacher, Kompaßmacher, Spiegler, Gold- und Silberspinner, Flinderlein- und Lohngoldschlager, Rechenpfennigmacher, Messingschaber und Spengler, Scheiben- oder Leyr-Zieher (welche Saiten und feinste Drähte zogen), Trompetenmacher, Scheerenmesserer, Zainhammer- oder Stabeisenschmiede sowie Alabasterer.

Die Rothschmieddrechsel etwa waren eines der ältesten und stärksten Handwerke in Nürnberg. In ganz Deutschland sowie in Rußland, Italien und Spanien waren sie berühmt für die Güte ihrer Arbeit (von der in Nürnberg heute noch der »Schöne Brunnen« zeugt). Ihre Drechselmühlen galten als Nürnbergs größtes Geheimnis; sie waren Sperrgebiet. 1785 wurde bei Geld- oder Zuchthausstrafe verboten, sie einem Fremden zu zeigen: Arbeitsweise und Kunstfertigkeit waren durch eine zeitgenössische Reisebeschreibung unerwünscht veröffentlicht worden.

Die genannten Handwerke waren ohnehin nur in wenigen Orten Deutschlands vertreten, so in Aachen und Köln. Verrat konnte die Zunft oder eine ganze Stadt, die vom Export lebte, um ihre wichtigsten Absatzmärkte bringen.

Und wie vor dem Verrat durch die eigenen Gesellen, schützte man sich auch vor der Spionage durch fremde Zuzügler. Wichtige Geräte und Werkzeuge durften Fremden nicht gezeigt oder gar zur Arbeit überlassen werden.

Denn zwischen den Städten tobte damals ein ähnlicher Wirtschaftskampf wie heute zwischen Nationalstaaten und internationalen Wirtschaftsblöcken. Als sich 1606 einige Fingerhüter und Messingschlager aus Nürnberg nach Württemberg abgesetzt hatten und dort zur Freude des Herzogs zu Freudenstatt den Nürnbergern empfindliche Konkurrenz machten, wurden sie in Abwesenheit verurteilt, bei Rückkehr an den Stock geschlagen und für unredlich geachtet zu werden.

Das Fein- und Waffenschmiedehandwerk, das in Nürnberg, Regensburg, Nördlingen und in der Steiermark seine Hochburgen hatte, tauchte plötzlich in Solingen auf. Es waren sozusagen »Wander-Verräter« gewesen, die es verpflanzt hatten.

Mitteldeutsche Städte wiederum lobten dicke Prämien für flämische Färber aus, um sie mit ihrer Kunstfertigkeit nach Sachsen zu locken. Doch aus Sachsen entwichen wiederum Porzellanmacher mit ihren streng gehüteten Geheimnissen nach Nymphenburg, Frankenthal, Thüringen und Wien.

Auch nach Frankreich gelangte manches Geheimnis deutscher Kunstfertigkeit. Denn in Paris regierte ein Herrscher, der mit Geld nur so um sich warf, wenn er Damen und Herren in fremden Ländern – meist an fremden Höfen und mit Vorliebe in Deutschland – als nachrichtendienstliche Helfer gewinnen wollte. Es war Ludwig XIV. (1643 bis 1715), dessen adlige Spitzel oder Spione in hohen Beamtenstellen in deutschen Herrscherhäusern nach den Regeln Thurloes auch vor Nachrichtenlieferanten niederen Standes nicht zurückscheuten.

Doch im Grunde blieb es den sogenannten Männern von Ehre vorbehalten, im unehrlichen Beruf der Spitzel zu arbeiten. Auch Johann Reinhold von Patkul (1660 bis 1707) galt als Ehrenmann. Eigentlich hatte er für die Rechte des baltischen Adels kämpfen wollen. Aber dann geriet er zum Geheimagenten großen Stils. Gegen Schweden, das seine Heimat Livland besetzt hielt, spionierte er für die Russen. Durch seine Arbeit, durch sein gnadenloses Nutzen jeder nur denkbaren Nachrichtenquelle schuf er endlich die Basis zur dänisch-sächsisch-polnisch-russischen Koalition gegen Schweden.

Nach einem nicht gerade siegreichen Feldzug gegen Schweden aber schloß August der Starke von Sachsen um 1706 den Frieden von Altranstädt. In den Verhandlungen verzichtete der undankbare Monarch nicht nur auf Polen, sondern auch auf Patkul. Er lieferte ihn aus. Der Spion aus Patriotismus – es ging ihm immer nur um Livland – starb am 7. April 1707 in Kasimierz bei Posen den grausamsten Tod seiner Zeit – er wurde gerädert.

Der arme Patkul hatte sich allerdings nicht etwa zu ungeschickt angestellt. Er hatte vielmehr das Pech gehabt, das sehr viele Spione – auch erfolgreichere – verfolgt: Er hatte sich so tief in die Machenschaften der Geheimdienste verstrickt, daß er schließlich zu ihrem willenlosen Werkzeug wurde.

Schwarze Kunst – Weißes Gold

August der Starke hielt an seinem Hof eine riesige Porzellansammlung. Der sächsische Adlige Walter Graf von Tschirnhaus beschloß angesichts dieser Sammelwut, dem Geheimnis der Porzellanherstellung selbst auf die Spur zu kommen. Seit 1675 machte er Analysen und chemische Versuche, fand auch heraus, daß Porzellan nur in extrem heißen Öfen gebrannt werden kann. Da fing, Anfang des 18. Jahrhunderts, der Kurfürst August einen Alchimisten ein, der vor dem Preußenkönig Friedrich I. auf der Flucht war: Johann Friedrich Böttger. August gab den kenntnisreichen »Goldmacher« dem Porzellanforscher als Assistenten – immer unter staatlicher Aufsicht. Der naturwissenschaftlich begabte Böttger bewies auch bald sein Talent als Industriespion: Als Tschirnhaus 1708 starb, kannte Böttger alle seine Geheimnisse und galt als Koryphäe der Porzellanforschung. Noch im Todesjahr von Tschirnhaus gelang Böttger erstmals die Herstellung von »Meißner Porzellan« – aufgrund des von Tschirnhaus geheimgehaltenen (und von Böttger gegen den Willen des adligen Wissenschaftlers ausgekundschafteten) Kenntnisstandes.

Chf. Augusto werden die Arcana
der Fabrik gezeiget A. 1710.

Willenlose Werkzeuge: Die waren auch dem französischen Kardinal und Minister Guillaume Dubois (1656 bis 1723) im ausgedehnten Netz seines Spionageapparats wichtig. Als guter Geheimdienstchef hatte er natürlich auch eigene operative Erfahrung. Er hatte sogar handfeste Praxis. Seine Lehrzeit absolvierte er in London, wo der geistliche Herr als Gesandter aus Paris eine konspirative Zweitwohnung unterhielt. Hier lernte er auch den Macher der britischen Außenpolitik, James Earl Stanhope, schätzen.

Ein Meisterstück lieferte der Franzose dann 1717 in Hannover. (Guillaume in Deutschland – als Spionen-Synonym ein Name mit Tradition!)

Stanhope war zu einem Bankett mit hohen, sehr hohen Herren in Hannover geladen. Das Gespräch drehte sich um das machtpolitische Gewicht des Deutschen Reichs, das seit dem Westfälischen Frieden stark gelitten hatte.

»Jetzt hat Spanien Sardinien erobert«, sagte einer von der Tafelrunde, ein ranghoher Diplomat vom preußischen Hof. »Dabei war es doch dem Kaiser zugesprochen.«

»Also muß jetzt die Quadrupelalliance wirksam werden«, gab ein Gesprächspartner, ein sächsischer Graf, zu bedenken. »Wozu sonst hat sie der Kaiser mit England und Holland geschlossen?«

»Holland ist der Allianz nicht beigetreten«, warf Stanhope ein. »Aber es ist assoziiert.«

Wieder nahm der Preuße das Wort: »Da ist ja auch noch Frankreich«, sagte er. »Aber wieweit kann man sich auf die Pariser verlassen? Irgendwann muß doch der Gegensatz zwischen Frankreich und Österreich in der polnischen Thronfolgerfrage ausbrechen, vielleicht erst in zwanzig Jahren – aber der Streit kommt! Hat denn der Regent in Frankreich, dieser Herzog Philipp von Orleans, überhaupt ein Interesse an dem Bund gegen Spanien? Der Bub, der einmal Ludwig XV. sein wird, ist außerdem noch minderjährig. Wacklige Genossen, die da an der Seine!«

»Man sollte sich in Paris erkundigen«, meinte der Sachse. »Möglichst so, daß dieser Dubois nichts merkt.«

Der saß im finsteren Nebenzimmer. Dort hatte ihn Stanhope versteckt. Dort hatte er alles gehört. Auch die an Frankreichs Bündnistreue geäußerten Zeifel hatte er registriert.

Es war eine der ersten Abhöraffären in der Geschichte der Spionage in Deutschland.

Objekt für frühe Industriespionage: Nürnbergs »Schöner Brunnen« (Bildleiste ganz links) war im Mittelalter Ziel neugieriger Spitzel, die dem Geheimnis seiner kunstvollen Herstellung und der verwendeten Materialien auf die Spur kommen wollten.

Verrat lohnte sich auch für Handwerker: Die Geheimnisse deutscher Wertarbeit gegen Entlohnung auszuplaudern, wurde für manchen Wanderburschen zum lukrativen Geschäft.

So verkauften geldgierige Gesellen auch die Rezepturen der aufblühenden Meißner Porzellanmalerei nach Nymphenburg, Frankenthal, Thüringen und Wien.

(Große Abb.:) Johann Friedrich Böttger in seinem Laboratorium in der Meißner Albrechtsburg. Ihm gelang 1708/1709 in Europa als erstem die Manufaktur von Hart-Porzellan.

Unten: Zwei frühe Exemplare aus der Porzellanmanufaktur Nymphenburg.

Dubois war es auch gewesen, der für kurze Zeit aus dem spektakulärsten Spion seiner Zeit einen Doppelagenten zu machen verstand: Der Meister der Intrige erpreßte Johann Michael von Klement, der mit halbwahren, teil-gefälschten Dokumenten Frankreichs obersten Geheimdienstler hereinlegen wollte, von diesem aber durchschaut und zu Gegendiensten – Spitzelei am Wiener Hof – gezwungen wurde. Klement machte in der Folge mit seinen Fälschungen – durch die er weniger Österreich und Frankreich gegeneinander ausspielen, wohl aber viel Geld verdienen wollte – eine äußerst unglückliche Figur. Als Dubois ihm die Zuwendungen entzog, wanderte er nach Dresden, dann nach Berlin weiter. Deutschland hatte einen großen Spion wieder.

Jetzt nahm seinen Lauf, was als »Klementsche Händel« in die Geschichte einging. Klement war aus Geldmangel zum Spion geworden. 1689 geboren und nicht gerade in ärmlichen Verhältnissen aufgewachsen und erzogen, war er zu einem frühreifen jungen Mann mit blendenden diplomatischen Begabungen geraten. Zunächst versorgte er den ungarischen Rebellen-Fürsten Rakoczi mit Nachrichten aus Österreich. Als der verarmte Ungar nur noch kleine Summen dafür auswerfen konnte, verriet Klement seinen Gönner an die Österreicher. Prinz Eugen wußte das sehr zu schätzen. Er stattete seinen Günstling – der immerhin noch in den Zwanzigern war – großzügig mit Geld aus. Nur: So ganz traute er ihm doch nicht über den Weg. Klement verdroß dieser Vertrauens-Malus. Der hochbegabte Junge ging also nach Brüssel, glaubte dort die Österreicher an die Franzosen verraten zu können und fiel dem Kardinal Dubois in die Fänge.

Im großen Spiel des Johann Michael von Klement hatte alles seinen festen Platz: Fürsten und Frauen, Diplomaten und Dummköpfe und sogar eigene Unteragenten, die der schlaue junge Mann für sich arbeiten ließ.

In Berlin, einen Vorschuß des Dresdner Ministers Flemming in der Tasche, gewann Klement bald das Vertrauen des Soldatenkönigs Friedrich Wilhelm I. (1713 bis 1740). Just den sollte er aushorchen. Er machte ein Doppelspiel daraus. Durch einen befreundeten Agenten hatte er dem Preußenherrscher einen Brief zukommen lassen, in dem er diesem Einzelheiten eines österreichisch-sächsischen Komplotts gegen ihn, den Preußen, anbot. Prompt traf der Soldatenkönig den phantasiebegabten Spion heimlich im Garten eines Ministers – klassischer konspirativer Treff!

»Wenn Er mir den Nachweis dafür bringt, daß es stimmt, was Er da erzählt«, hatte der König versprochen, »erhält Er 6000 Taler.« Wahrhaft königlicher Lohn.

Aus den Prozeßakten ist bekannt: Klement hatte dem König offenbart, daß die Höfe von Dresden und Wien vereinbart hätten, den König bei günstiger Gelegenheit – etwa bei einer Jagd in Wusterhausen, das damals an der sächsischen Grenze lag – zu entführen. Anschließend sollten Berlin besetzt, der Staatsschatz eingezogen, das

Ein Meister der Spionage: Der französische Kardinal und Minister Guillaume Dubois überragte alle Konkurrenten seiner Zeit. Er sorgte auch für eine der ersten Abhöraffären in Deutschland.

Land unter sächsische Verwaltungshoheit und der Kronprinz unter kaiserliche Vormundschaft gestellt werden. Ein ungeheuerlicher Plan. Hohe Offiziere und Staatsbeamte Preußens sollten, so Klement, Mitwisser sein. Sogar die beiden vertrautesten Stützen des Königs, Feldmarschall Fürst Leopold von Anhalt, und der Leiter des königlichen Generalkriegskommissariats, General von Grumbkow, seien in die Verschwörung verwickelt.

»Und von wem weiß Er dies alles?« wollte der König wissen.

Stumm wies ihm Klement sehr persönlich gehaltene Briefe des Prinzen Eugen vor, die dieser ihm einmal geschrieben hatte. »Mit Eugen bin ich vertraut«, erwiderte er bescheiden. »Sind diese Briefe nicht Beweis genug wenigstens dafür?« Dann setzte er noch einige politische Geheimnisse aus Wiener Hofkreisen obendrauf, die im Ausland nur der preußische König wissen konnte oder die doch nachprüfbar waren. Friedrich I. tappte in die Falle. Hätte Klement nicht für die eigene Kasse, sondern im Auftrag einer fremden Macht gehandelt, wäre sein Spiel ein Exempel genialer Desinformation gewesen.

Der Soldatenkönig und seine Beamten – eine Abwehr gab es nicht, ebensowenig eine Gegenspionage – brauchten ein Jahr, um das (einträgliche) Klementsche Gespinst aus Dichtung und Wahrheit zu durchschauen. Als sich die Schlinge um den Hals des Mannes zuzog, der sich so einen kleinen Grenzverkehr zwischen Spionage und Betrug eingerichtet hatte, gab er schnell noch ein paar Komplizen preis – auch wieder echte und falsche. Unter den Denunzierten war Graf Christoph zu Dohna, der wenig Mühe hatte, sich von dem ungeheuerlichen Verdacht zu reinigen. Nach zermürbenden Verhören, teilweise in Anwesenheit des Königs Friedrich Wilhelm I., brach Klement zusammen und gestand: Alles, alles sei seine Erfindung gewesen.

Peinliche Folge für den König: Sachsen und Österreich, zutiefst und öffentlich beleidigt, schlossen mit England einen Bund gegen die Preußen – der Preußenkönig mußte sich öffentlich und in aller Form bei den erzürnten Nachbarn entschuldigen. Die hatten es ihm verübelt, daß er den Klementschen Hirngespinsten auch nur einen Moment Glauben geschenkt hatte.

Am 18. April 1720 wurde Johann Michael von Klement vor den Mauern Berlins gehenkt. Fast war es ihm geglückt, nicht nur Preußen in schwere innere Wirren zu stürzen; beinah hätte er ganz Europa von neuem in Brand gesteckt. Und das aus Geltungsbedürfnis, Hochstapelei, Habgier und Spielerdrang.

Daß Klement den Prinzen Eugen von Savoyen (1663 bis 1736) in seine Ränke verwikkeln konnte, kam nicht von ungefähr. Eugen, einer der größten Feldherrn seiner Epoche, Türkenbesieger und später maßgebender Mann hinter der Politik des Kaisers Karl VI. (1711 bis 1740), hatte seit je großes Verständnis für Möglichkeiten und Machenschaften von Geheimdiensten und Geheimdiplomatie gehabt. Er führte eine streng geheime diplomatische Korrespondenz, die neben den amtlichen Linien der »Ordinariwege« herlief und von deren Existenz außer den Beteiligten nur der Kaiser wußte. Auch den belgischen Generalpostmeister (geheime Nachrichtendienste waren ohne Beteiligung der Post nicht denkbar) Jaupain bedachte er mit Spezialaufträgen.

Besonders stark aber spannte Eugen die Männer ein, die schon durch Beruf und Stellung zu geheimen nachrichtendienstlichen Aufgaben

Geheimdiplomatie: Prinz Eugen von Savoyen, größter Feldherr seiner Epoche, bediente sich besonders erfolgreich der streng geheimen politischen Nachrichtendienste.

Sonderzahlung: Als Belohnung für seine Agentendienste erhielt der Serbe Kolschitzky nach der Belagerung Wiens durch die Türken von der Stadt 500 Säcke mit Kaffeebohnen. Dies diente ihm als Basis zur Begründung der ruhmreichen Tradition der Wiener Cafés.

Zentrale der Geheimdiplomatie: Im Berlin des 18. Jahrhunderts (rechts) liefen bei Veit Ludwig von Seckendorff (ganz rechts), dem engsten Vertrauten Friedrichs I., alle Fäden des weitverzweigten Agentennetzes zusammen.

bestimmt sind: Diplomaten. Graf Königsegg, von 1726 bis 1729 kaiserlicher Botschafter in Madrid, war von ihm angewiesen worden: »Eure Exzellenz können fortfahren, mir separat die Umstände und Materien anzuvertrauen, die Sie zur geheimen Information Seiner Majestät durch mich für notwendig halten, und Sie dürfen überzeugt sein, daß ich davon nur den zum Dienst des Herrn und zum Vorteil Eurer Exzellenz dienenden Gebrauch machen werde.«

Die Anweisung verband er mit der Bitte, möglichst auch verwertbare Intimitäten aus dem Leben der spanischen Königsfamilie herauszufinden und Tips für Möglichkeiten zu geben, auf die spanische Politik einzuwirken. Eine Zeitlang war der Feldkriegssekretär Johann Michael Langgetl Geheimschreiber des Prinzen Eugen und zugleich Verbindungsmann zum Apparat des militärischen und politischen Nachrichtendienstes (die beide Eugen unterstanden).

Spann Eugens Königsegg die Spionagefäden in Spanien, so war sein Seckendorff als Gesandter am preußischen Hof nicht nur in Berlin, vielmehr auch in Sachsen und anderen deutschen Königs- und Fürstentümern nachrichtendienstlich tätig. Veit Ludwig von Seckendorff war in Berlin tatsächlich mehr als bloß Botschafter: Er war enger Vertrauter des außenpolitisch unfähigen Ersten Friedrich; der Österreicher bestimmte weitgehend die Politik des Preußen!

Auf Eugens Art der Diplomatie ging er gern ein: Mitunter sandte er Berichte in doppelter, unterschiedlicher Fassung aus Berlin an den Prinzen und überließ es diesem, welche von beiden Fassungen er bei den Ministern zirkulieren lassen wollte.

Die Mittel, deren sich ein Diplomat bei der Informationsbeschaffung bediente, waren eher einfach: Potentielle Verräter mußten erkannt, bewährte Spione gehätschelt, anfällige Quellen bestochen oder anders korrumpiert werden.

Im 18. Jahrhundert wurde das System von Korruption, Spionage und Verrat zur Kunst stilisiert – ohne daß etwa die Beteiligten bei Entdekkung moralischer Verurteilung anheimgefallen wären. Strenge Bestrafung traf allenfalls ungeschickte Doppelagenten. Schwächen wichtiger Geheimnisträger wurden ausgenutzt; Post wurde überwacht; Gestrauchelte erpreßte man. In den Briefen des Prinzen Eugen an seinen Kaiser ist oft von »Intercepten« die Rede: Es waren aufgehaltene und erst nach Dechiffrierung und Abschrift an die Adressaten weitergeleitete Diplomatenkorrespondenzen.

Aber wichtiger war der Einbruch in die Geheimnisse der Höfe Europas. Und da eben ganz gezielt in die Geheimnisse des preußischen Hofes (so ist auch Eugens Verbitterung zu erklären, daß ihm ausgerechnet ein betrügerischer Einzelgänger wie Klement in die sorgsam ausgewogene Mischung von Geheimdiplomatie und Spionage gegen Preußen pfuschte).

Sowieso liefen im Absolutismus des Kleinstaaten-Europas alle erdenklichen Fäden kreuz und quer. Wer sich einmal unglücklich in diesen Fäden verfing, endete leicht durch Gewalt. Folglich wurde auch nie gültig geklärt: War Philipp Christoph Graf Königsmarck ein schwärmerischer Verrückter oder ein Verräter? Er war zwar hannoverscher Oberst. Aber von der sächsischen Armee erhielt er die Bezüge eines Generalleutnants. Möglich, daß er in Hannover für seinen Dresdner Freund August den Starken Späherdienste tat.

Denn er war verschuldet, und August hatte ihn schon bei einer gemeinsamen Italienreise

Opfer seines Berufes: Philipp Christoph Graf von Königsmarck, sächsischer Spion am Hof von Hannover, kam dort unter mysteriösen Umständen ums Leben.

verpflichtet. Jedenfalls wurde er 1694 in Hannover ermordet – unter nie geklärten Umständen.

Möglich, daß August der Starke seinen Freund beseitigen ließ. Denn private Politik und große Staatsführung waren im Absolutismus immer miteinander verquickt. Wie die deutschen Fürsten, Könige und Kaiser immer auch nach außen spionierten, so wurden sie auch stets Opfer von Agenten aus dem Ausland. Mißtrauen war also die Norm, Verdacht gegen Kritiker oder Andersdenkende die Regel.

Angst vor Verrat: Aus Sorge um die Treue seines Heeres baute Friedrich II., der Große, das von seinem Vater übernommene Spionagenetz erheblich aus. Sein erster Kabinettsminister, Heinrich Graf von Podewils (rechts), half ihm dabei mit gerissener Taktik. Nur im Österreich Maria Theresias funktionierte sein Spitzelsystem unzureichend.

Dagegen war nicht einmal ein so kunstsinniger, kultivierter Monarch wie Friedrich II., der Große, gefeit. Der Preußenkönig (1740 bis 1786) mit der Vorliebe für französische Literatur und Musik, mit der früheren jugendlichen Abneigung gegen militärische Übungen, gegen die Jagd und das Tabakkollegium seines sittenstrengen Vaters, gebärdete sich bei vermutetem Verrat geradezu widersinnig. Den 15jährigen preußischen Fähnrich Friedrich Freiherr von der Trenck ließ er 1741 während des Schlesischen Krieges nach Glatz in Festungshaft bringen. Das Verbrechen des Buben: Er hatte leichtsinnig über die Fronten hinweg mit seinem Vetter, dem österreichischen Panduren-Oberst Franz von der Trenck, über Familienangelegenheiten korrespondiert. Für Friedrich den Großen war das Landesverrat.

Der junge Trenck brach aus und floh nach Österreich. In dem Jüngling hatte sich unversöhnlicher Haß auf den Preußenkönig gebildet. Er stellte sich unter den Schutz von Friedrichs Gegnerin Maria Theresia.

Auf einer Reise nach Danzig wurde er später von Friedrichs II. Häschern ergriffen und an Preußen überstellt. Neun Jahre lang büßte er eine Jugendsünde im schwersten Arrest zu Magdeburg.

Nachdem Maria Theresia 1763 bei den Friedensverhandlungen am Ende des Siebenjährigen Krieges seine Freilassung erzwungen hatte, schien Trenck ein gebrochener Mann. Schien. Denn fortan wurde er als Sonderemissär Wiens ein gefährlicher Einzelgänger unter den Top-Agenten Europas mit allerhöchster Rückendekkung. Nach dem Tode des Großen Friedrich reiste er auch wieder nach Preußen – und informierte Wiens Kaiser Joseph II. detailliert über alles, was er im Land der nordischen Nachbarn sah und hörte. Daß er Preußens Militär bei seiner Späherarbeit nicht aussparte, war klar.

Friedrichs II. dauernde Angst vor Verrat und Spionage war im übrigen nicht ganz unbegründet. Wohl war er ein gerechterer Herr seiner Soldaten, als das sein Vater gewesen ist. Aber er wußte auch, daß die Zuverlässigkeit eines Heeres von der Art abhängt, wie es behandelt wird: Unter der strengen Zuchtrute seines Vaters, der sich als Friedrich Wilhelm I. den Beinamen »Soldatenkönig« erwarb, stieg die Zahl von Fahnenflüchtigen bisweilen auf 30 000! Deserteure galten selbstverständlich anders als noch im Dreißigjährigen Krieg als Hochverräter.

Und der junge Friedrich war selbst schon nahe an den Verrat gekommen, wie er 1730 einen Fluchtversuch nach England unternahm. Welch ein Schlag für den Vater! Der Sohn fahnenflüchtig, ein Überläufer ins Haus der zu London herrschenden Hannoveraner – mit denen es auf deutschem Gebiet starke Reibereien gab!

In der Gefangenschaft zu Küstrin erlegte sich der spätere Friedrich der Große die eisige Selbstbeherrschung auf, die den erfolgreichen Staatsmann und Feldherrn zur überragenden historischen Figur machte.

Friedrich des Großen Vater hatte sein in Kasten gegliedertes Volk mit mönchischer Strenge regiert. Privatleben war verpönt. Soldatischer Geist war höchste Tugend. Sowohl seinen Offizieren als auch den Beamten empfahl er ein lückenloses Spitzelsystem, das – strukturiert wie eine geheime Staatspolizei – jeden Bürger und Bauer in Listen erfaßte und nach dem jedermann jederzeit im Wortsinn greifbar sein mußte.

Friedrich II. übernahm das Überwachungsinstrument und baute es aus. Was in England, Italien, Frankreich und Spanien längst als praktisch-politische Notwendigkeit erkannt und teils auch schon bürokratisch organisiert worden war, wurde nun auch preußische Institution: ein gut funktionierender Geheimdienst mit Aufklärungs- und Abwehrabteilungen, Spionage und Gegenspionage. Dieser frühe preußische Dienst muß den Vergleich mit modernen Organisationen keineswegs scheuen.

Friedrich soll gesagt haben, daß es leichter sei, einen Bauern zum Spion auszubilden, als Generäle und Marschälle zu bewegen, sich als Bauern zu verkleiden, um Spionagedienste zu leisten. Folgerichtig teilte er seine Spione in vier Gruppen ein:

Personen aus ärmeren Ständen, die durch Spionage ein wenig Geld verdienen wollten.

Spione, die für beide Seiten tätig waren. Ihrer bediente man sich auch, um dem Feind falsche Informationen zukommen zu lassen.

Offiziere, Beamte, Intriganten und andere Spione von hohem Rang, die sehr viel Geld beanspruchten.

Spione, die gegen ihren Willen zum Spionagedienst gepreßt wurden.

Verhängnisvoller Briefwechsel: Friedrich Freiherr von der Trenck (Abb. unten links) kam als 15jähriger unter Spionageverdacht in preußische Festungshaft, weil er mit seinem Vetter, dem österreichischen Panduren-Oberst Franz von der Trenck (links oben), über Familienangelegenheiten Briefe ausgetauscht hatte. Dafür rächte sich der junge Trenck an Friedrich II., indem er sich später als Sonderemissär dessen Gegenspielerin Maria Theresia (oben) zur Verfügung stellte.

Goethe als Kollaborateur

Die Historikerin Margret Boveri definiert die Wandlung des Wortes »Kollaboration« vom normalen mitmenschlichen Zusammengehen zum Verrat: »Daß Zusammenarbeiten, Kollaborieren nicht mehr etwas Gutes, Freundschaftliches, Gemeinsames ist, sondern sich in etwas Sträfliches verwandelt hat, ist eine Folge der Ideologisierung und Totalisierung unseres Lebens.«
Als Johann Wolfgang Goethe zehn Jahre alt war, besetzten französische Truppen im Siebenjährigen Krieg (1756 bis 1763) seine Vaterstadt Frankfurt am Main. Bei Goethes am Hirschgraben wurde der Königsleutnant Graf Thorane einquartiert. Der Knabe Goethe freundete sich rasch mit dem Besatzer an und bangte sogar um ihn in der Schlacht von Bergen (als alle Frankfurter fürchten mußten, daß eine Niederlage der Franzosen ihre Stadt zum Kampfgebiet machen würde). Vater Goethe dagegen dachte »fritzisch«, preußisch, national. »Ich wollte, sie hätten Euch zum Teufel gejagt«, sagte er zum Grafen nach der Schlacht. Sohn Johann Wolfgang war darüber sogar noch anderer Ansicht, als er die Unbefangenheit des Kindes gegenüber dem »Feind« abgelegt hatte: »Was ging uns Preußen an?« kommentierte er später die Haltung seines Vaters.

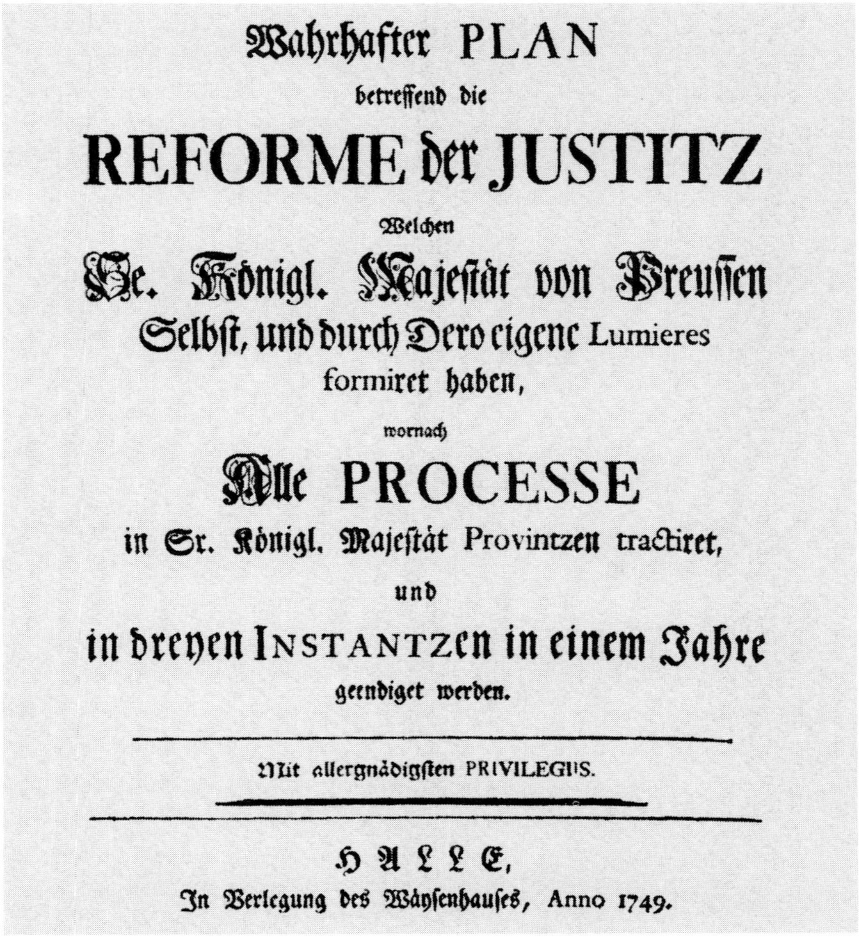

Wahrhafter PLAN
betreffend die
REFORME der JUSTITZ
Welchen
Se. Königl. Majestät von Preussen
Selbst, und durch Dero eigene Lumieres
formiret haben,
wornach
Alle PROCESSE
in Sr. Königl. Majestät Provintzen tractiret,
und
in dreyen INSTANTZEN in einem Jahre
geendiget werden.

Mit allergnädigsten PRIVILEGIIS.

HALLE,
In Verlegung des Wäysenhauses, Anno 1749.

Exemplarische Bestrafung: Ertappte Spione wurden vor dem versammelten Bataillon hingerichtet (oben). Solche Art Bestrafung verkündete Friedrich II. in der von ihm selbst entworfenen Justizreform (links).

Ein kurzer Traum von Freiheit: 1792/93 regierten radikale Jakobiner im französischen Worms. Als die Stadt wieder deutsch wurde, mußten die Revolutionäre ihr »Freiheitsbaum«-Symbol unter Polizeiaufsicht ausgraben (rechts). Das empfanden sie als Verrat an ihrem Marsch in die neue Zeit. 1792 standen die Franzosen vor Mainz. Die Stadt ergab sich kampflos, weil die »Mainzer Klubisten«, eine starke republikanische Vereinigung, die alte Kurstadt der jungen französischen Republik einverleiben wollten. 1793 eroberte ein deutsch-österreichisches Koalitionsheer Mainz wieder für Deutschland zurück (Abb. ganz rechts).

Dennoch war Friedrich II. nur unzureichend über die Pläne seiner großen Gegenspielerin Maria Theresia unterrichtet. Denn in Wien hatten Preußens Spione wenig Glück – an der Donau trafen sie auf einen Meister der Abwehr, der alle denkbaren Quellen verstopfte, selber aber aus allen nur denkbaren Quellen, auch an der Spree, beste Informationen schöpfte. Dieser frühe Großmeister im Metier der geheimen Nachrichtendienste hieß Wenzel Anton von Kaunitz, seit 1753 Graf, später Fürst. Der Staatskanzler Kaunitz kannte keine Skrupel, ganze Trupps von

Genie auf dem Gebiet der Spionageabwehr: Der österreichische Staatskanzler Wenzel Anton von Kaunitz brachte Preußens Agenten zur Verzweiflung. Er selbst nutzte die Postbeförderung skrupellos aus und ließ alle wichtigen Briefe zensieren.

Spionen auf die Geheimnisse fremder Höfe (und möglichst auch einheimischer Adelshäuser) anzusetzen. Die sogenannten Postkurse der bayerisch-privaten Konkurrenz im geheimen Nachrichtengeschäft, Thurn und Taxis, ließ er auf österreichischem Gebiet so legen, daß seine Agenten die Briefe öffnen konnten und nach Ermesssen oder Anweisung Kopien anfertigten.

Rücksichtslos verfuhr er auch mit der Korrespondenz der Botschafter an ihre Herrscher im restlichen Europa. Er ließ alles zensieren.

Das führte in einem legendären Fall zu einer grotesken Situation, die der wendige Kaunitz mit Wiener Unverschämtheit meisterte. Sir Keith, Londons Botschafter in Wien, wurde beim Staatskanzler mit einer Beschwerde vorstellig. »Fürst«, entrüstete sich der Brite, »so können Sie es nicht weitertreiben! Halten Sie Ihre Leute im Zaum!«

Kaunitz gab sich bestürzt. »Exzellenz, mein Lieber, ich bitt' Sie! Was hat's denn 'geben? Was soll ich getan haben, wen soll ich im Zaum halten?« fragte er scheinbar verwirrt.

»Sie selbst haben nichts getan. Sie haben tun lassen«, versetzte der Engländer. »Mein Minister hat mir aus London geschrieben, daß er in einem vertraulichen Brief von mir an ihn schon wieder eine Kopie statt meines Originals vorgefunden hat! Das ist nun das dritte Mal, daß so etwas passiert. Und ich weiß von Kollegen anderer Länder, daß sie ähnliche Klage zu führen bereit sind. Das meine ich, wenn ich sage: Halten Sie Ihre Männer im Zaum!«

Kaunitz sah Keith an. Er dachte nach. Da hatten seine Agenten wieder einmal diplomatische Kurierpost abgeschrieben, das Original behalten und versehentlich die Kopie in den Umschlag gegeben. Zu blöd, das ganze. Sollte er leugnen? Den Briten noch mehr erzürnen? Kaunitz entschloß sich zu einer entwaffnenden Flucht nach vorn.

»Ist mir entsetzlich peinlich, Exzellenz«, flötete er mit honigsüßer Stimme – und setzte unvermittelt raunzend hinzu: »Aber was wollen S' mach'n, bester Keith? Die Leutln sind halt noch arg ung'schickt. Beruhigen Sie sich, 's wird schon noch werd'n.«

Fürst Kaunitz starb 1794. Im Juli desselben Jahres trat in Paris ein Mann seinen letzten Gang an, den Weg aufs Schafott, der auch dem Wiener Geheimdienstlenker kein Unbekannter gewesen war: der Freiherr Friedrich von der Trenck.

Der von vielen Herren Enttäuschte hatte sich 1789 als 63jähriger der Französischen Revolution angeschlossen. Die Ideen von Freiheit, Gleichheit und Brüderlichkeit faszinierten den Mann, der als unsteter Abenteurer immer ein Idealist geblieben war.

Natürlich hatte Trenck über seine Eindrücke aus den Tagen des Blutrauschs unter der Fuchtel des Maximilien de Robespierre auch nach Österreich geschrieben. Aber er war ein geachteter Mann in Paris, beliebt in den bürgerlichen wie – bis 1793 – adligen Salons.

Die Anklage aber, die zuletzt gegen ihn erhoben wurde, mutet an wie ein absurdes Schelmenstück: Trenck, der Agent und Abenteurer, dem ein Preußenkönig seine Jugend verpfuscht hatte, dieser Trenck soll als alter Mann für Preußen spioniert haben!

Es wird berichtet, daß er aufrecht zur Guillotine schritt. Beweise für seine Schuld wurden nie gefunden.

Die Prinzipien von Freiheit und Gleichheit jedoch traten ihren Siegeszug durch die Welt an – erste Wellen schwappten auch nach Deutschland. Überall verlor die alte Ständeordnung gegenüber der bürgerlichen Emanzipation ihre Kraft. Die Monarchien waren in ihren Wurzeln getroffen. Gewinner der Umstürze war die Bourgeoisie.

Ein Welten bewegendes Gewerbe aber überlebte nicht nur alle Wirren. Es erstarkte noch, wurde nahezu hoffähig organisiert und vor allem immer unvermeidbarer in der Politik: die Spionage. Im folgenden Jahrhundert wurde der Handel mit Nachrichten auch für deutsche Herrscher zur täglichen Praxis. Hatten Agenten bisweilen *ihrem Staat gedient* – künftig sollten sie auch in deutschen Ländern *Staatsdiener* sein.

3. KAPITEL

DIE ERSTEN PROFIS

1800 BIS 1900

Seine Gestalt entspricht seinem Ruf. Er hat ein lebhaftes Auge, einen durchdringenden Blick, eine strenge und entschlossene Miene, kurze Bewegungen, eine wohlklingende und feste Stimme. Er ist mittelgroß, aber stämmig, und von gallig-vollblütigem Temperament. Mit Meisterhand zeichnet er das Portrait von Personen, die große Rollen spielen. An der Stirn hat er tiefe Narben, die beweisen, daß er gefährlichen Situationen nicht aus dem Wege gegangen ist. Dieser Mensch, der so große Ähnlichkeit mit dem Karl Moor Schillers hat, ist auch ebenso großmütig.«

So war James Bond 1807. Cadet de Gassicourt, der Apotheker Napoleons, hat dieses Bild des erfolgreichsten Repräsentanten im kaiserlich-französischen Spionage-Apparat gezeichnet: das Bild des Karl Ludwig Schulmeister alias Charles Sulmester. Knapper, auch kälter fiel das Urteil des französischen Generals Savary Herzog von Rovigo aus. Der stellte Napoleon seinen besten Geheimagenten mit den Worten vor: »Hier, Sire, ist ein Mann, der viel Gehirn, aber gar kein Herz hat.«

Der Mann, den ein schriftstellernder Apotheker für großmütig und ein menschenverachtender Heerführer für herzlos hielten, war eine schillernde Figur, wenn auch gewiß kein Karl Moor. Um 1770 wurde er bei Straßburg als Sohn eines lutherischen Pfarrers geboren. Ihm schien ein geordnetes und unauffällig-bürgerliches Leben vorbestimmt. Er heiratete eine Jugendfreundin und machte sich zunächst mit einem kleinen Eisenwaren- und Krämerladen selbständig. Reich und angesehen jedoch wurde er durch einen wohlorganisierten Schmuggel in der Grenzprovinz Elsaß, außerdem durch die Schläue und Kühnheit seiner Unternehmungen, mit denen er die Konterbande beförderte.

Bis 1804 liefen die illegalen Geschäfte Schulmeisters blendend. Doch in einem nachrevolutionären Kaiserreich, in dem ein Mann wie Joseph Fouché, von Napoleon zum Herzog von Otranto erhoben, Polizeiminister und Gebieter über alle Spitzel in Frankreich war, konnte ein Schmuggelkönig wie Schulmeister nicht unbemerkt bleiben. Zwar waren Fouchés Hauptaufgaben Gegenspionage und Abwehr, dazu kam aber immer mehr das Aufspüren von Verschwörungen, denn Napoleon hatte immer gegen eine mächtige innerfranzösische Opposition zu kämpfen. Unter den gesammelten Informationen aus dem Inland fand sich, sozusagen als Abfallprodukt, ein Report über den Contrebandier aus dem Elsaß. Und als sich der eingefleischte Bonapartist General Savary in einer delikaten Angelegenheit an seinen Abwehrkollegen Fouché wandte, wußte dieser Rat.

Um eine Entführung sollte es gehen? Um Menschenraub? Wer war dafür geeigneter als ein gewandter Schmuggler! Wer war der Listigste von allen? »Schulmeister«, sagte Fouché zu Savary. »Der Mann löst jedes Problem, unlösbare kennt er nicht.«

Das Problem: Am 18. Mai 1804 hatte sich Napoleon zum französischen Kaiser gemacht. Doch der vertriebene Adel schürte Haß und Widerstand gegen ihn vom Ausland her. Dabei tat sich besonders ein Herzog von Enghien hervor, der in Deutschland Asyl gefunden hatte. Der Kaiser kalkulierte: Wenn ich an einem meiner Gegner, etwa an diesem Enghien, ein Exempel statuiere, werde ich die übrigen leicht einschüchtern. So ließ er von Fouché und Savary einen perfiden Plan entwerfen.

Der Herzog von Enghien hatte eine Liebschaft im Elsaß, ein reizendes Mädel, das ihm allerdings nicht ins Exil gefolgt war. Aber die Sehnsucht war halt übermächtig, und Schulmeister nutzte die emotionale Beziehung. Er kreuzte bei der Schönen in ihrem Heimatdorf auf. Von da lockte er sie in ein Landhaus im südlichen Elsaß: »Dort werden Sie, Mademoiselle, einen Abgesandten des Herzogs treffen. Er will sie zu sich holen, er verzehrt sich vor Leidenschaft nach Ihnen!«

Arglos willigte das Mädchen ein. Im Landhaus – einer Konspirativen Wohnung (KW) des Fouché-Geheimdienstes – fälschte Schulmeister einen herzzerreißenden Hilferuf seiner Gefangenen an den Herzog jenseits des Rheins. Dieser fackelte nicht lange; ein Kavalier ist zu jeglicher Hilfe an einem schwachen Weib verpflichtet. Wie Schulmeister richtig gerechnet hatte, beschloß der Herzog von Enghien, den vermeintlichen Kerkermeister zu bestechen, die Geliebte zu befreien und wie ein Märchenprinz mit ihr in die deutsche Freiheit wieder davonzureiten.

Bei Schlettstadt wagte sich Enghien, natürlich verkleidet, auf französisches Gebiet. Bei Colmar fing Schulmeister ihn ab. Ganz ohne Hauen und Stechen; der Herzog riß noch seinen Degen heraus, doch der in Händeln erfahrene Ex-Schmugglerstar schlug ihm mit bloßen Händen die Waffe aus der Faust und überwältigte ihn.

»Hier bringe ich Ihnen meine Beute«, meldete er kühl, als er den gefangenen Edelmann bei Savary ablieferte. Der schob ihn gleich weiter ab nach Paris. Einen Tag später stand der Herzog vor einem Kriegsgericht. Kurz danach wurde er erschossen.

»Ein Justizmord!« empörten sich Napoleons innenpolitische Widersacher. »Ein politisches Verbrechen«, schäumten die Bourbonen-Parteigänger in Deutschland (wo Schulmeister als Agent tätig geworden war, um den Herzog überhaupt erst auf die Idee zu bringen, die gefährliche Grenze zu überschreiten). Charles Maurice Herzog von Talleyrand (1754 bis 1838) wertete den Skandal mit der für ihn kennzeichnenden politischen Nüchternheit: »Das war schlimmer als ein Verbrechen. Das war eine Dummheit!«

Karl Ludwig Schulmeister aber hatte sich bei Napoleon akkreditiert. Er begann eine steile Karriere als unentbehrlicher Geheimdiener seines Herrn. Schulmeister, der Franzose, wurde zu einem der hervorragendsten Spione in der Geschichte dieses sinistren Gewerbes. Seine größte Tat aber vollbrachte er in Deutschland.

Schulmeister überall!

Schulmeister delegierte nur unwichtige Aufgaben an Mitarbeiter. Am liebsten war er sein eigener unermüdlicher Kurier und Kundschafter: Am 16. Oktober 1805 spähte er beim Armeekorps Werneck; am 17. um ein Uhr mittags legte er dem Franzosen Murat seinen Bericht über Wernecks Rückzug nach Heidenheim und Ahlen vor; am 18. abends nahm er die Order Savarys entgegen, wieder nach Ulm zu eilen – und war schon abends erneut in der Stadt. Entfernungen schienen für ihn keine Rolle zu spielen; rastlos trachtete er, selbst noch die Zeit zu überlisten: Vom Grafen Merveldt ließ er sich einmal in Braunau 100 Dukaten geben und versprach, in wenigen Tagen mit Nachrichten vom Feind zurückzukehren. Statt dessen ritt er nach Mühldorf und inspizierte aufmerksam die Armee des Generals Kienmeyer. Dieses Wissen überbrachte er seinem Chef Savary. In diesen Tagen zwischen dem 23. und 26. Oktober 1805 legte er Hunderte von Kilometern zurück. Am 23. brach er mittags um ein Uhr von Augsburg auf. Am 24. um sechs Uhr abends nahm er eine Wegstunde von Mühldorf entfernt Quartier, am 25. holte er sich in Braunau bei Merveldt die Spesen, ritt um drei Uhr wieder nach Mühldorf, verwischte seine Spuren, indem er über Neuötting und Landshut wieder nach Braunau zurückkehrte, und fand sich am 26. bei dem österreichischen Husarenoffizier Rulzki in München ein. Rulzki wurde von ihm aus der französischen Spionagekasse besoldet.

»James Bond um 1800«:
Karl Ludwig Schulmeister.

Der Fall der Festung Danzig: Von seinen Spitzeln gut vorbereitet, nimmt Napoleon 1807 die Ostsee-Hafenstadt Danzig ein und erklärt sie zur Freien Stadt.

Geheimnisverrat in Bayern

Das »Allgemeine Strafgesetzbuch für das Königreich Bayern« vom 16. Mai 1813 bestimmte im III. Buch, 1. Titel, 3. Kapitel (»Von Beeinträchtigung fremder Rechte durch Betrug und durch unbefugte Anmaßung«): Artikel 396: »Wer unbefugter Weise und in der Absicht Jemandem zu schaden, oder sich oder einem Dritten hierdurch einen Vortheil zu verschaffen, eines anderen Briefe, Urkunden, Acten, Handelsbücher und andere dergleichen Dokumente, welche Privatgeheimnisse enthalten könnten, erbricht, liest, abschreibt, erbrechen, lesen oder abschreiben läßt, soll mit einer zweitägigen bis einmonatlichen Gefängnißstrafe belegt, und wenn das entfremdete Geheimniß zu wirklichem Schaden mißbraucht worden, die Dauer der Gefängnißstrafe allenfalls bis zu sechs Monaten verlängert werden.« Allerdings hatten nicht alle deutschen Staaten – Königreiche, Großherzog- und Herzog- oder Fürstentümer sowie Reichsstädte – in ihrer Strafgesetzgebung einen gewerblichen oder allgemeinen, in keinem Fall einen politischen Geheimnisschutz festgeschrieben.

Er war ein beispielhaftes Produkt seiner Epoche. Die Französische Revolution, die Gott verachtete und die Monarchie abschaffte, hatte ein neues Bezugsystem für Treue und Verrat geschaffen: die Volkssouveränität, in der Nation staatlich verankert, repräsentiert im Parlament und dargestellt in der öffentlichen und veröffentlichten Meinung. Die vielleicht einflußreichste Figur in diesem Aufbruch war Talleyrand, der den zeitgemäßen Leitsatz geprägt hatte: »La trahison – c'est une question du temps«, Verrat, Hochverrat ist eine Frage des Zeitpunkts. »Er hat das noch-Gültige zugunsten des Folgenden immer erst verraten, als es im Grunde schon tot war«, bemerkte die Historikerin Margret Boveri, »nur hat er sich vor seinen Zeitgenossen dadurch ausgezeichnet, daß er schneller als die anderen erkannte, wann die absolute Monarchie, wann Napoleon, wann die Restauration ›erledigt‹ waren, und dadurch in allen Fällen dazu beigetragen, ihnen zugunsten des Kommenden noch einen Stoß zu versetzen. Außerdem kannte er keine Treue, oder nur die zu einer Macht, deren diktatorische Ausmaße damals noch niemand erkannte.«

In diesem Sinn, bloß eben ohne die intellektuell-philosophischen Gedankenspiele Talleyrands, arbeitete Schulmeister. Er hütete sich davor, Werkzeug zu werden. Er war in jeder Aktion selbständiger Einzelgänger mit Hilfskräften. So erzielte er auch seinen großen, nachgerade historischen Erfolg, Österreichs militärisches Desaster im Dritten Koalitionskrieg von 1805. Das kam so:

In Wien reiste Anfang des Jahres ein ungarischer Edelmann an, der aus Frankreich ausgewiesen worden war. Seine Begründung: Er habe gegen Bonaparte spioniert, eine Legende, die inzwischen abgenutzt und in der modernen Spionage unbrauchbar geworden ist. Der Ungar aber – natürlich verbarg sich hinter seiner Maske der dreiste Schulmeister – kam nicht nur damit durch. Er fiel dem österreichischen General Mack außerdem durch seine ungewöhnlich gute Kenntnis der napoleonischen Armee auf (was kein Wunder war) und spielte dem Wiener Feldherrn in der Folge viele Nachrichten zu, die echt waren – und leicht zu überprüfen. Der Lohn blieb nicht aus: Mack machte den französischen Spion nach kurzer Frist zum Chef seines eigenen Nachrichtenwesens. Jetzt konnte der Meisterspion sein größtes Spiel spielen.

Von den Österreichern unbemerkt, schien Schulmeister über schier unerschöpfliche Geldquellen zu verfügen. Er bestach österreichische Offiziere, die ihn unterstützten. Er ließ in Paris eine Zeitung drucken, die gegen Napoleon gerichtete Beiträge enthielt; eine Kopie ließ er nach Wien »schmuggeln«. Mack war durch den Inhalt der journalistischen Fälschung überzeugt, daß in Frankreich die Unzufriedenheit über Napoleon an einem für den Korsen gefährlichen Punkt angelangt sei und daß eine Meuterei in der französischen Armee nur mehr eine Frage weniger Tage sein müsse. Schulmeister machte die Österreicher glauben, daß Napoleon seine zuverlässigsten Heeresgruppen nach Frankreich zurückzog, um Unruhen vorzubeugen. Mack tappte in die Falle. Er marschierte von Österreich nach München, um die Franzosen – die sich wirklich zurückzogen – zu verfolgen.

Doch plötzlich traf er auf eine französische Armee, die nicht rückwärts, sondern vorwärts marschierte. In den Flanken tauchten überraschend drei weitere französische Korps auf – Mack war im Kessel, seine Logistik unterbrochen, die Verbindung ins Hinterland abgeschnitten. Er zog sich nach Ulm zurück. Und Schulmeister zog mit!

Unter dem Befehl eines Hauptmannes Wendt, dem in der österreichischen Armee Abwehr und Spionagewesen – also Aufklärung – unterstanden, und ausgerüstet mit Pässen von den Generalen Mack und Graf Merveldt, pendelte Schulmeister unbehelligt zwischen der französischen und der österreichischen Linie.

Der General Savary erhielt auf diese Weise präzise Informationen über die bei Mack und seinen 25 000 Mann in Ulm herrschenden heillosen Zustände, die planlosen, verblendeten Maßnahmen Macks (der an einem einzigen Tag zwei einander völlig widersprechende Befehle gab), über den Mangel an Geschützen, Munition und Proviant, das Fehlen ausreichender Verteidigungsanlagen und über die Querelen zwischen Mack und seinem Stab.

Kampflos ergab sich am 17. Oktober 1805 der Baron und Feldmarschall Mack mit allen seinen Soldaten. Ein paar österreichischen Offizieren gelang die Flucht aus der feindlichen Umklammerung – einer von ihnen war Schulmeister! Ihm brachte sein Coup eine Jahresrente von 40 000 Francs.

Den General Mack brachte seine peinliche Niederlage vors Kriegsgericht. Denn die unmittelbare und unheilvolle Folge dieser schimpflichen Kapitulation war die Vernichtung der österreichischen Streitkräfte in Süddeutschland. Napoleons Triumph von Austerlitz in der Drei-Kaiser-Schlacht vom 2. Dezember über die Vereinigten Russen (unter Zar Alexander I.) und Österreichs Kaiser Franz I. bereitete den Gegnern Bonapartes militärisch und politisch das Ende.

Besessen von Machtgier: Seine Eroberungszüge bereitete Napoleon (oben links) mit glänzend organisierter Feindaufklärung vor, die sein Polizeiminister Joseph Fouché (oben rechts) befehligte. Auch Außenminister Talleyrand (unten links) wußte mit dem Machtmittel Verrat geschickt umzugehen. Opfer von Napoleons Top-Spion Schulmeister wurde auch der österreichische General Mack (unten rechts), der mit seinen Soldaten den Franzosen bei Ulm in die Falle ging.

CAROLVS L. B. DE MACK
Nec corpus cunctos feliciter effugit ictus,
Sed minor est acri laudis amore dolor.
Ovid.

Ein General gibt einen Fehler zu

Den eigentlichen Skandal, die wirkliche Blamage, den unglaublichen Erfolg des Napoleon-Agenten Schulmeister in Deutschland enthüllte der durch Schulmeisters Spionagespiel besiegte General Mack in seiner Denkschrift selbst: »In dieser häßlichen Sache aber liegt noch ein häßlicheres Geheimnis verborgen, das ich zu enthüllen eile. Der kommandierende Erzherzog hatte gleich nach seiner Ankunft zu der Armee einen gewissen Wendt als eine Art von Direktor des Spionswesens mit Hauptmannstitel und Gehalt eingestellt... Von seiner vorhergehenden Existenz ist mir nichts bekannt.« Mack führte dann aus, wie Wendt ihn belogen hat. Denn Wendt war Schulmeisters Mann. Und Schulmeister empfahl ihn erfolgreich sogar seinem General Savary zur weiteren Verwendung. Die Spionagetätigkeit des Agenten Schulmeister wäre ohne den Verrat des ungetreuen Wendt weit weniger wirkungsvoll gewesen.

Die Affäre Mack/Ulm hatte Konsequenzen. Instinktiv hatte Mack – so wurde rekonstruiert – sich nach München anstatt nach Ulm zurückziehen wollen, als ihn eine weitere zugespielte Falschinformation irreführte. Das Kriegsgerichtsurteil: »Auch dieser so spät bestimmte Abmarsch wurde noch eingestellt, weil Feldmarschall Mack auf eine unverbürgte Nachricht von einer Landung der Engländer bei Boulogne und von einer in Frankreich ausgebrochenen Revolution, dann auch andere Gerüchte, daß der Feind im Rückzug begriffen sein konnte, verfiel, obgleich ihm am 13. einer seiner besten Spione Kundschaft brachte, daß der Feind die Absicht habe, die Armee von Tirol abzuschneiden und sodann bei Ulm einzuschließen, seine Nachricht auch mit seiner Person verbürgte.«

Die »Person« war Schulmeister, für Mack »einer seiner besten Spione«. Tatsächlich aber stimmte diese letzte Nachricht des französischen Agenten, obzwar sie auf Anhieb wie Verrat an Napoleon wirken muß. Doch Schulmeister war kein Doppelagent. Vielmehr hatte er durch eine unvorsichtige Frage nach dem »Zustand der rückwärtigen Verbindungen« den Argwohn Macks erregt. Diesen Verdacht mußte er so rasch wie möglich von sich abwenden. Weil er ohnehin besser als jeder andere im österreichischen Lager wußte, daß sich Napoleons Klammer um Ulm immer enger schloß, ein Ausbruch Macks folglich aussichtslos war – weshalb sollte er da nicht eine Nachricht bringen, deren leicht zu erweisende Wahrheit seine Dienste als Spion für Österreich im besten Licht erscheinen lassen mußte? Obendrein befreite er sich so von dem Verdacht, ein Doppelagent zu sein.

Schulmeister pokerte noch höher: Für den Wahrheitsgehalt seiner Information bot er sich als Geisel an und bestärkte dadurch noch den Anschein seiner Redlichkeit!

Für Subversion, Wühlarbeit und Desinformationspolitik des genialen Schulmeister gab es keine unwichtigen Nebenschauplätze. Der Meisteragent spann seine Fäden überall. Mack und die Österreicher saßen ausschließlich den kunstvoll lückenhaften, falschen oder verspäteten Nachrichten Schulmeisters auf. Mack in einer verzweifelten Denkschrift an seinen Kaiser: Am 13. Oktober nachmittags sei ihm vom k. k. Oberlandskommissar Baron Steinherr berichtet worden, »daß er aus dem Munde eines verläßlichen und gutgesinnten württembergischen Beamten, welcher ganz neuerlich in Stuttgart war, soeben die wichtige Nachricht vernommen, es wären vor wenigen Tagen neun Kuriere an einem Tag durch Stuttgart an den französischen Kaiser passiert«, und es gebe in Frankreich eine Revolution, auch seien die Engländer gelandet.

Vor dem Kriegsgericht sah dann alles ganz anders aus. Baron Steinherr hatte Mack »ein zufälliges Wirtshausgespräch« wiedergegeben. Ort der Unterhaltung: ein Gasthaus in Münsingen, wo Steinherr auf einen Schoppen mit dem Stadtschultheiß und dem Spitalverwalter zusammengetroffen war. Die beiden wiederum hatten ihre Information von einem guten Stammgast der Kneipe, der allerdings gerade verreist war.

In einem der Briefe Schulmeisters findet sich ein Hinweis darauf, daß er oft und gern in diesem Münsinger Gasthaus einzukehren pflegte. Wähnte er sich vor Entdeckung sicher, gab er sich sogar als Sohn des Wirts aus.

Das Handwerk des Meisterspions wurde durch seine außergewöhnliche Verwandlungsfähigkeit erleichtert. Er konnte wie ein Schauspieler in kurzer Zeit seine Gesichtszüge völlig verändern. Ein Strich mit der Hand durchs Haar, ein paar Grimassen, und er war nicht wiederzuerkennen. Hinzu kamen Geistesgegenwart und Unerschrockenheit, gepaart mit seiner natürlichen Intelligenz und einem gar nicht einmal aufgesetzten Hang zu den kultivierten, schönen Dingen des Lebens. »Er erzieht in seinem Haus zwei junge Waisen«, überlieferte de Gassicourt, »die er adoptiert hat. Ich sprach auch mit ihm über ›Die Anachoreten‹ und habe ihm dafür gedankt, daß er uns dieses Schauspiel von Iffland hat genießen lassen.«

Wie er sich so als Freund der Künste gerierte, saß Schulmeister schon in Wien – als französischer Generalkommissar der Polizei. Die Gefühle der Menschen, die ihn kannten, schwankten zwischen Abscheu vor dem Zwielichtigen und Bewunderung vor dem Abenteurer. Unzählige Legenden rankten sich um ihn. So hatte er einmal ein ganzes feindliches Armeekorps an sich vorübermarschieren lassen, wobei er sich als deutscher Prinz ausgab. Die Information über die Zusammensetzung dieser Truppen erhielt prompt der französische Generalstab.

Ein andermal nahm er, als österreichischer Generalintendant verkleidet, an einem Kriegsrat unter Vorsitz des Kaisers Franz II. teil. Der echte Intendant, der ihm Platz und Namen überlassen hatte, war mit einer Million Francs geschmiert worden.

Daß er außerdem tapfer war, bewies er beinahe beiläufig: 1806 eroberte er als Hauptmann und Adjutant des Generals Savary an der Spitze von 13 Husaren die Stadt Wismar im Handstreich. Ungezählte Male entwich er aus Gefängnissen, entkam bereits verhängten Standgerichtsurteilen und war noch im dicksten Kugelhagel ein mutiger Vor-Kämpfer seiner Soldaten.

1807 wurde er zum Polizeipräfekten von Königsberg ernannt und installierte das Spitzel- und Spionensystem nach Fouchés Muster in Preußen. Als Polizeipräfekt kam er auch 1808 zum Fürstentag nach Erfurt, assistiert von einer windigen Schar ortskundiger Agenten.

Am 8. Mai 1853 nahm Karl Ludwig Schulmeister ein für einen Mann seines Schlages und Berufs durchaus bemerkenswertes Ende: Er starb im Bett. In Straßburg hinterließ der 83jährige nur wenig Geld. Freunde erbten einen kleinen Tabakladen und eine Schar prachtvoller Angorakatzen.

Der Elsässer war zweifellos die herausragendste Figur einer Epoche gewesen, in der die Künste des Kundschaftens und der Spionage, der Abwehr und der Gegenspionage erstmals einen professionellen Hauch bekamen. Aber natürlich war er nicht der einzige. Napoleons Spionagenetz hatte Europa nahezu lückenlos überzogen. Die deutschen Kleinstaaten und das ganze deutsch-römische Reichsgebilde mit seinem morbiden Zentrum Wien bargen kaum Geheimnisse vor den Agenten Fouchés und Talleyrands. Eine wirkungsvolle Abwehr existierte auf deutscher oder preußischer Seite nicht. Bis in die Mitte des 19. Jahrhunderts unterhielten deutsche Fürsten lediglich geworbene Spione, deren Loyalität meist käuflich war. Nachrichtenhändler arbeiteten – man kann sagen: freiberuflich – im Informationsgewerbe, Kundschafter konsultierte man nur in aktuellen Fällen – systemlos.

Das politische Vakuum in Deutschland machte jedes geschäftliche, soziale und diplomatische Geschehen gegenüber feindlichen Interessenten transparent. Die Auflösung des Heiligen Römischen Reichs Deutscher Nation durch die Besitztumsverteilungen von 1795 bis 1806 begünstigte noch das Entstehen dieses Leerraums, ebenso wie die dreifache Niederlage Österreichs (1801, 1805 und 1806) und die Vernichtung Preußens (1806). Österreich und Preußen, außerhalb des napoleonischen Systems, doch von diesem politisch abhängig, suchten wohl aus ihrer Erniedrigung Kraft zu einem Neubeginn und zum Aufstand gegen Frankreich zu schöpfen. Doch Preußen stand unter dem Zwang der Besatzung, und Österreich hatte das Hindernis seiner dynastischen Allianzen und Verflechtungen (»Du glückliches Österreich, heirate!«).

Gleichwohl war es Österreich, das dem Usurpator aus Paris mit gesteuerter Subversion entgegenwirkte. Der Mann hinter den Aktionen: Clemens Fürst von Metternich (1773 bis 1859), Botschafter, Außenminister, Schürzenjäger (er war, in der ersten von drei Ehen, mit der Enkelin des österreichisch-kaiserlichen Geheimdienstgründers Kaunitz verheiratet). Durch geschickte Politik gegenüber Napoleon hatte er um 1809 Österreich aus dem gröbsten mitteleuropäischen Gezänk herausgehalten. Im Sommer 1813 brachte er durch Anschluß an die preußisch-russische Allianz die diplomatische Führung im Endkampf gegen den Franzosen-Kaiser an sich. Auf dem Wiener Kongreß vom September 1814 bis Juni 1815 wirkte er führend an der Neuordnung Europas mit und sicherte dabei Österreich eine Vormachtstellung im Deutschen Bund.

Metternich ließ durch eine strenge Polizeiherrschaft alle nationalen und liberalen Strömungen niederhalten. Seine Politische Polizei war gefürchtet. Sie war gegründet worden, um die revolutionäre Ansteckungsgefahr aus Paris abzuwehren. Seine Einsatzmittel allerdings waren weniger die Spione als die Spitzel. Seit 1793 hatte das Wiener Polizeiministerium direkte Staatsschutzaufgaben auch geheimdienstlicher Natur.

Verfolgte Literaten: Heinrich von Kleist (oben), in einen Mordfall verwickelt, und Joseph von Görres, zwei freiheitliche Geister, wurden von den Franzosen observiert. Als Görres nach Straßburg fliehen mußte, wurden Agenten auf seine Fährte gehetzt.

Furcht vor guten Freunden

Heinrich Börnstein, Zeitgenosse Metternichs, beschrieb die Verhaltensregeln furchtsamer Staatsbürger: »Gesprächen über Politik und Staat ausweichen; auch unter guten Freunden hält man sich aus derlei Themen am besten heraus. Nur Simpel und Betrüger geben in ihrer Beschränktheit vor, alles besser als andere zu wissen, alles besser als andere zu können und sogar bessere Absichten zu haben. Noch nicht einmal spötteln sollte man über Regierungsangelegenheiten. Wenn etwas fragwürdig erscheint oder falsch, so denkt man am besten daran, daß einem der Mangel an Einblick zu einem falschen Standpunkt verleitet.« Eine Duckmäuser-Philosophie, welche seit je Diktaturen – noch heute – am Funktionieren hält.

Napoleons deutsches Kanonenfutter

Clemens Fürst von Metternich, in Koblenz geborener österreichischer Staatsmann, fühlte sich auch in zwiespältigen Situationen nach wie vor als Deutscher. Als er am 26. Juni 1813 seine historisch gewordene Unterredung mit Napoleon im Palais Marcolini in Dresden hatte, warf er seinem Gesprächspartner unerschrocken dessen Menschenverachtung vor.
Metternich: »In alledem, was Eure Majestät mir gesagt haben, sehe ich einen neuen Beweis davon, daß Europa und Eure Majestät zu keiner Verständigung kommen können. Ihre Friedensschlüsse waren immer nur Waffenstillstände. Die Mißgeschicke wie die Erfolge treiben Sie zum Krieg. Das Glück kann Sie ein zweites Mal wie im Jahre 1812 im Stiche lassen. In gewöhnlichen Zeiten bilden die Armeen nur einen kleinen Teil der Bevölkerung, heute ist es das ganze Volk, das Sie unter die Waffen rufen. Ich habe Ihre Soldaten gesehen, es sind Kinder.«
Napoleon erwiderte: »Sie sind nicht Soldat und wissen nicht, was in der Seele eines Soldaten vorgeht. Ich bin im Felde aufgewachsen, und ein Mann wie ich schert sich wenig um das Leben einer Million Menschen.« Schließlich fügte er hinzu: »Die Franzosen können sich nicht über mich beklagen. Um sie zu schonen, habe ich die Deutschen und die Polen geopfert. Ich habe in dem Feldzug von Moskau dreimalhunderttausend Mann verloren, es waren nicht mehr als dreißigtausend Franzosen darunter.
Eisig entgegnete Metternich: »Sie vergessen, Sire, daß Sie zu einem Deutschen sprechen!«

Der Gefahr, die politische Polizeien immer laufen – vom wachsamen zum Überwachungsinstrument –, dieser Gefahr erlag alsbald auch der Sicherheits- und Geheimdienst der Habsburger Monarchie.

Metternichs Spitzelnetz reichte bis in die deutschen Kleinstaaten. Dort ließ der Außenminister durch den Polizeimeister Joseph Graf von Sedlnitzki böhmische Glasbläser beschatten, die übers Erzgebirge nach Norddeutschland oder in den Bayerischen Wald auswandern wollten. Sedlnitzki sollte die Schleichwege herausfinden, auf denen Menschenschmuggler die böhmische Wirtschaft ihrer besten Produktivkräfte beraubten.

Mißtrauisch auch reagierte Wiens Staatsschutz auf die ersten Anzeichen von Studentenunruhen im Deutschen Bund. Nach dem Mord an dem Agenten des Zaren in Deutschland, dem Schriftsteller August von Kotzebue, am 23. März 1819 durch den Studenten Karl Sand äußerte Metternich den Verdacht, der Mörder habe »ohne Zweifel nicht aus eigenem Antrieb, sondern als Werkzeug einer geheimen Gesellschaft gehandelt«. Welche Geheimverbindung er im Sinn hatte, verriet er nicht. Doch er ließ durch Sedlnitzkis Agenten fortan Österreichs Grenzen schärfer überwachen, um das »Einsickern revolutionärer deutscher Studenten zu unterbinden«. Zugleich aktivierte er an deutschen – hauptsächlich protestantischen – Universitäten Spitzel, die über die Stimmung an den Hochschulen laufend nach Wien rapportierten.

Im Fall Joseph von Görres endlich arbeitete Wiens Politische Polizei mit der Preußens, die allerdings von einer nachrichtendienstlichen Struktur noch weit entfernt war, zusammen: Als sich der Publizist und Herausgeber des eher freiheitlichen »Rheinischen Merkur« seiner Verhaftung durch die Flucht nach Straßburg entzog, wurde ein Agent eigens mit der Aufgabe betreut, Görres und seine Gesinnungsfreunde im Exil zu überwachen.

Ganz nebenbei, wie zur eigenen Sicherheit, ließ Metternich durch sein »Schwarzes Kabinett« auch noch die Post der kaiserlichen Familie kontrollieren. Indes war der Fürst Realist genug zu wissen, daß er da lediglich eine Zensur übte, die ihm selber widerfuhr. Denn die »Schwarzen Kabinette« – im Wien des heiligen deutsch-römischen Reiches Postlogen genannt – gab es nicht nur unter seiner Regie und in der Donaumonarchie. Es gab sie in allen europäischen Staaten, und nicht selten arbeiteten mehrere Logen nebeneinander im selben Land. Folglich wurden auch die Metternichschen Briefschaften gelesen (und für den Kaiser kopiert).

Was also die alten Araber vor- und die Thurn und Taxis nachgemacht hatten (und was, notabene wieder vom Bundesnachrichtendienst mit Briefen aus Ostblockländern betrieben wird), blieb in Blüte: die Postüberwachung von Amts wegen. In Geheimen Ziffernkanzleien lagen Listen auf, welche die Namen aller zu zensierenden Absender oder Adressaten enthielten. Die heimlichen Briefleser – Agenten im Innendienst –

Abwehr im Dienste der Wirtschaft: Clemens Fürst von Metternich (links) war nicht nur ein phantasievoller Außenpolitiker, er sorgte sich auch um die Wirtschaftskraft Österreichs. Als das böhmische Handwerk durch Subversion ausgezehrt zu werden drohte, beauftragte er Polizeiminister Joseph Graf von Sedlnitzki (oben), die Menschenschmuggler zu beschatten.

zahlten keine Steuern; sie hatten oft Beamtenstatus und konnten je nach verbessertem Kenntnisstand auch befördert werden, etwa wenn sie mit staatlichem Stipendium Fremdsprachen lernten.

Die den Postlogen oder Schwarzen Kabinetten angeschlossenen Ziffernkanzleien verschickten nach erfolgter Kontrolle sogar amtliche Fälschungen: Die Briefe wurden neu gesiegelt – mit gefälschten Petschaften. Falschen Respekt durften die feinen Beamten sowieso nicht walten lassen. Ob es die kaiserliche oder die fürstliche Post war, ob solche von Diplomaten oder Hofschranzen, ob Kaufmannskorrespondenz oder Liebesbriefe – alles wurde zensiert. Nicht einmal Post vom Papst war ihnen heilig!

Die Postloge des Hauses Hannover trieb allerdings ehrliche Spionage: Sie hatte beim Herrscherhaus durchgesetzt, daß von jedem Siegel, das in ihrem Bereich hergestellt wurde, ein Doppel an ihre Dienststelle ging. Zum Öffnen der Briefe wurde allgemein Wasserdampf benutzt.

Die englische Zensurmaschine

Unter den Zensoren der Postlogen ging halb bedauernd, halb bewundernd des Gerücht, in England habe unter Karl II. (1660 bis 1685) ein gewisser Sir Samuel Morland ein Gerät entwickelt, mit dessen Hilfe sich Briefe öffnen und wieder siegeln ließen, ohne daß der Empfänger etwas davon merkte. Der Apparat sei aber bei dem großen Brand von London im Jahre 1666 vernichtet worden.

Dieses Post- und Spitzelunwesen konnte jedoch nur so lange funktionieren, wie auch die Postbeförderung lange dauerte. Mit dem Bau der Eisenbahnen und dem quittierten Brieftransport auf Dampfschiffen gerieten die Postlogen ins nachrichtendienstliche Hintertreffen. Damit verfielen zugleich auch die spärlichen Ansätze von Abwehr. Andererseits gestattete die neue Geschwindigkeit der neuen Transportmittel auch die raschere Beförderung geheimer Botschaften, eine verbesserte Beweglichkeit von Spionen und Agenten.

Zu einer Zeit freilich, als Napoleons Schwager Marschall Joachim Murat im Oktober 1805 Wien besetzte, war die Habsburger Geheimpolizei selbst auf Untergrundarbeit angewiesen, ihrerseits beargwöhnt durch einen überlegenen Meister: durch Schulmeister.

Als Kaiser Franz II., seit 1804 als Franz I. Kaiser von Österreich, am 6. August 1806 auf ein Ultimatum Napoleons die Kaiserwürde niederlegte, bedeutete dies das Ende des Heiligen Römischen Reiches Deutscher Nation. Von nun an sind Spionage und Verrat in Deutschland auf deutsches Territorium zu beschränken. Österreich, assoziiert, hat fortan in diesem Bereich als selbständiges geopolitisches Staatswesen – von der »Anschlußzeit« zwischen 1938 und 1945 abgesehen – seine eigenen Probleme.

Die jahrtausendalte Bindung aber riß so rasch nicht, nicht in Geheimdiplomatie und nicht in geheimer Aufklärung. Noch unter französischer Herrschaft knüpfte Metternich Fäden zu Berlin und St. Petersburg. Preußen schickte ihm als Unterhändler einen prominenten Geheimagenten, Gerhard Johann David von Scharnhorst. Er reiste unter falschem Namen in Wien zum konspirativen Treff mit Metternich außerhalb der Donaumetropole an. Der Botschafter des Zaren wurde ebenfalls geheim belehrt, daß gewisse Abmachungen, die man mit Frankreich habe schließen müssen, nicht so ernst gemeint waren. Im übrigen überlistete Metternich Napoleon noch im Bündnisvertrag zwischen Österreich und Frankreich, in dem Franz I. von dem korsischen Diktator Europas als gleichberechtigter Souverän akzeptiert wurde, während alle übrigen europäischen Fürsten Napoleon untertan waren. Das eben erwachende deutsche Nationalbewußtsein und -gefühl litten darunter kaum, am wenigsten bei Politikern vom Schlage Metternichs.

Daß es der Deutsche Metternich mit diesem Nationalgefühl nicht so genau nahm, wenn es um eine galante Affäre ging, kümmerte ihn selbst gering. Wenn er aber eine Herzensdame – auch schon mal zwei gleichzeitig – loswerden wollte, waren ihm notfalls sogar Geheimdienstmittel recht zum unmoralischen Zweck. Da lebten in Wien die Damen Wilhelmine Katharina Friederike Herzogin von Sagan und Prinzessin von Kurland und ihre Rivalin Catherina Petrowna Fürstin Bagration geborene Gräfin Skawronski. Beide wohnten im Palais Palm. Beide liebten den Fürsten Metternich, »Vortänzer auf dem Wiener Kongreß«. Der Fürst liebte sie beide wieder.

Unseligerweise liebte auch der Zar Alexander I. die zwei Schönheiten, die ihre Gunst – Metternich hin, Außenminister her – gern und geschmeichelt auch dem Herrn aller Reußen, Alexander, schenkten.

Das Unausweichliche passierte: Eines Tages begegneten sich Zar und Minister im Treppenhaus des Palais Palm. Jeder eilte zu einer anderen Kathrin. Der Dialog wurde in Wien kolportiert:

»Wohin so eilig, Fürst?« fragte der Zar mißtrauisch.

Metternich entgegnete, ohne zu zögern: »Einen Engel, der mir nach Paris gefolgt, nach

London hinterhergereist ist, sollte ich in Wien nicht vernachlässigen, Majestät!«

Das Stichwort »Engel« versetzte den Zaren in Zorn. »Wie können Sie es wagen, dieses Wort auszusprechen!« fuhr er den Fürsten an. Der hatte den Russenherrscher absichtlich provoziert: Catherina Bagration hatte in Wien den Spitznamen »der schöne nackte Engel«. Daß sie auch hüllenlos eine Attraktion war, konnte mancher hochgestellte Kavalier gern bestätigen. Ihr Salon galt als Spielhölle. Sie öffnete ihre Nebengemächer auch bereitwillig für die Schäferstündchen befreundeter Paare, die anders keine Gelegenheit fanden, sich auszusprechen. Auf dem Kongreß tanzte sie erstmals die wilde »Tarantella«, zu jener Zeit ein höchst unanständiger und ungeziemender Tanz.

Metternich aber zog es just an diesem Tag nicht zur Bagration, sondern zur Sagan, die er seinen Engel nannte und die ihm wirklich nach Paris und London gefolgt war. Der Zar hatte die beiden geradezu verwechseln müssen.

Böse lächelnd enteilte der Fürst, russisch fluchend der Zar.

Anderntags erhielt Metternich eine Duellforderung seines Rivalen. Eine Ehre für den Fürsten, den ein gekröntes Haupt für satisfaktionsfähig hielt. Franz I. vermittelte. Der Zar mied von da an die Betten der lüsternen Aristokratinnen. Bloß Metternich genoß noch eine Zeitlang abwechselnd mal die schöne, sprichwörtliche Nacktheit des Engels Catherina, mal das Temperament des erotischen Nimmersatts Katharina.

Eines allerdings war ihm schon immer zuwider gewesen, und das führte zuletzt auch zum Bruch mit den Gespielinnen: Metternich verdroß es, wenn Frauen sich in die Politik mischten. Genau das wollten seine Freundinnen. Die beiden mußten also von Wiens Bildfläche verschwinden.

Metternich verfiel auf einen Ausweg, der nicht eben fein war. Er wußte, daß sein Franz I. täglich nach dem Frühstück die »Confidenten-Berichte« zu lesen liebte, Spitzelrapporte, in denen vom Hofklatsch bis zum Stimmungsbild aus dem Volk alles Wichtige oder für wichtig Gehaltene dem Herrscher zugetragen wurde. Metternich bestellte einen Polizeiagenten zu sich und ordnete folgenden Zusatz im nächsten »Confidenten-Bericht« an Franz I. an: »Die Rivalität zwischen der Fürstin Bagration und der Sagan ist aktiver als je gewesen; der einen wie der anderen Erbitterung und Intrige gegen Fürst Metternich gehen crescendo. Sie arbeiten mit politischen Rendezvous, verbinden die Liederlichkeiten mit der Politik. Sie haben bis heute bei weitem zu viel Einfluß, sind dezidierte preußisch-russische Agenten«, Einflußagenten sozusagen.

Das reichte zwar nicht zur Ausweisung. Aber nach diesem Warnschuß hatte der geplagte Fürst erst einmal seine Ruhe.

Das in den Stürmen der Französischen Revolution zertrümmerte Heilige Römische Reich Deutscher Nation war, knapp ehe der Wiener Kongreß im Juni 1815 auseinanderging, mit der Bundesakte vom 8. Juni im »Deutschen Bund« wiedererstanden – unter Österreichs Leitung und gewiß nicht wie ein Phoenix aus der Asche. Es war ein loser Staatenbund, bestehend aus 39 souveränen Staaten, unter die Garantie der Kongreßmächte – Staaten, Städte, Herrschaften und Körperschaften – gestellt.

Interessenkollision im Schlafzimmer: Zar Alexander I. (Mitte) und Fürst Metternich liebten dieselben Frauen – die Herzogin von Sagan (links) und Fürstin Bagration (rechts). Als die doppelte Gunst der beiden »Engel« zum Konflikt im Wiener Kongreß zu werden drohte, zieh Metternich die beiden der Spionage – und wurde sie so los.

Triumph der Agenten: Auf der ersten Sitzung des Deutschen Bundestages (unten links) im Bundespalais in Frankfurt am Main (oben) erlitten die deutschen Fürsten eine bittere Niederlage. Sie konnten ihre politischen Vorstellungen von einem einheitlichen Deutschland gegen die ausländischen Monarchen nicht durchsetzen, weil diese – durch geschickte Aufklärung – die innerdeutsche Zerrissenheit gegen sie ausspielten. Das führte zu einer herben Kritik des Freiherrn vom Stein (unten rechts) an der »leichtsinnigen Politik« Metternichs.

In der folgenden Diplomatenkonferenz, dem Bundestag in Frankfurt am Main, waren dann auch für Hannover der König von England, für Holstein und Lauenburg der König von Dänemark und, für Luxemburg und Limburg, der König der Niederlande vertreten. Alle Wünsche nach einer einheitlichen Zusammenfassung Deutschlands wurden abgeschmettert. Während nämlich die fremden Herrscher sämtliche geheimen Vorhaben der deutschen Konkurrenten durch ihre Spione hatten ausspähen lassen, waren den Deutschen alle ausländischen Intentionen unbekannt – mangels Aufklärung.

Hier ruht:
aus dem Schlaf des Lebens hinübergegangen in den Schlaf des Todes,

Der deutsche Bundestag.

Mit den ewigen Menschheitsrechten
Ist kein deutscher Bund zu flechten.

Geboren zu Wien 1815.
Gestorben zu Frankfurt 1848.

O Wandrer, schnell mach Wist um oder Hott um;
Sonst steht er auf um ein Vertrauensvotum.

Ironie aus dem Untergrund: Auf Flugblättern verbreiteten freiheitsliebende Demonstranten Spottverse auf den deutschen Bundestag. Nach dem Gesetz war schon das Hochverrat.

Metternich wertete den Deutschen Bund als persönlichen Erfolg auf dem Wiener Kongreß. Bedeutende Zeitgenossen indes sahen den zwischen Liebeshändeln und hoher Politik pendelnden österreichischen Außenminister eher kritisch. Heinrich Friedrich Karl Freiherr vom und zum Stein (1757 bis 1831), der als Berater des Zaren in Wien weilte, urteilte über den Kollegen: »Er liebt Verwicklungen und bringt auch oft durch seinen Leichtsinn, seine Geschäftsabneigung, seine Unwahrhaftigkeit welche hervor, ohne es zu wollen.«

Verwicklungen waren Bestandteil der Geheimdiplomatie, mitunter auch waren sie ihr Ergebnis. Fest steht, daß Metternich von Beginn des napoleonischen Siegeszuges durch Europa insgeheim über alle Aktivitäten unterrichtet war, die gegen den großen Korsen liefen. Nicht zuletzt hatte er V-Leute auch auf der großen Drehscheibe aller militärischen Spionagetätigkeit sitzen: auf der Insel Helgoland.

Nachdem 1807 britische Kriegsschiffe die dänische Insel (die erst 1890 im Tausch gegen Sansibar an Deutschland kam) besetzt hatten, machten die Engländer das Eiland zum Zentrum ihres Secret Service, Abteilung europäisches Festland. Napoleons Kontinentalsperre sollte gebrochen werden. Helgoländer Fischer fuhren Geheimagenten zwischen Hamburg und der Insel hin und her. Spione aus England machten vor ihren Einsätzen in Deutschland am Roten Felsen letzte Station.

Spione und Spekulanten

Secret-Service-Agenten fanden auf der Nordseeinsel Helgoland paradiesische Zustände vor – paradiesisch für alle zwielichtigen Figuren wie Nachrichtenhändler, Spione, Doppelagenten und Schmuggler. Den Helgoländern selber war in erster Linie am Schmuggel gelegen. Spione transportierten sie gesondert; es war nicht mehr als eine lukrative Nebeneinnahme. In gewisser Weise bewiesen sie nicht nur bei ihren Warenspekulationen eine Insulaner-eigentümliche Raffgier: Betten vermieteten sie – 1809! – für 100 Mark wöchentlich. Das jährliche Durchschnittseinkommen von 206 Mark hatte sich vervielfacht. Ein Helgoländer Fischer beispielsweise, der im März 1812 starb, hinterließ »neben Schiffer- und Fischergerät 76 Sack Kaffee und andere Kolonialwaren im Werte von 419 Louisdors; 5½ englische Guineen, 83 spanische Taler und 83 M. dänisch Courant«, wie ein Chronist überlieferte. Die Händler Helgolands verdienten allein an einem Pfund Kaffee das Zehnfache seines Kostenpreises. Kein Wunder, daß sie die Agenten der englischen Besatzer als eher lästige Passagiere empfanden, wenn sie zwischen ihrer Insel und der Agentenbasis Hamburg im Schmuggel-Pendelverkehr fuhren.

Drehscheibe für Agenten: Die damals noch britische Insel Helgoland (unten) spielte in der Zeit Napoleons als Spionagezentrum eine bedeutende Rolle. Von hier aus kämpfte England unter Lord John Russel (rechts) gegen die französische Wirtschaftsblockade. Einer der wichtigsten Agenten war dabei der englische Pater Dr. Jack Robertson (oben).

Account of Extraordinary Disbursements made by

Edw.d Nicholas Esq.re at Heligoland.

No.	Date (1808)		Amount
N.1	6th March	Paid Jasper Botter for a Boat to Neuwork	ƒ 90.—
2.	16th .. "	do. J. Bengstorff, Mr. Thorntons servant, on account	" 300.—
3.	25th .. "	do Claus Dehnelt for a Journey from Cux=haven and back to this Island	" 300.—
4.	5th April	do Lorenz Lorentzen for two Boats to Neuwork	" 150.—
5.	16th .. "	do Claus Bruiners a boat to H. M. S. Saveguard	" 15.—
6.	" .. "	do J. Henrichs for a boat to Neuwork	" 60.—
7.	" .. "	do Edw.d Austin	" 60.—
8.	28th May	do J. Bengstorff on account	" 835.—
9.	10th June	do Martin Hauseman	" 45.12
10.	" .. "	do Edw.d Austin	" 39.—
11.	5th July	do Claus Fredericks a boat to Neuwork	" 120.—
12.	10th .. "	do Edw.d Austin	" 45.—
13.	29th .. "	do J. Bengstorff on account by his Bill on me from Hamburg	" 555. 2
14.	4th August	do Claus Fredericks a boat to Neuwork	" 75.—
15.	10th .. "	do Martin Hauseman	" 45.12
16.	23d .. "	do J. Bengstorff	" 817. 8
17.	25th .. "	do Jasper Botter 7 times with his Boat to Neuwork	" 645.—
		do the Governor of Neuwork for his expences sending Packets of letters over the Wattens or Shallows & receiving them from the Continent, paid at Sundry times	1500.—
			ƒ 5698. 2
		at 15 Marks to the Pound Sterling	£ 379.17.6

Heligoland 30th August 1808

Edw.d Nicholas.

Spionagespesen: Agenten brauchten Geld. Für Bootspassagen, Droschkenfahrten und zur Bestechung mußte Pater Robertson so manches Pfund Sterling ausgeben. Jeden dieser Beträge listeten die V-Mann-Führer detailliert auf.

Die Spesen des Spions

Den Transfer von Agenten zwischen Helgoland und dem Kontinent ließen sich die Inselfischer teuer bezahlen. Secret-Service-Mann Edward Nicholas machte seinen Vorgesetzten von der Operation des Paters Robertson eine Rechnung auf: Mit allen Vorbereitungen hatte das historische Abenteuer zwischen März und August 1808 exakt 379 Pfund 17 Shilling 6 Pence gekostet – bei einem Kurs von 15 Mark für das Pfund Sterling. Helgolands Fischer berechneten für eine Überfahrt zum Festland zwischen 60 und 90 Mark (nach Neuwerk) und 300 Mark (Cuxhaven und zurück); die Tour Robertsons kostete 180 Mark. Der Hamburger Resident schlägt »à conto seiner auf mich gezogenen Wechsel Hamburg« einmal mit 555,20 Mark zu Buch, einmal mit 835 Mark.

Von Berlin aus hatte Napoleon am 21. November 1807 die »Kontinentalsperre« gegen England verfügt. Danach sollte in allen Häfen des Festlands die Einfuhr englischer Waren und der Getreideexport auf die britische Insel verhindert werden, um London in die Knie zu zwingen. Die Folge war ein lebhafter Schmuggel. Da Englands Wirtschaft empfindlich unter dem Boykott litt, beschloß der englische General Sir Arthur Wellesley (später Lord Wellington), den Untergrundkampf von Helgoland aus gegen Napoleon voranzutreiben. Helgoland war bereits am 5. September 1807 von den Engländern in Besitz genommen worden. Im Sommer 1808 trat dann – für fünf Wochen – der Agent des Secret Service, Colin Alexander Mackenzie, seinen Nachrichtendienst-Job auf der Nordseeinsel an. Sein geheimnisumwitterter Vorgesetzter war Edward Nicholas, »Vizekonsul und Seiner britischen Majestät Politischer Agent«. Im nachrichtendienstlichen Geschäft war er besonders erfahren; als Chargé d'affaires beim britischen Konsulat in Hamburg hatte er jahrelang im Dunkel der politischen Unterwelt der Hansestadt für England gearbeitet.

Mackenzie hatte gleichfalls operative Erfahrung. Der Oberagent, der fließend französisch und russisch sprach, hatte sich als Kosak verkleidet am 25. Juni 1807 unter die Bootsbesatzung gemischt, die den Zaren Alexander I. auf einem Floß über die Memel zu einem Geheimtreff mit Napoleon ruderte. Über die vertrauliche Unterredung der beiden Mächtigen erfuhr er, daß Napoleon mit der Zustimmung des Zaren die Flotte des neutralen Dänemarks an sich reißen wollte. Dieses Wissen gab Mackenzie durch Kuriere an seinen Außenminister George Canning nach London weiter.

Jetzt sollte Mackenzie auf Helgoland eine Funktion übernehmen, die im modernen Geheimdienst-Deutsch als Verbindungs-Mann-Führer (VMF) umschrieben wird. VMF Mackenzie führte einen Spitzenspion, der die unverfängliche Tarnung eines Geistlichen trug.

Pater Dr. Jack Robertson, Mackenzies bester Agent in Deutschland gegen Napoleon, machte gleich zu Beginn seiner Mission mit der brutalen Mentalität der Skipper von der Waterkant dramatische Bekanntschaft. Als er mit einem Blockadebrecher von Helgoland nach Bremen segelte, knöpfte ihn sich der Kapitän kurz vor der Küste vor. »Wir sind jetzt bald da, mein Lieber«, eröffnete der Seemann das Gespräch. »Kannst du schwimmen, Dicker?«

Der Pater hatte nämlich keineswegs eine 007-Figur. Er war rundlich, hatte ein gemütliches Doppelkinn und schien zwar behende, forderte aber mit seinem watschelnden Gang immer den Spott der Matrosen heraus. Jetzt fragte er leicht beunruhigt: »Schwimmen? Warum sollte ich schwimmen? Ich befinde mich hier ganz wohl auf eurem Kahn!«

»Dicker«, lachte der Kapitän dröhnend, »wenn ein französisches Kontrollschiff aufkreuzt, schmeißen wir dich in die See. Ist das klar?«

Robertson sagte nichts. Er wartete. Eine Stunde später tauchte wirklich eine französische Zollbarkasse auf. »An die Reling, Dicker«, schrie der Skipper. »Bevor die uns schnappen, gehst du über Bord!« Wieder lachte er brüllend, als er das bleiche Gesicht seines Passagiers bemerkte. »Du kannst aber noch bleiben, noch sind sie nicht in gefährlicher Nähe. Ich sag' dir schon, wenn's so weit ist ...«

Die französische Barkasse war zu langsam für die Helgoländer. Jack Robertson gelangte mit dem Schiff in die Wesermündung und nach Bremen. Von hier startete er zu einem der aufregendsten Spionage-Abenteuer, das ein Secret-Service-Agent im napoleonischen Deutschland bestand.

Dieser Pater war ein bemerkenswerter Mensch. In Schottland geboren, hatte er lange Jahre in der schottischen Abtei des Benediktiner-Ordens zu Regensburg verbracht. Daher sprach er auch fließend deutsch, ja er verstand sogar bayerisch. Nun sollte der fromme Mann Englands Geschick durch einen Trick wenden, den er nur auf deutschem Gebiet durchführen konnte.

Das war die Ausgangssituation: »Die Franzosen hatten es nur zu gut verstanden, die besten Truppen ihrer spanischen Verbündeten unter dem Marquis de Romana nach Hamburg und ins Holsteinische zu schicken, um sich selbst in Spanien ausbreiten zu können«, schrieb Wellesley in seinen Memoiren. »Es war natürlich eine große Aufgabe, diese Armee für uns zu gewinnen, als die Spanier anfingen, sich zu Hause von Napoleon zu befreien. Eine entsprechende Intrige wurde eingefädelt.« Aber »die Franzosen hatten ein sehr strenges Überwachungssystem über alle Fremden in Norddeutschland eingerichtet und außerdem Romana mit Beobachtern und Spionen umringt«.

Doch dem gesandten Gottesmann würde Romana vertrauen. Der Gottesmann wiederum erinnerte sich:

»Im Mai 1808 erhielt ich plötzlich einen Brief, in dem ich aufgefordert wurde, Sir Arthur Wellesley in seinem Hause in der Harley Street in London aufzusuchen. Ich hatte ihn bereits in Irland kennengelernt und hoffte, er hätte für mich vielleicht den Posten eines Erziehers. Als ich ihn nun wiedersah, sagte er:

›Man behauptet, Herr Robertson, Sie seien ein Mann mit Courage!‹

›Soll ich es Ihnen beweisen?‹ antwortete ich.

›Genau das ist's, was wir wollen! Würden Sie uns helfen, die spanische Armee für uns zu rekrutieren, die jetzt in Norddeutschland von Bonaparte festgehalten wird? Würden Sie dem Befehlshaber dieser Armee, dem Marquis de Romana, einen Vorschlag im Namen der britischen Regierung überbringen?‹

›Und ob, Sir Arthur. Mit der größten Bereitwilligkeit!‹

›Dann treffen Sie mich morgen im Auswärtigen Amt. Ich werde Sie Herrn Canning vorstellen!‹

Dort erhielt ich meine Instruktionen, die ich auswendig lernen mußte. Weitere Anweisungen erhielt mein Begleiter, Herr Mackenzie, der auf

Helgoland den Verbindungsmann zwischen mir und der Regierung in London zu machen hatte. Mackenzie registrierte mich in der Ausländerabteilung als einen ›unerwünschten Fremden‹, der abgeschoben werden müßte, und am Geburtstag des Königs, am 4. Juni, verließen wir London unter dem Donner der Böllerschüsse zu Ehren des Monarchen. Günstige Winde brachten uns in 48 Stunden nach Helgoland, wo wir dem dortigen Konsul N(icholas) einen Brief überreichten.«

Die Instruktionen, die Robertson auswendig lernen mußte, gehörten damals zum konspirativen Brauch wie heute – statt eines Kennwortes (dem Romana war Robertson völlig unbekannt) lernte der Pater einen Gedichtvers auswendig. Über diesen Vers, wußte Wellesley, hatte Romana einmal in Madrid mit dem englischen Botschafter John Hookham Frere diskutiert. Mit demselben Vers sollte Robertson Romanas Vertrauen gewinnen, um ihm die (gleichfalls auswendig gelernte) Botschaft der britischen Regierung zu überbringen.

Robertson arbeitete in der Folge konspirativ wie ein Vollprofi. In Bremen ließ er sich einen Paß auf den Namen eines Deutschen ausstellen, eines Adam Rorauer, der – das wußte er – in England gestorben war. Aus Baiern hatte er sich dafür eine Abschrift der Geburtsurkunde Rorauers kommen lassen. In Hamburg holte er sich Geld bei einem Kaufherrn, der für die Briten arbeitete (die Anweisung war mit »sympathischer Tinte« geschrieben, einer Flüssigkeit, die erst über einer Flamme sichtbar wurde). Durch einen spanischen Priester – mit dem er sich lateinisch unterhielt – erfuhr er, daß Romanas Hauptquartier auf die dänische Insel Fünen verlegt war. Das meldete er in einem Code-Brief an Nicholas und Mackenzie, dann machte er sich auf den Weg.

Am 18. Juli 1808 landete in Fünen ein bayerischer »Zigarren- & Schokoladenhändler«, Rorauer nannte er sich, und nahm die spanischen Soldaten und Offiziere sofort für sich ein, weil er außerordentlich preiswerte Waren feilhielt. Bald erwarb er sich Freunde, vor allem unter den Offizieren. Endlich wußte er es so einzurichten, daß ihn einer der Adjutanten Romanas vor den Marquis führte.

Zuerst war der Spanier mißtrauisch. Dieser »Zigarrenhändler« – war er ein Agent provocateur der Franzosen? Robertson bat den Marquis unter einem Vorwand, den Adjutanten hinauszuschicken. Dann sprach er sehr schnell: »Señor! Ich lege mein Leben in Ihre Hand! Vor Ihnen steht ein katholischer Priester, und das ist einer der Gründe, warum ich ausgewählt wurde für diese Mission, die ich Ihnen jetzt erklären werde. Zuvor muß ich Sie beruhigen: Ich trage keinerlei Papiere bei mir, die meine wahre Identität verraten, so daß Sie im Falle meiner Verhaftung nicht kompromittiert werden können. Meine Botschaft ist mündlich ...«

Romana unterbrach ihn. »Was soll das? Wie wollen Sie beweisen, daß es stimmt, was Sie da vorbringen?«

»Hatten Sie nicht mal den Botschafter Frere zu Gast auf Ihrem Schloß in Toledo?« fragte Robertson.

Unwillig runzelte der Spanier die Stirn. »Na und?«

»Haben Sie sich nach dem Abendessen mit Ihrem Gast nicht in Ihre Bibliothek zurückgezogen? Dort hing ein Gemälde, wenn ich recht unterrichtet bin. Es ist vom Hofmaler Karls III. gemalt, von Raphael Mengs, und zeigt Sankt Peter und Sankt Johannes vor dem Tor des Tempels. Unter diesem Bild zitierte Frere ein Gedicht von John Milton.« Robertson sagte sein Verslein auf. Romana fiel ein und deklamierte zu Ende. Die Mission war geglückt.

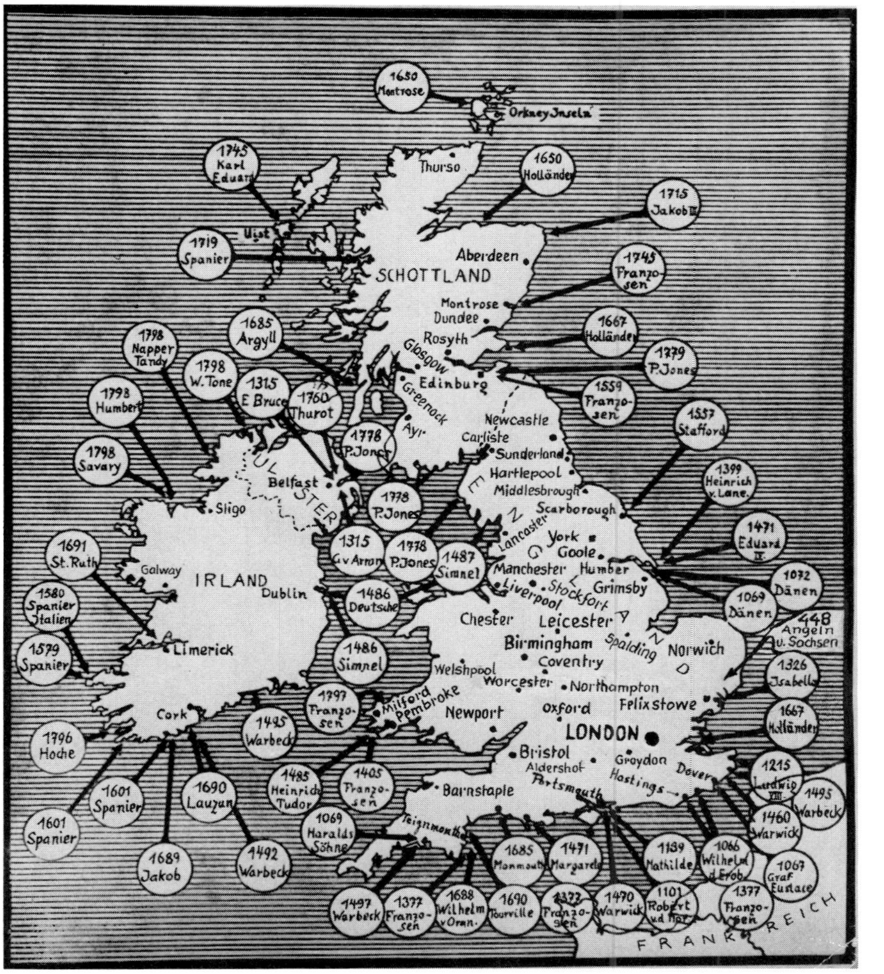

Abwehrerfolge: Die britischen Inseln hatten in ihrer Geschichte zahlreiche Invasionen zu überstehen. Dank gut funktionierender Abwehr und Aufklärung war aber keine der Landungen von anhaltendem Erfolg gekrönt.

Die Folgen sind Geschichte: La Romana schlug sich mit seinen Spaniern auf die Seite Englands. Ein großer Teil der dänischen Flotte war schon in britischem Besitz. Helgoland und Hamburg aber hatten sich als Spionagebasen bewährt.

Ohne den Stützpunkt Hamburg wäre das Gelingen der Operation fraglich gewesen. Schließlich wimmelte die Hansestadt während der französischen Besatzung von englischen, spanischen, italienischen und holländischen Agenten. Sie hatten alle ihre deutschen V-Männer unter der Kaufherrenschaft, die freilich bevorzugt mit den Engländern paktierte. So wird in den Archiven des britischen Außenministeriums eine Hamburger Botschaft an den Secret Service vom 12. Juli 1809 aufbewahrt: »In Hannover ist es soeben zu ernsten Unruhen gekommen. Die Ursache war eine große Summe in bar, welche die französischen Behörden nach Frankreich zu schicken beabsichtigten, was die Bewohner dort nicht zulassen wollen. Gez. A. G. Kulenpamp & Sohn«.

Fünf Tage zuvor, am 7. Juli 1809, hatte Außenminister Canning seinem Geheimdienst-As Nicholas befohlen: »Es beliebt Seiner Majestät, Sie anzuweisen, dem Herzog von Braunschweig-Oels pekuniäre Hilfe zu geben, um ihn so in seinem Unternehmen gegen die französische Armee zu unterstützen. Ich bin somit angewiesen, Ihnen zu befehlen, Ihre Freunde in Hamburg zu veranlassen, vorerst die Summe von 5000 Pfund Sterling in Gold an Herrn Henneberg, des Herzogs Agenten dortselbst, auszuhändigen. Sie können daher für die Summe einen Wechsel mit sechs Wochen Sicht auf mich ausstellen.«

Friedrich Christian Ludwig Henneberg war von Napoleons Bruder, König Jérôme Bonaparte, als Präfekt des sogenannten Okerdepartements mit den Bezirken Braunschweig, Hildesheim, Goslar und Helmstedt eingesetzt worden. Tatsächlich war Henneberg Agent seines Landesherrn, des Herzogs von Braunschweig-Oels. Er versorgte diesen (und die Engländer) mit geheimen Informationen, die er aus seinen Kontakten zu den Franzosen erhielt.

In diesem Jahr 1809 ereignete sich auch einer der finstersten Fälle dieser durch Spionageoperationen bislang turbulentesten Zeit in Deutschland: das Verschwinden des englischen Diplomaten Oberst Benjamin Bathurst. Als 25jähriger war er 1809 sehr kurze Zeit britischer Gesandter in Wien gewesen, reiste aber sofort ab, als Österreich seine Beziehungen zu England um Napoleons willen abzubrechen beschloß. Bathurst fuhr nach Norden, um über Berlin an die See zu gelangen.

In Berlin nahm er Kontakte mit einer deutschen Untergrundorganisation gegen Napoleon auf, dem »Tugendbund« (dem auch Heinrich von Kleist nahestand, der übrigens zwei Jahre vorher in Berlin schon einmal unter Spionageverdacht von den Franzosen verhaftet worden war). In Berlin hatte er einen Paß auf den Namen »Koch« erhalten, um sicher durch das französisch besetzte Norddeutschland zu kommen. Dieses Dokument wies er vor, als er in der Poststation Perleberg an der Stepenitz im Regierungsbezirk Potsdam beim Platzkommandanten Hauptmann von Klitzing um eine Leibwache bat. Er fühlte sich bedroht. Einen Tag später, am 26. Oktober, rief Bathurst abends seine Diener zu sich. »Anschirren!« befahl er. »Wir reisen ab.«

Es war dunkel. Klitzing hörte Lärm, vernahm das Schnauben der Pferde, beobachtete auch, wie die Kutsche des Engländers auf die Straße gerollt wurde. »Den bin ich los«, dachte der Hauptmann. »Der Bursche soll mir nicht mehr lästig sein.« Er war froh, daß er es abgelehnt hatte, die Diplomatenmappe des Engländers in Verwahrung zu nehmen.

Bathursts Bedienstete packten noch. Ihr Herr trat aus der Tür auf die finstere Gasse vor dem Posthaus. Seither wurde er nie mehr gesehen.

Wie zu allen Zeiten üblich, machte auch der französische Geheimdienst keine großen Umstände mit Menschen, die gegen ihn konspirierten oder ihm gefährlich erschienen. »Selbstmord« hieß es, wenn ein Abwehr- oder Spionagegegner unschädlich gemacht worden war. Auf diese schlichte Erklärung zogen sich die französischen Geheimdienstoberen auch in der Affäre Bathurst zurück. Er sei schon früher schwermütig gewesen, ließen sie ausstreuen. Napoleon selbst, durch anklagende Artikel in der britischen »Morning Post« irritiert, ließ der Witwe des Verschwundenen einen Passepartout für das besetzte preußische Gebiet ausstellen, damit sie selbst nach Spuren suchen könne.

Mobilität: Der Bau von Eisenbahnen – hier die Eröffnung der Linie Nürnberg–Fürth – kam der Beweglichkeit von Agenten – und ihren Verfolgern! – zugute.

Es gab Spuren. Es gab Hinweise. Es gibt viele Theorien. Der französische Geheimdiplomat und Agent Graf Emanuel Louis d'Antraigues galt als verdächtig. Sogar Klitzing kam ins Gerede, weil er den deutschen Kurier des Engländers, einen gewissen Krause, verhaftet hatte und weil der wieder Freigelassene auf der Reise nach Berlin verschwand – auch spurlos. Noch andere Deutungen wiesen auf die Männer des militärischen Untergrundkreises »Tugendbund« hin; Poet Kleist – der dem Briten mißtraut hatte – gab sich in den Untersuchungen völlig ahnungslos: Er als Dichter in einen Mordfall verwickelt? Unmöglich!

1852 will die jüngere Schwester des verschollenen Bathurst im Keller eines Hauses bei Perleberg das Skelett ihres Bruders identifiziert haben. Schließlich gab eine Sophie Scharpke am 31. Dezember 1862 vor dem Königlichen Oberpräsidenten der Provinz Sachsen zu Protokoll, sie habe die Hinrichtung eines Mannes, der nur

Mißverständnis: Zur Erinnerung an seine Italienreise zeichnete Goethe die Burg von Malcesine. Die Italiener legten ihm eine ähnliche Skizze als Spionageversuch aus.

Bathurst gewesen sein könne, in der Zitadelle von Magdeburg beobachtet und gesehen, wie der Erschossene verscharrt worden sei. 53 Jahre nach dem düsteren Geschehen befaßten sich noch immer offizielle Stellen mit dem Bathurst-Rätsel.

Nie zuvor in der deutschen Geschichte hatte es so verbreitete Spionage- und Abwehraktionen, Spitzelumtriebe und Denunziantendramen gegeben wie in dieser wirren Epoche napoleonischer Europaherrschaft. Nichts und niemand waren vor geheimer Aufklärung sicher. Jederzeit konnte jedermann in den übelsten Verdacht kommen. Dagegen waren nicht einmal Prominente gefeit – auch Johann Wolfgang von Goethe geriet durch Neugier in eine peinliche Situation:

Auf einer Italienreise kam der Dichterfürst in das alte Schloß von Malcesine. Er fand den vergammelten Schloßhof so malerisch, daß er ihn zu skizzieren begann. Da stürzte ein Italiener herzu, riß die angefangene Zeichnung vom Block und zerriß sie. Goethe protestierte. Ein örtlicher Polizeibeamter wurde gerufen, dem der Deutsche zu erklären versuchte, weshalb er die Ruine für malenswert hielt.

»Ruine!« empörte sich der Gendarm. »Die Türme dieses Gemäuers markieren die Grenze zwischen dem Gebiet Venedigs und dem österreichischen Kaiserstaat. Diese Linie darf nicht ausspioniert werden.«

Erst mit der Versicherung, er sei kein kaiserlicher Untertan oder Agent, sondern »von Frankfurt am Main gebürtig und Bürger einer Republik so gut wie Ihr«, zog er sich aus der Affäre.

War es arrogant, war es unüberlegt, daß sich der Reiseschriftsteller in seine Lage gebracht hatte? Ausgerechnet aus Frankfurt kannte er zur Genüge die Umtriebe von Spionen und Agenten, die jahrelang die Mainmetropole unsicher gemacht hatten. Der »vormals Hauptmann in Königl. Preußischen Diensten« J.W. von Archenholz schilderte in seinem »für das Jahr 1800« herausgegebenen »Journal historischen und politischen Inhalts« die Umstände, die hochgestellte deutsche Persönlichkeiten zu Kollaborateuren des französischen Feindes machten. Streng genommen waren sie Verräter: »Den Franzosen fehlte es in diesem Kriege nie an guten Nachrichten über die Unternehmungen der Deutschen. Selbst Fürsten machten es sich zur eifrigsten Angelegenheit, die Reichsfeinde mit Nachrichten zu versorgen, und in Rastatt rechneten sich's manche Gesandten zur Ehre, dafür angesehen zu seyn. Sie beriefen sich in ihren Vorstellungen an das Directorium stets auf diese der Republik redlich geleisteten Dienste.«

Gleichzeitig machte ein französischer Agent namens Bacher (auch Bachér) in der Mainstadt unrühmlich von sich reden. Archenholz: »Bacher, der durch seyn Betragen gegen seynen ehemaligen Chef Barthelemy die Achtung des größten Teils seyner Landsleute verloren hat, ist auch in Frankfurt durch nichts geliebt, noch geachtet. Er zeichnet sich durch die äußerste Verfolgung der Emigranten aus, die nicht auf der Liste seyner Spione stehen.«

Obendrein machte sich dieser Bacher dadurch unbeliebt, daß er den Wirt des Gasthauses, in dem er wohnte, zu Sonderpreisen zwang: »Wo jeder andere Fremde einen Gulden 20 Kreuzer bezahlen muß« (Archenholz), gab Bacher für die Menues bloß 24 Kreuzer.

Goethe, dem derlei Mißhelligkeiten wohl bekannt waren und dem auch das Mißtrauen vertraut gewesen sein muß, das in unruhigen Zeitläuften allen Fremden entgegengebracht wird, kann folglich auf seiner Italienreise nicht aus Arglosigkeit so verdachterregend gehandelt haben. Die einzig wirklichkeitsnahe, aber respektlose Erklärung für Goethes Handlungsweise: Es war Dummheit.

Selbstverständlich war dieser dumme Goethe kein Spion. Doch dumme Spione treten in der Geschichte der Spionage in Deutschland

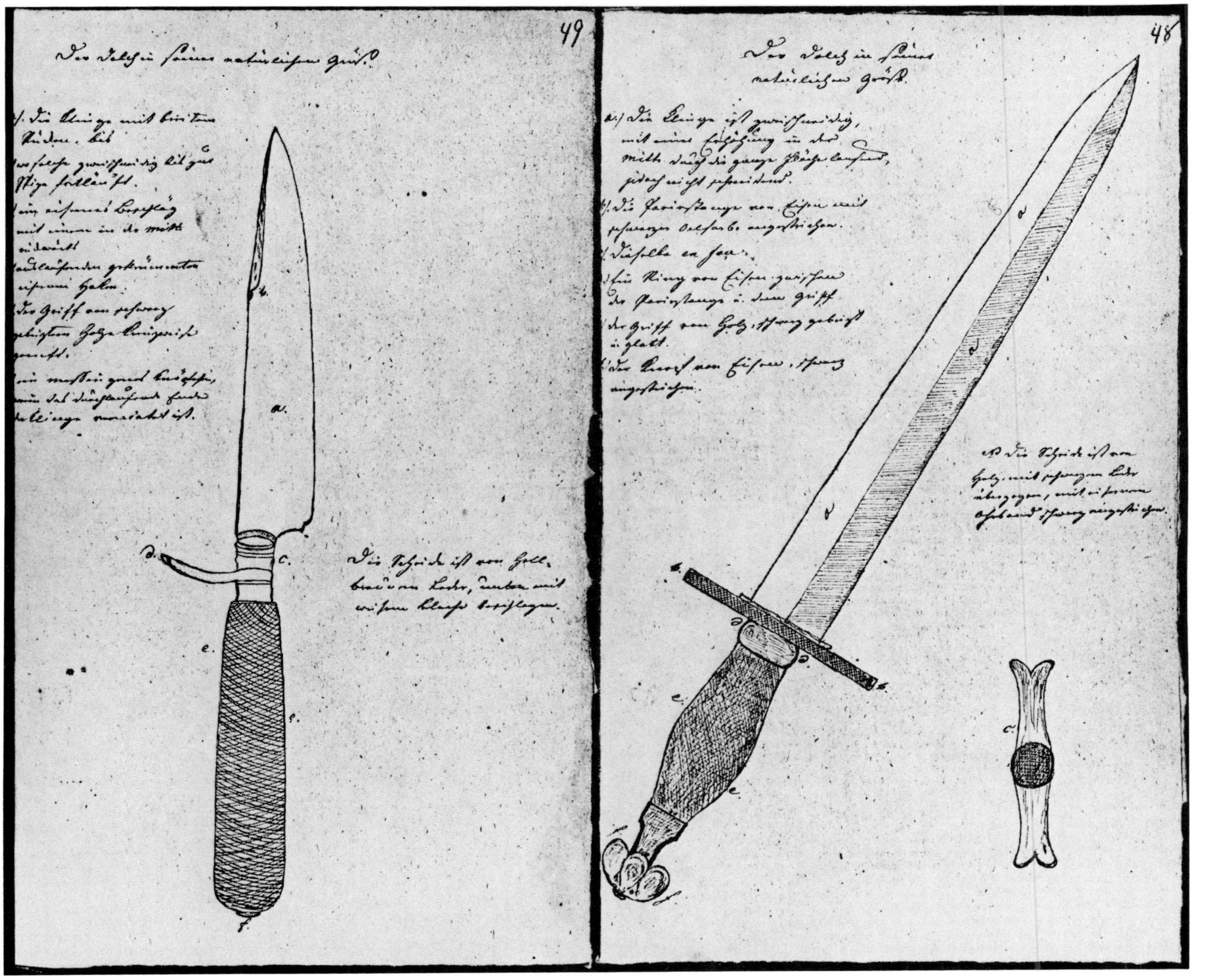

Agentenschicksal: Der ungeliebte russische Spion und deutsche Dramatiker August von Kotzebue wurde mit fünf Dolchstichen ermordet. Dem Vernehmungsprotokoll liegen Zeichnungen der Mordwaffen bei.

so selten gar nicht auf. Auch kleinere Kollegen des großen Frankfurter Poeten gehörten zu dieser Sorte. Der deutsche Dramatiker und russische Staatsrat August von Kotzebue war 1817 mit einem Jahresgehalt von 15 000 Rubeln als Polit-Spion des russischen Kaisers nach Deutschland geschickt worden. In der Folge sandte er seine regelmäßigen »Berichte an den Zaren« nach Petersburg.

Kotzebue war in Jena, wo er sich niedergelassen hatte, Gegenstand des allgemeinen Abscheus geworden: Offen bekämpfte er jede von den Herrschern und ihrer Bürokratie ohnehin nur widerstrebend zugestandene Pressefreiheit. In den Lageberichten an seinen russischen Auftraggeber schilderte er die deutschen Universitäten als Brutstätten der Revolution – eine Beurteilung, die ganz der seiner aus Wien entsandten Agentenkollegen entsprach.

»Gestern nachmittags 5 Uhr«, heißt es in einem Brief aus Mannheim vom 24. März (1819), »wurde Herr Kotzebue auf seinem Zimmer durch 5 Dolchstiche ermordet. Der Mörder war, zu Folge seines Passes, Studiosus Theologiae, Namens Carl Ludwig Sand aus Wunsiedel«, berichteten die »Erinnerungsblätter für gebildete Leser aus allen Ständen«. Der Mörder war »überzeugt, ein gutes Werk gethan zu haben, indem er Deutschland von einem Manne befreiet, der den deutschen Studenten so viel zu Leid gethan, theils durch seine Schriften, theils dadurch, daß er sie in den Augen des russischen Kaisers angeschwärzt«. Agent Kotzebue war 57 Jahre alt geworden – viele aktive Agenten im Einsatz sterben jünger.

Indes war der dichtende Staatsrat auch nicht gerade das ideale Ebenbild eines Spions gewesen, wie es sein französischer Kollege und Zeitgenosse Honoré de Balzac gezeichnet hatte:

»Der Beruf des Spions ist eine großartige Sache, sofern der Spion auf eigene Rechnung arbeitet. Genießt er nicht wahrhaftig die Aufregungen eines Diebes, während er dabei doch den ehrsamen Bürgersmann spielt? Wer diesen Beruf ergreift, muß bereit und imstand sein, vor Wut zu kochen und vor Ungeduld zu fiebern, mit kalten Füßen im Dreck zu stehen, eingefroren oder angesengt zu werden und sich nicht von Illusionen an der Nase führen zu lassen. Aufgrund bloßer Vermutungen muß er auf ein unbekanntes

Revolution – vom Geheimdienst gelenkt: Friedrich Wilhelm IV. hält vor den aufgewühlten Massen in Berlin eine Rede, in der er Amnestie für alle politischen Vergehen verspricht. Ohne den Einsatz eines geschickten »Agent provocateur« – es war Wilhelm Stieber – hätte der Preußenkönig bei den Aufständischen, die tags zuvor noch das Prinzenpalais bestürmt hatten (Abb. nächste Seite oben), kein Gehör gefunden. Sogar ins Parlament in der Frankfurter Paulskirche (unten) hatte Stieber seine V-Leute eingeschleust.

Ziel hinsteuern können. Er muß die Enttäuschungen des Mißerfolges zu ertragen wissen; er muß darauf eingerichtet sein, zu rennen, zu erstarren, ein Fenster stundenlang zu beobachten, sich tausend Verhaltensweisen zu erfinden ... Die einzige Aufregung, die sich dem an die Seite stellen läßt, ist die des Glücksspielers.«

Spionage als Spiel mit dem Glück! Das harte Geschäft der heimlichen Nachrichtenbeschaffung ist selbst heute, da Geheimdienste mit Computern und Satelliten arbeiten und spähen, in direkten Operationen »am Feind« noch ein Glücksspiel. Noch mehr war es das im 19. Jahrhundert, als sogenannte Zufälle ebenso wie politische Vorhersagen noch weniger kalkulierbar waren als in der Gegenwart. Um so fantastischer, wenn ein Politiker wie der Reichsfreiherr vom Stein im ersten Drittel dieses 19. Jahrhunderts prophezeite, daß Deutschlands Zukunft die Aufteilung allen deutschen Landes unter die beiden Großmächte in Ost und West fordere – wobei er mit dem Westen allerdings Frankreich meinte.

Schon in den neunziger Jahren hatte er es nicht an bitteren Urteilen über die Führung der preußischen Staatsgeschäfte fehlen lassen. Als Preußen von der gegen Frankreich kämpfenden Koalition abfiel und der Generalfeldmarschall von Möllendorf seine »Friedenspolitik« einleitete, nannte er diesen dumm und sein Vorgehen »schurkenhaft«. Für Stein war Möllendorf ein Verräter.

Stein gilt neben Bismarck als bedeutendster deutscher Staatsmann des vergangenen Jahrhunderts. Er bekämpfte den Rheinbund, zu dem sich 1806 unter Napoleons Protektorat 16 süd- und westdeutsche Fürsten kurz vor ihrem Austritt aus dem Reich zusammengeschlossen hatten. Preußen, Österreich, Braunschweig und Kurhessen hielten sich dieser zur militärischen Unterstützung Napoleons gebildeten Gruppierung fern, deren politische Zentrale München war, und der wiederum stand der Leitende Minister Graf Maximilian Joseph Montgelas vor.

Erst als dieses Bündnis im Oktober 1813 nach der Niederlage Napoleons in der Völkerschlacht bei Leipzig aufgelöst wurde, konnte Stein unbespitzelt an den Wiederaufbau Preußens denken. Er plante eine ständische Gliederung, gestützt auf Adel, Bürger und Bauern. Gleichberechtigung der drei Stände hatte er nicht im Sinn. Er

National
Eigenthu

Erster deutscher Geheimdienstchef: Wilhelm Stieber (oben), schon unter Friedrich Wilhelm IV. ein Meisterspion, wurde von Reichskanzler Bismarck beauftragt, den ersten amtlichen Geheimdienst Deutschlands aufzubauen.

Handwerk mit doppeltem Boden: Wie raffiniert Agenten schon um 1900 arbeiteten, zeigt diese als Buch getarnte Kamera.

dachte auch nur in Grenzen fortschrittlich, etwa wenn er vorhatte, den Bauern ihre Stellung wiederzugeben, die sie – seiner idealen Vorstellung nach – im Mittelalter hatten. Aber er dachte nur an die ehedem vollfreien und wohlhabenden Bauern, nicht an die Gesamtheit der Landbevölkerung. Er blieb immer Aristokrat. Der große Vorkämpfer eines einigen deutschen Reiches pflegte über »die Beschickung von Landtagen durch kleine Ackerbürger, kleine Handwerker und Krämer« zu spotten. Und er ließ sie auch bedenkenlos überwachen.

Die Revolution von 1848 mußte dieser Edelmann nicht mehr erleben. Überrascht hätte sie ihn nicht.

Jene Erschütterungen, welche das Gesicht Europas, auch Deutschlands, abermals und in vieler Hinsicht veränderten, brachten ihre eigenen heroischen und tragischen Gestalten hervor, ihre Verräter und ihre Spione. Der Leiter der Geheimen Ziffernkanzlei in Wien, Hofrat Zaremba, und Metternich schickten ihre Kundschafter aus. Für den Zaren spähte ein ganzes kleines Heer von honorigen Spitzeln und freiwilligen Beobachtern. (Den Russen fiel das besonders leicht. Das Petersburger Kaiserhaus war mit sechs deutschen Höfen – Preußen, Württemberg, Baden, Mecklenburg-Schwerin, Oldenburg und Sachsen-Weimar – versippt. Die politischen Einflüsse Rußlands in Deutschland waren also sehr stark: Nichts innenpolitisches Deutsches war dem Zaren verborgen.)

Am 18. März 1848 brachen Unruhen in Berlin aus. Straßenkämpfe tobten in der preußischen Residenzstadt. Ein bewaffneter Haufen drang vor bis zum königlichen Schloß – zum zweitenmal an diesem Tage. Stunden zuvor war Kavallerie mit blanken Säbeln in die Menge geritten. Furchtsam blickte Friedrich Wilhelm IV. (1840 bis 1861) aus einem Fenster des Seitenflügels.

Er hatte richtige Angst, der Herrscher. Er war sowieso ein wenig psychopathisch, schreckhaft, ein sensibler christlich-deutscher Romantiker. Jetzt schossen ihm finstere Gedanken an die Septembermorde in Paris von 1792 durch den Kopf, an die Abschaffung des Königtums, an den Gang König Ludwigs XVI. aufs Schafott. Noch vor ein paar Stunden hatte Friedrich Wilhelm mit seinem Bruder Prinz Wilhelm gestritten; der Prinz hatte dringend abgeraten, die Truppen aus der Stadt zu ziehen. Der König aber hatte beschlossen, endlich einmal wirklich energisch zu sein. Er bestand auf seinem Befehl. Die Truppen setzten sich in Marsch – raus aus Berlin.

Und nun fürchteten sich Seine Majestät!

19. März. Die Unruhe vor dem Schloß drohte in gewalttätigen Aufruhr umzuschlagen. Eine besonders laute Gruppe drängelte sich um einen jungen Mann, der das große Wort führte. »Wir müssen hart verhandeln«, rief dieser unscheinbare Typ, auf den plötzlich alle hörten. »Der König muß zum Nachgeben gezwungen werden. Wenn es sein muß, mit Gewalt!«

»Wenn es sein muß, mit Gewalt!« schrien die Umstehenden und schwenkten ihre Waffen. Die Bürgerwehr schloß ihre Reihen dichter.

Der junge Mann, Dr. Wilhelm Stieber war sein Name, fuhr in seinen wilden Reden fort: »Diesen Februar war ich in England« – was stimmte – »und habe dort mit dem berühmten Karl Marx über sein Kommunistisches Manifest diskutiert« – was gelogen war. »Jetzt hat dieser Feigling da im Schloß Angst, daß wir mit dem Sozialismus die klassenlose Gesellschaft einführen. Aber die wollen wir ja gar nicht! Nicht Kommunismus wollen wir – Gerechtigkeit verlangen wir, Gerechtigkeit für die Stände, Freiheit für die Bürger und Bauern, Freiheit vom König!«

Die Menge brodelte. Wie von Stieber beabsichtigt, faßte sie die letzten Worte falsch auf. Rufe wurden laut: »Wir wollen frei sein vom König!« und »Stieber soll mit Friedrich verhandeln, er soll ihn zwingen, uns anzuhören.«

Wilhelm Stieber hatte sein Ziel erreicht. Als Parlamentär betrat er das Schloß. Drinnen setzte er seinem hohen Auftraggeber, Friedrich Wilhelm, auseinander, daß er, Stieber, die Lage vollkommen in der Hand habe. »Eine Rede von Ihnen an das Volk, Majestät, so wie sie von Ihren Beratern vorgeschlagen wurde, kann Wunder wirken«, riet des Königs Meisterspion.

Zurück in der Menge, gab sich der junge Mann wieder forsch: »Noch heute gibt der König eine Erklärung ab, die alles verändern wird – der Angsthase wird für eine Sensation sorgen. Aber wir müssen gerüstet sein, Leute! Für morgen. Ich schlage vor: Ein Trupp bleibt hier vor der Residenz, die anderen verteilen sich in Gruppen über die Stadt an taktisch wichtige Punkte.«

So geschah es. Die vielen kleinen Grüppchen, von Stieber angeregt, konnten an den »taktisch wichtigen Punkten« ausgezeichnet kontrolliert werden – von Kollegen Stiebers, von der Polizei und von der Bürgerwehr. Der König aber gab erst am 21. März seine »Proklamation an die deutsche Nation« heraus, worin er Amnestie für alle politischen Vergehen versprach und betonte, daß er sich zur Rettung Deutschlands an die Spitze des Gesamtvaterlandes stelle.

Der Aufstand flaute ab. Träger der Revolution war ohnehin der bürgerliche Mittelstand, der sich auf die Masse des Kleinbürgertums stützte. Ständisch entwurzelte Handwerksgesellen waren aktiv, kaum das Fabrikproletariat. Auf dem Land hatten sich nicht die Knechte erhoben, sondern die wohlhabenden Bauern: Während es am Jahresbeginn Hungerunruhen gab, zogen rebellierende (aber satte) Bauern vor die Fürstenschlösser und heischten Aufhebung der noch bestehenden Verpflichtungen.

Und als eine zunehmende Arbeitslosigkeit die Spannung auch in Berlin verschärfte, nahmen am 13. März erstmals auch einige Arbeiter der »Borsig-Werke« an einer Protestversammlung im Tiergarten teil.

Die Lage wurde bedrohlich. Da hatte es ein Agent provocateur Stieber leicht, seine aufrührerischen Reden mit sanften Sentenzen von der Wahrung des Besitzstandes zu spicken.

Früher war Stieber Theologiestudent gewesen. Aber dann war er auf Jura umgestiegen. Beim Aufbau seiner Strafrechtspraxis hatte ihn

Auch Geheimdienste brauchen eine Buchhaltung

Wie sein großer Vorgänger auf der anderen Seite, Karl Schulmeister, mußte Preußens Stieber nie über Geldmangel klagen. Der Etat seines Dienstes betrug 1874 rund 12 000 Taler, das waren zirka 36 000 Mark. Die gleiche Summe stand dem Kriegsministerium für Abwehrzwecke zur Verfügung. Damit kam Stieber natürlich nicht aus. In den Akten des Preußischen Auswärtigen Amtes befindet sich beispielsweise eine »Nachweisung der aus Veranlassung des Krieges mit Frankreich für politische Zwecke, insbesondere zur Honorierung von Agenten, verauslagten Beträge, über welche Belege nicht beigebracht werden können« vom 12. März 1873. Darin sind 25 einzelne Ausgaben aufgeführt. Die Endsumme: 25149 Taler. Das Geld wurde nicht direkt nach Frankreich überwiesen, sondern über die deutsche Gesandtschaft in Bern weitergeleitet. Auch Stieber und Bismarck nutzten den Traditions-Tummelplatz für Agenten und Spione, die neutrale und verschwiegene Schweiz.

Mit Propaganda zum Erfolg: Kämpferische Darstellungen voller Siegeszuversicht – wie hier bei einer Kavallerie-Attacke in der Schlacht bei Königgrätz – stärkten die Moral der eigenen Truppe und lehrten den Feind das Fürchten.

Liebesgaben für die Front – Irreführung für den Feind: Daheim werden Päckchen für die kämpfenden Soldaten gepackt. Mit solchen Fotografien, bei Freund und Feind verteilt, begann die psychologische Kriegsführung: Den eigenen Truppen wurde Mut gemacht, die gegnerischen wollte man demoralisieren.

sein Kontakt zu Kriminellen geradewegs ins Spitzelwesen geführt. Als 32jähriger wurde er zum Polizeikommissar in Berlin ernannt. Stieber nutzte seine Macht loyal. In England koordinierte er die Bespitzelung deutscher Emigranten und die Überwachung von Karl Marx (beklagte aber den Mangel an Entgegenkommen des Secret Service).

Natürlich waren seine Leute auch in der deutschen Nationalversammlung am 18. Mai 1848 in der Paulskirche von Frankfurt am Main vertreten. Die außenpolitischen Ideen der sogenannten Achtundvierziger wurden so in Berlin noch bekannt, bevor sie den 600 Abgeordneten zu Ohren kamen: »Die deutsche Frage ist keine Verfassungs-, sondern eine Machtfrage«, hatte der Politiker Johann Gustav Droysen bereits im April in einem Geheimdossier festgelegt. »Und die ganze Monarchie ist nun deutsch – die österreichische kann es nicht werden!« Auch alle militärisch-außenpolitischen Pläne der Achtundvierziger wurden verraten.

Für seine Polit-Polizeiaufgaben setzte Stieber straffällig gewordene Klienten seiner Kanzlei ebenso bedenkenlos ein wie seriöse Beamte.

Erst mit dem Rückzug des wahnsinnig gewordenen Friedrich Wilhelm IV. aus allen Regierungsgeschäften im Jahre 1857 wurde auch dessen Chefagent Stieber gefeuert. Er ging nach Rußland. Dort verdingte er sich dem Zaren, der traditionell eine gewaltige, aber schlecht geordnete Spitzelschar unterhielt. Stieber brachte Ordnung in diese geheime Staatspolizei. Dafür brauchte er fünf Jahre. Überdies wurde er gut bezahlt.

Just zum richtigen Zeitpunkt kehrte er nach Berlin zurück: Im Frühjahr 1862 traf er in Preußen ein; am 23. September wurde der 47jährige Otto von Bismarck preußischer Ministerpräsident unter Wilhelm I. (1861 bis 1888), König von Preußen und seit 1871 zugleich Deutscher Kaiser. Der Vollblutpolitiker Bismarck vermißte bei seinem Amtsantritt jenes Instrument, das als innen- wie außenpolitische Entscheidungshilfe unerläß-

lich ist: einen Geheimdienst. Wohl gab es die klassischen kleinen Spitzeleien unter den Ständen. Aber schon mit der Briefzensur klappte es nicht mehr so recht, und gegen ertappte ausländische Kundschafter gab es kaum Handhaben, nicht einmal rechtliche.

Es sollte dem vielseitig begabten Juristen Wilhelm Stieber vorbehalten sein, die erste wirksame und straff organisierte Abwehr und den ersten amtlichen Geheimdienst Deutschlands einzurichten. 1863 wurde Stieber Bismarck vorgestellt. Der erkannte das Talent – Stieber war vom Fleck weg engagiert.

Der Mann mit der reichen Erfahrung im Kundschafterwesen und mit dem scharfen Verstand ging unverzüglich und rücksichtslos an seine Aufgabe – vor allem unsentimental. Doch vor dem Aufbau eines eigenen Apparats mußte er ein Gesellen- und ein Meisterstück liefern. Das Gesellenstück bestand in der perfekten Aufklärung des österreichischen Armeewesens – an Ort und Stelle.

Als Händler zog er durch Österreich mit Waren, die ihren Reiz besonders auf isoliert lebende Soldaten nie verfehlen: mit Heiligenbildchen und -figuren und mit pornographischen Postkarten. Dabei führte er seine Verkaufsgespräche so geschickt, daß ihm auch noch Offiziere unwissentlich gute Tips lieferten. Stieber kehrte zurück und erstattete Bericht. Da mußte selbst sein ärgster Widersacher, General Helmuth Graf von Moltke, eingestehen, daß die Aufklärung Stiebers erstklassige Ergebnisse gebracht hatte und daß die Analysen des Spions überaus bemerkenswert waren.

Auf die Arbeit Stiebers gestützt, führte Bismarck 1866 seinen Krieg gegen Österreich. Mit der Schlacht von Königgrätz am 3. Juli 1866 fiel die Entscheidung um die Vorherrschaft in Deutschland. Preußen siegte. Stieber hatte gewonnen.

Bismarck setzte in diesem Feldzug Stieber als Chef der Sicherheitspolizei bei der Sektion B der dritten Abteilung des Generalstabs ein. Vom Kasinoton der überheblichen preußischen Offiziere unbeeindruckt, leitete er die Abwehr; zum Ärger des Führungskorps erhielt »der Zivilist« seinen ersten Orden. Moltke überreichte ihn – der Mann, der eingestandenermaßen Spione verabscheute. Aber der »König der Spürhunde« war einfach zu genial, um verkannt zu werden. Im deutsch-österreichischen Krieg hatte er auch erstmals in der Geschichte der deutschen Abwehr mit Mitteln der psychologischen Kriegführung gearbeitet: Durch mündliche und auf Handzetteln gedruckte Propaganda hob er Stimmung und Moral der eigenen Truppen und untergrub die der Feinde.

Vor dem Frankreich-Feldzug von 1870/71 zog er jenseits des Rheins ein preußisches Agentennetz von 4000 Spionen auf. Gleichzeitig spielte er dem Zaren Geheimpläne einer polnischen Verschwörergruppe zu, die den Russen-Kaiser bei seinem Staatsbesuch in Paris ermorden wollte. Der dankbare Russe lohnte es dem Deutschen Wilhelm I., indem er sich aus dessen Konflikt mit dem Gegner im Westen heraushielt. Stieber kehrte mit drei großen Koffern von seiner Tour de France heim; sie waren mit präzisen Berichten gefüllt, mit Plänen von Stellungen französischer Truppen, mit Heeresgruppenstärken und sogar topographischen Beschreibungen des künftigen Gefechtsfeldes. Das war sein Meisterstück.

In Versailles ließ er sich nach Ende des Feldzuges als Chef der Abwehr nieder. Aber bestimmte Aufgaben erledigte er lieber persönlich. So umsorgte er den französischen Friedensunterhändler Jules Favre in der Maske eines Dienstboten: Die Überwachung der Korrespondenz Favres war gesichert.

Zugleich blieb er – auf Distanz – in Deutschland nicht untätig: Da gab es ein paar deutsche Kleinstaaten, die sich dem Kaiser nur widerwillig unterordnen mochten. Ihre Politik mußte sondiert, ihre Spitzel am preußischen Hof mußten ständig beobachtet werden. Das ließ Stieber von seinen Leuten erledigen. In eigens dafür eingerichteten Provinzbordellen setzte er obendrein Mädchen auf die Besucher an, die sie teils aushorchten, teils später erpreßten, für Stiebers Dienst zu arbeiten.

Seine Mitarbeiter hielt er unterdes auch an, Anschläge gegen ihn selbst abzuwehren. Denn er hatte viele Feinde – wie sie jeder Geheimdienstchef haben muß, der in seinen Dossiers Informationen auch über hochgestellte und angesehene Persönlichkeiten des öffentlichen Lebens, der Gesellschaft und sogar der schönen Künste sammelt. Trotz 27 Orden, auf die er es in seinem Leben brachte, wurde er vom Offizierskorps immer geschnitten. Die Stellung des I c, des Nachrichtenoffiziers, und des Abwehroffiziers in der späteren Abteilung III B des Generalstabes war noch nicht erfunden.

Was der Geheime Regierungsrat Stieber als Vorstand des »Preußischen Central-Nachrichten-Büros« geschaffen hatte, blieb nur bruchstückhaft erhalten. Im militärischen Bereich verkümmerte seine Organisation zusehends: Ein preußischer Offizier war zu fein, sich in Friedenszeiten mit Abwehr zu befassen – das hieß, sich mit Spionen abzugeben, mit nicht standesgemäßen Leuten also. Immerhin nutzte man noch lange Jahre die Informationen, die aus Frankreich kamen, wo Stiebers Spitzelnetz intakt geblieben war und wo er sogar Hotels gekauft und mit seinen Agenten als Direktoren besetzt hatte. Erstmals war Stieber auch mit bis dahin kaum üblicher Brutalität gegen Feindagenten vorgegangen: Wer – im Krieg – erwischt wurde, wurde sofort hingerichtet.

Den Etat des Stieber-Dienstes sicherte der berüchtigte »Reptilienfonds« des Reichskanzlers Bismarck. Dieser nicht übermäßig skrupelhafte Staatsmann ging mit den Talern aus dem Geheimfonds (der bis auf den heutigen Tag in staatlichen Budgets diesen Krokodilnamen trägt) sehr sorgfältig um. Von wenigen unrühmlichen Ausnahmen abgesehen, wurde kein Groschen unnütz ausgegeben. Jede Mark diente einem – des waren Kanzler und Kaiser sicher – guten Zweck: der Spionage, dem Meinungskauf bestechlicher Zeitungsredaktionen und korrupter Beamter, dem Stimmenkauf und der Wahlbeeinflussung sowie natürlich der Abwehr ausländischer Informationsbedürfnisse. Bismarck landete in seiner Karriere mit Hilfe seines Reptilienfonds einige stattliche Coups:

Er griff bereits in die Kasse, als es sie offiziell noch gar nicht gab. Im Sommer 1868 erhielt der kommandierende General des X. Armeekorps in Hannover, Voigts-Rhetz, aus dem Reptilienfonds des preußischen Kanzlers 4000 Taler zur Bezah-

Verhängnisvolle Verwechslung: Im Frankreich-Feldzug 1870/71 werden in Metz von französischen Gendarmen englische Kriegsberichterstatter abgeführt. Man hält sie für Spione Preußens; fast hätte das Volk die englischen Korrespondeten gelyncht.

Krieg mit anderen Mitteln: Bismarck hatte von Stiebers Agenten die militärischen Schwachstellen der Franzosen genau auskundschaften lassen. So traf etwa die Demontage von bestimmten Telegrafenmasten (oben) den Feind besonders empfindlich.

Wie der »Reptilienfonds« entstand

Gegen den Widerstand der »Welfen«, der in der neugeschaffenen preußischen Provinz Hannover gewählten Abgeordneten, peitschte Bismarck 1869 das Gesetz zur Errichtung von Geheimfonds durch. Diese Geldquellen sollten keinerlei parlamentarischer Kontrolle unterliegen. Auch Vorschriften über die Art und Weise der Verwaltung und Verwendung der Gelder – die anfangs übrigens aus den Zinsen der beschlagnahmten Vermögen des vertriebenen welfischen Königs von Hannover, Georgs V., und des abgesetzten Kurfürsten Friedrich Wilhelms I. von Hessen stammten – gab es nicht. Am 30. Januar 1869 wiegelte Bismarck wortgewandt die im Abgeordnetenhaus erhobenen Einwände gegen eine mögliche nachrichtendienstliche Verwendung des Fonds ab: »Sprechen Sie doch nicht von Spionierwesen! Ich bin nicht zum Spione geboren meiner ganzen Natur nach; aber ich glaube, wir verdienen Ihren Dank, wenn wir uns dafür hergeben, bösartige Reptilien zu verfolgen bis in ihre Höhlen hinein, um zu beobachten, was sie treiben!« Das Wort »Reptilienfonds« war geboren.

lung eines eigenen Spionagedienstes gegen die »Welfenfreunde«, Anhänger König Georgs V. von Hannover.

Kritiker seiner geheimen Finanzpolitik wehrte Bismarck mit Hinweisen auf »einzelne nützliche Verwendungen« ab: 1869 bewilligte er 300 000 Taler aus dem Fonds für Kasernenbauten in Celle und Frankfurt am Main; für die Errichtung naturwissenschaftlicher Institute an der Universität Göttingen gab er im gleichen Jahr 460 000 Taler aus demselben Etat frei; 1888 wurde mit »Reptiliengeld« dem Hannoverschen Museum die Kunst- und Altertümersammlung des verstorbenen Senators Culemann für 100 000 Mark gekauft; Theater wurden finanziert und repariert; Witwen von Spionen erhielten Renten.

Der Mainzer Reichstagsabgeordnete Ludwig Bamberger erhielt eine einmalige Zahlung von 600 Talern für Reisen in die Schweiz, wo er in geheimen diplomatischen Missionen tätig wurde. Auch nach seiner Wandlung zum Bismarck-Gegner verriet Bamberger nie, wofür er das Geld wirklich ausgegeben hatte.

Mit Hilfe von »Reptilien«-Tausendern machte Bismarck gewisse »Reptile« selbst nutzbar: Er schmierte die Presse. Rücksichtslos setzte er sie für seine politischen Ziele ein, steuerte Falschmeldungen, arbeitete mit Verleumdungen. So behauptete die »Danziger Zeitung« im Mai 1888, mit »Reptilien«-Talern sei eine Zeitungskampagne gegen die Kaiserin finanziert worden. Der empörte Justizminister empfahl Bismarck, Klage wegen Beleidigung des Staatsministeriums zu erheben. Da bremste Innenminister von Puttkamer den Justizkollegen, und Bismarck verbat sich jede weitere Erörterung. Er hatte guten Grund dazu. Auch die »Preußische Provinzial-Correspondenz« des Auswärtigen Amtes wurde aus dem Reptilienfonds unterhalten. Manche kleinere Zeitungen bekamen regelmäßig Zuwendungen aus Berlin, so daß im Reich bald höhnisch von einer »Reptilien-Presse« gesprochen wurde.

Bei der Wahl zum Abgeordnetenhaus 1885 im westpreußischen Wahlkreis Elbing-Marienburg sollte ein konservativer Wahlsieg gesichert werden. Mit Geld aus dem Reptilienfonds gelang das: Zuerst wurde die Zahl der konservativen Wahlmänner zu Lasten der liberalen erhöht. Dann beförderte man diese Wahlmänner im Sonderzug zur Wahl nach Marienburg. Selbstverständlich nicht ohne Tagesspesen – drei Mark pro Mann, kinderreiche Familienväter erhielten fünf, einer sogar zehn Mark. Der Wahlkreis blieb stockkonservativ.

1892 wurden im Auswärtigen Amt Berlins Akten und Unterlagen vernichtet, die eine Ungeheuerlichkeit zum Inhalt hatten: Bayerns Märchenkönig Ludwig II. hat preußisches Geld genommen! Bismarcks Nachfolger im Reichskanzleramt, Leo von Caprivi, entdeckte in der geheimen Buchführung des Reptilienfonds (die es nach dem Willen Bismarcks gar nicht hätte geben dürfen) mehrere Posten von je 300 000 Mark. Über Jahre hinweg waren diese gewaltigen Summen nach München geflossen – ohne daß die Akten Aufschluß über die Gründe oder den Empfänger gaben. Aber: Hatten nicht die Bauten von Linderhof und Neuschwanstein die bayerische Königskasse arg strapaziert? Und hatte nicht auch dieser Richard Wagner immer aufs neue Geld gefordert? Woher nahm König Ludwig das Geld?

Der Schlüssel zum Geheimnis liegt in Wilhelm I. Weigerung, sich unaufgefordert zum Kaiser krönen zu lassen. Bismarck kalkulierte richtig mit seiner Annahme, sein König würde sich allenfalls durch dringliche Bitten eines sehr hohen deutschen Fürsten oder Königs soweit schmeicheln lassen, daß er in die Krönung einwilligte.

König Ludwig II. von Bayern sollte also diese Bitte an den Preußenherrscher herantragen. Aber Ludwig, menschenscheu und mißtrauisch, zog nicht mit. Da erschien – niemand konnte je erklären, weshalb – in Versailles, wo Wilhelm und Bismarck sich nach den Siegen über Frankreich aufhielten, der Intimfreund des bayerischen Ludwig, dessen Oberststallmeister Graf Max von Holnstein. Nie wurde bekannt, was dieses bajuwarische Rauhbein mit dem preußischen Kanzler besprach.

Sicher ist, daß Holnstein am 27. November 1870 mit einem Brief Bismarcks an seinen König in München nach Bayern ritt – und daß er die Antwort des Bayernkönigs an Bismarck sowie einen Briefentwurf Ludwigs an König Wilhelm I. bei sich führte. Beide Schreiben waren vom Reichskanzler selber diktiert worden.

Am 18. Januar 1871 wurde König Wilhelm I. von Preußen im Spiegelsaal von Versailles zum Deutschen Kaiser ausgerufen. Von den jährlichen 300 000 Mark, die bis wenige Jahre vor Ludwigs II. mysteriösem Tod im Würmsee (besser bekannt als Starnberger See) nach München geschickt wurden, behielt – das bestätigte später Max Emmanuel Graf von Preysing – der Oberststallmeister Holnstein jeweils 30 000 Mark für sich. Als Provision. Noch heute streitet man darüber, ob der bestochene zweite Ludwig nicht doch ein Verräter bayerischer Staatsinteressen gewesen sei.

Allerdings war der bestechende Bismarck selber auch nie zimperlich gewesen, wenn es um Staatsinteressen ging. In politischen Notsituationen dachte er mitunter mal laut, mal im geheimen über einen Staatsstreich zur Rettung des Reiches nach. Gleich nach Bismarcks Entlassung durch den jungen Kaiser Wilhelm II. am 18. März 1890 machte der Abgeordnete Bamberger – den Bismarck selbst einmal geschmiert hatte – in einer Wahlversammlung erste Andeutungen über Pläne des Ex-Reichskanzlers, die schlicht Hochverrat bedeuteten: Bismarck habe daran gedacht, einen innenpolitischen Konflikt heraufzubeschwören. Der sollte dann mit Hilfe eines schneidigen Generals militärisch gelöst werden. Dadurch würden Kaiser und Volk einander soweit entfremdet, daß sich der Herrscher nur noch in den Schutz seines Kanzlers retten könne.

Dienst am Feind: Bismarck (stehend) hatte seinen Geheimdienstchef Wilhelm Stieber bei dem französischen Friedensunterhändler Jules Favre (sitzend) als Kammerdiener eingebracht. So war er über manche Verhandlungsabsichten Favres informiert.

Industriespionage als Kavaliersdelikt

Industrie- und Werksspionage war ein wichtiger Faktor der industriellen Revolution im 19. Jahrhundert. Und immer wieder waren es deutsche Gelehrte, die bei technischen, wissenschaftlichen und militärisch nutzbaren Entwicklungen zu Rate gezogen wurden. Die Spionage wurde dabei von staatlichen Stellen offiziös begünstigt.

Nachdem Napoleon einen Wettbewerb ausgeschrieben hatte, der die Firma mit (umgerechnet) 20 000 Mark belohnte, der es als erster gelang, Stahl von englischer Güte herzustellen, machte der Deutsche Friedrich Krupp das Rennen. Er hatte die Formeln in England von britischen Spionen gekauft. Zuvor hatte er, 24jährig, in Essen seine »Gußstahlfabrik zur Verfertigung des englischen Gußstahles und aller daraus resultierenden Resultate« gegründet. Am 20. November 1811 konnte Krupp melden: »Spione interessieren mich nicht mehr!« Doch die Erfahrung blieb im Hause Krupp aktuell – schließlich liefen auch in Deutschland Werksspione herum. Also erließ die Krupp-Leitung 1872 eine allgemeine »Hausordnung« mit 72 Paragraphen. Darin war erstmals »industrielle Sicherheit« fest- und vorgeschrieben: »Wie hoch auch immer die Kosten sein mögen – alle Arbeiter müssen ständig von energischen und erfahrenen Männern überwacht werden, die für jeden Saboteur, Faulenzer oder Spion, den sie entlarven, eine Prämie erhalten.« Später wurde diese »Spionageabwehr« erweitert – auf Sozialisten innerhalb des Werks.

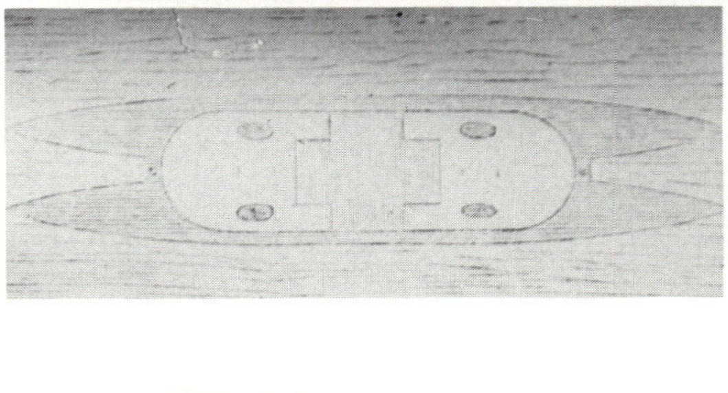

Kampf um technisches »Know-how«: Mit allen Mitteln wurde versucht, ausländischen Konkurrenten ihre handwerklichen Wissensvorsprünge abzujagen. Spitzel und Agenten wurden eingesetzt, hohe Bestechungsgelder bezahlt. Besonders gefragt waren raffinierte Konstruktionen in der Schiffahrt – wie die Pläne dieses englischen Zwillingsdampfers (unten) – und die Sensationen der damaligen Zeit, die Luftlenkschiffe. Industrieausstellungen (Abb. oben: die 1. Aeronautische Ausstellung Paris 1909) waren ideale Tummelplätze für Wirtschaftsspione.

Konkurrenzneid: In den Jahren nach 1850 machte die Hüttenindustrie gewaltige Fortschritte. Erstmals gelang es, das Problem der direkten Umwandlung von Roheisen in Stahl zu lösen (Abb. links). Das ließ auch einen Mann wie Krupp nicht eher ruhen, bis seine Werkspione das neue Verfahren in England ausgespäht hatten.

Tatsächlich war der Staatsstreichplan des Eisernen Kanzlers kein konfliktabhängiges Sofortprogramm. Vielmehr enthielt er eine Reihe von Überlegungen, die auf die Entstehung des Reichs – Bismarcks Traum, Trauma und größter Erfolg – als eines Bundes von Fürsten und Stadtsenaten zurückgreifen. Auf lange Sicht wollte er dann »sich vom Reichstag losmachen«.

Konsequent war er in diesem Zusammenhang schon immer gewesen: Das von ihm selbst eingeführte allgemeine und gleiche Wahlrecht wollte er bereits abschaffen, als die Wahlergebnisse ständig ungünstiger für seine Interessen ausfielen. Nach der Annahme der (befristeten) »Sozialistengesetze« im Oktober 1878 nämlich hatten die Sozialisten nicht klein beigegeben, wie der Kanzler ausgerechnet hatte. Statt dessen kämpften sie jetzt illegal. Die Gesetzeswaffe des Verbots sozialistischer Vereine, Versammlungen und Druckschriften sowie die Ausweisung sozialistischer Führer erwies sich als stumpf. 1884 stiegen die sozialdemokratischen Reichstagsmandate auf 24 – noch 1881 waren es bloß zwölf gewesen.

Dabei wollten die Sozialdemokraten nichts weiter als menschenwürdige Lebensumstände und Arbeitsbedingungen für das Proletariat, das – unter feudaler Fuchtel – schließlich für die Anhäufung privater Vermögen schuftete.

Daß die Sozialistengesetze 1890 nicht mehr verlängert wurden, empfand Bismarck als Schlappe. Und es war auch eine.

Bismarcks Schlußfolgerung und Gedankengänge waren zwar verschlungen, aber logisch: Wenn es richtig sei, daß der Bund, auf dem die Verfassung des Deutschen Reiches beruhe, von den Souveränen der Staaten geschlossen sei, so könnten »nötigenfalls die Fürsten und die Senate der freien Reichsstädte den Beschluß fassen, von dem gemeinschaftlichen Vertrage allseitig zurückzutreten«. Warum? Bismarck: »Auf diese Art würde es möglich sein, sich von dem Reichstage loszumachen.«

Der Kaiser wußte von allem und billigte es.

Seines Wilhelm Stiebers hatte der Kanzler längst entraten müssen, bevor er selbst geschaßt wurde. Aber auch seine Nachfolger Caprivi und der Fürst von Hohenlohe-Schillingsfürst sowie Bernhard von Bülow hielten nichts von Geheimdiensten. Sie erhielten Informationen, wenn sie welche wünschten – das genügte. Gezielte Aufklärung geriet einmal mehr ins Abseits. Daß auch fremde Mächte aus Deutschland Informationen bekamen, wenn sie solche wünschten, wurde beinahe mit Gleichmut hingenommen – und schien unvermeidlich. Spionage in und gegen Deutschland wurde wieder mehr oder weniger ein Kavaliersdelikt.

Nicht einmal der Große Generalstab nach der Reichsgründung konnte sich dazu bequemen, einen aktiven militärischen Aufklärungsdienst und eine Abwehr zu organisieren. England, Frankreich und Rußland verfügten seit langem über fähige und einsatzfreudige Geheimdienste, deren Agenten sie auch nach Deutschland schickten. Aber dieses Deutschland schlief.

Schlichte 300 000 Mark bewilligte Kaiser Wilhelm II. endlich für einen militärischen Aufklärungsdienst. Er betrieb Erkundung nur in möglichen Feindstaaten. Die Arbeit machte ein Dutzend Offiziere in Nebenräumen des Kriegsministeriums. Von hier führten sie die dritt- und viertklassigen Agenten, die sie sich von ihrem bescheidenen Budget leisten konnten. Militärische Abwehr besorgten die sogenannten Zentralpolizeistellen – von denen sich die Militärs distanzierten. Außenpolitische Aufklärung betrieb das Außenministerium. Wirtschaftliche Aufklärung im Ausland durfte gar nicht wahrgenommen werden.

So ging Deutschland ins 20. Jahrhundert. So ging Deutschland in den Ersten Weltkrieg: nachrichtendienstlich schlecht vorbereitet, ohne Gegenspionage-Apparat, ohne Kenntnis der politischen und militärischen Ziele der Gegner. Und so kamen bittere Lehrjahre für Politiker und Soldaten. Jahre, die Erkenntnisse brachten: daß nämlich Aufklärung und Abwehr nicht Dienste sind, die man als unvermeidlich hinnehmen und unterhalten muß, sondern Einrichtungen, die politisches und militärisches Überleben sichern können.

Allround-Politiker: Otto von Bismarck verband Außenpolitik mit persönlicher Informationsbeschaffung – notfalls auch sehr direkt, wie über diesen Staatsgast aus China.

Wirtschaftsspionage in Hamburg

Das »Criminalgesetzbuch von Hamburg« vom 30. April 1869 regelte in Art. 200 den Schutz des Briefgeheimnisses und fährt dann fort: »... wie auch derjenige, welcher ein Geheimnis, das ihm als Gehülfen in Handlungs- und Fabrikgeschäften in Beziehung auf diesen Beruf anvertraut wurde, unbefugter Weise einem Anderen mitteilt oder für sich benutzt, ist mit Gefängnis bis zu 6 Monaten oder Geldstrafe bis zu 300 Thaler zu bestrafen.« Im »Strafgesetzbuch für das Königreich Bayern« vom 10. November 1861 (das die Gesetzgebung von 1813 ablöste) definierten die Juristen schärfer und straften auch härter. In der II. Abteilung, 21. Hauptstück, Art. 338, hieß es: »Wer unbefugt fremde Handels-, Fabrik- oder Gewerbsgeheimnisse, deren Kenntnis er vermöge seines Berufs oder durch rechtswidrige Mittel erlangt hat, für sich benutzt oder einem Anderen mittheilt, soll mit Gefängnis bis zu drei Jahren oder an Geld bis zu 500 Gulden bestraft werden. Im Falle eines verursachten Schadens ist auf Gefängnisstrafe nicht unter drei Monaten zu erkennen, womit Geldstrafe bis zu 1000 Gulden verbunden sein kann.«

4. KAPITEL

ALLESKÖNNER GEGEN SPEZIALISTEN

1900 BIS 1919

Ablösung vor!

Nach Bekanntwerden der Wilhelmshavener Spionageaffäre veröffentlichte die »Berliner Morgenpost« eine Notiz vom 11. Februar 1912 aus Essen an der Ruhr: »Hierher gelangten Meldungen zufolge wird die gesamte Schutzmannschaft von Wilhelmshaven vom ersten bis zum letzten Beamten versetzt. Die Polizeidirektionen im Industriegebiet sind aufgefordert worden, Beamte namhaft zu machen, die sich nach Wilhelmshaven versetzen lassen wollen.«

Dichter Regen prasselte herab. Der Mann, der am Zaun des kleinen Gartenhauses stand, schüttelte seinen Mantel, daß die Tropfen stoben. Tagelang hatte er das Haus und seine Bewohner beobachtet. Sie waren elegant gekleidet, fuhren mit Autos vor, trugen schwere Ringe an den Händen. Die Miete des Anwesens in dem feinen Villenvorort von Wilhelmshaven war sicher auch nicht billig. Die Leute mußten reich sein.

Der Mann vor dem Zaun war arm. Außerdem hatte er Schulden. Jetzt wollte er einbrechen. Dafür hatte er diese Regennacht des 12. Juli 1910 gewählt. Die Leute waren ausgegangen, das Haus stand leer.

Mit einer Drahtschere zerschnitt er den Stacheldraht über den Latten und flankte über den Zaun. Die Fenster waren geschlossen bis auf eines im Dachgiebel an der Hinterfront. Am Obstspalier zog sich der Mann hoch, von einem Schuppen aus erreichte er den Fenstersims und schwang sich hinein. Unter seinen Füßen spürte er einen Teppich. Er hielt den Atem an und lauschte. Nichts. Schließlich knipste er seine Taschenlampe an.

Das Licht fiel auf eine weiße Zimmertür. Die war das letzte, was der Mann sah. Ein schwerer Schlag auf den Kopf betäubte ihn, er knickte um und sank in eine tiefe Bewußtlosigkeit.

»Die Fotografie hier in Ihrem Dienstausweis schmeichelt Ihnen, Herr Wachtmeister«, drang plötzlich eine Stimme in sein wiederkehrendes Bewußtsein. »Sie sind doch der Wachtmeister Glauß, oder? Im Moment sehen Sie gar nicht gut aus!«

Glauß rührte sich. Das heißt, er versuchte es. Er lag gefesselt auf einem Bett, vor ihm saß eine Frau und rauchte aus einer langen Zigarettenspitze. Sie fragte: »Was wollen Sie hier? Wer hat Sie geschickt? Oder ist es bei der Wilhelmshavener Polizei üblich, nachts in fremde Dachfenster einzusteigen?«

Der Gefesselte sah sein Heil nur noch in einer Flucht nach vorn. Er sei in Not, stotterte er, er habe in die Revierkasse gegriffen. Morgen komme ein Revisor, dann sei er erledigt. Also müsse er noch heute nacht Geld auftreiben. Ungerührt ließ ihn die Frau eine Stunde lang jammern und flehen – dann ließ sie ihn laufen. Glauß merkte gar nicht, wie ihn drei Männer aus dem Haus verfolgten. Er wurde auch nicht gewahr, daß sein Gespräch mit dem Schutzmann Jaenicke nur einen Kilometer von dem Gartenhäuschen entfernt belauscht wurde. Die zwei Ordnungshüter – Jaenicke war mit Glauß befreundet, hatte mit ihm unterschlagen und machte auch mit ihm gemeinsam »Brüche« – verabredeten einen weiteren Einbruch noch in dieser Nacht in ein Brauereikontor. Dort fielen ihnen ein paar hundert Mark in die Hände, das Loch in der Kasse wurde rechtzeitig gestopft.

Ein paar Tage später. Jaenicke und Glauß gingen Streife. Da verstellte ihnen vor einem Gartenhaus ein Mann den Weg. »Ach kommen Sie doch mal mit mir, meine Herren«, sagte der Fremde ziemlich bestimmt und keineswegs bittend. Jaenicke schnauzte: »Haben Sie was Dienstliches zu melden?«

Da lachte der andere und gab zurück: »Ja. Einen Einbruch in ein Brauereikontor. Ich kann Ihnen sogar die Täter nennen.«

Stumm folgten ihm die zwei. Im Haus fakkelte der Fremde nicht lange. Er stellte sich vor: »Ich bin der Ingenieur Petersen, und das –«, er nickte einer Frau zu, die ins Zimmer getreten war, »– das ist meine Schwester. Wir sind auf Durchreise, in den Anmeldeformularen Ihrer Dienststellen finden Sie uns nicht. Ich will es kurz machen: Sie beide waren es, die in das Brauereikontor einbrachen.«

Glauß erblaßte. Jaenicke wurde frech. »Das ist eine schwere Beamtenbeleidigung, Herr Petersen!«

Petersen zog eine Fotografie aus der Tasche. Eine scharfe Aufnahme, wie gestochen, ohne Blitzlicht in einer Mondnacht geschossen. Sie zeigte, wie Glauß aus einem Fenster der Brauerei kletterte und wie ihm der – uniformierte! – Jaenicke dabei herunterhalf. Die zwei Übeltäter schauten abwechselnd auf das Foto und auf den Ingenieur Petersen. Glauß war es speiübel.

Es wurde eine lange Nacht mit einer langen Diskussion. Im Morgengrauen verließen Jaenicke und Glauß das Gartenhäuschen. Jeder von ihnen trug 5000 Mark in der Tasche. Ein Vermögen für einen ärmlichen Gendarmeriebeamten im Jahre 1910.

Jaenickes Schwägerin war mit einem Obersignalmaat Ehlers vom Kreuzer »von der Tann« verlobt; das Schiff lag vor Wilhelmshaven. Der Sold reichte nicht zum Heiraten; das Mädchen war auch nicht mit irdischen Gütern gesegnet. Aber ganz plötzlich änderte sich etwas im Leben des Kriegsmariners. Er mietete eine Wohnung, richtete sie solide ein, bezog sie auch mit seiner Braut. Jaenicke hatte den beiden einen Tausender spendiert, »[illegible] einer Erbschaft« und »damit ihr endlich heiraten könnt«. Doch die Matrosenbraut war zu spendierfreudig. Unvermittelt stand der Obersignalmaat Ehlers mit 3000 Mark Schulden da. Einen Wechsel hatte er auch am Hals, den ihm Glauß im Suff untergeschoben hatte. Jetzt konnte ablaufen, was der »Herr Ingenieur Petersen« – Chefagent des britischen Secret Service für die deutschen Küstengebiete – so gerissen eingefädelt hatte.

Ehlers entwendete die Konstruktionspläne des großen Kreuzers, auf dem er Dienst tat. Petersen fotografierte sie. Ehlers stahl das geheime Signalbuch mit dem Marine-Code der kaiserlichen Flotte. Petersen lichtete auch das ab. Jaenicke und Glauß aber warfen mit Geld um sich – so unauffällig, wie man eben mit Geld um sich werfen kann. Unter der Anleitung ihres »Führungsoffiziers« Petersen bestachen sie noch andere Beamte mit großen Summen; auch ein weiterer Polizeikollege, der Schutzmann Heinrich Suhr, wurde eingespannt. Nach und nach gelangten die Pläne des ganzen Kriegshafens Wilhelmshaven in die Hände des Engländers – jedesmal nur für Minuten, doch lange genug, um sie rasch fotografieren zu können. Nebenbei bestach

Schauplatz Hafenstadt: Die deutsche Kriegsmarine wurde immer mehr zum Anziehungspunkt für Spione. Besonders England hatte Interesse an den Plänen von Schiffen, Hafenanlagen und am Code der kaiserlichen Marine. Wilhelmshaven (auf dem Foto die Schleusenanlagen) rückte in den Blickpunkt durch die Affäre Jaenicke. Der ungetreue Polizeibeamte hatte zusammen mit einem Matrosen und zwei Kumpanen für den britischen Geheimdienst Verschlußsachen der Marine ausspioniert.

Glauß noch einen Beamten der städtischen Wasserwerke, ihm für eine halbe Stunde die Pläne über das Rohrwerk der Stadt und die Wasserversorgung zu überlassen. Das kostete die Kleinigkeit von 2000 Mark. Der Verräter/Spion Jaenicke aber hatte inzwischen seinen Wechsel zurückbekommen und 5000 Mark dazu; überdies bezogen die ungetreuen Ordnungshüter Jaenicke und Glauß immer wieder mal ein paar Tausendmarkscheine.

Das Ganze flog so profan auf, wie es begonnen hatte: Glauß, der preußische Wachtmeister, unterhielt in Paris eine Freundin. Von dieser 22jährigen Yvonne bekam ein deutscher Kriminalkommissar, der einen internationalen Juwelendieb bis an die Seine verfolgt hatte, unwissentlich einen Tip. Dem Kriminalbeamten war der eine Spur zu elegant gewandete Glauß mit seinen tolpatschigen Manieren aufgefallen. Als er sich nach dem deutsch sprechenden Möchtegern-Lebemann erkundigte, erfuhr er von französischen Kollegen den Namen. Dieser Schupo aus Wilhelmshaven sollte soviel Geld haben?

Vorsichtig wurde nun in der ehrwürdigen Marinestadt am Jadebusen recherchiert. Dem Leiter seiner Kölner Kriminalpolizeidienststelle nämlich hatte der Beamte aus Paris ein Telegramm geben können, das er von der hübschen Yvonne bekommen und mit dem ein gewisser »Petersen« den Glauß aus dem Urlaub zurück nach Wilhelmshaven beordert hatte. »Petersen?« hatte der Kölner Kripochef aufgeregt gefragt. Und zu seinem Kommissar: »Mensch, hier habe ich eine geheime Mitteilung des deutschen Generalstabs. Da heißt es, daß wir überall in Deutschland auf einen englischen Hauptspion achten sollen, der die Wilhelmshavener Geheimnisse der deutschen Kriegsmarine auskundschaften will.«

Petersen wurde nicht erwischt, auch seine Schwester entkam. Aber bei einer Durchsuchung des Gartenhauses stieß man auf ein Zimmer, das einem Fotoatelier glich. Überall lagen Karten und standen große Fotoapparate. Starke elektrische Lampen hingen von der Decke. Entwickler-Chemikalien standen herum.

Auf dem Boden lag eine Fotografie. Sie zeigte die beiden Schutzleute Glauß und Jaenicke bei ihrem Einbruch.

Der Rest war Routine. Jaenicke erhielt »wegen Spionageverbrechens« neun Jahre Zuchthaus, der Obersignalmaat Ehlers wurde aus der Marine ausgestoßen und mußte wie Glauß sechs Jahre im Zuchthaus absitzen. Über ein Jahr lang hatte das erfolgreiche Trio spioniert. Eine ganze Reihe von Helfern und Unteragenten in der Hafenstadt aber wurde nie entlarvt. Glauß – der auch wegen Einbruchdiebstahls in sieben Fällen verurteilt worden war – hatte keinen verraten.

In diesem Fall war Deutschland direkt betroffen. Ein Jahr später, im Mai 1913, ereignete sich in Österreich der sensationelle Skandal um den Obersten Alfred Redl. Dieser k. u. k. Abwehroffizier hatte für die Russen gearbeitet; er war von Warschau und von Berlin aus geführt worden.

Schwachstelle Manöver: Als Kaiser Wilhelm II. (zweiter von rechts) an Kriegsübungen teilnahm, war auch ein britischer Diplomat dabei (ganz rechts) – Winston Churchill! So ermöglichte der Oberste Kriegsherr der ausländischen Aufklärung detaillierte Einblicke in die Unzulänglichkeiten der deutschen Armee.

Durch Redl gezielt unterrichtet, unterschätzte Deutschlands Oberste Heeresleitung bei Kriegsbeginn die wahre Stärke der Russen.

Den Wilhelmshavener Abwehrerfolg hatte der »Kommissar Zufall« erzielt. Das Deutsche Reich verfügte weder – wie seine ausländischen Nachbarn und späteren Weltkrieg-I-Gegner – über einen von der Regierung einheitlich gesteuerten politischen, wirtschaftlichen und militärischen Nachrichtendienst von Effizienz, noch über eine wirksame Gegenspionage. Die Militärattachés des Auslands in Berlin rafften an Informationen über die deutschen Streitkräfte zusammen, was ihnen beinahe willig und immer sorglos präsentiert wurde: Strukturen des Offizierkorps, Kommandowege, neue Entwicklungen der Luftfahrt, Manöverkritiken.

Wo die Militärattachés nicht weiterkamen, halfen ihnen die Konsuln ihres Landes – dabei fielen den Deutschen besonders die französischen Konsuln in Bremen und Nürnberg auf. Die russischen Militärattachés v. Michelson und v. Basarow mußten wenige Jahre vor Ausbruch des Ersten Weltkriegs sogar ihre Posten in Berlin verlassen: Ihnen war Beteiligung an Landesverrat Deutscher nachgewiesen worden.

Nach den Pressionen Preußens gegen die Polen in der Provinz Posen im Streit um den deutschsprachigen Religionsunterricht an Volksschulen schlugen sich die aufgebrachten Polen 1901 in ihrem Zorn auf die russische Seite – Spione aus Rußland hatten fortan sichere Unterstützung in ihren Aufklärungsoperationen im deutschen Grenzgebiet. Während der »Marokko-Krise« 1905, in der es dem deutschen Kaiser Wilhelm II. (1888 bis 1918) um eigene Handelsinteressen und deutschen Prestigeanspruch gegenüber Frankreich zu tun war, fand Frankreichs Militärattaché in Berlin über V- Männer heraus, daß ein Konflikt mit dem Reich unvermeidlich würde, wenn Paris sich der deutschen Einmischung in Marokko widersetze. Die Franzosen gaben nach.

Je mehr sich freilich die internationale Spannung verschärfte, desto emsiger wurde spioniert. Die Zahl der wegen Spionage gegen Deutschland beim Reichsgericht und anderen bürgerlichen Gerichten ausgesprochenen Verurteilungen stieg von drei Fällen im Jahr 1907 auf 51 Fälle 1914. In dieser Zeit wurden 135 Spione abgeurteilt: 80 französische, 41 russische, 21 englische; ein paar wurden freigesprochen. 107 der 135 Spione waren deutsche Staatsangehörige.

Im Reichsgebiet wurden erst 1910 die sogenannten Nachrichtenoffiziere zur Gegenspionage bei den Generalkommandos eingeführt. Sie waren abkommandiert, um mit den Bezirksoffizieren der Grenzposten sowie Zentralpolizeistellen (die für Spionageabwehr zuständig waren) zusammenzuarbeiten. Diese Zentralpolizeistellen waren bundesstaatlich begrenzt und hatten ihre Dienstzentren in Berlin, Hamburg, München, Dresden, Stuttgart, Karlsruhe und Straßburg. Alles war sehr dilettantisch, obwohl doch schon genügend gute Technik – etwa Funk und Telefon – zur Verfügung stand.

Daß England auf deutschem Gebiet schon lange vor dem Ersten Weltkrieg über ein gut orga-

Spione kehren heim: Die britischen Agenten Captain Trench (rechts) und Leutnant Stewart (zweiter von rechts), von Kaiser Wilhelm II. im Jahre 1913 begnadigt, kamen mit dem Schiff in ihrem Heimatland an. Sie spielten in den wenigen Spionagefällen mit, die die unterentwickelte deutsche Abwehr aufklären konnte.

nisiertes und von Berlin aus geführtes Agentennetz gebot, war den Deutschen entgangen. Sie merkten beispielsweise bis Kriegsende nicht, daß die Abwehr der Royal Navy im berühmten Zimmer 40 O. B. (dem »Old Building« der Admiralität) unter dem Chef der Dechiffrier-Abteilung, Sir Alfred Ewing, seit 1914 alle Funksprüche der deutschen Marine mitlas.

Als kurz nach Kriegsausbruch der deutsche Kreuzer »Magdeburg« in der Ostsee nach Schiffbruch sank, spülte das Meer die Leichen der Matrosen an die russische Küste. Ein angeschwemmter Offizier umklammerte im Tode ein eisenbeschlagenes Buch (das, so beschwert, im Gefahrenfall über Bord geworfen werden konnte und sofort unterging). Es war das Code-Buch der deutschen Kriegsmarine! Die Russen gaben das »Werk« unverzüglich an die alliierten Engländer weiter.

Anhand dieses Buches wurde auch ein britischer Spion ausgebildet, der in der deutschen Marineleitung saß. Dieser nie entdeckte – und bis heute von der britischen Admiralität nicht namentlich gemachte – Agent schickte im Dezember 1914 den deutschen Vizeadmiral Graf Spee durch einen gefälschten Funkspruch in Marsch zu den Falklandinseln. Spee sollte dort eine englische Funkstation zerstören. Am 3. Dezember lief der Mariner mit seinem Geschwader der Schiffe »Scharnhorst«, »Gneisenau«, »Leipzig« und »Nürnberg« in die Falle, die ihm englische Schlachtkreuzer vor den Falklands gestellt hatten. Die deutsche Einheit wurde vernichtet.

Kaiser Wilhelm II. schrieb an den Rand des geheimgehaltenen Berichts über die Seeschlacht: »Rätselhaft, warum Spee die Falklandinseln angegriffen hat.«

Britische Agenten operierten auch in allen großen Städten am Rhein, von Holland bis zur Schweiz, und in allen Städten, die an der Eisenbahnlinie Amsterdam–Hannover–Schneidmühl–Thorn von West nach Ost lagen. Auf diesen Strecken verkehrten auch die Brieftauben der Engländer. Captain Rengnart van Wars-Staff koordinierte von seinem Büro in Brüssels Rue Garchard Nr. 7 aus die Aufklärungsflüge dieser Friedenstauben bereits vor 1914: Die Vögel trugen unter ihrem Bauch winzige Kameras mit einem leichten Uhrwerk, das zu einem bestimmten Zeitpunkt einen Film abrollen ließ. In Scharen wurden die Tiere losgeschickt; da jeder der federleichten Fotoapparate zu einem anderen Zeitpunkt eingestellt war, ergaben diese »Aufklärungsmissionen« entlang den Bahnlinien von Amsterdam nach Thorn und am Stromlauf des Rheins ziemlich zusammenhängende Luftaufnahmen.

Von diesen Bildern wiederum profitierten natürlich die Franzosen, die ihre Dienststelle zur Deutschland-Spionage in Amsterdam unterhielten. Sie unterstand dem II. Büro des französischen Generalstabs und dessen »Service de renseignements«. Der deutsche Abwehroberst Walter Nicolai bezeichnete ihn als den besten Geheimdienst im Ersten Weltkrieg überhaupt. Er wurde von Oberst Dupont geleitet.

XX. Jahrgang
Nr. 18

Berliner

30. April 1911
Einzelpreis
10 Pfg.
oder 15 Heller

Illustrirte Zeitung

Verlag Ullstein & Co., Berlin SW. 68.

Moderne Technik – schlecht genutzt: Obwohl die deutsche Abwehr in der jungen Luftfahrt über beste Möglichkeiten verfügte, blieb sie nahezu wirkungslos. Ihre Beobachter klärten nämlich nicht über feindlichem, sondern nur über dem eigenen Gebiet auf. Darüber mokierte sich die »Berliner Illustrirte« Zeitung (links). So wurden einer der ersten »Versuchsdrehflügler« (oben), die Rumpler-»Taube« (rechts) und eines der ersten brauchbaren Luftlenkschiffe (unten) nur unzureichend eingesetzt.

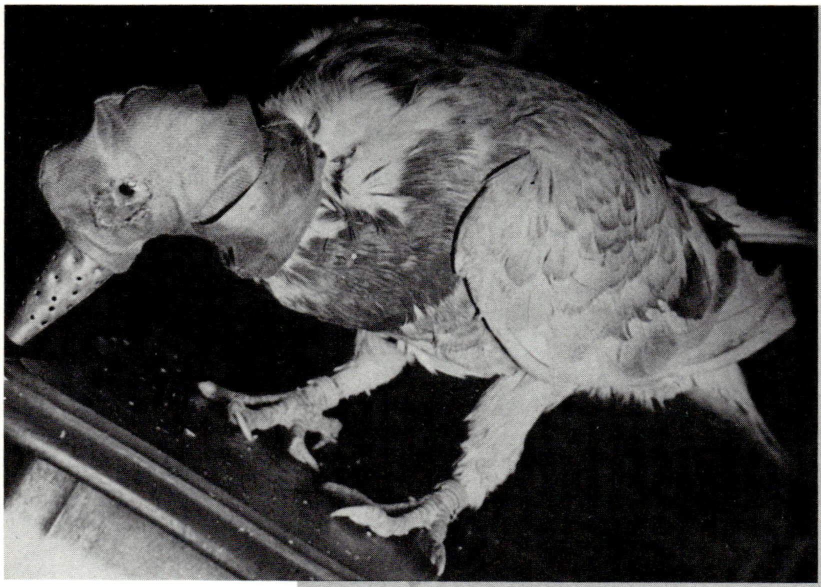

Tiere als Aufklärer im Ersten Weltkrieg: Zu fliegenden Kameramännern wurden Brieftauben umfunktioniert. Man rüstete sie mit federleichten Fotoapparaten aus (rechts) und schickte sie auf die Reise über Feindgebiet. Zum Einsatzort wurden die Vögel im Flugzeug transportiert und mit einem Fallschirm abgeworfen (oben). Als Schutz gegen Vergiftungen der fliegenden Agenten erfand ein Schweizer sogar eine Gasmaske für Tauben (ganz oben). Die Luftaufnahmen, die die Vögel heimbrachten, waren selbstverständlich »Geheimsache« (Abb. nächste Seite oben).

Ungewöhnliche Luftfracht: Engländer experimentierten sogar mit Freiballons, um ihre Agenten hinter die feindlichen Linien zu bringen (rechts). Stolz posieren deutsche Soldaten mit einem hinter den eigenen Linien erbeuteten englischen Spionageballon vor der Kamera des kaiserlichen Kriegsberichters.

Den Deutschen dagegen war zwar die Kunst des Fotografierens bekannt, ebenso daß Kleinstbildfotografie im Dienst ausländischer Spionage gehandhabt wurde (ab 1913 konnten DIN-A-4-Blätter mit Informationen auf ein Blättchen von einem Quadratzentimeter Größe verkleinert werden). Bei Heer und Marine experimentierten Flieger auch schon mit Kameras und Objektiven der »Photo-Kino-Werke Heinr. Ernemann A.G. Dresden«, welche »ausgezeichnete Spezialkonstruktionen für das Photographieren aus Ballon und Flugzeug« (Annoncentext) sowie »Apparate für die Vermessung aus der Luft, von den erfolgreichsten Fachleuten bevorzugt«, herstellten.

Ein Ehrenmann als Abwehrchef: Walter Nicolai organisierte während des Ersten Weltkrieges die Abteilung Gegenspionage völlig neu – zu dieser Zeit eine schwierige Aufgabe, da man ihr jahrelang zu wenig Aufmerksamkeit gewidmet hatte.

Aber für die Luftaufklärung *vor* dem Kriege wurden sie nicht über künftigem Feindgebiet eingesetzt. So blieb die Kunst der Spionage aus der Luft von deutscher Seite aus nur wenig genutzt; Engländer und Franzosen beherrschten sie um so besser.

Als sich die Spionagefälle häuften, als die Erfahrungen mit Geheimagenten von draußen in Deutschland immer peinigender wurden, beschloß der Chef der Operationsabteilung im Großen Generalstab, der damalige Oberst und spätere General Erich Ludendorff, Ende 1912 das bis dahin so stiefmütterlich behandelte Gebilde »Militärischer Nachrichtendienst« reformieren und zur ständigen, selbständigen Einrichtung im Generalstab machen zu lassen. Sie sollte obendrein den beim Admiralstab der Marine bereits bestehenden Nachrichtendienst ergänzen.

Die neue Abteilung wurde »Abteilung III B« genannt. Sie war gegliedert in: Spionageabwehr, geheimer Nachrichten- und Meldedienst, Irreführung des Gegners und Sabotage. Der Personalbestand kletterte von zwölf auf 80 Offiziere. An der Spitze stand der erste deutsche Abwehr- und Gegenspionage-Chef, der auch als Soldat geachtet war, gar nichts Zwielichtiges mehr – wie sein früher Vorgänger Stieber – hatte und als Ehrenmann einen Ruf genoß, wie ihn im Zweiten Weltkrieg und danach allenfalls der Admiral Wilhelm Canaris oder der General Reinhard Gehlen besaßen: Es war der Oberstleutnant (später Oberst) Walter Nicolai.

Nicolai fand bei seinem Dienstantritt keine eben berauschenden Bedingungen. Er verfügte über einen Etat von 450 000 Mark – ein Trinkgeld für Spionagespielereien, gemessen an den Mitteln, über die seine Gegner verfügten. Englands MI-5 konnte praktisch unbegrenzt wirtschaften; Rußlands über ganz Europa und auch in Deutschland verbreitete Geheimpolizei »Ochrana« arbeitete mit ihrem Spitzelnetz und einem 13-Millionen-Rubel-Budget geradezu sorgenfrei. Und vermochte Nicolai seinen Dienst bis Kriegsende zur Stärke von 1139 »Mitarbeitern in amtlicher Stellung« aufzustocken, so konnten die Engländer allein 6000 Abwehragenten ausschließlich gegen Deutschland einsetzen!

Gegen Rußland richtete Nicolais III-B-Abteilung anfangs wenig aus: Die Abwehrdienststellen der Generalkommandos I in Königsberg und XX in Allenstein waren bloß mit je einem Offizier und einem Schreiber besetzt. Und das, obwohl Nicolai schon 1906 nach einer Reise durch Rußland als Nachrichtenoffizier auf die Notwendigkeit einer besseren »Abwehr gegen die überhandnehmende russische Spionage an der Grenze« hingewiesen hatte. Auf russischer Seite hingegen hatte jeder Militärbezirk eine Nachrichtenabteilung von sechs bis zehn Leuten und einem Offizier. Nicolai: »Die deutsche Grenzbevölkerung war durch Schmuggel und durch das Geld des russischen Nachrichtendienstes verseucht. Der eigentliche Gebieter im deutschen Grenzgebiet war der russische Grenzoffizier.« Doch auf den jungen Oberstleutnant, der erst einen dreijährigen Besuch der Kriegsakademie hinter sich gebracht hatte, hörte keiner der höheren Dienstgrade – und im Ministerium, wo das Geld vergeben wurde, war man zu geizig!

Mitglieder der Abteilung III B waren nur Deutsche. Von Fall zu Fall wurden Ausländer eingesetzt; geringschätzig nannten die Nachrichtenoffiziere ihre fremden V-Männer »Vigilanten«. Sie wurden von deutschen Fallführern und Führungsoffizieren gelenkt – aber auch mißtrauisch überwacht. Die deutschen Abwehrmänner waren in der Regel ausgewählte, sprachbegabte Frontsoldaten. Ihre Bildung und ihr Zivilberuf mußten sie für den Geheimdienst befähigt erscheinen lassen. Nicolais Offiziere waren angewiesen, ihre Agenten persönlich zu kennen und ihren Hintergrund abzuklären: ihre Vergangenheit zu checken, ihre Bekanntschaften, ihre Lebensgewohnheiten und -umstände. Die guten wie die weniger guten Seiten eines Agenten mußten ebenso in der Beurteilung seiner Persönlichkeit berücksichtigt werden wie besondere Fähigkeiten oder körperliche Merkmale. Der III-B-Chef, der als Muster preußischer Ordnungsliebe und Pflichtauffassung galt, war dennoch in seiner Menschenführung und in seiner ganzen Tätigkeit erfinderisch und flexibel, und er war gewiß kein Bürokrat.

Nicolai sah seine Hauptaufgabe in der operativen Aufklärung und in der aktiven Abwehr. Doch was nach der Nachrichtenbeschaffung kam – die Auswertung der Informationen –, überließ er dem Großen Generalstab oder, soweit es Marine betraf, dem Admiralstab. Wenigstens behauptete Nicolai das. Tatsächlich aber machte der Abwehrchef sehr wohl seine eigenen Analysen und setzte nach diesen Erkenntnissen auch seine Agenten ein. Rücksichten auf das, was die Oberste Heeresleitung gern hören mochte – etwa technische Unterlegenheiten des Feindes oder Truppenschwächen, die es nicht gab –, kannte Nicolai jedenfalls nicht. Da er die Informationen vor ihrer Weitergabe an die Abteilung »Fremde Heere« persönlich sichtete, konnte er sich auch ein einheitliches Lagebild machen.

Bis Kriegsanfang jedoch mußte Nicolai improvisieren. Um so bemerkenswerter ist, daß ihm und dem seinem Amt delegierten Polizeirat Bauer sowie den Zentralpolizeistellen allein im Jahr 1913 die Entlarvung von 346 Spionen innerhalb der Reichsgrenzen gelang. Den Vorsprung freilich, den sich bis zum verhängnisvollen 1. und zum 3. August 1914, den Tagen der deutschen Kriegserklärungen an Rußland und Frankreich, die feindlichen Nachrichtendienste in jahrzehntelanger Aufklärungsarbeit in Deutschland gesichert hatten, konnte Nicolai nicht mehr einholen noch wettmachen. Als die Kriegsmaschine rollte, war Frontaufklärung vordringlich. Fernaufklärung stand hintan.

Ganz Europa befand sich schlagartig in ungeheurem Sturm. Die wirkliche Größe der Ereignisse hatte keiner, hatte kein Geheimdienst voraussehen können. Also mußte der Krieg hinter den Fronten erst organisiert werden. Gleich zu Anfang mußte die deutsche Abwehr schwere Schläge einstecken: Ihr Mann in Antwerpen, der das Zusammenwirken des englischen, französischen und belgischen Geheimdienstes beobachtet hatte, wurde erschossen. Die 20 wichtigsten deutschen Spione in England – seit Jahren schon observiert! – wurden festgenommen; Deutschlands wichtigster Agent in England, der Marineoffizier Karl Hans Lody, wurde nach seiner Verhaftung im Tower hingerichtet.

Wie im Ausland, so ging in Deutschland Spionenfurcht um. Sie steigerte sich bis zur Hysterie.

In diesem Sommer 1914 war auch im Bergischen Land der Teufel los. Ein Gerücht machte die Runde unter den Leuten: Feindliche Spione säßen in Wuppertal und bereiteten Sabotageakte gegen die Industrie vor. Sie brauchten nur noch Sprengstoff und Geld, um sich Zubehör zu beschaffen. Ein Auto sei unterwegs nach Wuppertal, hieß es.

Wann fuhr damals schon ein Auto durchs Bergische Land! Ein reicher Kölner tuckerte vielleicht mal sonntags bis Bergisch Gladbach, nicht weiter. Aber da verbreitete sich wie ein Lauffeuer die Kunde, daß ein Kraftwagen unterwegs sei, besetzt mit vier verdächtigen Männern. Sie fuhren in Richtung Gladbach und hatten in Dellbrück nach der Straße nach Wuppertal gefragt.

Hinter Bergisch Gladbach im Wald liegt das Nest Herrenstrunden. Hinter Herrenstrunden wurde die Straße schlechter, der Wald dichter. Gut geeignet für einen Hinterhalt. Zehn wackere Bergische, auch Kölner, lauerten dem fremden Auto auf. Ein grauer Renault sollte es sein. Klar, eine französische Marke – das konnten nur französische Spione sein.

Durch die Dämmerung des schwülen Septemberabends nahte das Knattern des Renault. Ein Baum fiel auf die Straße. Die beherzten Spionenjäger sprangen hinter Büschen hervor. Sie hielten Revolver, zwei fummelten mit Karabinern, einer schoß eine Schrotladung in die Karosserie. Ein Insasse war bewaffnet. Er erwiderte das Feuer. Da ballerten die zehn, was das Zeug hielt. Drei der Autopassagiere wurden im Feuerhagel schwer verletzt.

Den vierten fingen sie unversehrt. Er wies sich aus. Sie hatten einen preußischen Regierungsrat erwischt, der mit zwei Landratsbeamten und einem Chauffeur unterwegs gewesen war.

Der Fall wurde rekonstruiert. Einer der zehn hatte in einer der angesehensten deutschen Zeitungen – einem Frankfurter Blatt – gelesen, daß allein an einem einzigen Tag in einer einzigen deutschen Stadt 80 französische Spione verhaftet worden seien, »die in zwölf Kraftwagen die deutsche Grenze überjagt hatten«. Er hatte auch gelesen, daß es eine Spionageabwehr gab. Und daß die deutschen Männer und Frauen auf verdächtige Personen achten sollten.

Nicolai: »Die Bevölkerung hörte zum erstenmal aus amtlichem Munde von diesen Dingen. Die Folge war eine wilde Spionenfurcht in Deutschland, die zu lächerlichen, aber auch sehr ernsten Erscheinungen führte. Die unsinnigsten Gerüchte verbreiteten sich wie ein Lauffeuer in Zeiten hochgespannter nationaler Erregung. Besonders die Nachricht, daß Autos mit Gold zu Zwecken feindlicher Subversion und Sabotage Deutschland durchfuhren, wirkte verheerend. Jedes Auto wurde angehalten, die Insassen unter Feuer genommen. Hohe Beamte im Dienst büßten dabei ihr Leben ein. Innerhalb weniger Tage trat ein Zustand ein, der die Durchführung der Mobilisation in Frage stellte.«

Dabei bedienten sich die echten Spione sehr fortschrittlicher technischer Methoden, unauffällig aus dem Untergrund ihre Nachrichten weiterzugeben. Denn neben den bewährten Brieftauben, den Toten Briefkästen (TBK) und dem Kurierweg hatten sie auch schon Funk. Spione in Deutschland waren in den letzten Kriegsjahren besonders gut ausgestattet: mit »Marconi-Funkentelegraphenapparaten«, die vier Akkus hatten, 400-Volt-Trockenbatterien, 30-Meter-Antenne und 50 Kilometer Reichweite.

Agentenhysterie in Stuttgart

Dienstbefehl des Stuttgarter Polizeidirektors an seine Beamten unmittelbar nach Kriegsausbruch: »Schutzleute! Die Einwohnerschaft fängt an, verrückt zu werden, die Straßen sind von alten Weibern beiderlei Geschlechts gefüllt, die sich eines unwürdigen Treibens befleißigen. Jeder sieht in seinem Nebenmenschen einen russischen oder französischen Spion und meint die Pflicht zu haben, ihn und den Schutzmann, der sich seiner annimmt, blutig zu schlagen, mindestens aber unter Verursachung eines großen Auflaufs ihn der Polizei zu übergeben. Wolken werden für Flieger, Sterne für Luftschiffe, Fahrradlaternen für Bomben gehalten, Telephon- und Telegraphendrähte, mitten in Stuttgart, sollen zerschnitten, Brücken gesprengt, Spione standrechtlich erschossen, die Wasserleitungen vergiftet worden sein ... Schutzleute, behaltet auch weiterhin kaltes Blut, seid wie bisher Männer und keine Weiber, laßt Euch nicht ins Bockshorn jagen und habt die Augen offen, wie es Eure Schuldigkeit ist! Der Polizeidirektor Bittinger.«

»Opernball 13«

Der Mann stand vor dem Spiegel. Während er sich in die Augen sah, setzte er einen Browning an seinen Mund. Als er abdrückte, war der Schuß in den teppichgedämpften Gängen des Hotels »Klomser« in Wien kaum zu hören.
Am 14. Mai 1913 gab das Pressebüro der k. u. k. Armee eine amtliche Mitteilung heraus: »Der Generalstabschef des Prager Armeekorps, Oberst Alfred Redl, hat sich gestern in einem Anfall von Sinnesverwirrung in Wien das Leben genommen. Der hochbegabte Offizier, dem eine große Karriere bevorstand, hat in der letzten Zeit an Schlaflosigkeit gelitten.«
An Schlaflosigkeit litt fortan für viele Monate der Generalstab: Er war gezwungen, in kürzester Zeit für sämtliche Kriegsschauplätze neue strategische Pläne auszuarbeiten. Der Oberst Redl hatte die österreichischen Aufmarschpläne gegen Serbien und Rußland an seinen Erpresser von der Warschauer »Spionagezentrale West« des russischen Geheimdienstes, Oberst Batjuschin, geliefert, ebenso wie die vollständigen Pläne der geheimen Grenzbefestigungen der Österreicher in Galizien. Batjuschin hatte den Offizier mit einem teuflischen Druckmittel in der Hand gehabt – er hatte ausspionieren lassen, daß Redl homosexuell war.
Redl schadete auch Deutschland: Aufgrund seiner Falschmeldungen schätzten die aus Wien informierten deutschen Operationsbüros des Heeres die strategischen Reserven der Russen um 90 Divisionen zu niedrig ein!
Redl konnte jahrelang unentdeckt spionieren: Er war Leiter des »Evidenzbüros des Generalstabs«, der Abwehr und Gegenspionage im österreichischen Geheimdienst. Der letzte Brief seines russischen Führungsoffiziers trug die Postlager-Chiffre »Opernball 13«. Sein Inhalt: 12 000 Kronen. Nachdem Redl den Brief abgeholt hatte, wurde er gestellt.

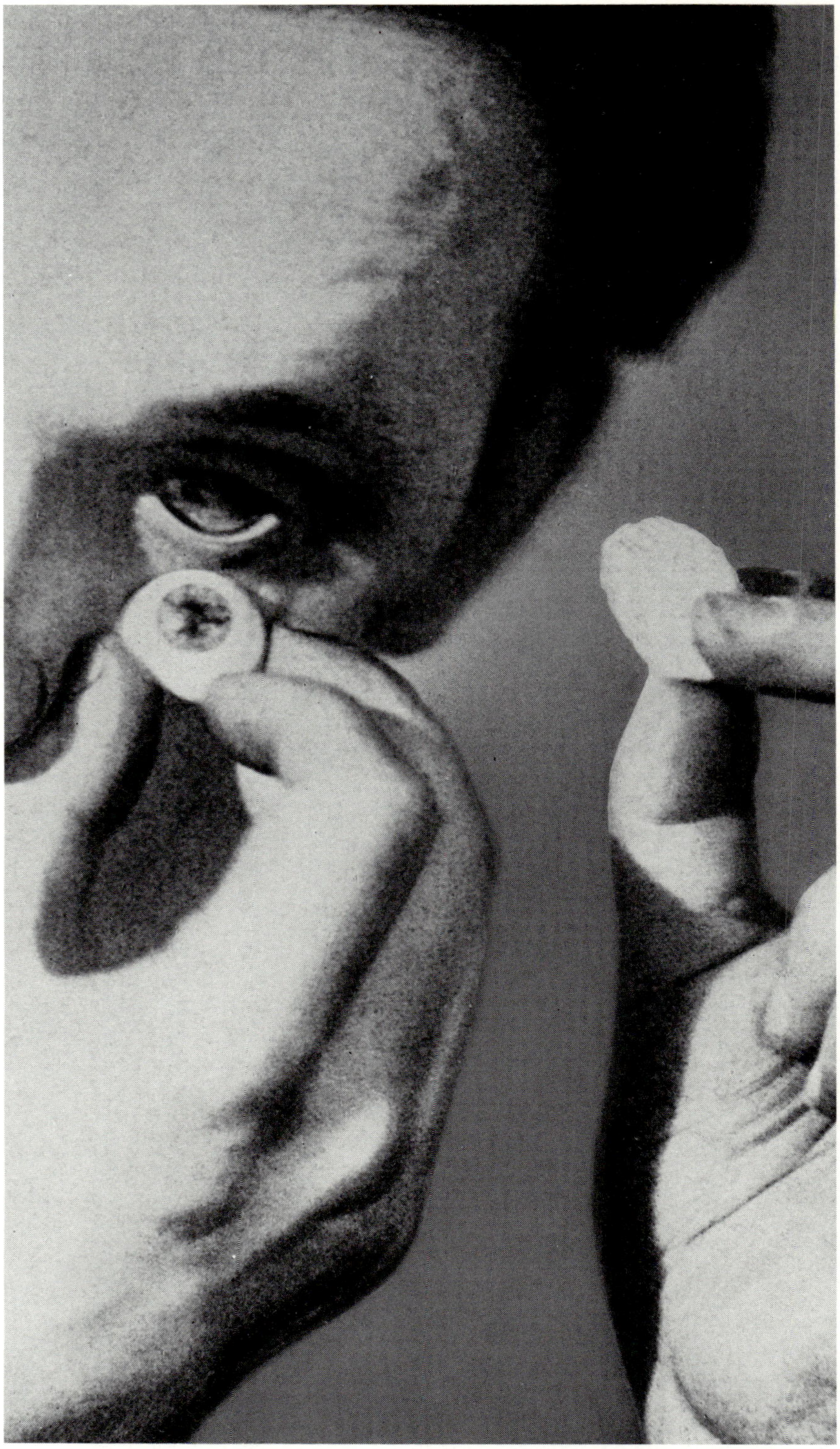

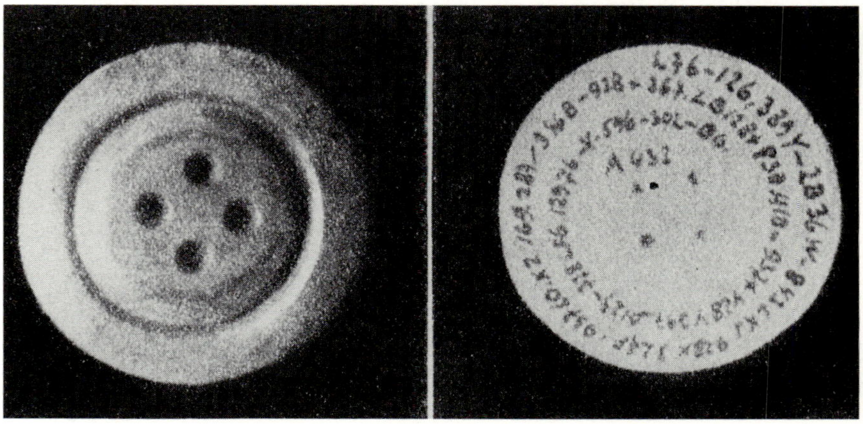

Verfeinerte Methoden: Die Verstecke für geheime Nachrichten (Container) wurden immer raffinierter. Spione verbargen ihre Mitteilungen hinter falschen Augengläsern, auf der Rückseite von Knöpfen, in Halsketten oder stickten einen Code in Taschentücher.

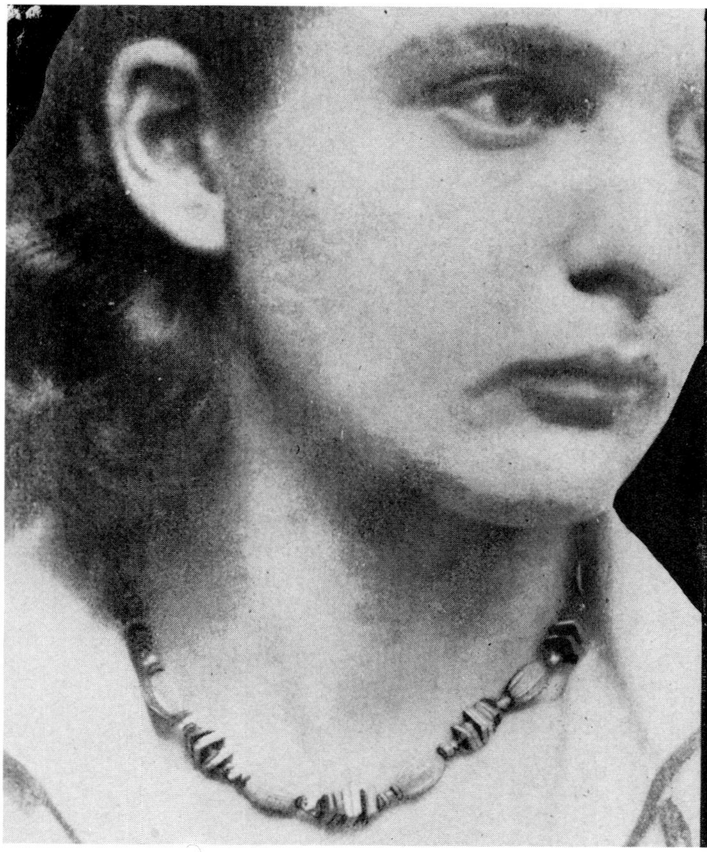

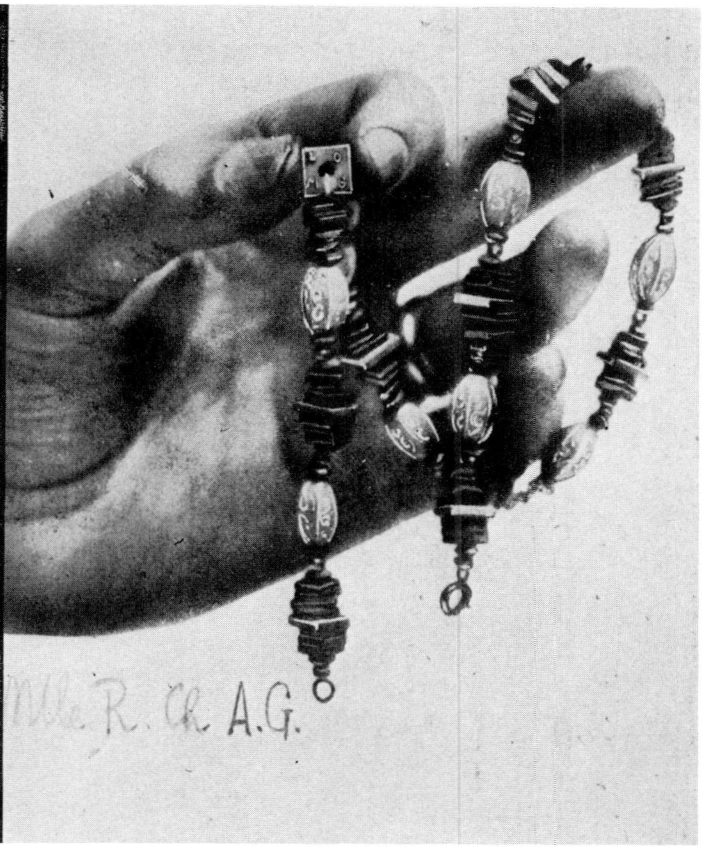

Mlle R. Ch. A.G.

Schön, aber unbegabt: Die niederländische Tänzerin Mata Hari (links) wurde zum Sinnbild für weibliche Spione. Ihre Begabung als Agentin hielt jedoch mit ihrer Attraktivität nicht Schritt. So tappte sie den Franzosen in die Falle, landete im Untersuchungsgefängnis in Paris, wurde als Spionin verurteilt und 1917 erschossen (Bild rechts: kurz vor der Hinrichtung).

Der Dienst im »Dienst«

Abwehr und Aufklärung waren unter der Führung des Obersten Walter Nicolai im Ersten Weltkrieg sehr modern gegliedert: Geheime Feldpolizei, Zentralpolizeistellen und Außenstellen der Abteilung III B wurden einheitlich vom Großen Hauptquartier (Gr.H. Qu.) aus durch Nicolai geleitet. So wurde verhindert, daß die einseitige Vertretung des einen Dienstzweiges den Interessen eines anderen schaden konnte. Abwehr und Aufklärung waren innerhalb III B getrennt: Den Organen des Nachrichtendienstes war die Beschäftigung mit Angelegenheiten der Abwehr untersagt. Nur die Nachrichtenoffiziere der Obersten Heeresleitung (OHL) bei den Armeeoberkommandos hatten gleichzeitig die Aufsicht über die Geheime Feldpolizei ihrer Armeebezirke. Unterabteilungen von III B waren die Spionageabwehr; der geheime Nachrichten- und Meldedienst; Irreführung des Gegners; Sabotage. Am militärischen Pressedienst war die Unterabteilung Abwehr durch die Zensur beteiligt. Die Zensur unterstand nicht der Abwehr, sondern war dem selbständigen Pressedienst untergeordnet.

Gleichwohl blieb der persönliche Einsatz immer Hauptsache. Bei der Vorbereitung ihrer Leute gingen alle Dienste mehr oder minder gleich vor. Die originellste Unterbringung ihrer Spionageschule hatten sich freilich die Russen ausgedacht. Da war es im Frontabschnitt von Minsk bis Riga der Hauptmann Andreas Peeka, der seine Agenten, die er für den Einsatz in Deutschland vorsah, in einem alten Kloster ausbilden ließ – in mönchischer Strenge.

Der Spionagelehrling saß in seiner Zelle und büffelte Lehrstoff: Einteilung deutscher Regimenter, Batterien und ihre Befestigung, Lage der Stäbe und Orte, an denen Munitionsdepots standen. Das Ganze bezog sich jeweils auf einen bestimmten Abschnitt hinter den deutschen Linien. Anderntags mußte der angehende Agent alles auswendig niederschreiben und prüfen lassen.

Wollte er mal raus aus seiner Einzelzelle, mußte er klingeln. War Zeit zu essen, erhielt er seine Ration durch die Tür. Wie ein Gefangener hatte er täglich nur zwei Stunden Zeit, sich im Hof zu ergehen – allein. Außer seinem Ausbilder sah er keinen Menschen.

Endlich mußte er seine »Legende« lernen, seinen gefälschten Lebenslauf. Der Spionaspirant bekam eine ganz neue Familie angedichtet. Die Namen seiner Angehörigen lernte der Mann ebenso wie die jeweiligen Krankheiten, die sie womöglich hatten, auswendig. Schulbildung, Kindheit, Herkunft, Jugendfreunde – alles war gefälscht, aber so, daß es ersten Stichproben standhielt. Für den Fall jedoch, daß der Agent im Feindesland in Zivil auffiel, wenn ein Zug Soldaten mit einem Offizier des Wegs kam, gab Peeka seinen Lehrlingen einen besonders originellen Rat.

»Wenn du einen Offizier triffst, wirst du ihm immer verdächtig sein«, dozierte Peeka. »Du bist in einem Alter, in dem du beim Militär sein solltest. Was machst du also bei einer solchen Begegnung? Ausreißen? Dann schießt der andere. Munter pfeifend vorbeigehen, als wäre nichts? Damit verärgerst du ihn nur. Also paß auf: Wenn du auch nur von weitem einen Trupp marschierender Soldaten mit einem Offizier siehst, hockst du dich sofort in den Straßengraben, läßt die Hose runter und tust so als ob. Notfalls hilft dir der Schreck, daß es eine echte Sache wird. Kapiert?«

Peeka spekulierte: Ein Mann in Notdurftlage ist außerordentlich schwer zu verhören. Ein Offizier mit Takt wendet sich ab und geht vorüber, einer ohne Takt sagt höchstens: »Geh wenigstens hinter einen Busch, du Schwein!«

Der künftige Spion aber mag gedacht haben: »Spionage? Scheißspiel!«

Tatsächlich war die Aufgabe der Russen-Agenten wesentlich auf Erkundung »im Feind« gerichtet. Subversion wurde allenfalls in Lettland betrieben, nicht in Deutschland. An den zwischen 1914 und 1918 insgesamt festgestellten 33 Sabotageakten – Sprengstoffanschläge, Wehrmittelbeschädigung, Brandstiftung – waren Russen nur in fünf Fällen nachweislich beteiligt.

Besonders intensiv gingen Englands Agenten im Reich vor. Die Spione des Intelligence Service im Secret Service spähten nach allem, was auch nur als Mosaiksteinchen ins Gesamtbild vom deutschen Feind passen konnte. So fanden Abwehroffiziere von III B am 4. Dezember 1915 in einem seit Tagen observierten TBK zwischen dem Wurzelwerk eines Baumes im Tiergarten eine nicht verschlüsselte Nachricht, die für London bestimmt war: »Der deutsche Staatssekretär Dr. Helferich beabsichtigt, im Hauptausschuß des Reichstages zweimal 200 Millionen Mark zur Bekämpfung der Lebensmittelteuerung in Deutschland zu beantragen. Das Geld ist für die Familienunterstützung Minderbemittelter gedacht. Auch Arbeitslose sollen daran teilhaben, ebenso die Textilarbeiter.«

Trotz weiterer Observierung des Tiergartenverstecks ließen sich Absender und Kurier nicht blicken. Sie schienen gewarnt. »Der Ring, den die Entente um Deutschland und Österreich-Ungarn legte, war auf dem Gebiet des Nachrichtenwesens schon 1900 geschlossen«, erkannte Abwehroberst Nicolai. In diesem perfekten Netz wurde präzise gearbeitet und bei Gefahr rasch gewarnt. Selbst neutrale Staaten wie Holland und Dänemark klärten auf deutschem Territorium militärisch auf: Agenten der Niederländer und Skandinavier waren in die Kriegsmarine eingeschleust worden; sie erkundeten in Deutschland die Truppenverteilung an den Grenzen zu ihren Ländern; sie spionierten in deutschen Häfen und auf den Nordseeinseln.

Überhaupt waren neben der Spionagedrehscheibe Schweiz (in der alle Geheimdienste vertreten waren) die skandinavischen Länder besonders für Rußland interessant: Von hier aus sickerten russische Agenten unter Mannschaften deutscher Handelsschiffe im Reich ein. In Norwegen wurden Russen-Spione für ihren Einsatz in Deutschland von Russen ausgebildet.

Gegen diese Einkreisung mußte Nicolai mit einem schweren Handicap ankämpfen: »Während der Entente-Nachrichtendienst nach der Mitte des Kreises arbeitete, hatte der deutsche exzentrisch zu arbeiten.«

Die in Deutschland reisenden Beobachter und Erkunder setzten sich zusammen aus neutralen Kaufleuten, Journalisten, Technikern, intelligenten Arbeitern, deutschen Deserteuren und – in der Diktion Nicolais – »Künstlern von niederer Gattung«. Die Tätigkeit der Reiseagenten sah Nicolai eher als gefahrlos an. Was sie trieben, nannte er »Kopfspionage«: »Sie hatten ihre Weisungen nur im Kopf, hatten nur zu sehen und zu hören oder zu fragen und nur mündlich im Ausland zu berichten. Das Äußere des modernen Spions wich in nichts vom übrigen Publikum ab. Er war um so gefährlicher, je unauffälliger er auftreten konnte, und nicht nur eine Erscheinung in den unteren Volksklassen, sondern gerade in den oberen.«

Spione mit festem Wohnsitz, ständiger »Residentur«, stufte der III-B-Chef gefährlicher ein. Ihre Anwerbung geschah nach den gleichen Methoden wie bei den reisenden Spähern: mit Erpressung, Geld oder Appellen an nationale Minderheitengefühle unter der Grenzbevölkerung, auch an soziale oder pazifistische Emotionen. Ihr Kreis wurde ergänzt durch Deutsche, die sich aus eigenem Antrieb anboten. »Anscheinend völliger Schutz gegen Entdeckung durch Ausstattung mit Geheimtinten und sonst größte Vorsicht sowie große Belohnungen blieben Werbemittel«, fand Nicolai heraus. »War aber der Weg erst einmal betreten und keine Umkehr mehr möglich, nahmen die Zahlungen ab, die Anforderungen zu!«

Nicht Spionage, wohl aber Fälle von Geheimnisverrat auf wirtschaftlichem Gebiet gab es in der Hochfinanz. Großhandel und Industrie schirmten sich gegen ausländische Ausspähung ab. Doch an den Börsen fanden feindliche Nachrichtendienste günstige Bedingungen: Sie waren mehrfach Ausgangspunkte von falschen Gerüchten, die der Kriegführung schadeten. Außerdem verführte das starke Interesse von Spekulanten an voraussichtlichen Vorgängen im In- und Ausland die Börsianer zu eigenen Erkundungen – wobei sie bisweilen höchst empfindlich mit der Abwehr zusammenstießen!

Je stärker die Gegner Wirtschaftsspionage und -kampf gegen das Reich führten, desto höhere Bedeutung gewannen die Börsen als Informationsquellen.

In diesen Kriegsjahren stützten sich Spione in Deutschland aber auch auf eine Einrichtung, die ihre Zuverlässigkeit gerade im Spitzel- und Zensurwesen schon jahrhundertelang zum Kummer der Betroffenen bewiesen hatte: auf die Post. Der Brief- und Telegrammverkehr mit dem Ausland mußte also wieder einmal überwacht werden. Die Abteilung III B baute ab 1915 in Berlin eine »Zentralstelle für die Post- und Telegrammüberwachung« auf. Es gab auch Nebenstellen. In einer dieser Nebenstellen tat eine Frau Dienst, um die sich bald Legenden rankten: Elisabeth Schragmüller, die Frau mit den farbigen Beinamen »Tigerauge«, »Schöne blonde Antwerpenerin«, aber auch »Die schreckliche Doktorin«. Man raunte von ihren »leuchtend blauen Augen«, die den Männern »geradewegs in die Augen dringen«, wie ein englischer Biograph erfahren haben will. Für die Franzosen hieß sie Anne-Marie Lesser – eine deutsche Spionin, deren Geliebter als Spion bei einer Aufklärungsaktion sein Leben gelassen hatte. Morphinistin sei sie gewesen, zuletzt dem Wahnsinn verfallen. Der Mata Hari alias Margaretha Zelle aus Leuwaarden im holländischen Friesland soll sie weit überlegen gewesen sein (was bei der unterentwickelten Spionagebegabung der zweifellos attraktiven Mata Hari nicht schwer gewesen sein kann).

Nicolais »Mann« in Rußland: Der deutsche Geheimdienst warb während des Ersten Weltkrieges die russische Studentin Lydia (ganz links) an, die sich zur erfolgreichen Agentin für die Deutschen entwickelte.

Die »schreckliche Doktorin«: Von den Franzosen besonders gefürchtet war die deutsche »Abwehr«-Lehrerin Elisabeth Schragmüller (links oben). Sie wurde nie gefaßt. Das Bild unten zeigt eine französische Darstellung ihrer angeblichen Flucht.

Abwehr gegen Abwehr

»Die Abteilung III B stieß, als sie sich Ende 1914 der Aufgabe zuwandte, die notwendigen Anordnungen in Übereinstimmung zu bringen und in die richtigen Bahnen zu leiten, auf den Widerstand einer inzwischen schon festgewachsenen Organisation bei den Militärbefehlshabern. Dies trug wesentlich zum langsamen Zustandekommen eines wirksamen Abwehrdienstes bei« (Nicolai). Im deutschen Reichsgebiet hatte das System der Arbeitsteilung in III B anders als an der Front von Anfang an nur bedingt funktioniert: Der Generalstab als Hauptinteressent an einer erfolgreichen Spionageabwehr hatte keinerlei Befehlsgewalt exekutiver Art. Diese lag in den Händen der einzelnen Militärbefehlshaber, vornehmlich der stellvertretenden kommandierenden Generale, in Bayern in Händen des Kriegsministeriums.

Der kleine Moritz

Abwehrchef Nicolai über deutsche Geheimdienstbewerber: »Es gab Polizeikommissare, die mit Kniehosen und Wadenstrümpfen, im Lodenhut mit Gemsbart antraten und glaubten, in dieser Ausrüstung in Frankreich bei der ›geheimen‹ Feldpolizei Erfolg haben zu können.«

Auch die Schragmüller hatte holländisches Blut. Ihre Mutter kam aus den Niederlanden, ihr Vater war Deutscher. Mit den Eltern lebte sie in Münster und ging dort auch zur Universität. Sie war talentiert, besonders für Fremdsprachen. Diese Begabung bestimmte ihren Weg im Krieg: 1914 trat »Tigerauge« in eine Zensurstelle für Auslandspost ein. 26 Jahre alt soll sie gewesen sein, und wunderschön – dichteten Romantiker der Spionage. Wirklich war sie 50, »blaß und unscheinbar, eine unglückliche Frau, klein, untersetzt, sehr diszipliniert und ein Muster preußischer Pflichterfüllung. Natürlich war sie klug. Aber eine Schönheit? Eher wirkte sie wie ein Frettchen mit ihren vorstehenden Zähnen. Außerdem war sie meist ziemlich schlampig gekleidet« (diese Beschreibung gab ein anonymer Ex-III-B-Offizier lange nach dem Ersten Weltkrieg).

Das späte Mädchen wanderte wirklich von der Zensur zur Spionage – in die Abwehr. Als Lehrerin! In der Spionageschule, die Oberst Nicolai zusätzlich zu seiner geheimnisumwitterten »Spionageschule Lörrach« im besetzten Antwerpen in der Rue de la Pepinère eingerichtet hatte, galt sie als Erste Kraft. Die Schüler liebten sie nicht. Doch von ihr lernten sie das meiste. Wahrscheinlich, weil sie keine Schönheit gewesen ist: So blieb das einzig Vertrauliche der Lehrstoff.

Sinnverwirrend war allerdings die Tänzerin, Kurtisane und Spionin Mata Hari. Kein Kapitel, das »Die Rolle der Frau in der Spionage« schildert, kommt ohne sie aus. Doch ausgerechnet sie, die mittlerweile zum Sammelbegriff für weibliche Agenten wurde, gab in jenem Krieg hinter den Fronten und im Dunkel der Geheimdienstsphäre eine jämmerliche Figur ab.

Sie soll für Frankreich spioniert haben. Das stimmt nicht. Sie soll gegen Frankreich spioniert haben. Dafür wurde sie am 15. Oktober 1917 als Agentin der Deutschen verurteilt und erschossen. Sie soll auch für England tätig gewesen sein. Das wurde nie bewiesen – das Gegenteil übrigens auch nicht. Doch es stimmt, daß sie hinter allen Fronten ungezählten Männern den Kopf verdreht und die Brieftaschen geleert hat. An dem Gerücht, sie sei von Oberst Nicolai in einer »Kaiserlichen Spionageschule« ausgebildet worden, ist nichts Wahres.

Mata Hari konnte nur sich selbst gut verkaufen. Gute Nachrichten verkaufte sie nie. Sie kannte keine.

Viel nützlicher waren der Entente der Alliierten ihre wirklichen Profis, die Spitzenspione und Topagenten, die unter besonders waghalsigen Umständen in Deutschland operierten. Denn sie kamen mitten im Krieg ins deutsche Heimatgebiet – frisch vom Feind. Erstmals wurden »Fliegerspione« 1915 hinter den deutschen Linien an der Westfront an Fallschirmen (mit sechs Brieftauben als »Kurieren« im Gepäck) abgesetzt.

»Sämtliche Fliegerspione waren ältere Leute«, notierte Nicolai. »Versuche, die abgesetzten Spione wieder abzuholen, wurden beobachtet. Mehrfach kreisten zu der mit den Spionen verabredeten Zeit französische Flugzeuge über der von der deutschen Abwehr beobachteten Landestelle. Sie hielten sich aber in großer Höhe, vielleicht, weil das mit dem Spion verabredete Zeichen, daß die Luft rein sei, ausblieb. In keinem Fall ist festgestellt, daß ein Fliegerspion tatsächlich wieder abgeholt worden ist.«

»Einen Spion wieder abzuholen, wurde nur selten versucht, es war zu gefährlich«, sagte ein kriegsgefangener französischer Pilot vor den III-B-Vernehmern aus. Dennoch sprangen sie immer wieder ab – ins Ungewisse, in den sicheren Tod, oder in ein gefährliches Abenteuer:

Der zweisitzige »Albatros B.1«-Aufklärer flog mit gedrosseltem Motor. Es war eine Augustnacht 1917, nicht gerade stockdunkel, aber mit Sternenhimmel, man konnte aus knapp tausend Meter Höhe mit gutem Auge am Boden Landschaftsformationen und Gebäudeumrisse erkennen, auch mal ein Licht. Das nach einer Notlandung hinter französischen Linien erbeutete Flugzeug hatte die deutsche Kennzeichnung 2001 und das Balkenkreuz an Rumpf und Tragflächen behalten. Doch im Cockpit saß ein Franzose, auf dem Beobachtersitz hinter ihm ein Engländer. Der Engländer trug Zivil, der Pilot die Uniform seiner Fliegereinheit.

Zwischen Offenburg und Straßburg drehte sich der Flieger um. Unter seiner Schutzbrille musterte er seinen Passagier. Der nickte kühl und machte Anstalten, sich auf den Rand des Rumpfs zu schwingen. Die »Albatros« war jetzt auf etwa 800 Meter heruntergegangen.

»Bon chance!« schrie der Pilot; da ließ sich der Brite ins Leere plumpsen.

Nigel Hood war in Deutschland aufgewachsen. Er war in Emmendingen in die Schule gegangen. Sein Vater hatte mehrere Jahre mit seiner Familie als Gastdozent in Freiburg gelebt. Hood konnte sogar badischen Dialekt. Den Schwarzwald, sein Ziel, kannte er wie seine Westentasche. Er sollte dort in Erfahrung bringen, ob die Deutschen wirklich an einem neuen, sehr präzisen Bombenzünder arbeiteten. In der Uhrenindustrie dieser Gegend wurde angeblich damit experimentiert.

Hood kam nur ein paar Tagesmärsche weit. Tags ließ er sich – als Verwundeter mit Urlaubsschein – auf Bauernwagen mitnehmen. Nachts schlief er in Scheunen. Durch Frechheit verriet er sich selbst.

Hinter Offenburg war er nordwärts gewandert bis Bühl. Hinter Sand, am Wiedenfelsen vorbei, kam er bis Gertelbach. Am Fuß des 730 Meter hohen Schindelpeter im Oberbühlertal fand er im Gras eine kleine Ballonhülle von fünf Meter Durchmesser mit der Aufschrift: »Deutscher Ballon! Kann vernichtet werden!« Er kannte diese Dinger. An ihnen war ein Holzkreuz befestigt, dessen vier Enden je einen Brieftaubenkäfig trugen. Von einem Federwerk ausgelöst, wurden diese Körbchen abgeworfen und schwebten an Fallschirmen herab. Spione in Deutschland befreiten die Tiere und verwendeten sie als Kuriere.

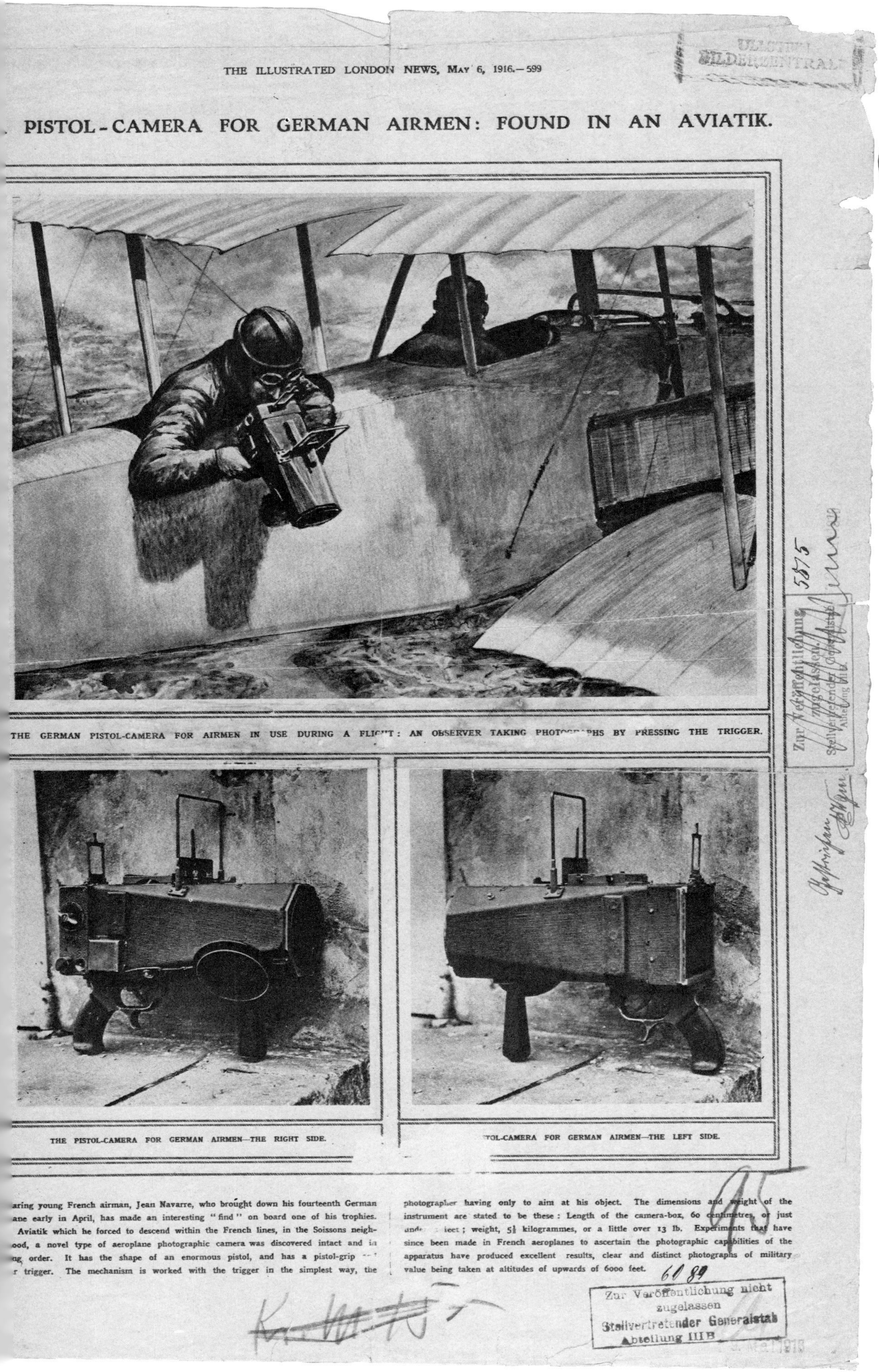
THE ILLUSTRATED LONDON NEWS, MAY 6, 1916.—599

PISTOL-CAMERA FOR GERMAN AIRMEN: FOUND IN AN AVIATIK.

THE GERMAN PISTOL-CAMERA FOR AIRMEN IN USE DURING A FLIGHT: AN OBSERVER TAKING PHOTOGRAPHS BY PRESSING THE TRIGGER.

THE PISTOL-CAMERA FOR GERMAN AIRMEN—THE RIGHT SIDE.

…TOL-CAMERA FOR GERMAN AIRMEN—THE LEFT SIDE.

…aring young French airman, Jean Navarre, who brought down his fourteenth German …ane early in April, has made an interesting "find" on board one of his trophies. … Aviatik which he forced to descend within the French lines, in the Soissons neigh…ood, a novel type of aeroplane photographic camera was discovered intact and in …ng order. It has the shape of an enormous pistol, and has a pistol-grip … …r trigger. The mechanism is worked with the trigger in the simplest way, the photographer having only to aim at his object. The dimensions and weight of the instrument are stated to be these: Length of the camera-box, 60 centimetres, or just und… … feet; weight, 5½ kilogrammes, or a little over 13 lb. Experiments that have since been made in French aeroplanes to ascertain the photographic capabilities of the apparatus have produced excellent results, clear and distinct photographs of military value being taken at altitudes of upwards of 6000 feet.

6089

Zur Veröffentlichung nicht zugelassen
Stellvertretender Generalstab
Abteilung IIIB

Überlegenheit in der Luftaufklärung: Mit ihrer »Pistolen-Kamera« (oben) war die deutsche »Abwehr« führend. Welche Sensation dieses neue Aufklärungswerkzeug damals darstellte – und daß man es schon enttarnt hatte –, zeigt die Veröffentlichung in einer englischen Illustrierten vom 6. Mai 1916 (links).

Bevorzugte Spionageziele im Ersten Weltkrieg: Das deutsche Kreuzergeschwader unter Admiral Graf Spee (Abb. oben im Hafen von Valparaiso) ging nach einer meisterhaften Funk-Täuschungsaktion vor den Falklandinseln in eine englische Falle und wurde völlig vernichtet. Erfolg der Engländer auch zu Lande: Der überraschende Einsatz ihrer neuen »Tanks« stellte die deutsche Heeresleitung vor völlig neue Probleme. (Abb. links: ein erbeuteter englischer Tank mit deutscher »Kriegsbemalung«.) Den Deutschen dagegen gelang es, ihre Geheimwaffe, die »Dicke Berta« (unten), bis zum Kriegsausbruch vor den V-Männern der Gegner geheimzuhalten.

Deutsche Abwehrerfolge: Unter Walter Nicolai glückte es dem deutschen Geheimdienst immer öfter, ausländische Spione zu enttarnen. Ein polnischer Agent wird mit einem Sack über dem Kopf zum Verhör geführt (rechts oben). Ein Russe muß seine Entdeckung mit dem Leben bezahlen: Deutsche Soldaten bringen ihn zur Hinrichtung (unten).

Dunkelmänner und Dunkelziffern

Im Ersten Weltkrieg wurden 411 Personen wegen Spionage und Landesverrats verurteilt. »Die großen Spione und Landesverräter wußten sich der nur auf die militärische Spionage-Abwehr eingestellten Polizei zu entziehen« (Nicolai). Sie bilden eine beträchtliche Dunkelziffer.

In 175 Fällen war für Frankreich spioniert worden; es folgten England mit 59, Rußland mit 55, Belgien mit 21 und Italien mit 2 Fällen. In 14 Fällen konnte Spionage für mehrere Länder zugleich bewiesen werden. 33 Urteile wurden wegen Sabotage verhängt.
Wegen Spionage und Landesverrat angeklagt waren 235 Deutsche (darunter 67 Elsaß-Lothringer), 46 Franzosen, 31 Holländer, 25 Schweizer, 22 Russen, 20 Belgier, 13 Luxemburger, 5 Dänen, 4 Österreicher, je 3 Engländer, Italiener und Schweden sowie 1 Peruaner.

Die verurteilten Deutschen hatten hauptsächlich England, die Elsaß-Lothringer ausschließlich Frankreich unterstützt. Die Holländer hatten fast ausnahmslos für den englischen, die Schweizer und Luxemburger für den französischen, die Schweden gleichzeitig für den russischen und französischen Geheimdienst gearbeitet.

21 schwerste Fälle wurden mit der Todesstrafe geahndet (verhängt über 8 Elsaß-Lothringer, 2 Deutsche, 5 Schweizer, 3 Luxemburger, 2 Russen, 1 Franzose). In vier Fällen wurde lebenslängliche Zuchthausstrafe verhängt (gegen 2 Deutsche, 1 Russen, 1 Engländer). In 148 Fällen wurde auf zeitliche Zuchthausstrafe erkannt, in 59 leichteren Fällen auf Gefängnisstrafe. Eine Reihe von Verfahren wurde nach dem Waffenstillstand ausgesetzt; nach dem Friedensabkommen von Versailles wurden fremde Staatsangehörige in ihre Heimatländer entlassen.

Tod am Kreuz: Deutsche Agenten, die in Rußland gefaßt wurden, mußten grausam sterben (unten).

Heimkehr: Vor seiner Fahrt durch Deutschland mußte Lenin eine politische »Enthaltsamkeitserklärung« unterschreiben.

Ich bestätige,

1.) dass die eingegangenen Bedingungen, die von Platten mit der deutschen Gesandtschaft getroffen wurden, mir bekannt gemacht worden sind;

2.) dass ich mich den Anordnungen des Reiseführers Platten unterwerfe;

3.) dass mir eine Mitteilung des "Petit Parisien" bekanntgegeben worden ist, wonach die russische provisorische Regierung die durch Deutschland Reisenden als Hochverräter zu behandeln drohe;

4.) dass ich die ganze politische Verantwortlichkeit für diese Reise ausschliesslich auf mich nehme;

5.) dass mir von Platten die Reise nur bis Stockholm garantiert worden ist.

Bern - Zürich, 9. April 1917.

1 Lenin.
2 Frau Lenin
3 Georg Safaroff
4 Valentine Safaroff-Mortotchkine
5 Gregor Ussijevitch
6 Helene Kon
7 Inès Armand
N. Boitzow
F. Grebelsky
8 A. Konstantinowitsch
E. Mirinhoff
M. Mirinhoff
9 A. Skowno
10 G. Zinowiew
11 Radomyslsky (und Sohn)
D. Slussareff
12 B. Elstanminoff

9. Brillant
13 M. Kharitonow
D. Rosenblum
14 A. Abramowitch
S. Scheinesson
Mikha
M. Gobermann
15 A. Linde
M. Aisenbud
Pogovskaja
Souliachvili
16 Ravitch
Charitonoff

Magere Zeiten

Die britische Blockade wirkte sich verhängnisvoll auf die deutsche Lebensmitteleinfuhr aus. Später von deutschen Stellen bestätigte Erkenntnisse des Secret Service zeigten für 1917 und 1918 drastische Verschlimmerungen der Ernährungslage im Deutschen Reich: »Der Rückgang der Fettversorgung bereitet der deutschen Regierung ernste Sorgen. Sie betrug im Frieden durchschnittlich 50 g, 1918 nur noch 8 g pro Kopf und Tag. Der wöchentliche Fleischverbrauch der Erwachsenen (Frieden: 1050 g) ist jetzt (1918) auf 125 g pro Woche eingeschränkt. Der gesamte Kalorienwert einer rationierten Tagesmenge ist von 2600 auf 1100 Kalorien reduziert. 1917 ging bereits der Ernteertrag bei Weizen um 50% gegenüber 1913 zurück.«

»Wo ein solcher Ballon ist«, mutmaßte Hood, »ist entweder ein Kollege von mir in der Nähe, oder das Ding hat sich verflogen, und dann liegen hier irgendwo die Tauben rum.«

Er fand die Tauben. Sie lebten. Nun beging der Engländer Nigel Hood seinen entscheidenden Fehler: Er wollte die Echtheit seiner Maskerade prüfen. Zu diesem Zweck suchte er den Gendarmerieposten im nächsten Dorf auf. »Ich bringe Ihnen hier etwas«, begann er und setzte die Käfige auf den Tisch der Wache. »Hab' ich gefunden.«

Der Polizist war unbeeindruckt. »Wo haben Sie das gefunden?« fragte er. Hood gab die Stelle an.

»Können Sie sich ausweisen?« wollte der Beamte wissen. Hood reichte ihm seine Papiere hinüber. Es waren trefflich gefälschte Überweisungspapiere vom Kommandeur des Ingenieur- und Pionierkorps. Hood, hier als Dietrich Ley ausgewiesen, war von der X. Flakbatterie nicht weit von Straßburg nach Hause zum Genesungsurlaub abkommandiert. Das Papier war allerdings nicht mit »u. R.« (urschriftlich zurück an den Divisionsstab) gezeichnet. Aber dieser Mangel fiel dem Polizisten nicht auf. Er merkte etwas anderes.

Hood ging stolz und erleichtert davon. Unter der Tür zuckte er zusammen. »He«, rief der Deutsche, »bleiben Sie mal stehen.« Er kam zu Hood. »Ziehen Sie mal Ihr Hosenbein hoch!«

»Was soll ich?« fragte der verblüffte Hood. Der Gendarm bestand auf seiner Anweisung. Dann fragte er: »Warum tragen Sie unter Ihrer Anzughose noch eine andere? Und warum ist die khakifarben?«

Unter dem Zivil trugen die Fliegerspione französische beziehungsweise englische Uniform. Sie waren angehalten, bei drohender Gefahr oder bei Entdeckung die Verkleidung abzulegen, damit sie nicht als Spione, sondern als uniformierte Kriegsgefangene nach den Regeln der »Haager Landkriegsordnung« behandelt würden. Hood hatte Pech gehabt. Und Hood hatte Glück. Nach monatelangen Verhören durch III-B-Experten wurde er in ein normales Kriegsgefangenenlager abgeschoben.

»Mit dem Victoria-Kreuz ist ja nun wohl nichts«, hatte ihn der deutsche Vernehmungsoffizier gefoppt.

Hood schaute fragend. Da erzählte ihm der Deutsche die Geschichte des britischen Agenten, der an der Westfront und an der belgischen Grenze als deutscher Flak-Hauptmann verkleidet und gleichfalls mit beinahe echten Papieren ausgerüstet wochenlang feindliches Artilleriefeuer auf deutsche Truppentransporte und Munitionszüge gelenkt hatte. Es gab Hunderte von Toten und unermeßlichen Materialschaden. »Als wir ihn faßten, wurde er nach einem ordentlichen Verfahren erschossen«, schloß der Deutsche seine Erzählung. »Am Tag vor der Hinrichtung warf ein englischer Aufklärer das Victoria-Kreuz für ihn ab.«

Nun lächelte Hood. »Na, ich krieg' es jedenfalls nicht«, meinte er.

»Dafür werden Sie auch nicht erschossen«, fügte der Deutsche hinzu.

In dieser Zeit war die Lage der Kämpfenden auf beiden Seiten längst nicht mehr rosig. Seit der letzten großen russischen Offensive zwischen Juni und September 1916, bei der die Russen eine Million Soldaten verloren, war das Heer des Zaren demoralisiert. Als im März 1917 die russische Revolution über das Zarenreich hereinbrach, glaubte Deutschland, den Rücken im Osten frei zu haben. Nicolai gab noch die – nicht nachrichtendienstliche, sondern politische – Empfehlung, einen gewissen Wladimir Iljitsch Lenin im plombierten Waggon von der Schweiz durch Deutschland nach Petersburg reisen zu lassen (wo Lenin am 16. April eintraf). Doch im Westen wurde die Lage an der seit Jahren starren Front immer verzweifelter.

Nach der Kriegserklärung der USA an Deutschland am 6. April 1917 war Deutschland am Ende, vor allem auch politisch. US-Präsident Thomas Woodrow Wilson hatte sich zu seinem Schritt entschlossen, als er von der deutschen Absicht erfuhr, einen »unbeschränkten U-Boot-Krieg« gegen die Entente zu führen. Dieses Seekriegsvorhaben des Kaisers war durch Nachrichtendienstarbeit bekanntgeworden: Ein chiffriertes Telegramm aus Berlin an den deutschen Botschafter in den USA, Johann Heinrich Graf von Bernstorff, war von den Engländern aufgefangen, entschlüsselt und den Amerikanern zur Kenntnis gebracht worden.

Es kam die Zeit, da Deutschland von Verrat und von Verrätern, von Defätisten und Pessimisten größere Gefahr drohte als von fleißigen Spionen.

Deutschlands Politiker mochten nicht mehr mitziehen. Nicolais III-B-Leute hatten seit 1915 den Zentrumsabgeordneten im Reichstag und späteren Finanzminister Matthias Erzberger im Visier. Der Politiker protegierte während des Krieges einen Husarenoberleutnant Arnold Rechberg. Dieser unternahm – vom Dienst befreit – wiederholt undurchsichtige Reisen nach Belgien, wobei er sich weigerte, den III-B-Abwehragenten Rede und Antwort zu stehen, und fiel endlich auf, als er den Kronprinzen in sein politisches Treiben einzuspinnen versuchte. Nach einem Gerichtsverfahren kam Rechberg in eine Nervenheilanstalt – »aus der er«, so Nicolai, »infolge von Bemühungen des Abgeordneten Erzberger entlassen wurde« und mit Erzbergers Billigung seine politische Aktivität in Berlin wieder aufnahm.

Erzberger war einflußreich. Er muß Unterstützung gehabt haben. Jedenfalls hatte er Gleichgesinnte, viele. Am 4. Oktober 1918 machte die deutsche Regierung unter Reichskanzler Prinz Max von Baden ein Waffenstillstandsangebot an die Alliierten. Wilson, der jetzt die politischen Fäden zog, verlangte von Wilhelm II. abzudanken. Die deutsche Oberste Heeresleitung – kräftig unterstützt von Nicolai und seiner gelenkten Öffentlichkeitsarbeit – wollte daraufhin weiterkämpfen. Da wurde Ludendorff entlassen. Und am 28. Oktober meuterten die Matrosen der

Verrat an der jungen Republik: Der Kommunist Karl Liebknecht ruft die »Freie Sozialistische Republik« aus (oben), nachdem nur zwei Stunden zuvor der Volksbeauftragte Philipp Scheidemann vom Fenster des Reichstagsgebäudes die »Deutsche Republik« proklamiert hatte (links).

deutschen Hochseeflotte; am 3. November folgte der Aufstand der Matrosen in Kiel.

Die Meuterei der Matrosen griff auf andere Städte über. Wie eine Sturmflut breitete sich die Revolution auf die großen Städte des Reichs aus. Zugleich wagte Lenin, wagten die Sowjetrussen ihren ersten subversiven Griff nach Westen: Geschulte Kommunisten aus Petersburg und Moskau sickerten in die Reihen der deutschen Revolutionäre ein. Sie bewegten sich lange vor der Ho-Tschi-Minh-Weisheit, wonach sich Guerilleros unter dem Volk wie Fische im Wasser zu verhalten haben, im deutschen Reich wie daheim: geschickte, intelligente Rädelsführer, die das Feuer schürten, das sich gleichsam von selbst entzündet hatte.

2. Extraausgabe. Sonnabend, den 9. November 1918.

Vorwärts

Berliner Volksblatt.

Zentralorgan der sozialdemokratischen Partei Deutschlands.

Der Kaiser hat abgedankt!

Der Reichskanzler hat folgenden Erlaß herausgegeben:

Seine Majestät der Kaiser und König haben sich entschlossen, dem Throne zu entsagen.

Der Reichskanzler bleibt noch so lange im Amte, bis die mit der Abdankung Seiner Majestät, dem Thronverzichte Seiner Kaiserlichen und Königlichen Hoheit des Kronprinzen des Deutschen Reichs und von Preußen und der Einsetzung der Regentschaft verbundenen Fragen geregelt sind. Er beabsichtigt, dem Regenten die Ernennung des Abgeordneten Ebert zum Reichskanzler und die Vorlage eines Gesetzentwurfs wegen der Ausschreibung allgemeiner Wahlen für eine verfassunggebende deutsche Nationalversammlung vorzuschlagen, der es obliegen würde, die künftige Staatsform des deutschen Volks einschließlich der Volksteile, die ihren Eintritt in die Reichsgrenzen wünschen sollten, endgültig festzustellen.

Berlin, den 9. November 1918. Der Reichskanzler.
Prinz Max von Baden.

Es wird nicht geschossen!

Der Reichskanzler hat angeordnet, daß seitens des Militärs von der Waffe kein Gebrauch gemacht werde.

Parteigenossen! Arbeiter! Soldaten!

Soeben sind das Alexanderregiment und die vierten Jäger geschlossen zum Volke übergegangen. Sozialdemokratische Reichstagsabgeordnete Wels u. a. haben zu den Truppen gesprochen. Offiziere haben sich den Soldaten angeschlossen.

Der sozialdemokratische Arbeiter- und Soldatenrat.

Genau genommen war es Hochverrat: Kaiser Wilhelm II. zur Abdankung zu zwingen (hier die Bekanntgabe im Berliner »Vorwärts«), widersprach der deutschen Verfassung. Die Monarchie war darin gesetzlich verankert.

Während der Revolution in München vom 7. November 1918 floh Bayerns ungeliebter König Ludwig III.; einen Tag darauf wurde der »Freistaat« Bayern ausgerufen. Am 9. November 1918 zwangen die Ereignisse Wilhelm II. zur Abdankung. Von einem Fenster des Reichstags rief der Sozialdemokrat Philipp Scheidemann die »Deutsche Republik« aus. Der Führer des kommunistischen Spartakusbundes, Karl Liebknecht, proklamierte zwei Stunden später vor dem kaiserlichen Schloß die »Freie Sozialistische Republik«.

Damit begann die anhaltende und oft blutige Auseinandersetzung über die Gestalt des neuen Deutschland.

Hochverrat richtet sich gegen die Integrität des Staates, gegen seine Verfassung, gegen sein Territorium. Die Meuterei der Matrosen – war sie Hochverrat? Die Revolutionen in Berlin, in München, in Sachsen – war das Hochverrat? Hatte sich nicht alles das gegen die »Integrität des Staates« gewendet?

Der Streit um das »Recht auf Revolution« – die den Verrat einschließt, ja voraussetzt – währt jahrhundertelang. Es ist der Streit um das »Widerstandsrecht«. Nach der katholischen Lehre gibt es sogar eine Pflicht zum Widerstand gegenüber dem nicht nach Gottes Geboten regierenden Herrscher. Und die französische Verfassung von 1793 sagt im Artikel 35: »Wenn die Regierung die Rechte des Volkes kassiert, ist der Aufstand dagegen für das Volk die heiligste und unabdingbarste seiner Pflichten.«

Neben dem Recht *auf* Revolution existiert das Recht *der* Revolution: ein Naturrecht gewissermaßen, das besonders bestimmte Strafgesetze, etwa Vorschriften über Verhaftungen, außer Kraft setzt. Den Monarchen Wilhelm II. zur Abdankung zu zwingen, war Hochverrat. Doch dem folgte nur eine »Palastrevolution«, die lediglich eine Änderung in der Regierung herbeiführte, die Interessen Außenstehender jedoch nicht berührte. Gegen die Verfassung aus diesem geglückten Hochverrat wurde wiederum Hochverrat geübt – es folgte der Aufruhr, es folgte die Republik.

Es folgte auch der Frieden. Im Vertrag von Versailles vom 28. Juni 1919 wurde er geschlossen und festgeschrieben, sieben Monate nach dem Waffenstillstand im November 1918. Was für ein Friede! Die Siegermächte hatten Deutschland im Vertrag von Versailles Gebietsabtretungen diktiert, welche die Wirtschaftskraft des geschwächten Reichs auf einen Tiefststand drückten. Wiedergutmachungsforderungen brachten finanzielle Belastungen, die um so schwerer wogen, als die deutsche Währung durch die Kriegsverschuldung an Wert eingebüßt hatte.

Die nationale Rechte wollte sich nicht mit »Niederlage«, »Schandfrieden« und Revolution abfinden und erfand die »Dolchstoßlegende«: Sie bezichtigte alle politischen Parteien, die 1917 für einen Verständigungsfrieden eingetreten waren und seit 1918 gemeinsam regierten, des »Verrats an dem im Felde unbesiegten Heer«.

Die rechtsradikale Agitation gipfelte in Putschs und politischem Mord. Zugleich provozierte sie linksradikale Gegenaktionen – mit Putschversuchen und politischem Mord.

Der Versailler Vertrag verbot Deutschland sowohl einen Generalstab wie einen Geheimdienst. Oberst Nicolai wurde entlassen. Es gab keine Spione mehr in Deutschland. Es gab nur noch fremde Interessenten, die bloß Fragen zu stellen brauchten. Alle Antworten – politisch, wirtschaftlich, militärisch – lagen offen. Verrat beherrschte die Republik: »Verrat« füllte Bibliotheken, beherrschte die Gespräche in den politischen Salons, wurde täglich praktiziert.

Abwehrlos ging Deutschland in das Experiment »Weimarer Republik«.

5. KAPITEL

ABWEHR IN OHNMACHT

1919 BIS 1933

Sehr vorsichtig überschritt der Mann in der graugrünen Joppe die Grenze und betrat deutschen Boden. Er drehte sich zu dem Schweizer Grenzsoldaten um, aber der beachtete ihn gar nicht. Langsam ging der Mann zehn Meter weiter. Auf den Feldern ringsum arbeiteten ein paar Bauern. Auch die kümmerten sich nicht um den Fremden, der da aus der Schweiz kam.

»Hallo, Herr Weingärtner!« Der Mann in der Joppe hörte den Ruf und sah seinen Partner, mit dem er verabredet war, aus einem Wäldchen treten. »Kommen Sie doch näher«, rief dieser.

Weingärtner schüttelte den Kopf. »Ich bin weit genug gegangen«, rief er. »Wir können ebensogut hier reden, Fähnrich Knall.«

Der Fähnrich hatte den Joppenträger Weingärtner erreicht und gab ihm die Hand. Mißtrauisch erwiderte der andere den Händedruck. Das Ganze kam ihm nicht geheuer vor. Die Bauern auf den Feldern – was hatten die eigentlich im Februar auf den Feldern zu hacken? Waren das überhaupt Bauern? Er ging ein paar Schritte rückwärts in Richtung der Schweizer Grenze. Plötzlich warfen die Bauern ihre Geräte hin und stürzten auf Weingärtner zu. Der tat einen Satz, um zu fliehen. Knall stellte ihm ein Bein, Weingärtner fiel. Die beiden bildeten ein keuchendes Knäuel. Weingärtner riß sich los, doch zwei Meter vor der Grenze holte Knall ihn ein. Mit einem sehr gekonnten Schulterwurf schleuderte er den Fliehenden zu Boden und wies die »Bauern« an: »Verschnüren!«

Interessiert, aber untätig hatte der Schweizer das Handgemenge beobachtet.

Weingärtner protestierte. Knall blieb gelassen: »Monsieur d'Armont«, sagte er, »Sie sind verhaftet. Damit Sie nicht lange rätseln müssen: Ich bin der Kriminalkommissar Woeger von der Politischen Polizei in Konstanz, nicht der ›Fähnrich Knall‹, für den Sie mich gehalten haben.«

Am Abend dieses 14. Februar 1924 wurden in Deutschland 24 französische Spione verhaftet, ausnahmslos deutsche Staatsangehörige. Zwei Elsässer entzogen sich ihrer Festnahme durch die Flucht nach Frankreich. Robert d'Armont, Hauptmann im französischen Generalstab und Leiter der für die Deutschland-Aufklärung zuständigen französischen Nachrichtendienst-Niederlassung in Basel, hatte bei seiner Verhaftung eine Liste mit den Namen und Adressen von 26 Agenten in Deutschland bei sich gehabt – für einen Geheimdienstprofi ein unverzeihlicher Leichtsinn.

D'Armont hatte unter dem Namen »Weingärtner« Kontaktbriefe an deutsche Soldaten verschickt, die er als Spione zu werben gedachte. Ein solcher Brief war bei der für Spionageabwehr zuständigen Politischen Polizei gelandet; der Kommissar war in die Rolle des angeschriebenen »Fähnrich Knall« geschlüpft und hatte den französischen Geheimdienstoffizier nach Deutschland gelockt.

Im März 1924 wurde d'Armont von einer Strafkammer des Reichsgerichts zu zwölf Jahren Zuchthaus verurteilt. Im Urteil bescheinigte der Richter, »zwar hat d'Armont im Dienste seiner Regierung seine Pflicht getan«, aber »die schlimmsten Verräter sind seine deutschen Agenten, die ihr Vaterland um schnödes Geld verraten haben«.

Spione in Deutschland taten sich wieder schwerer. In den »abwehrlosen Jahren« 1919 und 1920 hatten Deutschlands frühere Feinde England und Frankreich überall im Reich Spitzel und Spione installiert. In Berlin überwachte eine Entente-Kontrollkommission die Einhaltung der Bestimmungen des Versailler Friedensvertrages. Dabei stützte sie sich wesentlich auf dieses Agentennetz, das besonders die Franzosen sehr dicht geknüpft hatten, um auch die letzten Reste etwa in Deutschland noch versteckter Waffen aufzuspüren. Bei der Kommission gab es eine Liste allen noch im Reich vorhandenen Kriegsmaterials. Die Franzosen jedoch argwöhnten mit Recht, daß diese Liste nicht vollständig sei.

Das Spionagesystem war sehr einfach, sein Erfolg für Deutschland beschämend: Jeder Deutsche, der sich bereit erklärte, einem ausländischen Nachrichtenoffizier versteckte Waffenlager anzugeben, wurde mit einem Vertrag geködert, der ihm zehn Prozent des Gegenwertes des beschlagnahmten Materials zusicherte. Hunderte von Deutschen gingen gegen bar auf diesen Handel ein.

Gleichzeitig nutzten die französischen Kontrolloffiziere ihre Stellung zu unverhüllter Industrie- und Wirtschaftsspionage. Der englische Hauptmann Vivian Stranders enthüllte im Mai 1920 in der Berliner »Nachtausgabe«, wie die Geheimdienstmänner mit Hilfe fingierter Anzeigen und Denunziationen vorgingen:

»Von erprobten und zuverlässigen Spitzeln erhielt der Nachrichtenoffizier nicht nur Anzeigen über von Schiebern in illegitimer Weise gekauftes Material, sondern auch fingierte Anzeigen, die bestimmt waren, den Kontrolloffizieren Zutritt zu Werken zu verschaffen, für deren Betriebs- und Geschäftsgeheimnisse die Entente-Industrie sich interessierte. Mir wurden als

Umsturzversuch der »Roten Wache«: Der 1919 von Moskau gelenkte Aufstand der kommunistischen Spartakisten wirt blutig niedergeschlagen. Soldaten der Regierung Ebert/Scheidemann führen Aufständische ab.

Hauptdolmetscher alle solchen Besuche bekannt sowie auch der Wortlaut der darauf bezüglichen Denunziationen. Nicht in einem Falle aber habe ich feststellen können, daß verborgenes Material in einem Werk gefunden war, und schon aus dem Wortlaut der Anzeigen, die ich selber für andere Offiziere dienstlich übersetzen mußte, konnte ich immer ersehen, daß sie fingiert waren.«

Stranders berichtete auch, daß die französischen Offiziere die anderen Kommissionsmitglieder – die ihr Amt viel fairer versahen – ständig observieren ließen. Zu diesem Zweck »befand sich eine polnische Angestellte in der Telefonzentrale der Kommission. Diese Dame mußte dem Nachrichtenoffizier (dem französischen Hauptmann Hamaus) einen vertraulichen Bericht über sämtliche im Laufe des vergangenen Tages geführten Telefongespräche erstatten.«

Die Briten reagierten peinlich berührt auf diese Hinterlist der ehemaligen Waffenbrüder. Hinfort mischten sie sich nicht mehr in das Spiel, in welchem so gegensätzliche Interessen kollidierten: das Interesse Frankreichs an lückenloser Aufklärung in Deutschland auf den Gebieten des Militärwesens, der Rüstung, der Industrie, der Wirtschaft und der Technik einerseits und andererseits das lebenswichtige deutsche Interesse, alle diese Gebiete gegen Einblicke von außen abzuschirmen. Vor allem aber sollte der Aufbau der Reichswehr – des von den Alliierten erlaubten »100 000-Mann-Heeres« – nicht ungeschützt vor Spionage vollzogen werden.

Es hatte bereits im Sommer 1919 eine Spionageaffäre gegeben, die die Neuorganisierung eines Geheimdienstes zur Spionageabwehr unter Umgehung der Versailler Vertragsklauseln dringlich erscheinen ließ: den »Fall Winiker«.

Die deutsche Reichsregierung hatte für die Einrichtung neuer Geheimcodes ihrer 100 000-Mann-Streitkräfte einen Chiffrierexperten als Heeresberater engagiert. Der Mann hieß Winiker; er war Doktor der Naturwissenschaften und Lehrbeauftragter an der Technischen Hochschule Berlin. Winiker arbeitete eng mit den Fachleuten zusammen, die aus dem Außenamt und vom Weltkriegs-Nachrichtendienst des Obersten Nicolai kamen. Winiker lernte viel dabei, so viel, daß seine Auftraggeber vom polnischen Geheimdienst großen Gewinn aus seinen Erkenntnissen zogen: Nachdem Winiker eines Tages aus Berlin verschwunden war, machten die Abwehroffiziere der Reichswehr eine alarmierende Entdeckung. Der Heeresfunkverkehr der polnischen Streitkräfte hatte sich hörbar verfeinert, die Verschlüsselungen waren komplizierter geworden.

Funkspezialist Winiker, Spitzenagent in polnischen Diensten, war ungeprüft als Berater verpflichtet worden.

Überläufer: Das kommunistische Sendungsbewußtsein, die Menschheit zu beglücken, lockte auch viele Sozialdemokraten zum Übertritt in die KPD – und damit zum Verrat an der SPD. So auch Franz Mehring (oben) und Ruth Fischer, die in der Zeit der großen Arbeitslosigkeit die Massen (hier 1925 im Berliner Lustgarten) für Lenins Ideen begeistern konnte.

Gewalt: Lenins Gefolgsmänner versuchten, die kommunistische Revolution in Deutschland durch Tod und Terror zu erzwingen. Dabei tat sich Max Hölz, einer ihrer Führer, besonders hervor, als er zahlreiche Villen von »Kapitalisten« niederbrannte (oben). Die satirische Zeitschrift »Simplicissimus« karikierte 1921 die Gewalttaten des Marxisten.

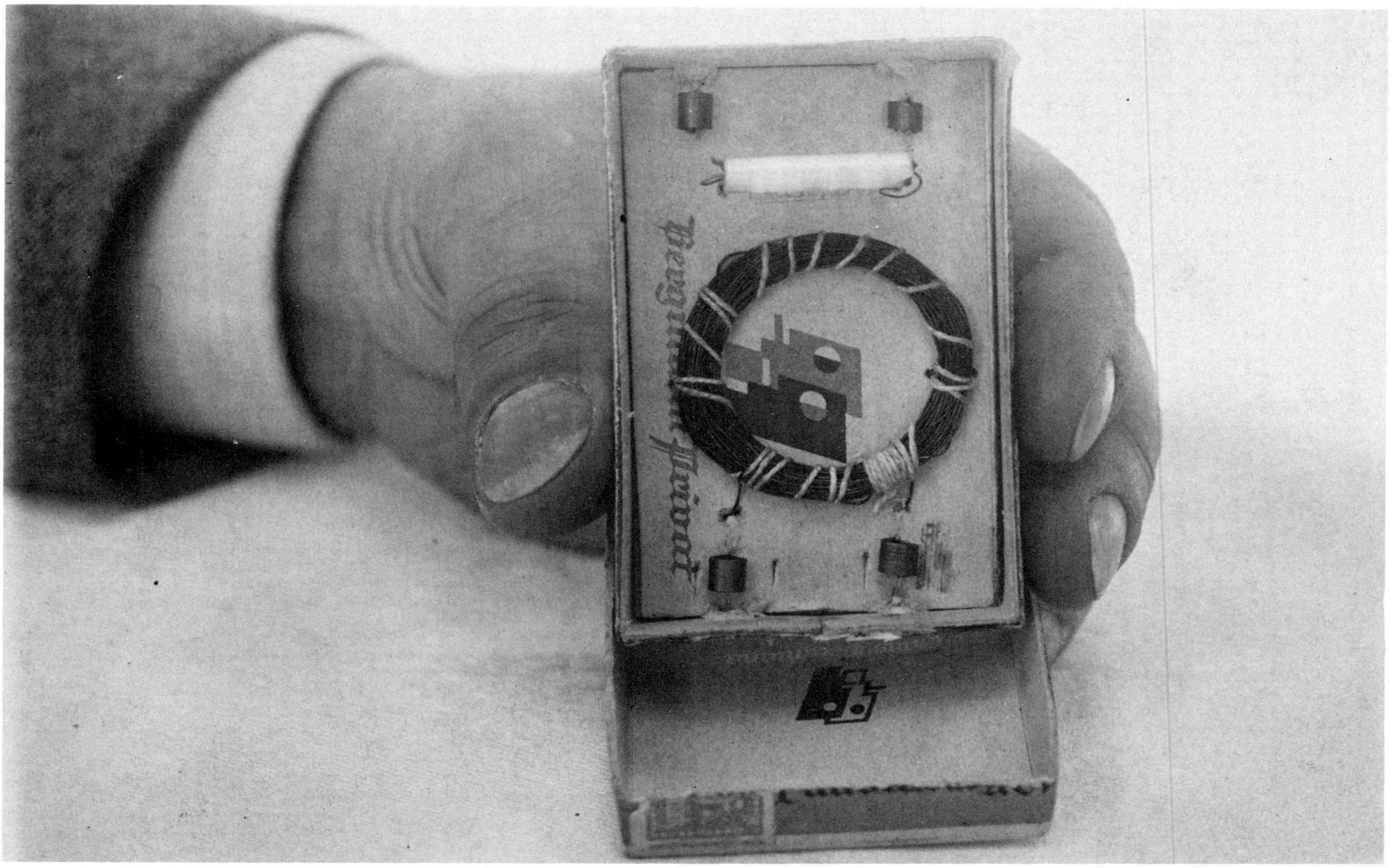

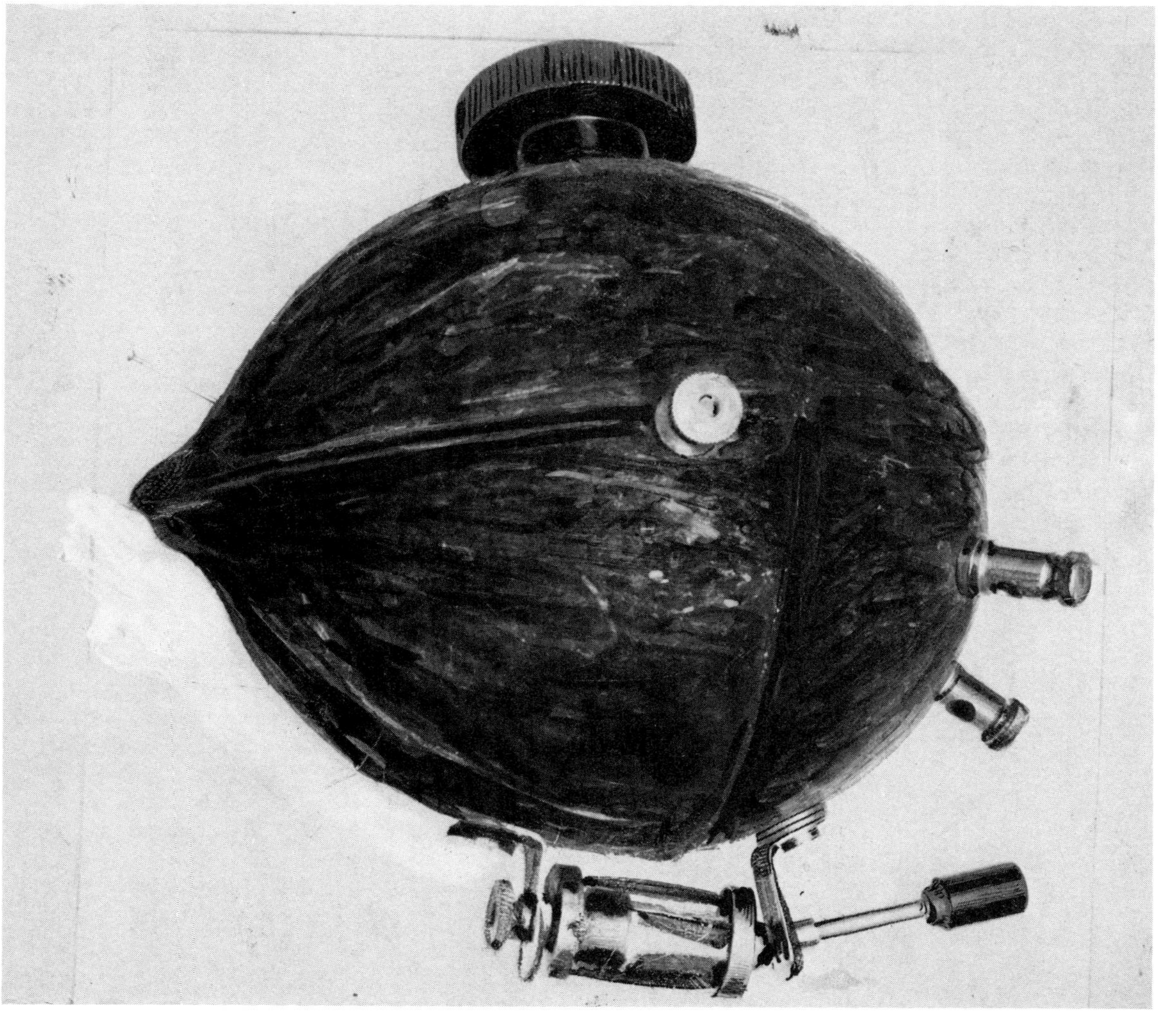

Technischer Fortschritt: Der Erfindungsreichtum von Ingenieuren und Tüftlern kam auch den Agenten zugute. Inzwischen hatten Bastler Radioempfänger bereits auf die Größe einer Streichholzschachtel (oben) oder einer Kokosnuß (links) reduziert – ideale Arbeitsgeräte für Spione, die daraus ihren Nutzen zogen.

Beim Aufbau ihrer Spionageorganisation hatten die Polen gute Lehrmeister gehabt. Frankreichs Experten aus dem Deuxième Bureau und von den Bureaux des Informations waren in Warschau (wie übrigens auch in Prag) an der Einrichtung wirkungsvoller Aufklärungsdienste gegen Deutschland maßgeblich beteiligt gewesen. Der Chef der interalliierten Kontrollkommission – ein Mann, der als »General Dupont« bekannt war – billigte jede ausländische Spionagetätigkeit innerhalb deutscher Grenzen, soweit die Agenten mit seinen Leuten zusammenarbeiteten. Dupont war im Ersten Weltkrieg einer der Leiter des II. Büros gewesen; er unterhielt engste Verbindung zur französischen Militärspionage, die unter dem Oberkommando der französischen Besatzungstruppen von Mainz gesteuert wurde. Führungsoffizier in Mainz war der französische Oberleutnant Thomas; Thomas unterstand dem Hauptmann d'Armont – der als »Herr Weingärtner« verhaftet worden war.

Das Mißtrauen der Siegermächte gegenüber Deutschland kam nicht von ungefähr. Als Deutschland und die junge Sowjetunion im Rapallo-Abkommen von 1922 wechselseitig auf alle finanziellen Forderungen aus dem vergangenen Krieg verzichtet und eine engere wirtschaftliche Zusammenarbeit vereinbart hatten, empfanden die Westalliierten das als Verrat. Frankreich und England entwickelten ihren Ärger zu einem wahren »Rapallo-Komplex«. Von nun an bezogen sie die Beobachtung aller möglichen deutsch-sowjetischen Verbindungen – und die wurden besonders auf militärischem Gebiet in Ausbildungsfragen immer enger! – in ihre Erkundungsoperationen ein. Das Hauptinteresse aber galt den spezifisch deutschen Wehr-

Die Leiche im Landwehrkanal

Im Mord an Rosa Luxemburg und Karl Liebknecht am 15./16. Januar 1919 spielte ein Mann mit III-B-Vergangenheit und »Abwehr«-Zukunft eine nur lückenhaft geklärte Rolle: Kapitänleutnant Wilhelm Canaris, Nicolai-Zögling und später im Admiralsrang Chef der Abwehr im Zweiten Weltkrieg. Am Abend des 15. Januar wurden die beiden Anführer des Januar-Aufstandes der »Spartakisten«, Rosa Luxemburg und Karl Liebknecht, verhaftet. Nach ihrer Vernehmung durch den Reichswehr-Hauptmann Waldemar Pabst sollten beide ins Gefängnis Moabit eingeliefert werden. Sie kamen nie an: Während des Transports wurden Luxemburg und Liebknecht in der Dunkelheit des Tiergartens ermordet. Die Leiche Liebknechts warfen die Mörder in den Landwehrkanal, wo sie erst am 31. Mai gefunden wurde und den Rechtsradikalen Anlaß zu einem Spottlied gab:
»Es schwimmt eine Leiche im Landwehrkanal,/Reich' se mir mal her, aber knutsch' se nich' zu sehr!«
Vor einem Feldkriegsgericht, angeordnet von der Reichsregierung, mußten sich die Mörder verantworten: vier Offiziere, darunter der mutmaßliche Haupttäter Leutnant Vogel. Zu den Beisitzern des Gerichts, das drei Offiziere von der Mordanklage freisprach, gehörte Kapitänleutnant Canaris. Leutnant Vogel erhielt – nicht wegen Mittäterschaft am Mord, sondern wegen »Mißbrauchs der Dienstgewalt« und »Wachvergehens« – eine geringe Gefängnisstrafe. Canaris, der die damals allgemeine Auffassung vertrat, die Ermordeten seien die »sichtbare Verkörperung des Gegners« gewesen, nahm für die Angeklagten Partei. Wenige Tage nach seiner Verurteilung floh Vogel ins Ausland. Canaris, Pabst und ein dritter Mann wurden wegen Fluchtbegünstigung festgenommen. Canaris konnte beweisen, daß er während der Flucht Vogels gar nicht in Berlin war. Canaris-Gegner und -Legendenschreiber übernahmen die Beschuldigung ungeprüft.

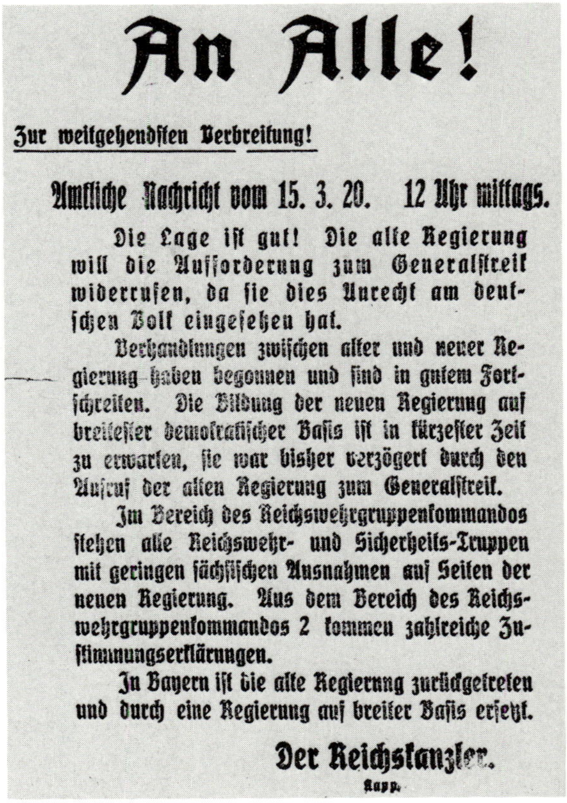
An Alle!

Zur weitgehendsten Verbreitung!

Amtliche Nachricht vom 15. 3. 20. 12 Uhr mittags.

Die Lage ist gut! Die alte Regierung will die Aufforderung zum Generalstreik widerrufen, da sie dies Unrecht am deutschen Volk eingesehen hat.

Verhandlungen zwischen alter und neuer Regierung haben begonnen und sind in gutem Fortschreiten. Die Bildung der neuen Regierung auf breitester demokratischer Basis ist in kürzester Zeit zu erwarten, sie war bisher verzögert durch den Aufruf der alten Regierung zum Generalstreik.

Im Bereich des Reichswehrgruppenkommandos stehen alle Reichswehr- und Sicherheits-Truppen mit geringen sächsischen Ausnahmen auf Seiten der neuen Regierung. Aus dem Bereich des Reichswehrgruppenkommandos 2 kommen zahlreiche Zustimmungserklärungen.

In Bayern ist die alte Regierung zurückgetreten und durch eine Regierung auf breiter Basis ersetzt.

Der Reichskanzler.
Kapp.

Volksbetrug eines Hochverräters: Mit einer »amtlichen Nachricht« versuchte Wolfgang Kapp am 15. 3. 1920, seinen gescheiterten Putsch als gelungen darzustellen und sich als Reichskanzler auszurufen.

problemen: Mobilmachungspläne; Manöverpläne; Waffenkäufe; Rüstungsausschreibungen.

Doch ausgerechnet England bot schon bald nach Kriegsende wieder Waffen in Deutschland an – zur Wiederaufrüstung einer abhängigen Reichswehr und zur Absatzförderung der englischen Rüstungsindustrie! Außerdem zeigte das britische Kriegsministerium – dessen Secret Intelligence Service immer sehr offen von den Franzosen informiert wurde – ein steigendes Interesse an der eigentlich verbotenen deutschen Luftfahrtindustrie. Was da bei Junkers in Dessau, in Warnemünde, Staaken, Braunschweig und bei Dornier am Bodensee entwickelt wurde, faszinierte die Briten – ohne daß sie sich freilich um militärische Dinge gekümmert hätten, die auf eine Tätigkeit schließen ließen, welche gegen den Friedensvertrag gerichtet war.

Konnte man also schon nicht das innenpolitische Geschehen im Reich verbergen, so wollten sich doch mindestens die übriggebliebenen Militärs nicht in die Karten schauen lassen. Mehr oder weniger heimlich wurde also eine neue Spionageabwehr gegründet. Die Leitung übernahm der später zum Generalmajor beförderte Major Gempp. Gempp war ein gedienter III-B-Mann; er kam aus der Schule Nicolais. Weil der Nachrichtendienst ebenso verboten war wie ein neuer Generalstab, ordnete man ihn zunächst einfach als »Abteilung T3 Abw.« dem sogenannten Truppenamt (T) der Reichswehr zu. Das Truppenamt wiederum war nichts anderes als der Generalstab; die »Abwehr« – bewußt so genannt, um ihre defensiven Aufgaben zu unterstreichen – gehörte zur Heeresstatistischen Abteilung des Truppenamtes.

Eine Abstinenz aber erhob dieser Militär-Geheimdienst zur Tugend, wie sie nicht gerade typisch für Dienste ist: Aus Politik hielt er sich heraus. Das war in jenem Nachkriegs-Deutschland, in den Turbulenzen einer jungen und unfertigen Republik gar nicht so leicht. Die Verlockungen, hier ein wenig subversiv und dort ein bißchen konspirativ mitzumischen, waren nicht gering. Deutschland, auf dem Weg vom Obrigkeitsstaat zum Volksstaat, war in Gefahr, in einer radikalisierten Revolution unterzugehen. Die SPD hatte sich schon auf der »Gothaer Konferenz« im April 1917 in die Parteien der Mehrheitssozialisten (M)SPD und der Unabhängigen (USPD) gespalten. Die traditionelle SPD wollte eine russisch orientierte, deutsche Sowjetrepublik um jeden Preis verhindern. Doch in der USPD gab es eine starke Gruppe um Rosa Luxemburg und Karl Liebknecht – den »Spartakusbund« als Urzelle der KPD –, der statt parlamentarischer Demokratie das Rätesystem forderte und Schwerindustrie sowie Großgrundbesitz sozialisieren wollte.

In der ersten Januarhälfte 1919 führte der Gegensatz zwischen der SPD-Führung und ihren linken Kritikern zum Spartakusaufstand in Berlin: Er bildete die erste Aktion der um die Jahreswende gegründeten Kommunistischen Partei Deutschlands. Die Reichsregierung rief Freikorpsregimenter zu Hilfe, die den Aufstand zusammenschossen. Doch die Truppen, welche da die parlamentarische Republik verteidigten, waren selbst zutiefst antidemokratisch gesinnt: Am 15. Januar 1919 wurden Rosa Luxemburg und Karl Liebknecht von Freikorpssoldaten ermordet!

Lenin aber, der die Aufstände in Deutschland von Petersburg aus lenkte, gab nicht auf. Seine Agitatoren wühlten weiter. Der verlängerte Arm der Sowjetrussen in Deutschland war Karl

Festung auf Schienen: Ein Panzerzug der Kapp-Truppen auf dem Anhalter Bahnhof in Berlin. Auch solches Militärpotential nutzte den Putschisten nichts. Ein Generalstreik machte ihren Umsturzversuch (13. bis 17. März 1920) zunichte.

Machtlos: Nach den Verträgen von Versailles durfte Deutschland keinen Geheimdienst unterhalten. Ohne eine echte Abwehr aber war die Regierung dem Diktat der Siegermächte ausgeliefert. Französische Truppen besetzten im Januar 1923 das Ruhrgebiet (oben), ihr Kommandant erließ willkürlich Befehle und Warnungen an die Bevölkerung (rechts).

Radek; er half bei der Neuauflage der Spartakuserhebung im März 1919 in Berlin.

Auch dieser zweite Sturm auf die Macht wurde abgeschlagen – Reichswehrminister Gustav Noske (SPD) gab Schießbefehl.

Seither werfen sich deutsche Kommunisten und deutsche Sozialdemokraten gegenseitig »Verrat« vor. Die Sozialdemokraten aber schmerzt es zusätzlich, daß einige ihrer hervorragendsten Gestalten zur KPD »übergelaufen« waren und somit Verrat an der SPD geübt hatten:

- Clara Zetkin, die von der Lehrerin zur Leitfigur der kommunistischen Frauenbewegung wurde und eine Vertraute Liebknechts war.
- Franz Mehring, der den Weg zur KPD über die USPD gefunden hatte und sich als Chronist der KPD hervortat.
- Ruth Fischer, als SPD-Sympathisantin enttäuscht und in den zwanziger Jahren unter den Arbeitslosen als »Priesterin der Armen« auf roten Demonstrationen umjubelt.

Der Kommunismus indes, wie ihn Rosa Luxemburg und Karl Liebknecht verstanden hatten, war von Beginn an verraten worden. Die Ideologie der Ermordeten war von Sehnsucht nach Menschheitsbeglückung geprägt. Sie hatten ohne Terror siegen wollen. Daß Kommunismus Terror ohne Sieg wurde, mit Saalschlachten und Toten, ahnten sie nicht.

Der Terror von Linksaußen wuchs sich zur Staatsbedrohung aus – die rechtsradikale Reaktion stand nicht nach. Gempps »T 3 Abw.« beobachtete, ohne tätig zu werden. Immerhin hatten sie Informanten in den IA-Gruppen der Polizeipräsidien, von wo sie mit Erkenntnissen aus der Radikalenszene beliefert wurden. (Andere Reichswehrstellen hingegen erlagen durchaus der Versuchung, im politischen Spiel mitzupokern, wenigstens aber Einfluß zu wahren.)

Die Agitation gegen den Vertrag von Versailles geriet den Rechten zum Kampf gegen die Weimarer Republik. Deren Repräsentanten wurden als »Erfüllungspolitiker« beschimpft. Am 13. März 1920 kam es in Berlin zum rechtsradikalen Kapp-Putsch. Die Anführer unter dem Generallandschaftsdirektor Wolfgang Kapp wollten damit den parlamentarisch-demokratischen Staat beseitigen und die politische Ordnung von vor 1914 wiederherstellen – Hochverrat an der neuen Verfassung des neuen Reichs.

In diesen Umsturzversuch war abermals der Mann verwickelt, der bereits bei den Liebknecht-Luxemburg-Morden im Zwielicht gestanden hatte: Wilhelm Canaris. Zusammen mit Kapitän zur See Max Viebahn und Major von Gilsa gehörte er zur Adjutantur des Reichswehrministers Noske. Als am 13. März die Marinebrigade »Ehrhardt« in Berlin »Unter den Linden« aufmarschierte und dabei das Deutschlandlied absang, erschien Kapp die Zeit reif für einen Putsch. Gemeinsam mit dem Befehlshaber der Reichswehr, General Walther von Lüttwitz, erklärte er die Koalitionsregierung des Sozialdemokraten Gustav Bauer für abgesetzt und rief eine »neue vaterländische Regierung« aus.

Im Hauptquartier, den 4 April 1923.

Warnung

an die Bevölkerung

Auf der ganzen Strecke des Rhein=Herne Kanals, des Dortmund=Ems Kanals, des Lippe=Sertin Kanals und des Zweigkanals von Herne

ist ausdrücklich verboten:

1.) — Auf den Brücken und Stegen stehen zu bleiben.
2.) — Sich den Schleusen und den Hebern zu nähen.
3.) — Auf den Treidelwegen und deren Böschungen sich zu bewegen.
4.) — In der Nähe dieser Kanäle Gegenstände oder Materialien hinzuwerfen oder im Stich zu lassen.
5.) — Sand, Pflanzen, Kies u. s. w. wegzuschaffen.
6.) — Zu rudern, zu segeln, oder mit Bootskaken zu fahren, ohne ausdrücklich dazu ermächtigt zu sein.

Die Personen, welche die Vorschriften des gegenwärtigen Befehles übertreten, laufen Gefahr von den, mit der strengen Beaufsichtigung der Wasserstraßen und der Nebenwasserstraßen beaufragten Truppen beschossen zu werden und haben die, für die Übertretung der Befehle des Kommandierenden Generals vorgesehenen Gefängnis= und Geldstrafen, verwirkt. (Verfügung Nr. 16)

Der Kommandierende General,

DEGOUTTE.

Die Lehrlinge in der Villa Lüttitz

In einem von den Besatzungsbehörden beschlagnahmten Haus in Aachen, der schloßähnlichen »Villa Lüttitz«, unterhielt der französische Geheimdienst eine eigene Spionageschule. Die »Dozenten« waren Offiziere aus dem Pariser Hauptquartier in der Rue François 3. Nach Intelligenz und Eignung schlossen die Spionageaspiranten mit bestimmten Dienstgraden ab:
Niedrigste Agentenstufe war die des *»Dupeur«;* er hatte Gewerkschaften und Arbeiterorganisationen zu erkunden. Für die gehobene Industrie- und Wirtschaftsspionage wurde der *»Mouton«* ausgebildet. Für Nachwuchs an der Spionenfront hatte der *»Racolleur«* zu sorgen, der als Werber arbeitete. (Racolleurs waren fast immer Frauen.) Ein *»Agent baladeur«* konnte sowohl Führungsoffizier als auch Agent im besonderen Einsatz sein. Spion mit festem Wohnsitz (Residentur) war der *»Agent fix«,* der für eine bestimmte Stadt zuständig war und dort alles Erreichbare auszukundschaften hatte. Ranghöchste Stufe war die des *»Trafiquant«,* des reisenden Spions, der ständig unterwegs war, um Pläne und Dokumente von wichtigen politischen, militärischen und industriellen Vorgängen zu beschaffen.

In der Grauzone zwischen Hochverrat und Vaterlandsliebe: Nach dem Ersten Weltkrieg stießen viele enttäuschte kaiserliche Offiziere zur sogenannten Schwarzen Reichswehr. Diese illegale Organisation betrieb eine antirepublikanische Politik mit Terrormethoden. Doch nur selten stieß sie an die Grenzen des Rechts: Sympathisierende Richter sorgten für milde Urteile – wie im Fall des Kapitänleutnants Neumann 1921 (Abb. links mit seiner Frau beim Verlassen des Gerichtsgebäudes in Berlin). Nicht selten führte die Solidarität der Richter mit den Angeklagten zu einer Umkehrung der Moral: Die Urteile an dem mehrfach beklagten Oberleutnant Paul Schulz wurden nicht vollstreckt, der Verrat an der jungen Republik nicht gesühnt.

Phot. Retzlaff

Oberlt. a. D. Paul Schulz

geb. 5. II. 1898 in Stettin

Aus Bauerngeschlecht. Mit 16 Jahren Soldat. Wegen Tapferkeit zum Offizier befördert. Kämpfer im Baltikum und Oberschlesien. Organisator der schwarzen Reichswehr. Als Femerichter von der dankbaren Republik mehrfach zum Tode verurteilt.

Schwankend zwischen seiner Loyalität zu seinem Minister und seiner Treue zur Wehr, entschied sich Canaris für die Putschisten. Doch das Kapp-Theater währte nur sechs Tage. Trotz Lüttwitz' Mitwirkung blieb die Reichswehr abseits. SPD und Gewerkschaften riefen einen Generalstreik aus, dem zwölf Millionen Arbeiter folgten. Dadurch wurde das Ende der kurzlebigen Umsturzregierung beschleunigt. Canaris landete in einer Haftzelle des Polizeipräsidiums von Berlin. Bald war er wieder auf freiem Fuß, setzte sich ab – zurück zur Marine.

Als der gescheiterte Hochverräter Canaris drei Jahre später Erster Offizier auf dem Schulkreuzer »Berlin« wurde, begegnete er erstmals dem Manne, der über ein Jahrzehnt danach sein böser Konkurrent werden sollte, der sich zum verantwortlichen Chef der berüchtigten Gestapo und des Sicherheitsdienstes (SD) im Dritten Reich aufschwang und zu Heinrich Himmlers Stellvertreter avancierte: Seekadett Reinhard Heydrich. Der Undurchsichtige und der Böse schlossen eine mißtrauische Freundschaft. Sie machte Spionagegeschichte.

Die frühen zwanziger Jahre brachten Männer hervor, die in der Folge zu Stars in der Grauzone legitimierter Aufklärung und schlichten Verrats aufstiegen. Da war das USPD- und KPD-Doppelmitglied Richard Sorge, Doktor der Staatswissenschaften und hoffnungsvoller Hochschulassistent in Aachen. Der Mann, den viele Zeithistoriker den erfolgreichsten Spion des Jahrhunderts nennen, war seit je konsequent: Sorge stand immer links. Sorge wurde nicht aus Abenteuerlust oder Gewinnsucht Spion, sondern aus unerschütterlichem Glauben an den Kommunismus. Und: Sorge wechselte nie die Fronten.

Er war Mitglied des ersten Gemeinsamen Rates der Arbeiter- und Matrosenräte in Kiel 1918. Gleich nach der Jahreswende 1918/19 reiste er von Kiel nach Berlin, um dort aus den Spartakusunruhen eine Revolution machen zu helfen. Er unterwies linksradikale Jugendgruppen in der Lehre des Marxismus, als es in Aachen noch keine KPD-Zelle gab. Er gehörte im Streik gegen den Kapp-Putsch zur Streikleitung. Als im April 1934 die mittlerweile verbotene KPD zu ihrem 9. Parteitag illegal zusammenkam, war Sorge für die Sicherheit der angereisten sowjetrussischen Delegation verantwortlich. Dieser Kontakt brachte die endgültige Entscheidung in seinem Leben: General Bersin, der berühmte Leiter der Abteilung Aufklärung in der Roten Armee, holte ihn nach Moskau – und entließ ihn als ausgebildeten Meisteragenten Stalins.

Der verbotene »Dienst«

Den »Abwehrgruppe« genannten Nachrichtendienst der Reichswehr durfte es nach den Bestimmungen des Versailler Friedensvertrages nicht geben. Folglich wurde er zunächst geheim- und in sehr kleinem Rahmen gehalten. Er arbeitete eng mit dem Marinenachrichtendienst zusammen, der bis 1928 eine selbständige Dienststelle des Admiralstabes war. Anfangs gehörten zur »Abwehrgruppe« drei Generalstabsoffiziere, sechs angestellte Offiziere und Schreibkräfte. Es gab zwei Referate: die *»Abteilung Ost«* und die *»Abteilung West«*; Auslandsaufklärung wurde kleingeschrieben. Die drei Untergruppen waren: *I. Erkundung, II. Funkhorch- und Chiffrierdienst, III. Spionageabwehr.* Zu jedem der sieben Wehrkreise (I Königsberg, II Stettin, III Berlin, IV Dresden, V Stuttgart, VI Münster, VII München) gehörte je eine Abwehrstelle mit zunächst einem Generalstabsoffizier und einem Offizier. Sitz der »Abwehrgruppe« (»T 3 Abw.« nach T = Truppenamt) war im Gebäude des früheren Reichsmarineamtes in Berlin am Tirpitzufer 78 in der dritten Etage. Exekutiv war die militärische Abwehr bis 1933 von den IA-Ressorts der Polizeipräsidien abhängig.

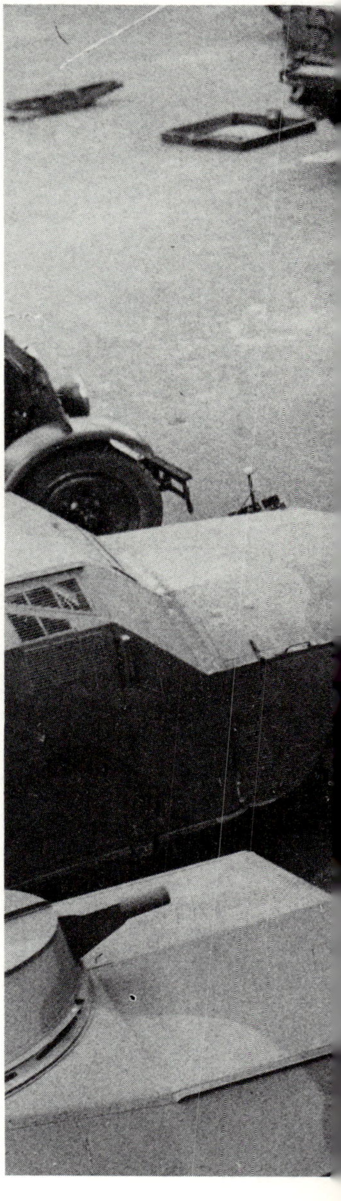

Kriegsspiele: Aufrüstung war den Deutschen durch die Verträge von Versailles verboten. Doch die Reichswehr unterlief diese Bestimmung: Ihre Truppen übten mit Panzerattrappen (Abb. oben im Manöver bei Mergentheim). Die täuschend echten Nachbildungen der Panzerwagen wurden in eigenen Werkstätten hergestellt (unten). Die eigentliche Aufrüstung und Ausbildung wurde im verbündeten Sowjetrußland vorangetrieben.

RW
3134

Offenes Treffen der Schnüffler: Ausländische Militär- und Marineattachés hatten – und haben – grundsätzlich auch nachrichtendienstliche Aufgaben zu erfüllen. Ihre Versammlungen (Abb. oben im Berliner Hotel Adlon am 13. Februar 1929) wurden nur selten geheimgehalten. Zentrale der Agenten waren auch damals schon die diplomatischen Vertretungen (Abb. rechts: die Sowjet-Botschaft in Berlin, Unter den Linden).

Moskaus Hang zur Weltrevolution als offizielle Politik der Kommunistischen Internationale (Komintern) und als ständige Drohung kamen die Wirren im Deutschen Reich entgegen. Seit je sind Unzufriedenheit und nationaler Zorn nützliche Nährböden für Unruhestifter, Saboteure und Agenten. Und Unzufriedene gab es in Deutschland genügend:

Der bürgerliche Mittelstand schob dem »Weimarer System« die Schuld am eigenen wirtschaftlichen und sozialen Niedergang zu. Über Deutschland schwebte noch immer das Damoklesschwert der Reparationszahlungen an die Sieger: 269 Milliarden Goldmark, zahlbar in 42 Jahresraten von 1919 bis 1961! Deutschland versuchte die Summe herunterzuhandeln – als Antwort besetzten französische Truppen zwischen Februar und März 1921 Düsseldorf, Duisburg, Ruhrort, Mülheim und Oberhausen. Die Inflation, die 1922 einsetzte, traf das Bürgertum besonders hart: Es verlor seine Rücklagen und die Reichsanleihen, mit denen es den verlorenen Krieg finanziert hatte. Doch auch der Arbeiter wurde Opfer der Geldentwertung. Sein Lohn zerrann ihm unter den Händen zu wertlosen Billionensummen. Da führte Frankreich – gegen die Stimme Englands in der Kontrollkommission – einen zweiten Schlag: Weil Deutschland »vorsätzlich die Kohlelieferungen vernachlässigt« hätte, ließ die Pariser Regierung Raymond Poncare mit fünf Divisionen und schweren Waffen im Januar 1923 das ganze Ruhrgebiet besetzen.

Für General »Dupont« und den Hauptmann d'Armont vom französischen Geheimdienst waren diese Jahre zwischen 1919 und 1925/26 erfolgreiche Jahre. Für Oberst Gempp von der heimlichen deutschen Abwehr und für die Dienststellen der deutschen Politischen Polizei waren es Jahre des Kampfes mit einer Hydra – schlug man ein Schlangenhaupt ab, flugs wuchsen andere nach. Parallel dazu versuchten die Sowjetrussen, alle wichtigen Bereiche zu infiltrieren: die Industrie, die Wirtschaft, die Politik. Kein linksradikaler Aufruhr, den sie nicht schürten:

- Im März 1920 hatten sich die Kommunisten des Rheinlandes erhoben – Freikorpsverbände, die den Aufstand niederwerfen wollten, wurden von einer »Roten Armee« aus Arbeitern und Soldaten zurückgedrängt. Erst die Reichswehr konnte den von sowjetgeschulten Agenten gelenkten Aufruhr nach schweren Kämpfen ersticken.
- In Sachsen und Thüringen waren gleichzeitig linksradikale Gruppen unter dem Kommando des Kommunisten Max Hölz gegen die bestehende Ordnung aufgestanden: Lenins Antwort auf den Kapp-Putsch. Doch, anders als bei Kapp, zögerte diesmal die Reichswehr nicht und griff wie zuvor im Rheinland ein. Hölzens Aktion endete blutig.
- Die Ermordung des Zentrumspolitikers Mathias Erzberger am 26. August 1921 und des Außenministers Walther Rathenau am 24. Juni 1922 durch Angehörige rechtsradikaler Geheim-

organisationen rief ebenfalls sofort linksradikale Reaktionen hervor: In den Großstädten schossen wieder die Ultras von links und rechts aufeinander.

● Am 21. Oktober 1923 hatten die französischen Besatzer in Aachen durch deutsche Separatisten eine »Rheinische Republik« ausrufen lassen; in Speyer hatte zugleich der Beauftragte für die Pfalz die Errichtung eines autonomen »Pfalzstaates« verkündet. Die Idee des »Pfalzstaates« zerbrach an massiven Selbsthilfeaktionen der Pfälzer, welche die Separatisten davonjagten – mit englischer Billigung. Die Briten waren nämlich Anfang des Jahres aus der gemeinsamen Reparationskontrollkommission ausgetreten. Sie förderten indirekt auch den Widerstand der Bevölkerung gegen die Rheinrepublik, und auch dieses Gebilde war nur von kurzer Dauer.

Gescheiterte Putschs, und kein Ende! Landesverrat durch Aufruhr, doch kaum Bestrafung. Die Auffassungen von Recht und Moral waren durcheinandergeraten in Deutschland. In der Hauptstadt Berlin herrschte eine Regierung, die zusehen mußte, wie ringsum eine permanente, schwelende Revolution an der dünnen demokratischen Substanz fraß und die immer mal aufflackerte, immer mal gedämpft wurde und doch nie zu einem Ende in neuer fester Ordnung führte.

Ein elementarer Teilchen-Fehler

Kapitalistische Gesetze haben in der kommunistischen Welt keine Gültigkeit. Folglich scheuten sich die Russen nach Gründung ihrer Sowjetrepublik auch nicht, in den Ländern des bösen Kapitalismus deren Gesetze zu übertreten. Und weil sie beim Aufbau einer modernen Industrie auf die Erkenntnisse einer ausgedehnten Industriespionage im Know-how-trächtigen Ausland angewiesen waren, nutzten sie jedes Mittel der Ausspähung.

Dabei kam es zu unfreiwilligen humoristischen Einlagen:
Im Frühjahr 1925 wurden zwei junge russische Technik-Studenten auf eine »Kommandirowka«, ein Spionage-Kommandounternehmen, nach Deutschland geschickt. Jedoch: Parteiführung und Geheimdienst hatten ihre Linientreue höher bewertet als ihre technisch-wissenschaftlichen Kenntnisse. Die beiden Jungs sollten im Rheinland einige Kilo Elektron (eine magnesiumhaltige Leichtmetallegierung) beschaffen. Damit wollte man in Rußland das Herstellungsverfahren für diese Legierung – das eine andere Gruppe besorgen sollte – nachentwickeln.
An einem schönen Maitag erschienen die zwei russischen Studenten-Spione in einem Metallwarengeschäft der Essener Innenstadt.
»Sie wünschen?« fragte der Verkäufer.
›Seid unauffällig!‹ war den Jungs eingeschärft worden. ›Euer Auftreten muß ganz natürlich wirken!‹ Also sagte der eine so beiläufig, als verlange er ein Pfund Nägel: »Bitte, wir chätten gjern paar Kilo Elektronen.«
Der Verkäufer blickte ratlos. Die Russen bestanden auf ihrem Begehr. Erst der herbeigerufene Sohn des Geschäftsinhabers, ein Abiturient, klärte die Fremden auf: »Elektronen, meine Herren, sind elektrische Elementarteilchen ...«
Wie der Zufall spielt: Der Verkäufer erzählte die Story am Stammtisch. Am Stammtisch saß auch ein Polizist. Der verständigte seinen Kollegen von der politischen Abteilung. Zwei Tage später saßen die Russen hinter schwedischen Gardinen.

Der V-Mann Adolf H.

Als Putschist war Hitler erfolglos geblieben. Als Agent war er besser. Hitler-Forscher Werner Maser fand heraus: »Im Rahmen der Abteilung I b/P, die wechselweise als ›Nachrichtenabteilung‹, ›Presse- und Propagandaabteilung‹ und ›Aufklärungsabteilung‹ bezeichnet wird und unter der Leitung des bayerischen Richtersohnes Hauptmann i.G. (im Generalstab) Karl Mayr (1883 bis 1945, gestorben im KZ Buchenwald) steht, wird Hitler nicht als ›Bildungsoffizier‹, wie er behauptet, sondern als ›Vertrauensmann‹ (›V-Mann‹) eingesetzt, was seine Wirkungsmöglichkeit jedoch nicht einschränkt.« »Was Wunder, daß seine Gegner ihn argwöhnisch betrachteten und als ›Spitzel‹, ›Schnüffler‹ und ›Agent‹ und seine Freunde ihn als ›Patrioten‹ bezeichneten. Mit Sicherheit war Hitler damit beauftragt, die Unteroffiziere und Mannschaften ausfindig zu machen, die während der Rätezeit ... auf der Seite der kommunistischen Räte gestanden hatten. Die ihm übertragene Aufgabe erfüllt Hitler zur vollen Zufriedenheit seiner vorgesetzten Dienststelle.«

Staatsstreiche kamen in Mode – auch in München. Dort regierte ein adliges Dreigespann über Bayern: Generalstaatskommissar Gustav Ritter von Kahr, General Otto von Lossow und Oberst Hans Ritter von Seißer. Ministerpräsident Eugen von Knilling beaufsichtigte sie an langer Leine. In München herrschte aber auch die junge »Nationalsozialistische Deutsche Arbeiterpartei« (NSDAP) – mindestens herrschte sie eisern über ihre Anhänger und zahlreichen Mitläufer sowie Sympathisanten in den Kasernen (obwohl es Angehörigen der Reichswehr nicht gestattet war, in politischen Parteien mitzuarbeiten). Für Seißer und Kahr waren die »Nazis« der NSDAP »braunes Gesindel«.

Als Gesindel hatten freilich auch schon die Räte unter der Leitung der linksradikalen Max Levin und Dr. Eugen Leviné gegolten, die im April 1919 in München zusammen mit Kurt Eisner und Ernst Toller zu einem Zeitpunkt die Macht an sich gebracht hatten, da Bayern ein Staat ohne eigene politische Spitze war. Leviné und Levin waren Russen. Die Führung der »Roten Armee« (deren Gründung mit sowjetisch inspirierten Staatsstreichen immer zugleich einhergeht) hatten sie dem 21jährigen Matrosen Kurt Egelhofer anvertraut. Diese Räterepublik ertrank in Blut. Des Reichswehrministers Noske Truppen zerschlugen den roten Traum in den ersten Tagen – ein abscheuliches Gemetzel von beiden Seiten kennzeichnete die Wut, mit der die politischen Gegner dieser Jahre einander befehdeten. Längst war dieses Gesindel weg. Das andere aber plante seinen eigenen Putsch:

9. November 1923. Am Abend zuvor hatten die Nazis in Münchens »Bürgerbräukeller« ihre »Revolution« proklamiert. Ihr Ziel: Machtergreifung in München, Marsch auf Berlin, Ausrufung einer »nationalen Diktatur«.

Durch mangelhafte Koordination unter den Putschisten – so entkamen die festgesetzten Kahr, Lossow und Seißer durch ein Versehen – und die entschlossenen Gegenoperationen der bayerischen Landespolizei lief vieles schief. Die Meute aus dem »Bürgerbräu« beschloß, in die Stadt zu marschieren. Widerstand von der teils befreundeten, teils abwartenden Reichswehr befürchteten die braunen Revolutionäre nicht.

Der Marsch zog über die Isar, vorweg ausgewählte Schützen und acht Männer mit schwarz-weiß-roten sowie Hakenkreuzfahnen. Dahinter drei Einheiten in Viererreihen: links die 100 Mann starke Leibwache des Anführers mit Stahlhelmen, Karabinern und Handgranaten; rechts der radikale »Bund Oberland«; in der Mitte das Münchner »Sturmabteilung«-Regiment (SA) der NSDAP. Männer in Uniformteilen und in Zivil schlossen sich an, manche bewaffnet. Studenten schritten neben jungen Soldaten aus der Infanterieschule, Geschäftsleute neben Arbeitern. Der Zug war auf 2000 Menschen angeschwollen, als er das Zentrum erreichte.

Vom Marienplatz wandte sich der Haufen nach rechts in die Weinstraße, Richtung Feldherrnhalle. Die grünen Uniformen der Landespolizei wurden am Odeonsplatz sichtbar.

Erhobenen Hauptes und unbeirrt marschierte die Spitze auf die Postenkette los, in ihrer Mitte der Weltkriegsgeneral Erich von Ludendorff, mit ihm in einer Reihe der SA-Mann Ulrich Graf, mit Stahlhelm der Hauptmann Hermann Göring, der Oberst Hermann Kriebel, der NSDAP-Funktionär Max Erwin von Scheubner-Richter und, neben Ludendorff, der Führer des Putschs.

Der Polizeioberleutnant Michael Freiherr von Godin gab Befehl, die Nahenden zurückzudrängen. Doch die Marschierer empfingen die Beamten mit gefällten Bajonetten. Godin packte einen Karabiner, parierte zwei ihm entgegengehaltene Bajonette und rannte die beiden Angreifer schlicht über den Haufen.

In diesem Moment krachte ein Pistolenschuß. »Die Kugel pfiff an meinem Kopf vorbei«, gab Godin später zu Protokoll. »Der hinter mir stehende Unterwachtmeister Nikolaus Hollweg wurde davon getroffen. Er war sofort tot.«

Die Hölle brach los. Godin: »Noch bevor es mir möglich gewesen war, einen Befehl zu geben, eröffneten meine Leute das Feuer.«

Die Putschisten erwiderten die Salven aus den Polizeigewehren. Ludendorff, fronterfahren, warf sich auf die Straße. Der Anführer des Putsches neben ihm ging ebenfalls zu Boden. Verwundete schrien. Göring hatte einen Steckschuß im Oberschenkel, Scheubner-Richter einen Lungenschuß. Die Hintermänner gerieten in Panik, weil sie nicht wußten, was vorne passierte.

Nach dem Salvenfeuer stand keiner mehr aufrecht in den ersten Reihen. Die dahinter flohen. Auf der Straße lagen 18 Tote: vier Beamte der Landespolizei und 14 Putschisten.

Der Anführer entkam. Es war Adolf Hitler.

Zwei Tage nach dem fehlgeschlagenen Staatsstreich wurde er im oberbayerischen Uffing bei Murnau verhaftet. Am 1. April 1924 wurde Adolf Hitler vom »Volksgericht für den Landgerichtsbezirk München I« im Gebäude der früheren Kriegsschule in der Blutenburgstraße wegen »eines Vergehens des Hochverrates« schuldig gesprochen und zu fünf Jahren Festungshaft verurteilt.

»Wie kann ich des Hochverrats beschuldigt werden«, hatte Hitler in der Verhandlung gefragt, »da es doch meine Mission ist, Deutschland auf den ihm zukommenden Platz in der Welt und aus der Schmach der Niederlage in die Ehre zurückzuführen?«

Landgerichtsdirektor Georg Neidthardt bescheinigte übrigens seinem Angeklagten Hitler, daß er sich zu Recht als Deutscher betrachte, weshalb er auch nicht nach Österreich abgeschoben werden sollte. Außerdem habe er freiwillig viereinhalb Jahre lang im deutschen Heer ge-

»Kein Teufel kann uns aufhalten«: Adolf Hitler nimmt in München eine Parade seiner Gefolgsleute ab. Rechts neben ihm Julius Streicher, einer seiner Chefideologen (Abb. oben).

Die Privatarmee des Generals: Erich von Ludendorff, hoch dekorierter Weltkriegsoffizier, agitierte mit Hilfe seines Tannenbergbundes zugunsten Hitlers gegen die Weimarer Republik. Das Foto unten zeigt ihn mit Gefolgschaft.

kämpft, sei tapfer gewesen, habe Auszeichnungen erhalten – es war faktisch eine politische Ehrenerklärung des Gerichts für den Putschisten und Hochverräter.

In der sehr komfortabel eingerichteten Zelle 7 der Festung Landsberg saß Hitler bloß bis zum 19. Dezember 1924: nicht einmal ein ganzes Jahr Buße für einen versuchten Staatsstreich mit 18 Toten.

Doch Tote zählten gering vor der deutschen Justiz – wenn es nur die rechten Mörder und die richtigen Opfer waren: Nachdem der bayerische Graf Anton von Arco aus Valley am 21. Februar 1919 den Münchner Räterevolutionär Kurt Eisner von hinten niedergeschossen hatte, war er zwar ein Jahr später zum Tode verurteilt worden, aber die Strafe wandelte man schon einen Tag drauf in »lebenslänglich« um. Auch Arco saß in einer der gemütlichen Landsberger Zellen für politische Gewalttäter – bis er im April 1924 aufgrund eines Ministerbeschlusses freikam.

Wen wundert es, wenn bei solcher rechtlicher oder politischer Auslegung von Schuld und Sühne auch die Begriffe von Staatstreue und Landesverrat willkürlich und ungestraft manipuliert werden konnten.

Verrat, Spionage und Sabotage lähmten auch den Wiederaufbau einer funktionstüchtigen Wirtschaft in Deutschland. So gründete die deutsche Industrie 1924 zur Abwehr kommunistischer Sabotage eigene Werkssicherheitsdienste. Sie wurden privat finanziert und von ehemaligen Offizieren geleitet. Einmal mehr kam Canaris ins Gerede: Er soll die Rüstungsindustrie der zwanziger Jahre mit Agenten der »Abteilung T 3 Abw.« durchsetzt haben. Es war ein bloßes Gerücht: Der Marineoffizier Canaris hatte keinerlei einflußreichen Kontakt zur »Abwehr«.

Tatsächlich nahmen Gempps Abwehrmänner die Anführer radikaler politischer Gruppen vorsichtig unter die Lupe, um sie auf ihre Schädlichkeit gegen die Wehrkraft zu überprüfen; auch wurden in geringem Umfang leitende Angestellte in der Rüstungsindustrie darauf observiert, ob sie womöglich in fremden Geheimdiensten standen. Dabei mußte »T 3 Abw.« die abwehrende Einstellung der politischen Parteien und weiter Teile einer von links bis rechts falsch informierten und orientierten Öffentlichkeit berücksichtigen.

So gelang es dem »Abwehr«-Obersten Gempp und seinem Nachfolger Oberst Schwantes, der den Posten am 23. Juni 1927 übernommen hatte, das Spionageunwesen in Deutschland auf ein »normales«, jedenfalls erträgliches Maß zurückzudrängen. Daneben blieb dieser Nachrichtendienst auch auf technischem Gebiet nicht müßig: Elektroniker und Funkfachleute entwikkelten im Auftrag Schwantes' den ersten Kurzwellenfunk für den Agentenverkehr. Tragbare Sende- und Empfangsgeräte machten einen reibungslos funktionierenden Spionage- und Abwehrdienst möglich.

Inzwischen hatte der Oberst Kurt von Schleicher im geheimen Generalstab, dem Truppenamt, eine »Abteilung I« für militärisch-politische

Wenn Kallenbach kommt ...

Jeder deutsche Kommunist war schon vor Hitlers »Machtergreifung« im Januar 1933 zum illegalen Kampf für die Sowjetunion verpflichtet. Auf dem VI. Weltkongreß der Komintern war »zur Leistung einer systematischen antimilitaristischen Arbeit« aufgerufen worden. Dabei wurde zwischen »ideeller Spionage« (die jeder kommunistische Arbeiter zu betreiben hatte) und »praktischer Spionage« (für die nur dafür begabte Genossen in Frage kamen) unterschieden. Gemeinsame deutsch-russische Handelsunternehmen und Wirtschaftsgründungen bildeten für die Russen vorgeschobene Beobachtungsposten: die »Deutsch-Russische Luftfahrtgesellschaft« (Deruluft), die »Deutsch-Russische Transportgesellschaft« (Derop), die »Garantie- und Kreditbank für den Osten AG« (Garkrebo). Zahlreiche Sowjetagenten operierten aber auch in rein deutschen Betrieben. So flog im Oktober 1930 ein roter Agentenring in den »Gruson-Werken« – einer Krupp-Filiale bei Magdeburg – auf. Ein Konstrukteur mit Namen Kallenbach hatte die Gruppe geführt – »wenn Kallenbach in ein fremdes Werk kam, wunderten wir uns jedesmal, daß er sich sogar für Kleinigkeiten interessierte, die ihn gar nichts angingen«, staunten seine Arbeitskollegen nach seiner Festnahme.

Bei Siemens & Halske in Berlin wurden im Dezember 1930 zwei deutsche Betriebsangehörige und der russische Ingenieur Woloditschew verhaftet; sie hatten im Auftrag der russischen Handelsvertretung spioniert. Im Januar 1931 übergab Werkspolizei der Polysisus-Zementwerke den Ingenieur Wilhelm Richter an die Politische Polizei – Richter hatte Geheimpapiere für seine russischen Auftraggeber gestohlen. In Ludwigshafen wurde im April 1931 ein Agentennetz zerschlagen, das unter der Leitung eines Karl Dienstbach (der 25 Spione führte) Industriespionage in den chemischen Betrieben Südwestdeutschlands betrieben hatte – zugunsten der Sowjetunion.

Polnischer James Bond: Rittmeister Serge Sosnowski verdankte seine größten Spionageerfolge dem gekonnten Umgang mit Frauen (von rechts: Sosnowski, Benita von Berg, Günther Radloff und Gräfin Bocholtz).

Opfer rechtsradikaler Fanatiker: Der Führer des revolutionären Bayern, Kurt Eisner (Abb. oben), wurde 1919 vom bayerischen Grafen Anton von Arco hinterrücks erschossen. Der Attentäter mußte für diese Tat kaum büßen.

Angelegenheiten eingerichtet. Seit 1926 hatte Schleicher auf Umwandlung dieses Ressorts in eine selbständige Abteilung hingearbeitet. So konnte er am 1. März 1929 aus ihr ein »Ministeramt« machen, in dem er eine einflußreiche Schlüsselstellung einnahm. Im Ministeramt liefen nach Schleichers Ernennung zum Reichswehrminister – er war inzwischen General geworden – alle politischen Fäden zusammen; das Ressort war losgelöst von »Abwehr«aufsicht und -kontrolle. »T3 Abw.« beschied sich mit militärisch-nachrichtendienstlicher Auswertung von Abwehrerkenntnissen im allgemeinen.

Ein Jahr nach der »Dienst«-Übernahme durch Schwantes war in Berlin ein früherer österreichischer Rittmeister Serge (genannt »Juri«) Sosnowski aufgekreuzt. Er kam mit fester Order: Für Warschaus Geheimdienst sollte er den Stand der deutschen Aufrüstung erkunden. Seine Tarnung war einfach. Er trat als Großhandelsvertreter mit einigen Angestellten – Spione wie er – in der Berliner Geschäftswelt auf.

Sosnowski sah gut aus. Sosnowski war charmant. Sosnowski hatte Geld, viel Geld, und das immer. In der Nähe des Lützowplatzes mietete er sich in einem eleganten Haus eine ganze Etage. Bald war der Mann als begehrter Salonlöwe in der Reichshauptstadt nahezu konkurrenzlos ohne Nebenbuhler bei den Schönen der Society. Die Frauen flogen auf ihn, und er tat gar nichts, sie daran zu hindern – im Gegenteil.

Es war auf einer Party im Berliner Westen, als dem Polen die verheiratete Benita von Berg, geborene von Falkenhayn, über den Weg lief. »Gnädigste bringen mich um meine Contenance«, eröffnete Sosnowski das Spiel. »Deshalb werde ich diese Gesellschaft verlassen. Es macht mich als Mann unsicher, wenn ich das Gefühl habe, mich einer Frau vollkommen und vom ersten Augenblick an ausliefern zu müssen!«

Ein starker Spruch, dick aufgetragen. Doch Sosnowski brachte das so überzeugend, ja er ging sogar wirklich, wie wenn er die reine Wahrheit gesprochen hätte, so daß die Berg einwilligte, als er sie anderntags um ein Wiedersehen in die Bar des Hotels »Adlon« bat.

Zwei Abende später lag Frau Benita von Berg mit dem erfolgreichen Juri im Bett.

Benita von Berg war Sekretärin im Oberkommando des Heeres. Willig erzählte sie ihrem Geliebten, was sie in ihrem Amt erfuhr. Zunächst war das nichts Aufregendes. Arglos führte sie ihm schließlich auch ihre Freundin Renate von Natzmer zu. Sosnowski umgarnte die nicht sehr ansehnliche, aber sehr kluge Renate mit seiner bewährten Masche. Bald waren beide Damen seine Geliebten. Und beiden trug er eines Tages den gleichen Monolog vor:

»Wußtest du, daß die Deutschen Polen angreifen wollen, mein Herz? Du wußtest es nicht. Weißt du, daß ich ausgewählt wurde, Schaden von meinem Heimatland zu wenden, daß ich alles über die deutsche Wehrmacht ausspähen soll, um mein Vaterland zu retten? Jetzt weißt du es. Ich konnte es dir nicht länger verschweigen. Ich gebe mich in deine Hand, Renate …« beziehungsweise eben »… Benita«.

Die Frauen dachten nach, jede für sich und ohne von der anderen zu wissen, obwohl sie doch Freundinnen waren. Dann überlegten sie: ›Er arbeitet ja nicht gegen Deutschland! Er arbeitet gegen die Nazis.‹ Die galten in den Salons nicht als feinste Gesellschaft, mancher mokierte sich über die NSDAP. Im übrigen: Hatte er ihnen nicht – jeder einzeln – die Ehe versprochen?

Also lieferten sie fleißig weiter, und von nun an war es sehr wohl Aufregendes: Benita aus dem Oberkommando des Heeres; Renate aus dem Reichswehrministerium, wo sie beim Generalquartiermeister einen Vertrauensposten hatte und Aufstellungen über Nachschuborganisation kopierte – auf die einfachste Weise: Sie spannte einfach einen Durchschlag mehr ein, wenn sie die Pläne tippte. Benita brachte einmal gar eine Aufmarschstudie gegen Polen mit – Sosnowski fotografierte sie.

Ein Rittmeister a. D., Pole dazu, mußte auffallen, wenn er einen so aufwendigen Lebenswandel führte. Benita von Berg war verheiratet und nicht arm, auf sie fiel kein Verdacht. Doch das häßliche Entlein Renate, vom Leben bisher nicht verwöhnt, richtete sich plötzlich ein luxuriöses Appartement ein. Als Angestellte im Reichswehrministerium mit schmalem Gehalt.

Ende 1929 hatte der Oberstleutnant Kurt von Bredow den Oberst Schwantes als »Abwehr«chef abgelöst. Schon Schwantes hatte Verdacht geschöpft. Bredow, argwöhnisch, setzte seinen Korvettenkapitän Richard Protze auf Sosnowski an. Protze stieß auf eine dritte Frau – die persische Tänzerin Katja Berberian.

»Ihr polnischer Freund ist Ihnen doch treu?« hatte Protze das Mädchen, eine Schönheit, mit dem Künstlerbeinamen »Schwarzer Engel«, gefragt, nachdem er in häufigen Treffs über Wochen ihr Vertrauen erworben hatte.

»Juri?« fragte die Tänzerin zurück und lachte. »Treu? Daß ich nicht lache. Der geht fremd, der kann jede haben, und er nimmt sich auch jede. Aber er liebt keine. Keine andere. Nur mich!«

Da weckte der Geheimdienstoffizier Protze die Eifersucht des schönen Mädchens. Und das Leben überholte die Satire: Die Schnulze stimmte, die kitschige Süße der Dialoge ist überliefert. Doch dem polnischen Spion, seinen adligen deutschen Gespielinnen und der Künstlerin blieb noch eine gnädige Spanne Zeit für ihr Vierecksverhältnis – eine Galgenfrist.

Abwehrchef als Zeuge: Admiral Conrad Patzig (links) mußte als ehemaliger oberster Agentenjäger im Röhm-Prozeß 1957 aussagen. Neben ihm Karl Wolff, seinerzeit Adjutant des Reichsführers SS Heinrich Himmler.

Als der Kapitän zur See Conrad Patzig am 2. Juni 1932 die Nachfolge Bredows im »Abwehr«-amt antrat, kam ein ebenso erfahrener wie kritischer Mann auf den Chefsessel im Truppenamt-Ressort. Patzig war Leiter der Marineabteilung (Gruppe V) in der »Abwehr« gewesen; dem Reichswehr-Schleicher und dessen NS-Freunden stand er abwartend bis mißtrauisch gegenüber. Gleichwohl erfüllte er treu seine Aufgabe: die Jagd auf Spione in Deutschland.

Die Lage im Reich hatte sich seit Jahren zugespitzt, jetzt war sie ihrem dramatischen Höhepunkt nahe. Die bürgerlichen demokratischen Parteien zersplitterten sich, zugleich verloren sie Anhänger. Vielen erschien nur noch eine über den Parteien stehende autoritäre Regierung als Ausweg aus der Dauerkrise.

Die anscheinende Erfolglosigkeit der Regierung Brüning bei der Bewältigung des wirtschaftlichen Desasters brachte das ganze »System Weimar« in Mißkredit. Die extreme Linke – die KPD – und die extreme Rechte – gesammelt in der NSDAP – profitierten davon. Die Zahl der Arbeitslosen überstieg die Sechs-Millionen-Marke.

Am geschicktesten bewegte sich der verhinderte Putschist aus München zwischen all den Interessengruppen: Adolf Hitler. Er trat als Trommler für ein neues Deutschland auf, ein freies, starkes und stolzes, unbeschwert von den Fesseln Versailles'. Teile der Industrie, der Hochfinanz und der traditionellen Rechten glaubten, sich Hitlers bedienen zu können. Er fing sie mit der Formel: »Ich habe mir ein Ziel gesetzt: die dreißig Parteien aus Deutschland hinauszufegen!«

Der Staatspräsident Generalfeldmarschall Paul von Hindenburg ließ das Kabinett Brüning fallen. Er schaßte auch das »Kabinett der Barone« des Franz von Papen. Dieser hatte »Staatsreformpläne« geschmiedet, wie sie schon einmal Bismarck gehegt hatte und die eindeutig auf Hochverrat zielten – Papen wollte sie mit Gewalt durchsetzen, wollte das Parlament entmachten. Prompt berief Hindenburg den Aufsteiger aus dem Truppenamt – General und Reichswehrminister von Schleicher – zum Kanzler. Doch völlig überraschend betrieb dieser Schleicher eine Sammlungspolitik aller republikbejahenden Kräfte gegen die Nationalsozialisten Hitlers. Er bediente sich dabei der Hilfe des Nationalsozialisten Gregor Strasser. Zusammen wollten sie die NSDAP spalten. Hindenburg, irritiert durch diese »Politik der Kehrtwendung«, entließ Schleicher.

Am 30. Januar 1933 berief Hindenburg eine »Nationale Regierung«. Ihr neuer Kanzler hieß Adolf Hitler.

Bald gab es, wie Hitler versprochen, keine 30 Parteien mehr in Deutschland. Bald gab es nur noch eine Partei. Dafür gab es mehrere Geheimdienste. Und plötzlich wimmelte es von Spionen, von Hoch- und Landesverrätern – vor allem von solchen, die wirklich keine waren: erste untrügliche Merkmale einer zwölfjährigen Tyrannei.

6. KAPITEL

SPIONAGE ALS ENTARTETE KUNST

1933 BIS 1945

Wer zündete den Reichstag an?

Unmittelbar nach dem Brand des Reichstagsgebäudes erzählten sich die Berliner diesen Witz: Eine Familie sitzt am Mittagstisch. Die Eltern diskutieren das aktuelle Geschehen. Da fragt der Sohn seinen Vater: »Papa, wer hat denn eigentlich den Reichstag angezündet?« Der Vater läßt den Löffel sinken und sieht den Jungen ernst an. Dann sagt er: »Eß eß, mein Kind!«

Schön war sie nicht, die Gräfin Bocholtz. Auch ihr geschmackvoller Salon war nicht der besuchteste von Berlin. Immer am Mittwoch hatte sie Jour fix, dann spielte sie open house, da durfte jeder kommen. Das heißt fast jeder, schließlich war die Dame blauen Blutes. Manchmal kamen mittwochs die Freundinnen Renate von Natzmer und Benita von Berg zu ihr. Sie brachten einen stattlichen Mann mit, einen gewissen Serge Sosnowski, den sie zärtlich Juri nannten. Jeder, der sich zu Berlins Society rechnete, wußte, daß der polnische Ex-Rittmeister ein Verhältnis mit beiden hatte – nur die zwei ahnten nichts von diesem Doppelspiel. Es gab aber noch eine dritte verliebte Freundin des Salonlöwen Sosnowski, die persische Tänzerin Katja Berberian, und auch die ließ sich von Zeit zu Zeit auf den Parties der unscheinbaren Gräfin blicken. Endlich zählte noch der Korvettenkapitän Traugott Andreas Richard Protze, Offizier der »Abwehr«, zu den Gästen des gräflichen Hauses.

Seit ihrem letzten Gespräch mit Protze wich die Tänzerin dem Abwehrmann aus. Sie hatte eine neue Freundin gefunden, die führte einen slawischen Namen wie ihr Juri, Helena Skrodzki. Der vertraute sie an, was sie von ihrem Juri wußte.

So erfuhr es doch der Korvettenkapitän Protze. Denn Helena war seine Sekretärin; in der »Abwehr« hieß sie »Tante Lena«.

Das Drama komplizierte sich langsam zur Tragödie. Denn inzwischen hatte sich die Gräfin Bocholtz in den Polen verliebt. Den nahmen freilich seine drei Gespielinnen voll in Anspruch, mehr als ein wenig müder Charme fiel für die Gräfin nicht ab. Sie fühlte sich mißachtet, beleidigt, sie litt darunter, daß sie nicht der Vamp-Typ war, auf den Sosnowski offensichtlich stand. Aber wer waren schon die anderen? Zwei Hascherl vom Landadel und eine kleine Ballettratte. Eifersucht fraß in der Verschmähten. Die Folgen waren fürchterlich.

»Herr Korvettenkapitän«, sagte sie eines Mittwochs abends geheimnisvoll zu Protze, »darf ich Sie auf einen Augenblick entführen?«

Protze folgte ihr ins Musikzimmer, in dem keine Gäste waren. Sie machte die Tür zu und drehte den Schlüssel von innen im Schloß. Protze war neugierig. Die Gräfin griff in einen Stapel Noten. »Schauen Sie, was ich hier habe, Herr Korvettenkapitän!«

Protze nahm die losen Blätter. Es waren eilig gekritzelte Notizen. Er erkannte die Schrift des Polen. »Gemeinsame deutsch-russische Militär-Operationen für den Fall eines polnischen Angriffs auf Deutschland«, las er, und: »Eine Studie zur Vorlage bei ...« Protze sah auf. »Woher haben sie das?«

»Aus der Aktentasche meines Gastes Sosnowski.«

»Sie haben die Tasche durchsucht?«

»Nicht durchsucht, mein Bester, nur ein wenig hineingeschaut. Dabei habe ich das gefunden.«

»Was Sie getan haben, gnädige Frau, ist sicher nicht schön. Aber es war nützlich. Wieso meinen Sie übrigens, daß mich das interessieren könnte?«

Die Gräfin lächelte. Dann sagte sie: »Sie sind Offizier. Ich kenne viele Offiziere. Man redet dies und das, auch über die Aufgaben, die der eine oder andere hat.«

Beinahe barsch und doch mit einem Unterton von Mitleid in der Stimme fragte Protze: »Sind Sie jetzt zufrieden, Gräfin?« Sie antwortete nicht. Beide kehrten zur Gesellschaft zurück. Die Gräfin praktizierte die Zettel wieder in die Tasche des Polen.

Preußens Geheime Staatspolizei (Gestapo) hatte erst am 20. April 1934 einen neuen Chef bekommen: Heinrich Himmler. Als Sosnowski auf einer Party der Tänzerin mit 30 anderen Gästen verhaftet wurde, leitete Himmler die Aktion selbst.

Auch zur Wohnungsdurchsuchung hatte die »Abwehr« – die nicht selber exekutiv tätig werden durfte – Gestapo zuziehen müssen. Die Notizen wurden gefunden, eine Fotoausrüstung, belichtete Filme mit Skizzen von Manöverplänen der Wehrmacht, eine Kleiderbürste, die innen hohl und deren Deckel abgenommen war – Handwerkszeug eines Spions.

Bei der Durchsuchung schaute Protze den Gestapo-Männern auf die Finger. Noch vor ihnen fand er, was er – der Gentleman – rasch als kompromittierend erkannte und beiseite schaffte: eindeutig zweideutige Fotografien der Damen Natzmer und Berg, Pornografie, aufgenommen mit versteckter Kamera und vom Polen zur Erpressung in Notfällen gedacht. Die Bilder kamen ins »Abwehr«-Archiv. Die Frauen waren genügend belastet, um verurteilt zu werden. Die Gestapo sollte sie nicht noch mit Pornos bloßstellen.

Das Reichsgericht verhängte über Serge »Juri« Sosnowski 1934 eine lebenslange Haftstrafe. Er wurde wenig später gegen deutsche Agenten ausgetauscht, die in Polen erwischt worden waren. Renate von Natzmer und Benita von Berg wurden zum Tode verurteilt und hingerichtet.

Wochenlang war der Skandal Tagesgespräch nicht nur in Berlin. Als der Kapitän zur See Wilhelm Canaris, ab 1. Januar 1935 Nachfolger von Conrad Patzig als Chef der »Abwehr« im Reichswehrministerium in der Berliner Bendlerstraße, die Akten des Falles studierte, sagte er zu seinem Mitarbeiter Oscar Reile: »Wer von meinen Offizieren mit solchen Mitteln arbeitet, fliegt!«

Bis Januar 1934 galt in Deutschland das Landesverratgesetz, das zwischen der Preisgabe militärischer Geheimnisse aus pazifistischen oder anderen idealistischen Motiven unterschied und zwischen dem Verrat gegen Geld im Auftrag eines fremden Geheimdienstes. Idealisten erhielten kurze Festungs- oder Gefängnisstrafen. Bezahlte Spione der zweiten Gruppe wurden zu begrenzten Zuchthausstrafen verurteilt. Vom 24. Januar 1934 an wurde das Gesetz drastisch verschärft – es sah jetzt auch die Todesstrafe vor, obwohl ein Gutachten der »Abwehr« Patzigs

Niemand will es gewußt haben: Das Sammellager Oranienburg, eines der ersten KZ, war nur mit einem Drahtzaun von der Außenwelt getrennt. Jeder Passant konnte sehen, was dort geschah (rechts oben).

ebenso dagegen sprach wie rechtliche Einwände, die Reichswehrminister Werner von Blomberg erhob. Der »Fall Sosnowski« wurde nach dem neuen Gesetz behandelt.

Doch des »Führers« Macht war noch keineswegs gefestigt. Ein anderer Führer, Kamerad aus alten Kämpfertagen und Chef der Sturmabteilung (SA) Ernst Röhm, mahnte Hitler immer wieder an die einst geplanten sozialen und wirtschaftlichen Reformen. Röhm und seine SA betrachteten sich als die einzig wahren radikalen nationalen Sozialisten und demonstrierten dementsprechend eine offen antikapitalistische Haltung. Der SA-Führer verlangte von Hitler eine »zweite Revolution«.

Hitler wich aus. »Hitler ist treulos«, zürnte Röhm, »und muß mindestens auf Urlaub. Wenn nicht, so werden wir die Sache ohne ihn machen.«

Das hörte der SA-Obergruppenführer Viktor Lutze. Für ihn war das Verrat. Lutze machte Meldung an Rudolf Heß. Heß zauderte. Lutze fuhr zu Hitler nach Berchtesgaden. Hitler stellte sich uninteressiert. Doch längst hatten sich Röhms Gegner in der SS unter Führung Heydrichs und Himmlers insgeheim verschworen, den SA-Konkurrenten auszuschalten. Heydrich teilte Hitler mit, er habe nun Beweise für Röhms hochverräterische Pläne (tatsächlich führte Röhm zwar eine Art Nervenkrieg gegen seinen Freund Hitler – doch einen Putsch, einen Staatsstreich hatte er nicht im Sinn).

Am Abend des 29. Juni 1934 beschloß Hitler – von gelenkten Denunziationen gegen SA-Funktionäre und -Sympathisanten entnervt –, dem vermeintlichen Spuk ein Ende zu machen. Der »Führer« plante Mord.

Von fünf Uhr morgens an leitete Adolf Hitler alle Verhaftungen selbst. Den »Hauptverschwörer« griff er sich in Bad Wiessee. In der Pension »Hanselbauer« trommelte er Röhm aus dem Bett: »Röhm!« rief der »Führer«, »du bist festgenommen!«

Der schlaftrunkene SA-Führer wurde mit seinen gleichfalls verhafteten Getreuen nach München-Stadelheim ins Gefängnis gebracht. Dort ließ Hitler alle – gegen den Einspruch des bayerischen Justizministers Hans Frank, der ein legales Verfahren forderte – erschießen. Frank wurde von Hitler angebrüllt: »Sind Sie mit diesen verbrecherischen Lumpen denn mitleidig?«

Unter den über 100 Toten, die in der »Verfolgung des Röhm-Putsches« ohne Gerichtsurteile in gemeinsamen Mordaktionen von Gestapo und SS umgebracht wurden, befanden sich in Berlin auch die Generale Kurt von Schleicher mit seiner Frau und Kurt von Bredow. Ein SS-Terrorkommando erschoß den ehemaligen »Abwehr«-Chef Bredow aus einem Hinterhalt vor der Tür seines Hauses. Hitler konnte seinen Imageverlust unter den Offizieren der »Abwehr« nie mehr ausgleichen.

Der Diktator hatte ohnedies keine Beziehung zur Tätigkeit von Geheimdiensten. Er empfand Verachtung für ihre Arbeit, obwohl er als V-Mann selbst aktive Erfahrung gemacht hatte. Hitler war ein geborener Intrigant, der sich hemmungslos der abgefeimtesten Hinterlist bediente. Gleichwohl hatte er Gesprächspartnern gegenüber wiederholt geäußert, daß er nie »einem Spion die Hand reichen« würde. Hitler, der sich als größter Feldherr aller Zeiten verstand, ignorierte jede »Wissenschaft vom Feind«, vom möglichen Gegner. Er wollte nichts davon wissen, daß aus zahlreichen Einzelnachrichten, aus Presseartikeln, aus Gesprächen mosaikartig das Gebilde einer fremden Macht zusammengesetzt werden kann und daß die systematische Kleinarbeit von Kundschaftern, Agenten oder Spionen – wie immer sie genannt werden – dafür unerläßlich ist.

Arbeitsteilung

Die neuen »Abwehr«-Dienststellen verteilten sich ab September 1939 auf: Berlin, Matthäikirchplatz 13 (Zentralabteilung Oberst Oster und Abteilung II Sabotage und »subversiver Kampf« General Erwin von Lahousen-Vivremont); Tirpitzufer 72, 74, 80, 82 (Abteilung I Nachrichtenbeschaffung General Hans Piekenbrock sowie Teile der Abteilung II); Großadmiral-Prinz-Heinrich-Straße 1, 3, 15 und Potsdamer Straße 56 (Technische Abteilungen); Charlottenburger Allee 2 (Abteilung III Spionageabwehr General Franz Egbert von Bentivegni); Hohenzollerndamm 115 und Lochomdamm 10 in Berlin-Grunewald (»Division Brandenburg« der Abteilung II); Potsdamer Straße 56 (Zentralarchiv).

Vom Tag der »Machtübernahme« an wurde Verrat in Deutschland eine Zeiterscheinung: Wie alle Diktaturen, bewies der NS-Staat eine starke Anfälligkeit. Mißerfolge ertrug er nicht, er lebte von Augenblickserfolgen, von Propaganda. Die Masse der Mitläufer in einem totalitären Regime verringert sich mit zunehmender Erfolglosigkeit der Führung. Also fanden sich in den Jahren zwischen 1933 und 1942 die Widerständler gegen Hitler – von Juristen in befohlener Rechtsbeugung zu »Verrätern« gemacht – noch nicht in der NS-Hierarchie, sondern in den Reihen der verbotenen und unterdrückten politischen Parteien SPD und KPD, bei Konservativen des »Zentrums«, unter Kirchenmännern und Künstlern, Gewerkschaftlern und Intellektuellen, Arbeitern und wenigen Soldaten. Erst 1942 stießen nationalsozialistische Funktionäre zu den »Verrätern« des aktiven Widerstandes – nicht weil sie ihren fanatischen Glauben an den Führer verloren hatten, sondern weil sie die wahre Lage kannten. Einige von ihnen, die so plötzlich ihren unbeugsamen Willen zum Widerstand gegen die Nazis entdeckten, wollten wohl auch durch rechtzeitiges Abspringen ihre eigene Haut retten.

Die Ausgangslage 1933 war eine Situation des Umbruchs. Viele Deutsche deuteten sie als Neubeginn. Warnzeichen wurden nicht wahrgenommen oder nicht beachtet. Ein solches Signal war der Brand des Reichstagsgebäudes in Berlin am 27. Februar 1933. Hitler und sein preußischer Innenminister Hermann Göring manipulierten die Brandschuld auf kommunistische Seite; das Ereignis wurde zum Anlaß genommen, »zur Abwehr kommunistischer Gewalttaten« die wesentlichen Grundrechte außer Kraft zu setzen. Im Reichstagsbrand-Prozeß wurde der niederländische Kommunist Marinus van der Lubbe zum Tode verurteilt; die mitangeklagten Kommunisten Georgi Dimitroff und Ernst Torgler mußten freigesprochen werden. Doch die nationalsozialistische Urheberschaft der Brandstiftung erschien bereits in der Brandnacht wahrscheinlich – in der Tat vermochte eine ganze »Reichstagsbrand-Literatur« die Schuldfrage bis heute nicht zweifelsfrei zu klären.

In dieser Atmosphäre von Staatsgewalt und politischer Willkür, von unklaren, sprunghaft und unvorhersehbar wechselnden Verhältnissen mußte jede geschickt eingefädelte fremde, gegen Deutschland gerichtete Kundschaftertätigkeit gedeihen: attraktive Arbeitsbedingungen für Spione und Doppelagenten.

Der NS-Ideologe und Chefredakteur des »Völkischen Beobachter«, Alfred Rosenberg, hatte sich im Frühjahr 1933 mit dem englischen Hitler-Bewunderer Baron William S. (»Bill«) de Ropp angefreundet. Bald stellte Rosenberg seinen englischen Freund auch Hitler vor. Dieser zeigte sich sehr angetan von Wesen und politischer Haltung des Briten und ließ sich in der Folge mitunter sogar in Fragen seiner England-Politik von ihm beraten (nach Kriegsausbruch, als de Ropp aus Berlin in die Schweiz übergesiedelt war, ließ Hitler den Briten sogar nach Berlin einfliegen, um ihn zu konsultieren).

De Ropp mußte den echten Anhänger der Ziele des Großdeutschen Reichs nicht spielen. Er war einer. Er befürwortete die Wiederaufrüstung Deutschlands in der Luft als ausgleichenden Faktor in dem von den Streitkräften Frankreichs und der Sowjetunion beherrschten Europa. Gleichzeitig berichtete de Ropp – auf dem Wege zum Doppelagenten – seinen englischen Freunden über die künftige vorgesehene Struktur der neuen deutschen Luftwaffe, wie sie Hitler im März 1935 endlich auch formell bekanntgab (was einen Bruch des Artikels 198 des Versailler Vertrags bedeutete, der die Aufrechterhaltung von Land- und Marineluftstreitkräften untersagte). Das Ergebnis: Die Briten waren alarmiert und hofften dennoch auf ein Arrangement mit Deutschland, das diesen für England gefährlichen Trend entschärfen sollte.

Da lernte, im Januar 1934, de Ropp in England nicht ganz zufällig den Sonderbeauftragten im Luftstab der Royal Air Force (RAF), Freddy Winterbotham, kennen. Winterbothams Vorgesetzter Group Captain K. G. Buss – den Admiral Hugh Sinclair als Leiter des Luftnachrichtendienstes im Secret Intelligence Service eingestellt hatte – machte die zwei miteinander bekannt. Winterbotham stieg voll ein. De Ropp hatte in Berlin von seinem neuen, interessanten Freund erzählt. Winterbotham wurde nach Deutschland eingeladen. Er traf Rosenberg, er sprach mit Heß, er wurde von Hitler empfangen!

»Der Kampf um England wird fortgesetzt«, schrieb Rosenberg am 11. Juli 1934 in sein Tagebuch. In der Frontlinie, als Kämpfer für Deutschland, wähnte Rosenberg Winterbotham. Wirklich gelang es dem Engländer, für den Staatssekretär im Luftfahrtministerium, Erhard Milch, eine Reise durch die Anlagen der RAF zu vermitteln. Im Austausch durfte eine englische Delegation – zwei RAF-Offiziere und zwei Nachrichtenoffiziere – die deutschen Luftwaffenanlagen inspizieren.

Prinzipientreue als Verrat ausgelegt: Ernst Röhm, Chef der Sturmabteilung (SA), (Abb. oben mit SA-Leuten in Bayern), war mit Hitlers Politik nicht einverstanden und erinnerte ihn an die einst gegebenen Versprechen. SA-Obergruppenführer Viktor Lutze (hinter Röhm) sah dies als Verrat an und verschwor sich mit dem Führer der SS, Heinrich Himmler (Abb. unten links), und Gestapochef Reinhard Heydrich (unten rechts). Röhm wurde ohne Prozeß hingerichtet.

SPIONAGEABWEHR DES DEUTSCHEN REICHES (1934–1945)

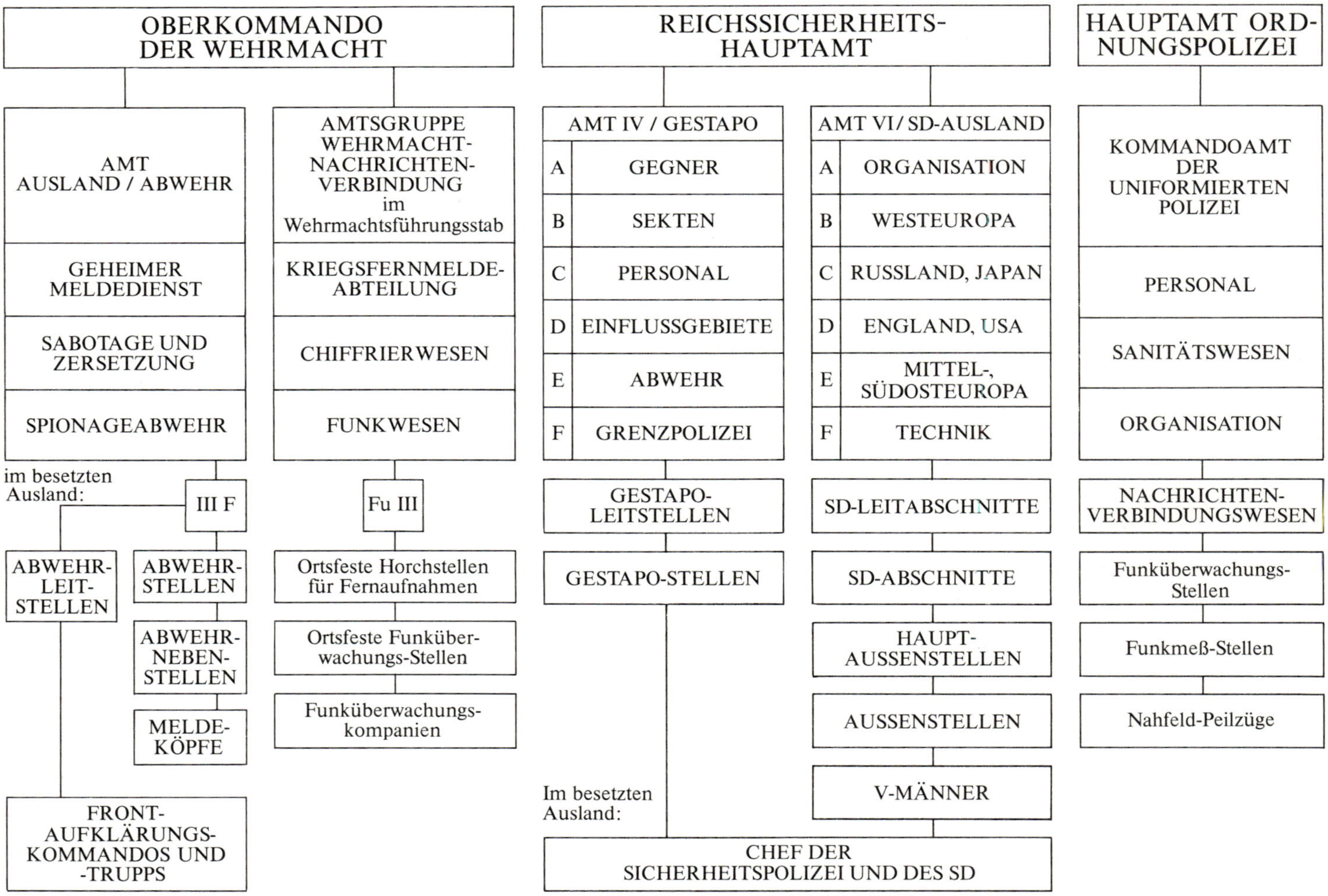

Die Spionageabwehr im Dritten Reich war perfekt organisiert (oben). An ihrer Spitze stand seit 1935 der Kapitän zur See, Wilhelm Canaris (auf der nebenstehenden Abb. links als Kommandant der »Schlesien« im Jahre 1934).

Das Geschäft war einseitig: Gutgläubig verbargen die Deutschen kaum etwas vor ihren englischen Gästen. Die Briten dagegen bereiteten ihren deutschen Besuchern eine herbe Enttäuschung – sie informierten sie nur bruchstückhaft über Aufbau und Einrichtungen der RAF.

De Ropp aber blieb der einzige britische Agent, der es je in Berlin soweit brachte und so hoch einstieg. Freddy Winterbotham hatte ihn im Auftrag des britischen Geheimdienstes für die Rolle ausgewählt, die der kontaktfreudige Baron geschickt spielte. Er war der ideale Mann, in Hitlers Bekanntenkreis einzudringen, und er schaffte es. Beiden Auftraggebern diente Doppelagent de Ropp gleichermaßen eifrig und loyal. Wie Winterbotham und Rosenberg war er überzeugter Antikommunist; wie sie sah er in einer Allianz Großbritanniens und Großdeutschlands gegen die Sowjetunion das Heil Europas. Folglich war er auch als Übermittler geheimer Botschaften und vertraulicher Informationen für beide Seiten nützlich: England war eine ganze Zeitlang gut unterrichtet über mindestens einige der fantastischen Pläne und Vorstellungen des deutschen Diktators; Hitler blieb über viele Entwicklungen in England wohlinformiert.

Englands Secret Intelligence Service kannte die Janusrolle de Ropps und steuerte sie sogar. Deutschlands Geheimdienste – teils Neugründungen, die sich erst einmal richtig etablieren und einen Platz an der Nachrichtensonne freiboxen mußten – durchschauten das Spiel de Ropps nur unvollkommen.

Auch Frankreich gab sich Mühe, im Kundschaftergeschäft zu bleiben. Gern griff das Deuxième Bureau auf das bewährte Mittel der Anwerbung von Soldaten zurück. Im Herbst 1936 meldete sich bei der »Abwehr«-Stelle im Generalkommando Kassel ein Unteroffizier Fuchs vom Wehrbezirkskommando Hannover: »Herr Hauptmann, ich bin von einem französischen Spion angesprochen worden. Er will Abschriften und Kopien von Unterlagen aus dem Wehrbezirkskommando von mir, die Erfassung von Jahrgängen für die Wehrmacht, die Aufstellung neuer Truppenteile und so weiter.«

Der »Abwehr«-Offizier fragte: »Hat Ihnen der Mann Geld geboten?«

»Ja«, erwiderte der Unteroffizier, »mehrere tausend Mark, je nach Qualität der Unterlagen, und einen Job mit gutem Auskommen in Frankreich, falls es hier brenzlig wird.«

Der Abwehrmann schaltete seinen Kollegen von der zivil getarnten III-F-Stelle in Trier ein, den späteren Oberst Oscar Reile. Reile sprach mit Fuchs. Es wurde beschlossen: Wenn nötig, sollte der Unteroffizier auch im Ausland Kontakt haben dürfen, auf jeden Fall aber vorgeben, daß er sich auf den Handel einließe. Fuchs traf seinen französischen Werber auf dem Bahnhof in Luxemburg – Reile und sein Mitarbeiter Daus filmten den Treff. Von jetzt an fädelten Reile und Daus zusammen mit dem Wehrbezirkskommando und der »Abwehr«-Zentrale ein raffiniertes Verwirrspiel ein: Der Unteroffizier Fuchs reiste mit geschickt gefälschtem deutschen Material nach Luxemburg, der französische V-Mann-Führer (längst als Mitarbeiter des Deuxième Bureau in Metz erkannt) zahlte brav für jedes Blatt Papier 1000 Mark.

Acht Monate lang hielt Fuchs die Gegenseite zum Narren. Dann zog ihn die »Abwehr« aus dem Verkehr und setzte ihn wieder an seinen alten Wehrbezirkstisch. Des Werbers aus Metz wurde die »Abwehr« nicht habhaft.

In diesen Gründerjahren des perfektesten Systems von Volksüberwachung und -bespitzelung, das es im ungeteilten Deutschland je gab, vermochte ein Mann wie de Ropp auch Abwehrmaßnahmen zu unterlaufen, weil er nämlich seine von London gelenkte Tätigkeit nur dunkel ahnte, nie durchschaute. Er täuschte Mißtrauische mit der echten Ahnungslosigkeit des Unbefangenen.

Als Hitler Reichskanzler geworden war, hatte »Abwehr«-Chef Conrad Patzig nicht ohne Bedenken beobachten müssen, wie der Sicherheitsdienst des Reichsführers SS von München nach Berlin umzog: Hinfort sollte er gezwungen sein, mit dem arroganten und seelenlosen Reinhard Heydrich zusammenzuarbeiten. Der offizielle Auftrag des SD war »die Bekämpfung der ideologischen Gegner im Innern«. Auf dem Gebiet der Abwehr kommunistischer Infiltration und Subversion führte dieser Auftrag unvermeidlich zur Observierung ausländischer Agenten – was eigentlich »Abwehr«-Sache sein mußte.

Hinter Heydrich stand der Reichsführer SS Heinrich Himmler, der das SD-Spitzelnetz anregte. In diesem Netz sammelten V-Leute und Informanten Nachrichten über Rechtsangelegenheiten, Struktur der Reichsbehörden, Stimmung in der Öffentlichkeit und Haltung der Bevölkerung (Abteilung III a). Die Abteilung III b war für Minderheiten, Rassenfragen und öffentliche Gesundheit zuständig, die Abteilung III c für Angelegenheiten der Kultur, der Wissenschaft und Erziehung, Kunst und Presse. In den Fragen der Wirtschaft, der Überwachung von Industrie und Gewerbe, der Versorgung und des Handels wurde die Abteilung III d tätig. Die delikateste, zugleich schmutzigste Arbeit oblag der Abteilung III g: Betreuung und Lenkung der »Ehrenamtlichen Agenten« für die Gesellschaftsspionage, welche Erkundungen über das Privatleben aller Mitglieder der NSDAP einzog und sammelte – auch über Hitler! Ähnlich strukturiert wie das Amt SD-Inland war der SD-Ausland, der in die Abteilungen »Organisation« und »Technik« sowie nach geographischen Grenzen unterteilt war.

Der SD-Inland wurde von Anfang bis Ende von Otto Ohlendorf geleitet; den SD-Ausland führte anfangs Heinz Jost, später Walter Schellenberg. Nach dem Attentat auf Reinhard Heydrich am 27. Mai 1942 übernahm Ernst Kaltenbrunner das Reichssicherheitshauptamt (RSHA).

Ein perfekt überwachtes Volk

Der SD Reinhard Heydrichs war dafür berüchtigt, daß er vor keinem Mittel der Nachrichtenbeschaffung zurückschreckte. »Wir müssen soviel wie möglich über die Menschen einziehen«, lautete die Devise dieses perfekten Überwachungsapparats. Hinter Heydrich stand der Reichsführer SS Heinrich Himmler, der das Spitzelnetz des SD-Inland anordnete. In diesem Netz sammelten V-Leute und Informanten Erkenntnisse über Rechtsangelegenheiten, Struktur der Reichsbehörden, Stimmung in der Öffentlichkeit und Einstellung der Bevölkerung zum Regime (zuständige Abteilung: III a). Die Abteilung III b war für Minderheiten, Rassenfragen und öffentliche Gesundheit zuständig, die Abteilung III c für Angelegenheiten der Kultur, der Wissenschaft und Erziehung, Kunst und Presse. In Fragen der Wirtschaft, der Überwachung von Industrie und Gewerbe, der Versorgung und des Handels wurde Abteilung III d tätig. Die delikateste, zugleich schmutzigste Arbeit oblag der Abteilung III g: Betreuung und Lenkung der »Ehrenamtlichen Agenten« für die Gesellschaftsspionage, welche Erkundungen über das Privatleben aller NSDAP-Mitglieder einzog und sammelte – auch über Hitler!

Doppeltes Spiel – doppeltes Geld

Am 4. April 1936 erschien ein Mann bei der »Abwehr«-Außenstelle Frankfurt am Main und wies sich als Ungar mit dem nicht sehr originellen Namen Antal Horvath aus. »Die Franzosen kennen die Ergebnisse eurer Plastikforschung in Mannheim«, gab er ohne Umschweife an. Woher er das wisse, wurde er gefragt. Ganz einfach, sagte der Ungar, er selbst habe den Franzosen die Unterlagen darüber besorgt. Als Industriespion. Er sei nämlich Chemiker, in seinem Beruf gelte er als besonders befähigt. »Außerdem«, ergänzte er seine Aussage, »weiß ich noch etwas. Etwas Wichtiges.« Was dieses Geheimnis den Deutschen wert sei, wollte er wissen. »Wieviel haben die Franzosen bezahlt?« fragten die Deutschen. Der Ungar: »5000 Franken.« Man fragte ihn, wieviel er für sein »Geheimnis« verlange. »Nochmal 5000«, erwiderte Horvath, »5000 Mark.« Er verriet: »Eine Spionagegruppe ist hinter den Herstellungsverfahren von Giftgasen bei den IG Farben her.« Doch das wußten die Deutschen schon, auch daß die Gruppe leider erfolgreich gewesen war. Am Ende war Horvath froh, ungeschoren abgeschoben zu werden – in die Schweiz, aber ohne weitere 5000 Mark.

Begehrte Spionageobjekte: Auf den deutschen Schiffs- und Flugzeugwerften herrschte kurz vor Kriegsausbrauch Hochbetrieb. Obwohl die immer noch geltenden Versailler Verträge dies verboten, bauten Hitlers Konstrukteure immer perfektere U-Boote (ganz links) und immer schnellere und kampfstärkere Flugzeuge. Die Junkers »JU 87« (oben: eine Skizze des damals noch streng geheimen Sturzkampfbombers aus dem Archiv des britischen Geheimdienstes) war nur der Anfang dieser Entwicklung. Maßgeblich daran beteiligt war Fliegergeneral Erhard Milch (nebenstehende Abb., rechts im Bild; links ein englischer Luftwaffenkommandeur bei einem offiziellen Besuch der deutschen Rüstungsindustrie), Staatssekretär im deutschen Luftfahrtministerium.

Jäger auf Kurzwelle

Die Peiltrupps der Funkabwehr machten auf die Kurzwellensender feindlicher Spione nach einem einfachen System Jagd: Beim Auftauchen unbekannter Signale im Äther bestimmten zwei Horchtrupps mit je einem Peilgerät die Richtung der Wellen. Aus weit voneinander entfernten Plätzen schnitten sie mit den Richtungsantennen ihrer Peilgeräte den Sender an. Der Einsatzleiter übertrug die ihm übermittelten Werte auf zwei durchsichtige Gradmesser. Jeder dieser Gradmesser war auf der Karte entsprechend dem Einsatzplan der Peiltrupps verteilt. Die Gradmesser enthielten einen Seidenfaden, den der Einsatzleiter nach dem gemeldeten Orientierungswinkel spannte. Wo sich die Fäden kreuzten, stand der Sender. Die Karte verriet den Stadtteil oder die Straße – aber nicht das Haus. Kreuzten die Peiler mit ihren Geräten in einer verdächtigen Straße auf, um sich an den Sender heranzupirschen, warnten Wächter die funkenden Spione, die – weil ihre Funkstationen bevorzugt in Dachkammern standen – über die Dächer entwichen. Erst Ende 1941 wurden auch »Nahfeldpeiler« in unauffälliger Kofferform eingesetzt, das unhandliche Kopfhörerpaar wurde durch einen Ohrknopf ersetzt.

Handwerkszeug der Agenten: Der Fortschritt der Technik erleichterte den Geheimdiensten die Arbeit. Das ENIGMA-Schlüsselgerät (links oben) konnte Nachrichten automatisch codieren, der Fernschreiber (links unten) gab verschlüsselte Meldungen weiter. Ein Funksende-Empfangsgerät (oben) verlieh den Geheimdienstlern die notwendige Mobilität.

Reibereien zwischen dem militärischen und dem politischen Geheimdienst konnten nicht ausbleiben. Die ständigen Konflikte verschärften sich so sehr, daß »Abwehr«-Chef Patzig abgelöst wurde (worüber er sich unverhohlen erleichtert zeigte) und am 1. Januar 1935 der Kapitän zur See (später: Konteradmiral) Wilhelm Canaris den Chefsessel des Nachrichtendienstes im Reichskriegsministerium in der Bendlerstraße besetzte.

Patzig hatte seinen Nachfolger gewarnt: »Ich möchte Sie über das gespannte Verhältnis zwischen der ›Abwehr‹ und der SS und meine Reaktionen auf das Machtstreben von Heydrich und auf Himmlers bornierte Denkweise nicht im unklaren lassen. Beunruhigt Sie das nicht?«

Canaris zog die Mundwinkel spöttisch nach unten. Die Regung galt nicht Patzig, dieser war mehr als nur ein guter Marinekamerad für ihn, Patzig war fast ein Freund. Schließlich gab der 48jährige, schlanke und durch sein weißes Haar älter wirkende Canaris leise seine Antwort: »Mit den Jungs werde ich schon fertig!«

Zwar gedachte er, sich weitgehend nach der Devise seines großen Vorbildes Walter Nicolai zu richten: »Der geheime Nachrichtendienst ist ein Dienst, der nur Herren vorbehalten ist. Wenn man ihn anderen anvertraut, dann bricht er zusammen.« Doch er notierte auch kurz nach Amtsantritt in sein Tagebuch: »Heydrich ist ein brutaler Fanatiker, mit dem es schwer sein wird, offen und vertrauensvoll zusammenzuarbeiten.« Folglich traf er auch Maßnahmen zur eigenen Sicherheit, welche die Gentlemanregeln Nicolais nicht immer erfüllten.

Auch daß im »Haus gegenüber« – wie er den Amtssitz der Geheimen Staatspolizei in der Berliner Prinz-Albrecht-Straße nannte – der wahre Chef Heydrich und nicht Gestapo-Chef Heinrich Müller war, wußte Canaris sehr wohl. Der »Geheimdienst im Geheimdienst«, jene »Hauskapelle« genannte interne Sicherungsstelle der Abwehr auch gegen den Einbruch ausländischer Spione in die eigenen Reihen, schützte nicht allein gegen den Feind von außen, sondern auch gegen allzu störende Neugier des RSHA. Heydrichs Ziele blieben gleichfalls nicht verborgen: Einschränkung des bisher von der Wehrmacht wahrgenommenen (und ihr vorbehaltenen) Dienstes der Abwehr und Gegenspionage und dafür Ausweitung des Einflusses der SS auf möglichst vielen Gebieten des Nachrichtendienstes.

Canaris focht einen dauernden, erbitterten und gefährlichen Kampf gegen seinen schärfsten Widersacher Heydrich. Aber er kämpfte gerissener als dieser. Und wie Heydrich verfügte er auch über einen nahezu unerschöpflichen Etat.

Daß in dem anhaltenden Gerangel um Zuständigkeiten und Informationsvorsprünge vor einer eifersüchtigen Konkurrenz überhaupt wirksame Abwehr, erfolgreiche Gegenspionage und eine leidlich funktionierende Aufklärung möglich waren und blieben, ist ausschließlich das Verdienst des Admirals Canaris und seiner engsten Mitarbeiter.

Und wie alle ganz großen Persönlichkeiten im Zwielicht von Spionage und Spionenjagd ist auch der Ästhet und Menschenfreund im Admiralsrock Gegenstand und Motiv von Gerüchten und Legenden, Spekulationen und Nachreden: War er loyaler Diener eines Unrechtstaates? Oder der entschiedene Mann des Widerstandes gegen Hitler, der schließlich sogar als »Verräter« gehenkt wurde? Oder einfach ein Geheimdienstchef, der sein eigenes Spiel jeweils so spielte, wie es Zeitläufte und Umstände ratsam erscheinen ließen? Die Fragen sind klar zu beantworten: Canaris, der Konservative, war ein Feind des NS-Regimes und ein aufrechter Gegner Hitlers.

So machte Canaris Geschichte.

Nach innen hatte er sich der Intrigen Heydrichs und Himmlers zu erwehren. Von außen waren seine Hauptgegner: Frankreichs *Deuxième Bureau*, der *Secret Service* von England (und Ex-»Secret Intelligence Service«) sowie die Nachrichtenabteilungen *MI 5* (innere Sicherheit und Abwehr) und *MI 6* (Auslandsaufklärung und Gegenspionage), das *Office of Strategic Services* (OSS) der Vereinigten Staaten von Nordamerika, die sowjetische »Hauptverwaltung für Erkundung im Rahmen des Volkskommissariats für Verteidigung der UdSSR« *(GRU)* sowie die »Hauptverwaltung für staatliche Sicherheit im Volkskommissariat für innere Angelegenheiten der UdSSR« *(GUGB)* und die sowjetische Spionageorganisation »Glawnoje Raswedywatelnoje Uprawljenije« *(»Raswedupr«)*. Hinzu kamen der polnische und der tschechische Nachrichtendienst; sogar die Schweizer Militärbehörden ließen lauschen und spähen.

Sie waren alle rührig. Am emsigsten aber zeigte sich der britische Secret Service. Ein Agent dieses Dienstes war es auch, der der »Abwehr« im Sommer 1936 ihren ersten Erfolg bei der Aufklärung der Secret-Service-Operationen in Europa und gegen Deutschland bescherte:

In einem kleinen Wäldchen vor Magdeburg, dort wo die Elbe bei Grünewalde einen Bogen macht, trieb sich ein Mann herum, der Tage zuvor schon am Schiffshebewerk in der Nähe von Hohenwarthe beobachtet worden war. Er hatte dort fotografiert. Als alarmierte Gendarmen seine Personalien feststellen wollten, entwischte er auf einem Motorrad vom Typ »Wanderer«.

Nun meldete ein anderer Polizeiposten sein Auftauchen südlich von Magdeburg. Die Streife entdeckte ihn eher zufällig. Er wechselte gerade einen Film, die Leica lag neben ihm im Gras. Die Polizisten traten auf ihn zu. Einer sagte: »Ihre Ausweispapiere, bitte.«

In den Papieren des Mannes stand »Gustav Hoffmann«. Sie schienen echt zu sein.

»Was haben Sie hier fotografiert?« wurde er gefragt. »Tiere«, entgegnete der Mann ruhig, »Hasen und Rehe und so. Ich bin Amateurfotograf.« Dabei legte er weiter den Film ein.

»Wir müssen Sie bitten, uns zu begleiten«, forderten ihn die Beamten zum Mitkommen auf. Hoffmann protestierte schwach; beim Einsteigen in den Polizeiwagen fiel ihm ein Film aus der Tasche – und entrollte sich! Hoffmann schimpfte: »Scheiße! Jetzt isser kaputt! Die schönen Hasen!«

Protze kam noch an diesem Abend von Berlin: Die cleveren Magdeburger Polizisten hatten das Kleinmotorrad Hoffmanns abgesucht; an den Gepäckträgerstreben hatten sie weitere zwei Filme gefunden, die hatten sie entwickeln lassen. Was die Vergrößerungen zeigten, hatten sie sofort den Kollegen von der Kriminalpolizei mitgeteilt, welche die »Abwehr« benachrichtigte (und nicht Heydrichs SD).

Protze kam mit einem Mitarbeiter, Hauptmann von Feldmann. Sie nahmen sich den Burschen zu zweit vor. »Sie sind Tierfotograf, Amateur?« eröffnete Feldmann das Verhör. Der Mann schwieg.

»Wir haben Ihre Filme entwickelt«, fiel Protze ein. Gustav Hoffmann sah ihn mißtrauisch an.

Wieder Feldmann: »Da sind aber gar keine Hasen drauf auf den Filmen, auch keine Rehe.« Und Protze fuhr fort: »Sondern die Pumpstation von Hohenwarthe. Und der Torverschluß von der Schleuse...«

Feldmann redete weiter: »... und der Sockel der Brückenpfeiler in Bad Salzelmen.« Hoffmann schwieg. Er war sehr blaß. Das Verhör ging bis in die Morgenstunden. Gegen zwei Uhr gestand Hoffmann: Ja, er sei ein englischer Spion. Ein Holländer habe ihn angeworben, der seinerseits für eine britische Organisation in Den Haag arbeite. 100 Pfund Sterling habe ihm der Holländer, ein gewisser Vrinten, für die fertigen Fotos geboten.

Das Geständnis rettete Hoffmanns Leben. Er kam mit zehn Jahren Zuchthaus davon. Durchs Kriegsende kam er sogar ein Jahr früher frei. Kollegen von ihm hatten weniger Glück: Von sechs Spionen, die 1936 in Deutschland hingerichtet wurden, hatten vier für die Engländer gearbeitet. Die meisten der gefaßten und inhaftierten britischen Agenten waren über Holland und Dänemark nach Deutschland gekommen. Ihre Verhöre hatten die Konturen eines geheimnisvollen Netzes enthüllt. Nur: Eine klare Linie konnten Protze und seine Mitarbeiter von der

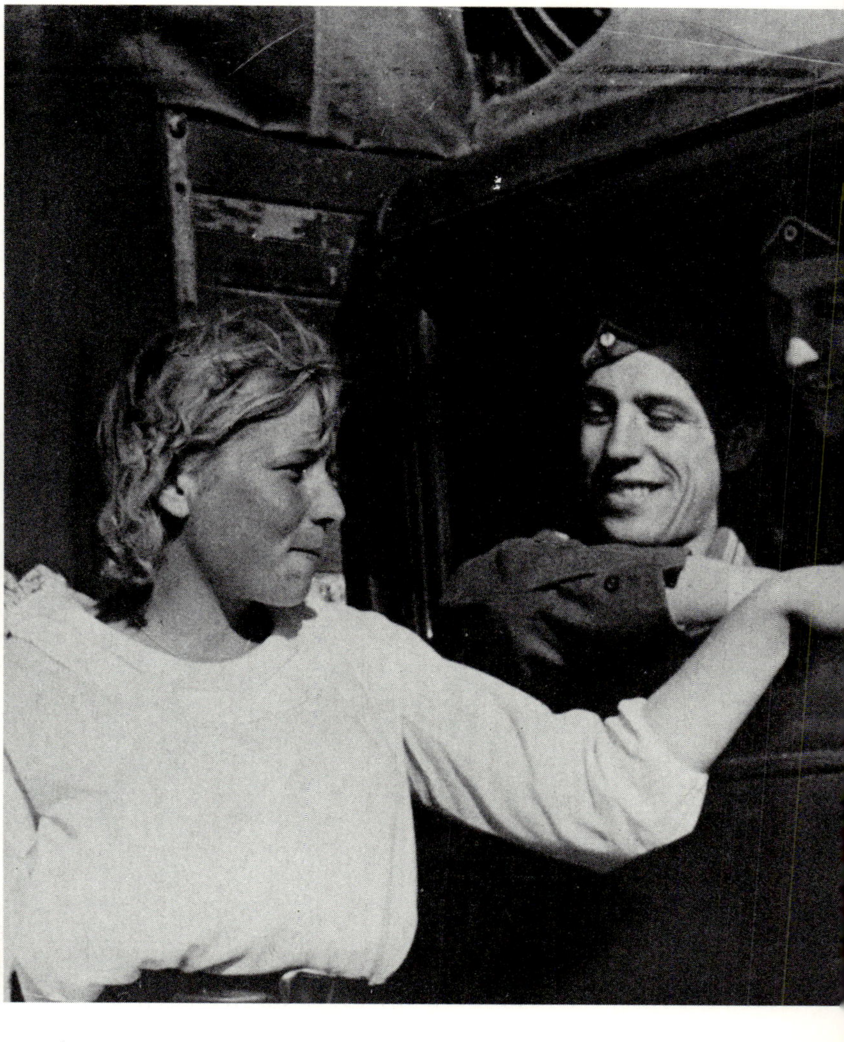

Mit der List weiblicher Agenten wurden deutsche Soldaten in Aufklärungsfilmen vertraut gemacht. Die Szene zeigt zwei Mädchen, die mit Charme einen Bahnwärter und Fernfahrer aushorchen wollen. Erst ein aufmerksamer Beobachter bemerkt, wie eines der beiden Mädchen ein Notizbuch im Stiefelschaft verschwinden läßt (Bildleiste unten).

Canaris-»Abwehr« nicht entdecken.

Erst als Ende 1936 ein weiterer englischer Spion, der deutsche Ingenieur und Antifaschist Richard Lange, festgenommen werden konnte, der wie Hoffmann unter Druck auspackte, wurde das Netz der Briten durchsichtiger: Die Geheimdienstaußenstelle Londons war in Den Haag in der Nieuwe Parklaan untergebracht. Von hier aus wurden alle Operationen in deutschem Gebiet gelenkt.

Protze war Initiator der erfolgreichen Aktion, durch die »Abwehr«-Leute in die Reihen des Secret Service in Holland einsickerten. Protze war auch am meisten schockiert, als ihnen »umgedrehte« Holländer – die für England gearbeitet hatten und jetzt für ein paar Gulden mehr für Canaris wirkten – den Namen eines alten Kriegskameraden preisgaben, der gleichfalls für England spionierte: Dr. Otto Krüger, beratender Marineingenieur in Kiel, ein angesehener Wissenschaftler und Techniker, der patentierte Erfindungen für die Marine machte und beruflich ein richtiger Erfolgstyp war.

Protze ließ Krüger überwachen. Krügers Telefon wurde angezapft, seine Post zensiert. Ohne Ergebnis. Im Mai 1939 reiste Krüger wieder einmal nach Holland, wie so oft. Von der »Abwehr«-Stelle Holland heftete sich Hauptmann Hermann J. Giskes an seine Fersen. Krüger traf sich in Scheveningen in der Villa eines reichen Belgiers, August de Fremery, mit erkannten V-Leuten des Secret Service. Auch Fremerys Klarnamen fand Giskes heraus: Captain Hendricks, stellvertretender Intelligence-Chef aus der Nieuwe Parklaan.

Krüger wurde am 7. Juli 1939 in Hamburg verhaftet. Er gestand alles. Seit 1919 hatte er für England gearbeitet. Er war nach dem Ersten Weltkrieg als stellungsloser Marineoffizier angeworben worden. Aus Geldmangel hatte er sich zur Spionage verführen lassen. Später spionierte er aus seiner Überzeugung als Hitler-Gegner. Krüger endete am Galgen.

Unterdessen hatte Hitler am 13. März 1938 Österreich besetzen lassen. Wie schon zuvor jahrhundertelang: Österreich war als Reichsterritorium wieder einmal in Verrat und Spionage in Deutschland einbezogen.

Canaris hatte den Expansionsdrang Adolf Hitlers voller Mißfallen verfolgt. Durch seinen Beruf machte er sich auch politische Erkenntnisse zugänglich und zunutze. Und er beschränkte sich in seinem »Nachrichtengeschäft« auch nicht allein auf Abwehr und Aufklärung – Canaris machte handfeste Politik. So überredete er Deutschlands und Italiens politische Führung zum militärischen Engagement im Spanischen Bürgerkrieg; er war viele Male zwischen dem Hauptquartier seines alten Freundes General Francisco Franco und Berlin und Rom gependelt. Als sich 1939 herausstellte, daß die deutsche Intervention auf der iberischen Halbinsel runde

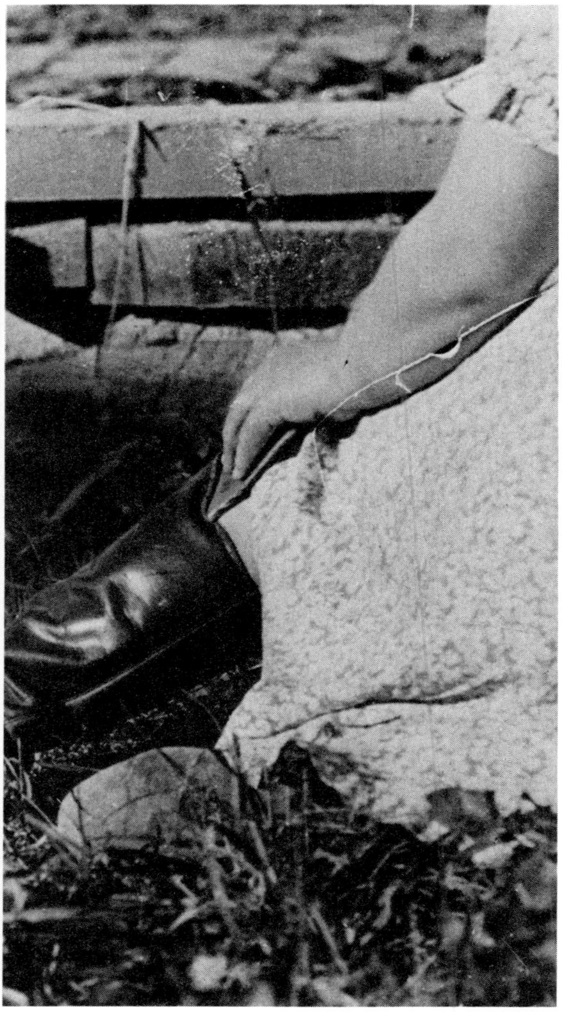

fünf Milliarden Reichsmark gekostet, aber außer menschlichen Verlusten keinen politischen Vorteil gebracht hatte, nahm er das beinahe belustigt auf: Er war längst ein Mann des aktiven Widerstandes – auf seine Weise.

Am 17. August 1938 bereits hatte der Admiral seinen Vertrauten Ewald von Kleist in geheimer Mission nach England geschickt. Die Invasion der Tschechoslowakei stand bevor; der Tag der allgemeinen Mobilmachung war auf den 28. September festgesetzt. Canaris' Spekulation: England werde Hitler nachdrücklich warnen, in den Tschechenstaat einzurücken, der Diktator werde daraufhin von seinen Plänen ablassen.

Kleist traf in London den liberalen Politiker Sir Lloyd George, er sprach mit Edward Halifax und dem diplomatischen Berater der britischen Regierung, Robert Vansittard. Seine Gesprächspartner zeigten sich beeindruckt von dem Ernst, mit dem der deutsche Konservative die Lage im Reich schilderte: »Die Mobilmachungspläne sind ausgegeben, der Tag des Einmarsches steht fest. Wenn überhaupt, so kann nur noch eine entschiedene Haltung Englands, Rußlands und Frankreichs Hitler stoppen. Es muß allerdings eine Haltung sein, die Hitler die Alleinverantwortung für einen Krieg zuschiebt und den Generalen in Deutschland Gelegenheit gibt, einzuschreiten und Hitler und den Nationalsozialismus zu beseitigen.«

Doch einen Brief, in dem ein britischer Politiker diese Haltung bekräftigen sollte, mochte keiner schreiben. Erst Winston Churchill schrieb die gewünschten Zeilen. Ende August übergab Kleist sie Canaris. Der konnte damit nichts mehr bewirken: Im »Münchner Abkommen« besiegelten die vier Großmächte Deutschland, Italien, Frankreich und – England das Schicksal der Tschechoslowakei mit dem Beschluß der Abtretung des Sudetenlandes an das Deutsche Reich. Canaris und seine Freunde hatten ein Gefecht um den Frieden verloren, obwohl er doch gesichert zu sein schien.

Canaris und seine Freunde: Der Admiral hatte begonnen, vertrauenswürdige Männer um sich zu scharen, die über Hitler und den Nationalsozialismus so dachten wie er, nämlich ablehnend. Zu seinem Kreis gehörten Hitlers Erster Adjutant Oberst Rudolf Schmundt, der bayerische Anwalt Dr. Josef (»Ochsensepp«) Müller, der das Vertrauen des Vatikans genoß, der »Abwehr«-Oberst Hans Oster, der Richter am Reichsgericht Hans von Dohnanyi (der 1939 zur »Abwehr« kam und in die Abteilung seines Freundes Oster eintrat), der Staatssekretär im Außenministerium, Ernst Baron von Weizsäcker, Graf Helmuth Moltke, Ewald von Kleist, der Konservative Fabian von Schlabrendorff und viele andere.

Zugleich mußte der Admiral sein Amt gegen Totalitätsansprüche des SD abschotten. Diese Aufgabe delegierte er an Conrad Patzig.

Freude und Jubel: Begeistert begrüßten die Österreicher die deutschen Truppen beim Einzug in Salzburg im März 1938.

Feindschaft und Haß: In den Gesichtern der Bevölkerung spiegeln sich Wut und Verzweiflung, als Hitlers Soldaten im März 1939 in Prag einmarschieren.

Heydrich an Bormann: »Landesverräter gefaßt!«

In seinem »20. Bericht über die Lage im Protektorat Böhmen und Mähren« vom 16. Mai 1942 berichtete der Statthalter Hitlers in Prag, SS-Obergruppenführer Reinhard Heydrich, »an den Herrn Reichsleiter Martin Bormann, Führerhauptquartier« unter der Rubrik »Widerstandsbewegung«:
»Nach der langwierigen Vernehmung des festgenommenen Funkers eines im Oktober 1941 ausgehobenen illegalen Senders wurden 41 weitere Personen ergriffen und der nachrichtendienstlichen Tätigkeit (die größtenteils seit dem Einmarsch ausgeübt wurde) überführt. Der Führer dieser Gruppe war der ehemalige tschechische Oberst Churavy, der bereits 1939 vom Wehrmachtgericht Böhmen wegen Sabotage in Abwesenheit zum Tode verurteilt war. Der Funker dieser Gruppe sagte bei der ersten Abhörung am Tatort aus, daß er nachmittags einen Wetterbericht nach London gefunkt und um die Entsendung eines Flugzeuges mit neuen Chiffrierschlüsseln gebeten habe. Tatsächlich erfolgte in dieser Nacht gegen 24.00 Uhr der Einflug eines britischen Flugzeuges, welches in der Umgebung von Parlubitz einen Fallschirmspringer mit Chiffrier- und Kuriermaterial absetzte. Der Fallschirmspringer wurde einige Tage später festgenommen. Durch die Auswertung der am Tatort vorgefundenen und anschließend dechiffrierten Funkunterlagen wurde die Existenz eines wichtigen britisch-tschechischen Agenten ›René‹ bekannt, der am 27. 2. 42 in der Person des Hauptvertrauensmannes der Abwehrstelle Prag, Paul Thümmel, ermittelt wurde. Thümmel ist Reichsdeutscher, hat den Beruf eines Bäckermeisters erlernt und ist Ehrenzeichenträger der NSDAP unter der Mitgliedsnummer 61.574. Er arbeitete seit dem Jahre 1928 nachrichtendienstlich, und zwar zuerst ehrenamtlich für den damaligen Nachrichtendienst der NSDAP bzw. der SA und ab 1933 für die militärische Spionage.

Seit 1934 ist Thümmel hauptamtlicher Hauptvertrauensmann der Abwehrstelle Dresden; nach dem Einmarsch (in die Tschechoslowakei – ***d. Autor)*** **im Jahre 1939 wurde er zur Abwehrstelle Prag versetzt. Soweit bis jetzt überhaupt ein Gesamturteil über den Landesverratsfall Thümmel abgegeben werden kann, wird hier der Standpunkt vertreten, daß Thümmel ein sehr guter, wahrscheinlich sogar der beste Agent des tschechischen ND gewesen ist. Er hat vom tschechischen ND mindestens RM 40.000,– erhalten.«**

D1 kennt D2 nicht, doch A kennt B bis D

Sowjetagenten des Netzes, das in den dreißiger Jahren in Deutschland bestand, durften einander nur in Ausnahmefällen kennen. Der britische Spionageexperte E. H. Cookridge entschlüsselte das Kontaktsystem: Der Residenturleiter A kannte die ihm unmittelbar unterstehenden Agenten B1, B2 und B3 (die sich untereinander nicht kannten). B1 wiederum kannte aus der C-Gruppe C1, C2 und C3, die er führte (wobei er nur mit C1 zusammentraf, um Befehle zu geben). C1 hatte Kontakt zu D1, D2 und D3. Nur der Residenturleiter A kannte die Namen der Mitglieder aller Gruppen.

Patzig machte die »Abwehr« sozusagen zu einer »großen Familie«, deren Geschlossenheit es Nazi-Elementen nahezu unmöglich machte einzusickern, den militärischen Nachrichtendienst für Heydrich zu bespitzeln oder zu unterwandern. Ein Instrument, das den Canaris-Dienst zusätzlich schützte, war die bereits erwähnte »Hauskapelle«.

Die Wehrmacht war ermächtigt worden, alle zu ihrem Schutz notwendigen Maßnahmen selbst zu ergreifen. Dafür hatte sie nun ihre »Abwehr«. Der Personalbestand wurde erheblich aufgestockt; die Einrichtung von Wehrkreisen und Armeekorps förderte den Ausbau: Jedes Korps erhielt eine »Abwehrstelle«, die dem Ic (Nachrichtenoffizier/Feindbild) unterstand. Dieser Offizier trug als Leiter der »Abwehrstelle« bei den Wehrkreiskommandos die Bezeichnung Ic/AO. Außerdem erhielten die Marine-Stationskommandos in Kiel für die Ostsee und in Wilhelmshaven für die Nordsee die gleichen Nachrichtendienststellen.

Canaris und seine »Abwehr« befanden sich in der wenig beneidenswerten Situation, einesteils ausländische Spione abzuwehren und zu jagen, andererseits selbst bestimmte geheime Informationen – die im NS-Sinne schutzwürdig sein mußten – nach außen zu tragen! Der Admiral entledigte sich dieser zweischneidigen Aufgabe, die er als Pflicht nahm, mit Elan und Erfolg – beinahe bis zuletzt.

Hatten Frankreich und England ihre Agenten längst und unauffällig im deutschen Leben integriert (was ihre Entdeckung erschwerte), so hatte die Sowjetunion erst einmal durch das KPD-Verbot einen Rückschlag einstecken müssen. Die Kader, aus denen Spitzel und Spione kamen, waren zerschlagen: Die KPD mit einer viertel Million Mitglieder, mit 27 Tageszeitungen, 4000 Zellen und 87 Hilfsorganisationen, mit ihren subversiven Apparaten und geheimen Kurierverbindungen nach Moskau mußte sich in eine neue Rolle finden. Alt- und Ex-Kommunistin Ruth Fischer: »Die Kader hatten nicht mehr das Bewußtsein, eine internationale Arbeiterpartei zu repräsentieren, sondern die russische Staatspartei. Sie waren Geheimagenten einer ausländischen Macht.«

Jetzt waren zwar die Mitarbeiter, Offiziere und Beamten der »Raswedupr« für gefahrvolle Einsätze im Ausland gründlich vorbereitet. Auch gab es noch die »Schweigenetze«, deren Agenten »schliefen«, das heißt in ruhigen Zeiten in ihrem Einsatzgebiet normalen Berufen nachgingen und erst in Spannungs- oder Kriegsfällen und auf ausdrücklichen Befehl aus Moskau aktiviert wurden. Doch Hitlers Hatz auf alle Kommunisten – unabhängig von seinen Freundschaftsbezeigungen gegenüber der Diktatur im Kreml – hatte Lücken in die Kader gerissen.

Gleichwohl blieb der Aufbau der sowjetischen Spionageorganisation auf deutschem Gebiet bis 1936 relativ wirkungsvoll. Die »Raswedupr«-Zentrale unter der Führung des legendären Generals Ian Karlowitsch Bersin in Moskau war in sechs Sektionen unterteilt. Sektion I bearbeitete Westeuropa und damit Deutschland. In Moskau schulte ein »Chef für Agentenausbildung« die ausgewählten Spione; der »Chef für den auswärtigen Verkehr« bereitete die Militärattachés nachrichtendienstlich vor. Diese Militärattachés waren ausnahmslos Beauftragte der Zentrale (daran hat sich bis heute nichts geändert). Ein Militärattaché hatte unter allen Umständen Distanz zum übrigen Botschaftspersonal zu wahren und hatte seinen Sitz im sogenannten Geheimdienstflügel, wie ihn jede Sowjetbotschaft besitzt: Er ist durch elektronische Sicherheits- und Warneinrichtungen geschützt; schon in den dreißiger Jahren war er durch elektrisch betriebene Panzertüren abgeschlossen, in den Gängen waren Schießscharten, schalldichte Mauern trennten ihn nach außen ab. Im dritten Stock der Sowjetbotschaft in Berlin, Unter den Linden, lagen obendrein Fotolabors, Waffenkammern, Sende- und Empfangsstationen sowie Werkstätten zum Fälschen von Pässen und Urkunden.

Wichtigster Kontaktmann des Attachés war der Residenturleiter. Er wohnte außerhalb der Botschaft und arbeitete mit zwei bis drei V-Mann-Gruppen zusammen. Die Agenten waren gehalten, sich nicht gegenseitig zu besuchen. Decknamen, Anschriften, Treffpunkte, Tote Briefkästen durften weder in Briefen noch telefonisch erwähnt werden.

Ähnlich wie sich aber »Abwehr« und SD befehdeten, erwuchs auch »Raswedupr« ein konkurrierender Widersacher im eigenen Land und in ausländischen Operationsgebieten: die Abteilung INO (von innostrannij = ausländisch) der »Staatlichen Politischen Verwaltung« der Geheimpolizei GPU. INO-Agenten unterhielten im Ausland eigene Spionagenetze; die INO-Beauftragten saßen gleichfalls in den Botschaften, als Botschaftssekretäre getarnt, und überwachten unter anderen auch den Militärattaché – der für »Raswedupr« arbeitete! Mißtrauen, Kennzeichen des praktizierten Kommunismus, stand als Gebot noch über der eigentlichen Aufklärungsarbeit.

Dem dichten Netz eines wuchernden deutschen Polizeiapparates aber hatte auch der wohlorganisierte russische Spionageapparat nicht standhalten können – immer mehr Sowjetagenten setzten sich ab oder wurden enttarnt. In einem lückenlosen Karteisystem waren bald alle Regimegegner und möglichen Spione erfaßt. Was Staatspolizei und »Abwehr« nicht faßten, blieb in den Maschen des SD hängen. 1933 und 1934 waren politische und »Abwehr«-Polizei zur Gestapo zusammengefaßt, 1936 Gestapo und Kriminalpolizei in der Sicherheitspolizei (Sipo) vereinigt worden. 1939 gingen Sipo und SD im Reichssicherheitshauptamt auf.

Diese Entwicklung konnte nicht einmal ein so straff strukturiertes Spionensystem wie das sowjetische schadlos überleben. Viele Funktionäre, Reichstags- und Landtagsabgeordnete der KPD, die nicht in die UdSSR geflohen waren, wurden in Konzentrationslager gesperrt; richterliche Haftbefehle gab es für diese Willkür nicht:

Schon 1933 waren von 30000 KZ-Häftlingen allein in Preußen rund 80 Prozent Kommunisten. Der Kriminalinspektor und SS-Hauptsturmführer Heinrich Müller (»Gestapo-Müller«) verfolgte alles Kommunistische besonders emsig. Aus seinem N-Referat (Nachrichten) schleuste er V-Männer in die illegalen KPD-Organisationen ein. Schlag auf Schlag löschte Müllers Gestapo-»Kommunismus-Referat« Kurierlinien, Anlaufadressen, V-Mann-Führer und Tote Briefkästen aus.

Im Oktober 1935 trafen sich die übriggebliebenen KPD-Führer in Kuntsewo bei Moskau zur 4. Parteikonferenz der KPD. Ihr wichtigster Beschluß: weitgehende Auflösung der Spionageringe in Deutschland. Zugleich wurde das Industriespionagenetz liquidiert. Im Reichsgebiet blieben ganze 25 Spione und V-Männer übrig. Der Rest des machtvollen Apparats zog sich 1936 nach Holland und Frankreich zurück; andere gingen nach Norwegen und Schweden; einige setzten sich in die Schweiz ab.

Nur im Ausland war ein voll funktionsfähiger Stützpunkt den Russen geblieben. Der KPD-Funktionär, Sabotageexperte und Terrorist Ernst Wollweber (später Chef des DDR-Geheimdienstes) leitete von Oslo aus eine weitgespannte Sabotagegruppe.

In Polen war es gelungen, den oberschlesischen Großgrundbesitzer Rudolf von Scheliha zu werben. Scheliha arbeitete als Erster Sekretär an der deutschen Botschaft in Warschau. Er hielt Moskau über den Schriftwechsel zwischen der Botschaft und dem AA in der Berliner Wilhelmstraße auf dem laufenden. Aus dem Reichswirtschaftsministerium lieferte der Regierungsrat Dr. iur. et phil. Arvid Harnack Verschlußsachen-Kopien an sowjetische Kuriere. (Harnack verfaßte auch eigene Situationsberichte aus der Wirtschaft, hatte aber strenge Weisung, jeden Kontakt zur illegalen KPD zu meiden.) Der Fliegerleutnant d. R. Harro Schulze-Boysen machte den Russen zugänglich, was immer ihm an Geheimnissen aus dem Reichsluftfahrtministerium bekannt wurde. Der sowjetische Spionageapparat in Deutschland war also radikal verkleinert worden. Aber der Nachrichtenstrom aus dem Reich in den Kreml floß nur unwesentlich dünner.

Im Innern des Reiches hätten die Männer des Widerstandes gegen Hitler längst die Überzeugung gewonnen, daß ein Handeln gegen die verbrecherische NS-Politik keinen Verrat an Deutschland darstellen kann. Lediglich unterschiedliche Motive und voneinander abweichende politische Zielsetzungen sowie unkoordiniertes Vorgehen der einzelnen Gruppen verhinderten bis zuletzt, bis Kriegsende, die Bildung einer effektiven Einheitsfront gegen Hitler. Außerdem wurden alle Ansätze des Widerstandes vom Ausland grundsätzlich mißtrauisch beobachtet – Unterstützung im Kampf gegen die braune Diktatur wurde den Widerständlern von außen wenig, von den Alliierten im Kriege so gut wie gar nicht zuteil.

Hitler hatte seine Absicht, den deutschen »Lebensraum« zu erweitern, schon in seinem Buch »Mein Kampf« formuliert. Im November 1937 sah er für die »Lösung der deutschen Frage« nur den »Weg der Gewalt«, der »niemals risikolos sein kann«. Drei Jahre später trug er den Wehrmachtsführern in der »Weisung 21« (»Fall Barbarossa«) auf, den Angriffsplan gegen Rußland vorzubereiten.

Am 1. September 1939 verkündete der »Führer« Adolf Hitler vor dem Reichstag den Beginn des Krieges. Der Angriff auf Polen, an diesem historischen 1. September morgens um 4.45 Uhr, die Überfälle auf Dänemark, Norwegen, Frankreich und Jugoslawien entsprachen dem Blitzkriegkonzept des Diktators. Im ersten Siegesrausch zogen auch alle mit: Militärs und Volk, Zweifler und sogar frühere Kritiker. Doch mit dem Krieg gegen die Sowjetunion und dem Kriegseintritt der USA 1941 erhielt der Konflikt eine neue Dimension: Er wurde zum Weltkrieg.

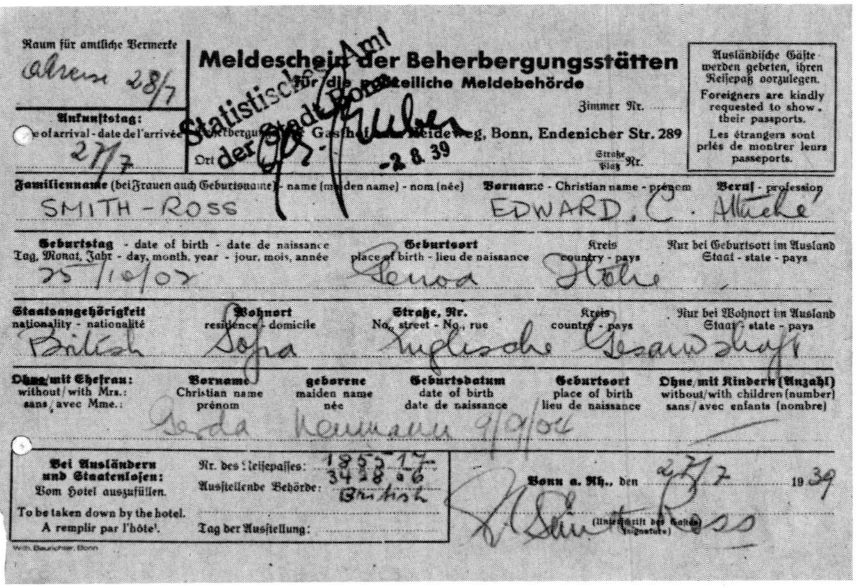
Raum für amtliche Vermerke
Meldeschein der Beherbergungsstätten
für die polizeiliche Meldebehörde
Statistisches Amt der Stadt Bonn
-2. 8. 39
Zimmer Nr.
Ausländische Gäste werden gebeten, ihren Reisepaß vorzulegen.
Foreigners are kindly requested to show their passports.
Les étrangers sont priés de montrer leurs passeports.
Ankunftstag: date of arrival - date de l'arrivée 27/7
Gasthof ... Heideweg, Bonn, Endenicher Str. 289
Ort ... Straße/Platz Nr.
Familienname (bei Frauen auch Geburtsname) - name (maiden name) - nom (née): SMITH-ROSS
Vorname - Christian name - prénom: EDWARD. C.
Beruf - profession: Attaché
Geburtstag - date of birth - date de naissance; Tag, Monat, Jahr - day, month, year - jour, mois, année: 25/10/02
Geburtsort - place of birth - lieu de naissance: Genoa
Kreis - country - pays: Italie
Nur bei Geburtsort im Ausland Staat - state - pays
Staatsangehörigkeit - nationality - nationalité: British
Wohnort - residence - domicile: Sofia
Straße, Nr. - No., street - No., rue: Englische Gesandtschaft
Kreis - country - pays
Nur bei Wohnort im Ausland Staat - state - pays
Ohne/mit Ehefrau: without/with Mrs.: sans/avec Mme.:
Vorname - Christian name - prénom: Gerda
geborene - maiden name - née: Neumann
Geburtsdatum - date of birth - date de naissance: 9/9/06
Geburtsort - place of birth - lieu de naissance
Ohne/mit Kindern (Anzahl) - without/with children (number) - sans/avec enfants (nombre)
Bei Ausländern und Staatenlosen: Vom Hotel auszufüllen. To be taken down by the hotel. A remplir par l'hôte.
Nr. des Reisepasses: 18557 ...
Ausstellende Behörde: British
Tag der Ausstellung:
Bonn a. Rh., den 27/7 1939
(Unterschrift des Gastes) (Signature) ... Smith-Ross
Wilh. Bauchter, Bonn

Indizien: Die Meldescheine der Hotels und Gasthöfe wurden von der Spionageabwehr genau geprüft. Manchmal schlüpfte einer durch – hier der britische Geheimdienstoffizier Smith-Ross.

Canaris hatte sich bemüht, den Engländern klarzumachen, daß Hitlers Gedanken an Krieg weit mehr als Spielerei waren. Sein Freund und Vertrauter Dr. Josef Müller wurde für ihn zum Verbindungsmann zwischen dem Widerstandskreis der »Abwehr« und London. Englands Lord Halifax wurde auf dem Umweg über den Vatikan (wo Müller einen Jesuitenpater aus Freiburg informierte) über die Friedensbemühungen des Admirals jahrelang auf dem laufenden gehalten – bis zum Ende des »Abwehr«-Chefs.

Hitler entging unterdessen allen Anschlägen »wie durch ein Wunder« (das er selber »die Vorsehung« zu nennen pflegte und das jedesmal nicht mehr als eine Reihe nachprüfbarer Zufälle oder Fehlorganisation war). Kurz vor der für den 12. November 1939 vorgesehenen Offensive gegen Belgien und Holland bliesen Verschwörer des Heeres – zu denen der Widerstands-Oberst Hans Oster aus der Canaris-»Abwehr« zählte – ein Attentat gegen Hitler ab. Über diplomatische Kanäle wurden die Belgier und die Holländer gewarnt.

Hitler ahnte nichts von Putschplänen. Er entrann schließlich am 8. November 1939 in München einem ebenso einfach wie sicher geplanten Attentatsversuch im »Bürgerbräukeller« unverletzt.

Der Kunstschreiner Georg Elser war im Sommer aus dem KZ Dachau entlassen worden. Er sollte mit den Kommunisten sympathisiert haben. Doch was Elser wollte, wollten viele: Frieden! Frieden, und ein Deutschland ohne Hitler. Seit August 1939 hatte er sich fast jede Nacht im »Bürgerbräu« einschließen lassen. Von dem Pfeiler, der die Rednertribüne nach hinten begrenzte, hatte er die Verkleidung gelöst und ein Stück ausgesägt.

Am Abend des 8. November 1939 wollte Hitler im »Bürgerbräu« seine traditionelle Rede vor »Alten Kämpfern« halten. Georg Elser betrat den Saal mit einer kleinen Schachtel unter dem Arm. Noch waren die Kellner mit der Dekoration beschäftigt. Elser ging zur Galerie. Sorgfältig löste er das ausgesägte Stück aus der Verkleidung, vorsichtig plazierte er sein Päckchen – die Bombe –, vorsichtig setzte er das ausgesägte Stück wieder ein. Die Dynamitstangen waren mit einem Zeitzünder gekoppelt. Um 22 Uhr sollte Hitler mit seiner Rede beginnen. Hitler redete gern lange. Elser stellte den Zeitzünder auf 23.20 Uhr.

Pünktlich um zehn Uhr abends betrat der »Führer« den »Bürgerbräukeller«. Der erste Jubel legte sich nach zehn Minuten. Hitler sprach. Wenige Meter entfernt tickte im Pfeiler Elsers Bombe. Plötzlich, um 23.07, kam der Redner ganz überraschend zum Schluß. Er versagte sich den Rausch des Beifalls, schüttelte auch nicht wie sonst noch hundert Hände und wünschte auch keinen Schwatz mehr mit den »alten Kameraden«. Eilig, fast hastig, strebte er zum Ausgang.

Acht Minuten später war Hitlers Wagenkolonne am Hauptbahnhof angelangt. Der Zug fuhr ab.

Im »Bürgerbräu«-Saal lagen acht Tote und 63 Verletzte. Vom Rednerpult waren bloß Splitter geblieben. Während Hitler in gelöster Stimmung nach Berlin dampfte, heulten in München die Sirenen der Überfallwagen und Krankenautos.

Georg Elser wurde an der Schweizer Grenze festgenommen, sein Paß war abgelaufen. Himmler vernahm ihn selbst, er schlug und trat ihn. Doch der stille Schwabe Elser beharrte: Er sei Einzelgänger, er habe keine Komplizen. Heydrich ließ zwei englische Secret-Service-Agenten aus dem holländischen Grenzort Venlo entführen, um eine englische Verschwörung gegen den »Führer« zu konstruieren. Diese Rechnung ging nicht auf – die Unschuld der Offiziere Captain Best und Major Stevens erwies sich sogar nach Gestapo-»Recherchen«.

Das rote Netz hat enge Maschen

General Jan Karlowitsch Bersin war Leiter der sowjetischen Spionageorganisation »Raswedupr«. Seit 1920 müssen alle kommunistischen Parteien neben ihren legalen Gliederungen illegale Organisationen zur Vorbereitung bewaffneter Aufstände unterhalten. Auf einer eigenen M(ilitär)-Schule bei Moskau wurden die Agenten für Deutschland ausgebildet. M-Schüler wurden dann in gut getarnte Stellungen in Deutschland eingeschleust, die der sowjetische Geheimdienst vorbereitet hatte.
Hauptsitz der Sowjetspionage in Deutschland war bis 1941 die Sowjethandelsvertretung in Berlin, Lindenstraße 3 (später Lietzenburger Straße 11); weitere Anlaufstellen waren die Zweigstellen der Handelsvertretung in Hamburg, Königsberg und Leipzig. An den Hinterhof des Missionsgebäudes grenzte ein Haus, dessen Ausgang auf die Ritterstraße führte: In diesem Haus wohnten die Juwelier-Brüder Löwenstein, die im »Raswedupr«-Sold standen. Bei Razzien entwichen gesuchte Sowjetspione durch den Laden der Löwensteins. Die Spitzel der KPD spähten unermüdlich für »Raswedupr«: Sie meldeten jede Bewegung der deutschen »Abwehr«-Organe und der Reichswehr; sie mieteten Konspirative Wohnungen (KW), in denen Sowjetspione untertauchen konnten; sie kauften Geschäfte auf, die Sowjetagenten als Anlaufstellen dienten. Mitglieder des AM-(Antimilitaristischen)Apparates der KPD unterwanderten Polizei, Reichswehr und gegnerische Parteien; ein eigenes AM-»Abwehr«-Ressort verhinderte das Eindringen von Polizeiagenten in die KPD.
Nach dem Verbot der KPD 1933 hielten nicht erkannte kommunistische Kader das Netz »grobmaschig« zusammen.

Fehlschlag: Am 8. November 1939 wollte der Einzelgänger Georg Elser mit einem Bombenattentat im Münchner Bürgerbräukeller den Diktator Hitler beseitigen. Das Gebäude wurde völlig zerstört (rechts), doch Hitler entkam dem Anschlag, weil er nach einer kurzen Rede unvorhergesehen frühzeitig abreiste.

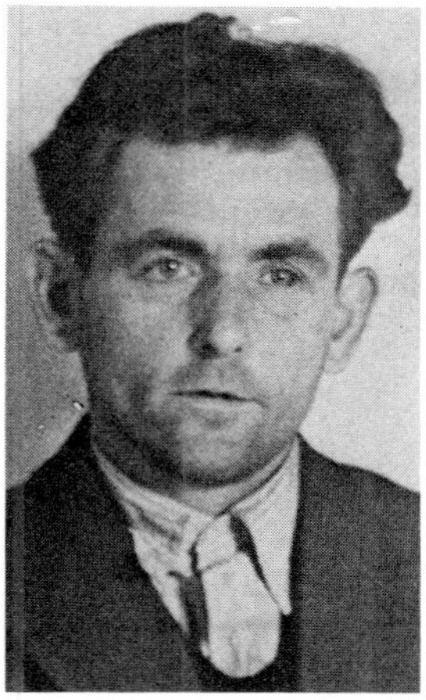

Vergessen: Hitler-Attentäter Georg Elser (oben) mußte seine mutige Tat im KZ Dachau mit dem Leben bezahlen. Der Dank blieb aus: Im Gegensatz zu anderen Widerstandskämpfern erinnert heute kein Mahnmal, nicht einmal ein Straßenname an ihn.

Konspiration: Reichsführer SS Heinrich Himmler und seine Mitarbeiter wollten aus dem Attentat des Einzelgängers Elser eine britische Verschwörung konstruieren. Bei einer SS-Lagebesprechung: Obersturmführer Huber, Oberführer Nebe (Chef der deutschen Kriminalpolizei), Himmler, Gruppenführer Heydrich und Oberführer Heinrich Müller (»Gestapo-Müller«), (von links).

Da hatten große Generale mit viel Silber und Gold an den Uniformen und mit roten Streifen an den Hosen heimlich Denkschriften verfaßt; darinnen stand, wie sie sich sorgten um Deutschland und wohin das alles führe und daß gegen diesen Hitler etwas unternommen werden müsse. Noble Nationale mit tönenden Adelstiteln hatten »die Lage« analysiert, wieder und wieder, und waren zur Ansicht gekommen: Herr Hitler muß weg!

Den kleinen Handwerker Elser aber hatten seine Überlegungen gleichfalls zu dem Schluß geführt, »daß Deutschland ... sich noch andere Länder einverleiben wird und daß deshalb ein Krieg unvermeidlich ist, das heißt, ich hatte die Vermutung, daß es so kommen wird« (Vernehmungsprotokoll).

Also hatte der kleine Mann gehandelt. Er wurde Anfang April 1945 im KZ Dachau durch einen Genickschuß ermordet.

Seit September 1939 hatten sich die »Abwehr«-Büros mit neuen Mitarbeitern gefüllt. Sie breiteten sich nun auch räumlich über die Bendlerstraße und das Tirpitzufer hinaus aus. Die interne Struktur dieses Geheimdienstes der deutschen Wehrmacht blieb freilich dem Gegner nicht verborgen. Tatsächlich reiste sogar ein englischer Agent im Sommer 1940 nach Hamburg, um mit »Abwehr«-Offizieren das deutsche Interesse an Royal-Air-Force-Einrichtungen auszuloten.

An einem Ecktisch des »Café João« in Lissabon saß ein Mann und las in der »Times«. Vor ihm auf dem Tisch stand ein Glas Orangensaft. Jetzt ging schon zum zweitenmal ein Gast an ihm vorüber, musterte ihn, schaute auf das Getränk und sprach ihn schließlich an: »Entschuldigen Sie, es geht mich sicher nichts an – aber warum haben Sie eigentlich diesen Orangensaft bestellt, wenn Sie ihn nicht anrühren?«

Der am Tisch legte die »Times« weg. »So was Blödes«, sagte er und brüllte: »Kellner! Zitronenlimonade, verdammt nochmal!«

Der andere setzte sich zu ihm. Er trank einen Kaffee. Beide zahlten und gingen. »Carlos«, der Gast, der den »Times«-Leser angesprochen hatte, brachte diesen – es war der Engländer Johnny Owens – in ein Haus am Stadtrand. Beinahe hätte ein konspirativer Treff zwischen dem britischen und dem deutschen Geheimdienst nicht geklappt: Owens, so war es verabredet, hätte Zitronenlimonade als Erkennungszeichen bestellen müssen. Aber Owens war Walliser. Und weil ein Walliser sich vor jedem Drink ekelt, der keinen Alkohol enthält, hatte er in seiner Abneigung die Getränke verwechselt und Orangensaft bestellt. Dadurch, daß »Carlos« die Agentenregeln ein bißchen verletzt hatte, war der Kontakt dann doch noch zustande gekommen.

Arthur George genannt »Johnny« Owens war einmal ein deutscher Spion gewesen. Dann hatte ihn MI 5 »umgedreht«. Owens wurde zum Doppelagenten, den die »Double Cross Committee« genannte Desinformationsabteilung von MI 5 führte. Aber das wußte der deutsche »Abwehr«-Hauptmann Nikolaus Ritter von der »Abwehr-Stelle« (AbwSt) X in Hamburg nicht, der auch glaubte, Owens zu führen. Ritter traf Owens am 29. Juni 1940 in Lissabon. Der Engländer machte dem Deutschen ein verlockendes Angebot: »Ich habe einen entlassenen RAF-Offizier für Sie, Hauptmann Ritter. Der kann Ihnen nicht nur eine Menge über die Air Force erzählen, der will sogar!«

Ritter war skeptisch, zumal der Mann John Brown heißen sollte, also einen Namen trug, so selten wie Hans Müller in Deutschland. Dennoch überzeugte Owens den Hauptmann. Am 28. September 1940 traf Ritter Brown, wiederum in Lissabon. Ein Luftfahrtexperte, aus Berlin mitgereist, forschte den Briten aus. Es erschien interessant, was der Mann alles wußte. 200 Pfund Sterling verlange er monatlich für seine Spionagedienste, sagte dieser Brown. »Können Sie haben«, meinte Ritter. Dann ließ er seine Katze aus dem Sack: »Wären Sie bereit, für ein paar Tage zu Gesprächen mit unseren Experten nach Deutschland zu kommen, Mr. Brown?«

Brown überlegte ohne erkennbare Gefühlsregung. »Welche Garantien habe ich, daß ich aus Deutschland wieder rauskomme?« fragte er.

Ritter sah Brown an. »Ich gebe Ihnen mein Ehrenwort als Offizier, daß ich für Ihre sichere Rückkehr nach Lissabon sorgen werde.«

Ein Ehrenwort unter Geheimagenten von zwei Nachrichtendiensten, die gegeneinander Krieg führten! Brown, der mit Klarnamen Sam McCarthy hieß, pokerte sehr hoch, als er einwilligte. Aber schließlich war es seine Aufgabe, soweit in die gegnerische Abwehr einzudringen wie möglich.

Brown schaffte es. Ritter nahm ihn mit nach Hamburg. Man flog in einer Lufthansa-Maschine mit Zwischenlandungen in Madrid und Lyon an die Elbe. In Hamburg wurde Brown im Hotel »Vier Jahreszeiten« untergebracht – in den Zimmern rechts und links neben ihm wohnten »Abwehr«-Observanten; »Abwehr«-Agenten beschatteten ihn auf seinen Spaziergängen an der Alster und in der Stadt, um herauszufinden, ob er etwa nur nach Deutschland gekommen war, um Kontakt zu britischen Agenten aufzunehmen. Doch nichts Verdächtiges fiel auf.

In tage- und nächtelangen Gesprächen mit »Abwehr«- und auch Luftwaffenoffizieren fand Brown heraus, woran die Deutschen besonders interessiert waren, was sie bereits über die RAF wußten (und zum Teil auch, was sie noch nicht kannten). Er selbst erzählte den Deutschen sorgfältig gefilterte Wahrheiten über die RAF. Damit war es Brown/McCarthy gelungen, im Kriege in den Geheimdienst des Gegners einzudringen. Es gelang ihm auch, ungestraft wieder davonzukommen:

Ritter hielt sein Ehrenwort. Er ließ Brown abreisen. Zur Sicherheit und um Brown bis zuletzt das Gefühl zu geben, unter deutscher Bewachung zu stehen, schickte er einen jungen »Abwehr«-Mann mit. Wieder war Zwischenlandung in Madrid. Brown und der Deutsche standen auf dem Vorfeld und vertraten sich die Beine vom langen Flug. Da deutete Brown mit dem Kopf in Richtung der Toiletten: »Komme gleich wieder«, brummte er, »ich muß mal raus.« Das war nicht einmal gelogen – Brown mußte wirklich raus – raus aus diesem Abenteuer, aussteigen, heim nach England.

Der »Abwehr«-Begleiter fiel auf diesen alten Trick herein. Vom zweiten Ausgang der Toilette eilte Brown alias McCarthy, Code-Name »Biscuit«, zum Taxistand. Unverfolgt fuhr er in die Stadt. Unterwegs ließ er an einer Telefonzelle halten. Er wählte eine Nummer in Madrid; es war der Anschluß des MI 6-Vertreters in der spanischen Hauptstadt, Kenneth Benton. »Biscuit hier«, meldete sich Brown, als Benton abgehoben hatte. »Ich komme!« Noch in derselben Nacht flog Brown in einer Kuriermaschine der RAF zurück nach England.

Den größten Spionageerfolg des Zweiten Weltkrieges indes verbuchten die Sowjets. Den Engländern war es gelungen, einen Mann nach Hamburg zu schicken; selbst die geschlagenen Franzosen hatten noch ein paar Agenten, die für de Gaulles Nachrichtendienst unter Colonel Rivet und Colonel Rémy tätig waren; auch ein paar anderen kriegsbeteiligten und -unbeteiligten Nationen war es möglich, Informationen in Deutschland zur eigenen Auswertung zu sammeln. Die Russen aber verfügten über die erstklassigsten Quellen überhaupt: in der Rüstung, in der Politik, in den Heeresleitungen, ja selbst im deutschen Allerheiligsten, im Führerhauptquartier. Eine kleine, geheime Rote Armee hielt Brückenköpfe hinter der deutschen Front. Sowjetspione saßen im Oberkommando der Wehrmacht, in Bataillonsgefechtsständen, in Speicherkammern und Kellern, in Villen und Gartenlauben. Sie spionierten gleich hinter der Front und tief in der Etappe. Die Handlungsbasis dieser geheimen Roten Armee war Verrat.

Fragebogen für Spione

Agentenführer der »Raswedupr« gaben an ihre Spione in Deutschland vorgedruckte Meldebogen aus: »Besteht bei der Firma ein besonderer Sicherheitsdienst? Wie stark ist der Sicherheitsdienst? Wie sind die Dienstschichten eingeteilt? Wie stark sind die Tore bewacht? a) am Tage? b) bei Nacht? Ist der Sicherheitsdienst bewaffnet? Art angeben, bei Schußwaffen möglichst Kaliber oder Modell.«

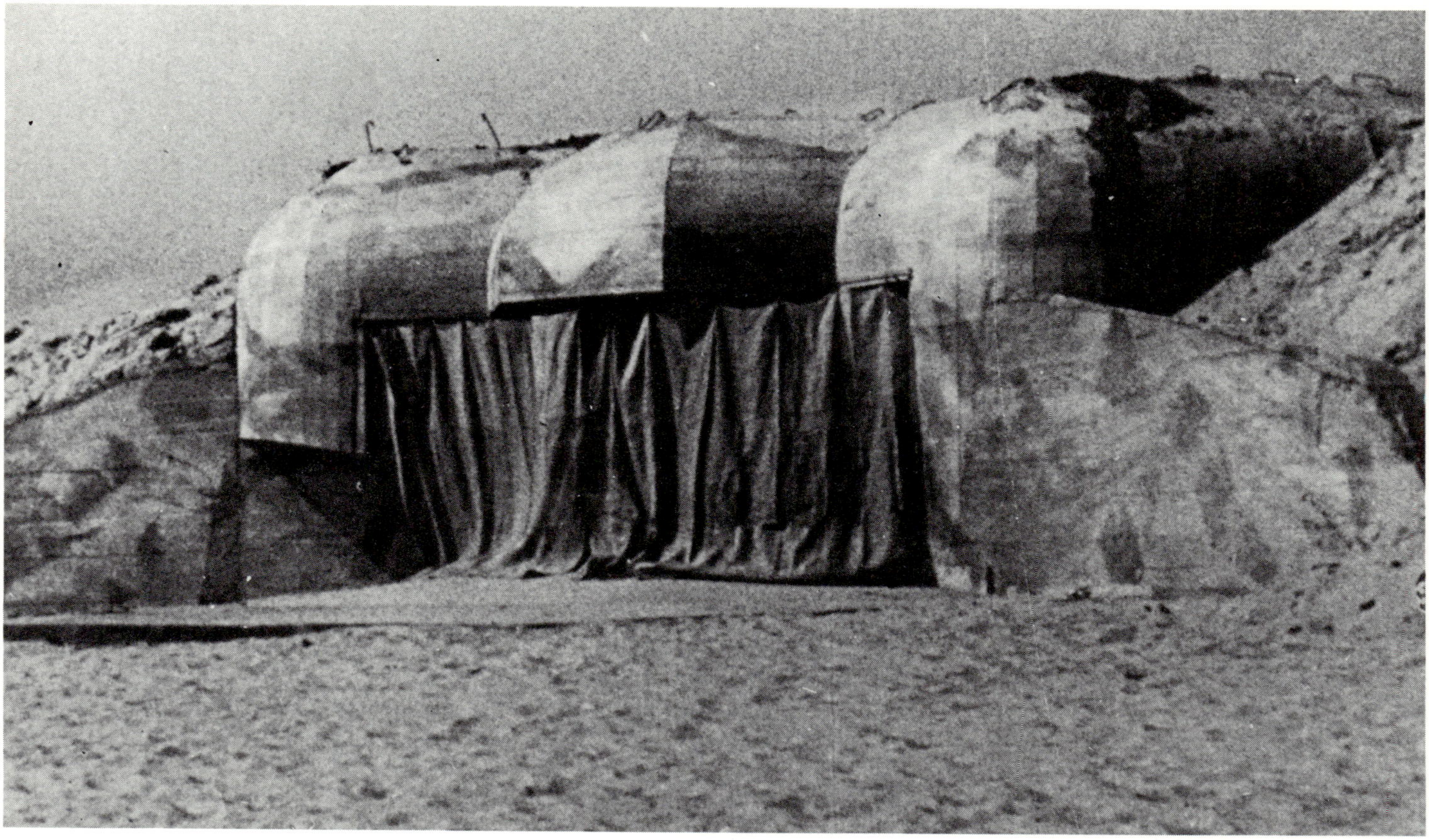

Tarnung am »Atlantikwall«: Ein riesiger Vorhang verwehrt feindlichen Flugbeobachtern den Einblick in den Geschützbunker.

Meisterspion: Dr. Richard Sorge (rechts), Topagent der Russen im Zweiten Weltkrieg, genießt noch heute einen legendären Ruf.

Kriegsachse: Japans Außenminister Matsuoka beglückwünscht per Telefon die deutsche Regierung zum Dreimächtepakt (Abb. ganz rechts). Neben ihm der italienische Botschafter Indelli, der deutsche Botschafter General Ott und Gesandter Stahmer (von links).

Unmittelbar nach Beginn des Rußlandfeldzuges machten Horchfunker der deutschen Funküberwachungsstelle Cranz in Ostpreußen am 26. Juni 1941 zum erstenmal einen unbekannten Funkverkehr aus, dessen einer Teilnehmer sich als »PTX« meldete und Verbindung zu »HLK« suchte. Damit begann die Fahndung nach dem Netz aus Spionen, die durch ihren Einsatz der Sowjetunion mit zum Sieg verhalfen.

Zuerst hatte Josef Stalin an einen Angriff Adolf Hitlers – mit dem er erst am 23. August 1939 einen Nichtangriffspakt geschlossen hatte – nicht glauben wollen. Des Kremls Topspion in Japan, Dr. Richard Sorge, hatte bereits im März nach Moskau gefunkt: »Der deutsche Militärattaché in Tokio erklärte, sofort nach Kriegsende in Europa werde der Krieg gegen die Sowjetunion beginnen.« Im April funkte er einen nahen Termin: zweite Junihälfte. Dazu lieferte er Angaben über Truppenstärke und -zusammensetzung der Deutschen. Und eine Woche vor Kriegsausbruch funkte er den exakten Tag: »Der Krieg wird am 22. Juni beginnen.«

Stalin glaubte Sorge nicht. Doch die Japaner fingen Moskaus Meisterspion, der seine wichtigsten Kenntnisse von einem deutschen Diplomaten bezog, der ihm nichtsahnend vertraute: Generalmajor Eugen Ott, im Zweiten Weltkrieg zum deutschen Botschafter in Japan ernannt. In den Morgenstunden des 7. November 1944 wurde Sorge nach jahrelanger Haft gehängt. Die Russen machten ihn posthum zum »Helden der Sowjetunion«.

Die Russen hatten auch dem deutschen Soldaten nicht geglaubt, der am 21. Juni den Bug bei Kolberg durchschwamm und dem sowjetischen Grenzposten den bevorstehenden Überfall meldete. Der Nachrichtenoffizier der Roten Armee sagte zu dem Deutschen, Mitglied der illegalen KPD: »Ich habe hier eine Zeitung. In der heißt es: Nach Meinung sowjetischer Kreise entbehren die Gerüchte über die Absichten Deutschlands, die Sowjetunion zu überfallen, jeglicher Grundlage.«

In dieser Nacht des 21. Juni 1941 reiste ein Mann aus Paris nach Vichy, aus dem von deutschen Truppen besetzten Frankreich in den unbesetzten Teil. Nach Vichy hatte sich auch der sowjetische Militärattaché General Susloparow zurückgezogen. Der Besucher aus Paris überbrachte eine dringende Meldung für den General: Alle Anzeichen deuteten darauf hin, daß die Wehrmacht in der kommenden Nacht Rußland überfallen werde. Susloparow herrschte den Mann an: »Genosse, du bist vollkommen verrückt! Ich denke nicht daran, eine solche Meldung nach Moskau weiterzuleiten!« Doch der andere bestand darauf. Endlich gelang es ihm, Susloparow zur Weitergabe der Warnung zu bewegen.

Anderntags rollten die ersten deutschen Panzer über die russische Grenze. Der Mann, der den Militärattaché in Vichy gewarnt hatte, fuhr nach Paris zurück. Er nannte sich Jean Gilbert. Sein richtiger Name lautete Leopold Trepper. Er war Le Grand Chef, der Große Chef des legendären roten Spionagenetzes, das ganz Westeuropa durchzog und dem die »Abwehr«-Abteilung Fu III (Funkwesen) seinen berühmten Namen gegeben hat: »Rote Kapelle«.

Trepper und sein Petit Chef, der russische Hauptmann Viktor Sukulow-Gurewitsch, der sich Edward Kent nannte, waren die Köpfe der jahrelangen Funkspionage mit den Stationen der »Roten Kapelle« in Marseille, Lyon, Paris, Genf, Lausanne, Brüssel, Amsterdam und Berlin. Was immer sie nach Moskau funkten, lief unter dem Kennwort »Direktor«. Und Direktor war der Geheimdienstgeneral Iwan Peresypkin in Moskau.

In Paris unterhielt Trepper die Tarnfirma Simex, die mit deutscher Billigung horrende Schwarzmarktgeschäfte machte, bevorzugt auch deutsche Offiziere belieferte und sich auf diese Weise lange Zeit selbst finanzierte. Kent, der sich den Namen Vincente Sierra zugelegt hatte, betrieb in Brüssel die Firma Simexco, das Vorbild der Pariser Simex Treppers. In Holland führte Anton Winterinck die »Gruppe Hilda«. Und in Berlin spionierte und funkte die »Gruppe Choro« mit ihrem Chef Harro Schulze-Boysen.

Auch die Simexco von Kent machte blendende Geschäfte – nicht auf dem schwarzen Markt, aber auch mit den Deutschen. Sogar die »Organisation Todt« (OT), die »Bauarbeiter-Armee« des Dritten Reichs, war Simexco-Großkunde: Ob neue Kasernen errichtet oder Befestigungsanlagen und Bunker gebaut wurden – immer war es Kents Simexco, welche das Baumaterial besorgte. Auf diese Weise gelangten Kents und Treppers V-Leute und Spione ungehindert in Wehrmachtsanlagen und geheime Bauprojekte. Selbst am »Atlantikwall«, mit dem Kontinentaleuropa gegen eine Invasion der westlichen Alliierten geschützt werden sollte, baute Simexco mit. Internationale Geschäftsverbindungen wurden geschlossen, die Trepper-Truppe und die Kent-Agenten reisten kreuz und quer durch Europa und schufen für den sowjetischen Spionageapparat immer neue Stützpunkte. Dreist reiste Kent im Frühjahr 1941 zur Leipziger Messe und traf auch die »Rote Kapelle«-Agenten in Berlin.

Am 10. Oktober 1941 kam Kent zu seinem Funker Michail Makarow (Deckname: Carlos Alamo). Makarow reichte dem Petit Chef einen Funkspruch aus Moskau: »Begeben Sie sich sofort zu den drei angegebenen Adressen in Berlin und stellen Sie fest, weshalb Funkverbindung ständig versagt. Falls Unterbrechungen sich wiederholen, übernehmen Sie Funkübermittlung. Arbeit der Berliner Gruppen und Nachrichtenübermittlung von größter Wichtigkeit. Adressen: Neu-Westend, Altenburger Allee 19. Drei Treppen rechts. Choro. – Charlottenburg, Fredericiastraße 26 a. Zwei Treppen links. Wolf. – Friedenau, Kaiserallee 18. Vier Treppen links. Bauer. Erinnern Sie hier an ›Ulenspiegel‹. – Kennwort überall: Direktor.«

Rote Fallschirmspione

Was Franzosen und Engländer im Ersten Weltkrieg »erfunden« hatten, nutzten russische »Raswedupr«-Agenten im Zweiten: Sie sprangen an Fallschirmen über Feindgebiet ab. Es waren meist deutsche Exil-Kommunisten, die in Lagern bei Ufa und Puschkino im Nachrichtensammeln, Funken und Chiffrieren ausgebildet wurden. Dann erhielten sie »Legenden«, falsche Identitäten: Namen und Soldbücher deutscher Kriegsgefangener oder gefallener Soldaten; Lebensmittelkarten-Fälschungen und Kleiderkarten; Feldpost; deutsches und amerikanisches Geld.
Doch die unkoordinierte Arbeit roter Fallschirmspione, die in der Nacht zum 17. Mai 1942 über Ostpreußen abgesprungen waren, führte die Fahnder der Gestapo bald auf eine heiße Fährte: Die Aussagen der im Juni und Juli gefaßten Fallschirmspringer halfen mit, das Netz um die Schulze-Boysen-Gruppe der »Roten Kapelle« in Berlin enger zu ziehen.

DIE ROTE KAPELLE

RESIDENTURLEITER WESTEUROPA: LEOPOLD TREPPER

FRANKREICH

- **GRUPPE »GILBERT«** Paris · bis Herbst 1942
  - LEOPOLD TREPPER »Grand Chef«
  - LEON GROSSVOGEL Gründer von Tarnfirmen in Frankreich und Belgien; in diesen Firmen arbeiten die Agenten ALFRED CORBIN ROBERT BREYER
  - HERSCH und MYRA SOKOL, Funker
  - WASSILIJ und ANNA MAXIMOWITSCH Agenten
  - KÄTHE VOELKNER Information; Bereich: Organisation Sauckel
  - Der Gruppe »Gilbert« unterstellte Komintern-Agenten:
  - HENRY ROBINSON Chefkurier
  - VALENTINO ESCUDERO Funker
  - PIERRE und LUCIENNE GIRAUD Mitarbeiter/Funk
- **GRUPPE »MARSEILLE«** Marseille · seit August 1942
  - VICTOR SUKULOW-GUREWITSCH Chef; vorher Chef/Gruppe »Kent«, Brüssel
  - MAGUERITE MARIVET ALEPEE Agenten
- **GRUPPE »LYON«** Lyon · seit August 1942
  - JESEKIEL SCHREIBER Chef
  - ISIDOR SPRINGER Wirtschaftsinformant; vorher »Kent«, Brüssel
  - OTTO SCHUHMACHER Funker; vorher »Kent«, Brüssel

DEUTSCHLAND

- **GRUPPE »CHORO«** Berlin · bis Sept. 1942
  - HARRO SCHULZE-BOYSEN, »Chef«
  - HANS COPPI Funker
  - ODA SCHOTTMÜLLER KURT SCHUMACHER ERIKA GRÄFIN VON BROCKDORFF Mitarbeiter/Funk
  - HORST HEILMANN Informant, Bereich: Funkabwehr
  - JOHANN GRAUDENZ Informant; Bereich: Flugzeugproduktion
  - WALTER und MARTHA HUSEMANN ANNA KRAUS WALTER KÜCHENMEISTER Agenten
- **GRUPPE »ARWID«** Berlin · liquidiert Sept. 1942
  - ARVID HARNACK Chef
  - ADAM und GRETA KUCKHOFF Kurier, Chiffrierwesen
  - JOHN SIEG Agent
- **GRUPPE »ARIER«** Berlin · bis Sept. 1942
  - ILSE STÖBE Verbindung zu Moskau
  - RUDOLF VON SCHELIHA Informant; Bereich: Auswärtiges Amt
  - KURT SCHULZE Funker

BELGIEN

- **GRUPPE »KENT«** Brüssel · bis Dez. 1941
  - VICTOR SUKULOW-GUREWITSCH »Petit Chef«
  - MICHAIL MAKAROW Funkverkehr, Chiffrierwes.
  - ANTON DANILOW Verbindung zu anderen Spionage-Basen
  - KONSTANTIN JEFREMOW, Später Chef der Gruppe »Bordo«
  - RITA ARNOULD Büro Brüssel
  - SOPHIE POSNANSKA Chiffrierwesen
  - ABRAHAM RAJCHMAN, Pässe und gefälschte Dokumente; später Gruppe »Bordo«
  - MALVINA GRUBER Kurier
  - ISIDOR SPRINGER Wirtschaftsinformant; später in Frankreich
  - AUGUSTIN SESÉE HERMANN ISBUTSKY Funker; später Gruppe »Bordo«
  - OTTO SCHUMACHER Funker; später in Frankreich
  - SIMONE PHELTER Verbindung zu Frankreich
  - MAURICE PEPER Verbindung zu Holland
- **GRUPPE »BORDO«** Brüssel · bis Juli/Aug. 1942
  - KONSTANTIN JEFREMOW, »Chef«; vorher bei »Kent«
  - ABRAHAM RAJCHMAN vorher bei »Kent«
  - JOHANN WENZEL Cheffunker für Westeuropa
  - AUGUSTIN SESÉE HERMANN ISBUTSKY vorher bei »Kent«
  - FRANZ und GERMAINE SCHNEIDER, Kuriere

HOLLAND

- **GRUPPE »HILDA«** Amsterdam · bis Aug. 1942
  - ANTON WINTERINCK »Chef«
  - JOHANN WENZEL Kominternagent; Ausbilder bis 1940, dann in Belgien
  - WILHELM VOEGELER Funker
  - JOHANNES LÜTERAAN Verbindungsmann
  - DANIEL GOULOOZE ADAM NAGEL HENDRIKA SMITH Agenten
  - JACOB und HENDRIKA RILLBOLING Verbindung/Brüsseler Gruppen

SCHWEIZ (ab 1942)

- **GRUPPE »DORA«** Genf–Lausanne
  - ALEXANDER RADO »Chef«; bis Nov. 1943
  - RACHEL DÜBENDORFER wird 1943 Rados Nachfolgerin
  - ALEXANDER FOOTE Funker Station »Jim«, Lausanne
  - EDMOND und OLGA HAMEL Funker; 1. Station Genf
  - MARGARET BOLLI Funker; 2. Station Genf
  - RUDOLF RÖSSLER Informant
- **GRUPPE »PAKBO«**
  - OTTO PÜNTER »Chef«
  - CHRISTIAN SCHNEIDER Informant

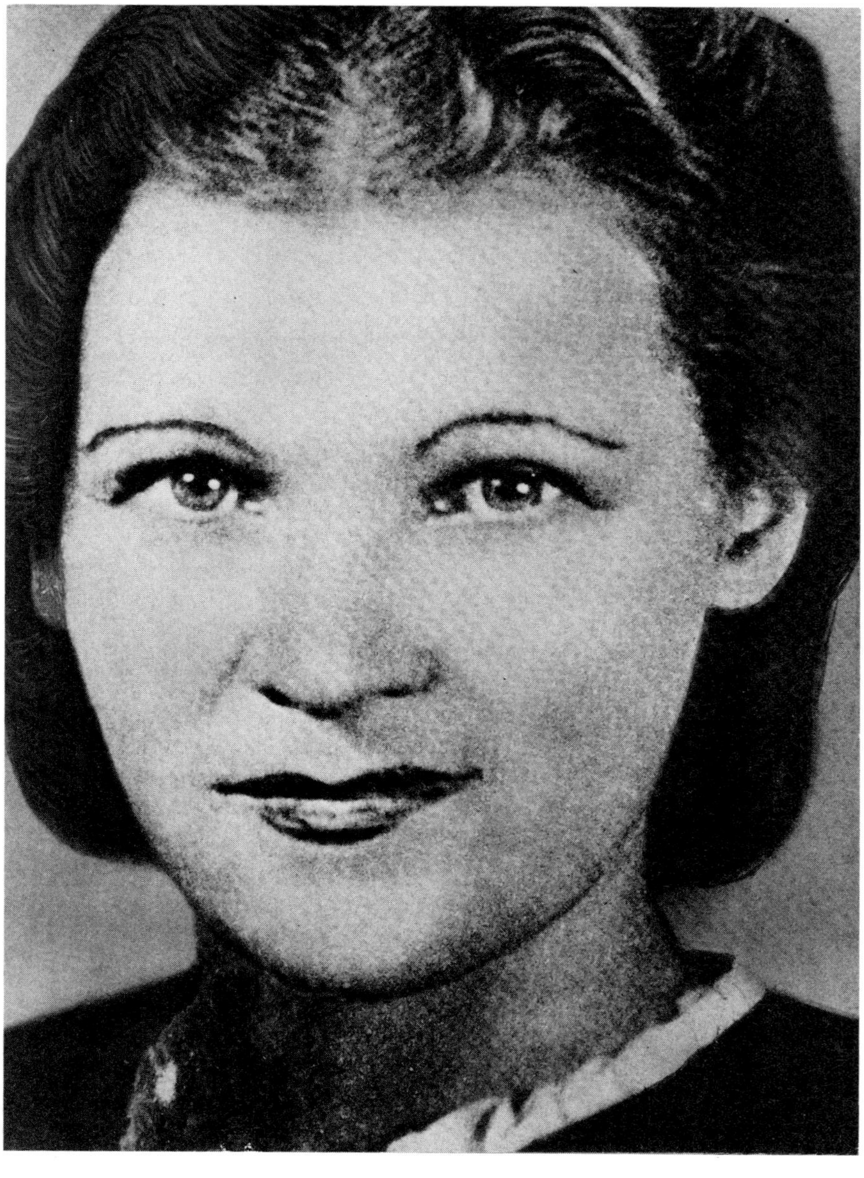

Gefährliche Konkurrenz: Die russische Spionage-organisation »Rote Kapelle« machte der deutschen Abwehr schwer zu schaffen. Ihr Chef war Leopold Trepper (ganz links, Foto aus den 60er Jahren). Mit ihm arbeitete seine Frau Luba (links). Die besten Informationen bekam Trepper vom Ehepaar Harro und Libertas Schulze-Boysen (oben).

Was »Choro« an »Direktor« funkte

Zur Spionagegruppe »Choro« des Attachés im Reichsluftfahrtministerium, Harro Schulze-Boysen (der zum Ring der »Roten Kapelle« gehörte), zählten

- **Oberst Erwin Gehrts, Ic im Reichsluftfahrtministerium,**
- **Oberleutnant Herbert Gollnow in der Abwehrabteilung des OKW,**
- **Leutnant zur See Wolfgang Havemann im Oberkommando der Kriegsmarine,**
- **Nachrichtenfunker Horst Heilmann,**
- **Libertas Schulze-Boysen, Journalistin und Ehefrau Harros,**
- **der Agentenfunker Hans Coppi und**
- **der Bauinspektor beim Luftfahrtministerium, Gerhard Henniger.**

Nach einem Bericht der Sicherheitspolizei (Sipo) vom 22. Dezember 1942 stammte von »Choro« eine »Vielzahl von Meldungen über«

- **die Stärke der deutschen Luftwaffe bei Beginn des Krieges mit der Sowjetunion;**
- **die monatliche Produktion der deutschen Flugzeugindustrie in der Zeit von Juni/Juli 1941;**
- **die Treibstofflage in Deutschland;**
- **den beabsichtigten Angriff auf Maikop;**
- **die Lage des deutschen Hauptquartiers im Feldzug gegen Rußland;**
- **die serienmäßige Herstellung von Flugzeugen in den besetzten Gebieten;**
- **Konzentration chemischer Kampfstoffe in Deutschland;**
- **Verluste der deutschen Fallschirmtruppen in Kreta;**
- **die Existenz einer wichtigen Lkw-Reparaturwerkstatt in Iverlo/Finnland;**
- **die einsatzfähigen Flugzeuge der deutschen Luftwaffe im Herbst 1941;**
- **die Verteilung der deutschen Luftwaffe an der Ostfront;**
- **geplante deutsche Truppenbewegungen den Dnjepr abwärts.**

Blüten für Cicero

Im Zweiten Weltkrieg tat Sir Hugh Knatchbull-Hugessen als englischer Botschafter in Ankara Dienst. Sein Butler hieß Diello und war Albaner; er haßte die Briten, doch er verbarg diesen Haß geschickt. Das deutsche Reichssicherheitshauptamt (RSHA) aber, das seinen eigenen Auslandnachrichtendienst unterhielt, profitierte von diesem Haß: Zwischen Oktober 1943 und April 1944 kaufte es bei Diello – der den Decknamen »Cicero« erhielt – Fotografien wichtiger Dokumente aus dem gepanzerten Depeschenschrank des Botschafters. Diello hatte sich einen Nachschlüssel gefeilt. Verbindungsmann und Führer Diello-»Ciceros« war der Vertreter des RSHA in der deutschen Botschaft in Ankara, Attaché L. C. Moyzisch. Als die Engländer merkten, wie gut die Deutschen über alliierte Konferenzen in Moskau, Kairo und Teheran sowie über Vorgänge an der britischen Botschaft in Ankara informiert waren, setzten sie eine Secret-Service-Agentin als Sekretärin auf Moyzisch an – mit Erfolg: »Cicero« wurde enttarnt, konnte jedoch fliehen.

Mit dem Spionenlohn von mehreren hunderttausend Pfund setzte sich »Cicero« nach Brasilien ab. Dort erst stellte eine Bank fest, daß die Pfundnoten, die er von Moyzisch bekommen hatte, gefälscht waren.

Spion in Ankara: Kammerdiener »Cicero« Diello (Bild oben, rechts, bei einem Interview mit Wolf Mittler vom Bayerischen Rundfunk) schnüffelte von 1943 bis 1944 im Aktenschrank des britischen Botschafters in der Türkei für das RSHA.

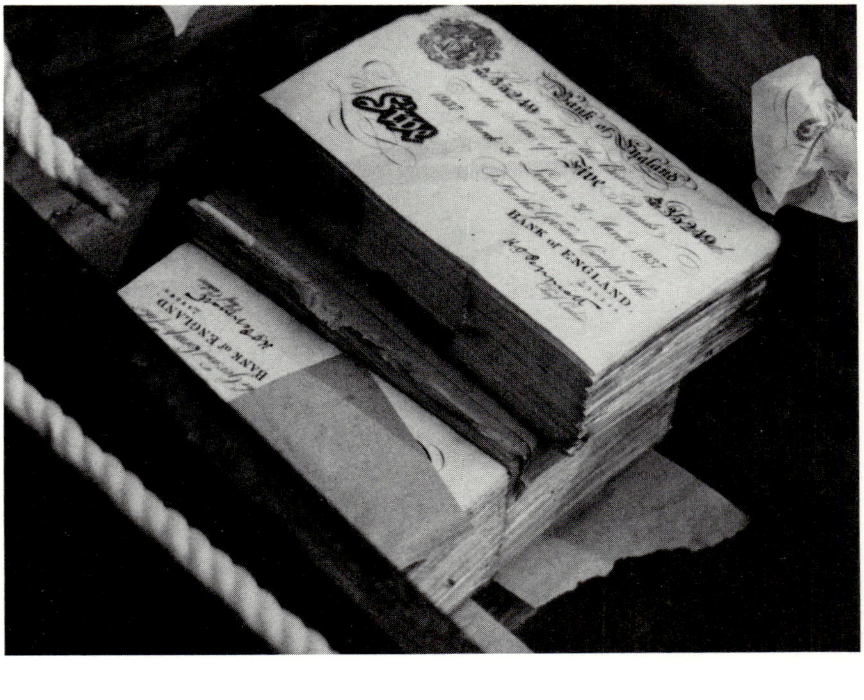

Heißes Geld: Mit gefälschten englischen Banknoten bezahlte Hitlers Geheimdienst seine britischen Agenten. Als das Geld wenige Tage vor Kriegsende zu »heiß« wurde, senkte man zwanzig Kisten mit »Blüten« in Österreich in den Toplitzer See. Erst zehn Jahre später wurde der Schatz geborgen (rechts).

Neun Tage darauf fuhr Kent nach Berlin. Dort traf er die Berliner Residenten der »Roten Kapelle«, Harro Schulze-Boysen und Arvid Harnack. »Was ist mit eurem Funker Hans Coppi?« wollte Kent wissen. Er hörte: Coppi konnte noch nicht richtig morsen, der junge Kommunist konnte überhaupt noch nicht flüssig funken, entweder stellte er sich übereifrig an oder überängstlich – abwechselnd. Coppi solle üben, ordnete Kent an. Doch als er nach Brüssel zurückkehrte, hatte die Berliner Gruppe den Funkverkehr nach Moskau ganz eingestellt. Die deutschen Abhörtrupps hatten sich nahe an die Funkstation herangetastet. Die »Abwehr« war der »Roten Kapelle« auf die Spur gekommen.

Im Juli 1942 zählte die deutsche Funkabwehr und ihr Horchdienst unter der Leitung des Oberstleutnants Dipl.-Ing. Hans Kopp 325 Sender sowjetischer Spione im wehrmachtbesetzten Europa und in Deutschland. Doch da gab es die »Gruppe Kent« der »Roten Kapelle« in Belgien schon nicht mehr. Sie war in der Nacht vom 13. zum 14. Dezember 1941 vom »Abwehr«-Sachbearbeiter für Frankreich und Belgien, Hauptmann Harry Piepe, ausgehoben worden.

Die Gefangenen waren abtransportiert, zwei Feldgendarmen blieben als Wache im Haus Rue de Atrébates 101 in Brüssel zurück. Gegen neun Uhr morgens am 14. Dezember klopfte es an der Tür. Die Polizisten öffneten. Draußen stand ein alter, zerlumpter Mann. Er trug einen Korb mit Wildkaninchen. »Die gnädige Frau da?« nuschelte der Mann, »ist sie nicht zu Hause?«

»Hier gibt es keine gnädige Frau mehr«, schnauzte der eine der Gendarmen. »Was wollen Sie überhaupt? Wer sind Sie?«

»Die Frau kauft immer Karnickel bei mir«, nuschelte der Mann. »Wo ist sie?«

Da jagten die Feldpolizisten den Alten fluchend davon. Er entfernte sich, Entschuldigungen murmelnd. Es war der Grand Chef, Leopold Trepper, damals 37 Jahre alt. Der fanatische Kommunist Trepper, ein polnischer Jude, war der »Abwehr« als Meister der Maske und der Verstellung bekannt. Dennoch entkam er unerkannt.

Am 30. August 1942 wurde Harro Schulze-Boysen in Berlin von der Gestapo verhaftet; Anfang September war die »Gruppe Choro« der »Roten Kapelle« in Deutschland zerschlagen. Am 30. Oktober 1942 nahm Kriminalpolizei den Sowjetspion und Legationsrat Erster Klasse Rudolf von Scheliha in einem Zug fest. Er kam aus der Schweiz. Der Einzelgänger war während der Verhaftungswelle ins RSHA-Netz gegangen, in dem sich die »Rote Kapelle« fing. Am 24. November 1942 griff Hauptmann Piepe auch den geheimnisvollen Großen Chef: Leopold Trepper. Die »Rote Kapelle« war zertrümmert.

51 Mitglieder und Informanten der Spionageorganisation wurden hingerichtet oder liquidiert, unter ihnen Erika Gräfin von Brockdorff, Hans Coppi, Oberst Erwin Gehrts, Dr. Mildred Harnack und ihr Mann Dr. Arvid Harnack, Hillel Katz, Maurice Peper, Fritz Rehmer, Harro Schulze-Boysen und seine Frau Libertas, das Ehepaar Hersch und Myra Sokol sowie die Eheleute Stanislaus und Frieda Wesolek. Allein in Berlin fielen 119 Verdächtige in die Fänge der Gestapo. In Holland, Frankreich und Belgien wurden 200 weitere Feindagenten gefaßt.

Der Große Chef entwischte mit einem kleinen Trick: Am 13. September 1943 fuhr der Kriminalobersekretär Wilhelm Berg mit Leopold Trepper zur Bailly-Apotheke am Pariser Bahnhof St. Lazare. Trepper wollte Medikamente kaufen. Berg blieb im Wagen. Die Apotheke hatte einen zweiten Ausgang. Trepper lebt noch heute.

Freilich darf Schulze-Boysen mit seiner Gruppe nur bedingt zum Widerstand im Dritten Reich gerechnet werden. Als geheimer Helfer einer fremden Macht, die das besiegte Deutschland in der gleichen Unfreiheit halten wollte, wie dies Hitler tat, waren Schulze-Boysen und seine kommunistische Spionengruppe objektiv Hochverräter.

Auf das Dritte Reich – die Diktatur des Nationalsozialismus – kann der Begriff Landesverrat formaljuristisch kaum angewendet werden. Denn Widerstand muß mit dem legitimen, dem gerechtfertigten Landesverrat operieren. Dabei muß die politische Funktion des Landesverrats erhalten bleiben: In bestimmten Situationen muß beispielsweise ein Kriegsgegner informiert werden, um zu einer Handlung bewegt zu werden, die den Sturz des Unrechtregimes im eigenen Land beschleunigt.

Diese Überlegungen veranlaßten den »Abwehr«-Oberst Hans Oster 1940, den Termin des deutschen Angriffs im Westen und auf Dänemark und Norwegen den Skandinaviern mitzuteilen. Osters Haß auf Hitler war so unauslöschlich, daß ihm die Unterschiede zwischen Hochverrat und Landesverrat verschwammen – der Zweck, Hitler zu beseitigen, heiligte für ihn jedes Mittel, selbst das der Zusammenarbeit mit dem Feind. Und Canaris deckte ihn. Fabian von Schlabrendorff über das Verhältnis des Admirals zu seinem Widerstand-Oberst: »Canaris hielt den Schutzschild über Oster. Er gestattete es, daß der Apparat der Abwehr, soweit er Oster unterstand, benutzt wurde, um die Organisation der deutschen Widerstandsbewegung aufrechtzuerhalten, zu stärken und ihr neue Kräfte zuzuführen.«

Mit seiner Information hatte Oster die Alliierten zu Gegenmaßnahmen zwingen wollen, mit denen Hitlers Krieg noch im Anfangsstadium beendet und die Wehrmachtsführung putschbereit gemacht werden sollten.

Besser als je die »Rote Kapelle« arbeitete indes eine teils anonyme Gruppe von Spionen, Informanten, V-Männern und Agenten, die ihre Nachrichten aus Deutschland in die Schweiz weitergaben, von wo sie nach Moskau gelangten. Operationspläne, Truppenverschiebungen, die Stimmung im Volk, Geheimwaffen und Generalsintrigen: Moskau wußte durch sie fast alles.

Ein Sowjetagent mit dem Decknamen »Werther« saß im Oberkommando der Wehrmacht (OKW). Aus dem Oberkommando des Heeres (OKH) kamen Informationen von »Teddy«. »Ol-

Ein Amerikaner in Basel

Im November 1942 mietete ein Amerikaner an der Berner Herrengasse eine Wohnung, von der aus die Operationen des amerikanischen militärischen Geheimdienstes Office of Strategic Services (OSS) geleitet werden sollten. Der Mann war sehr vornehm, sehr reserviert und eben an der Schwelle seines fünften Lebensjahrzehnts, und er hieß Allan Welsh Dulles. Dulles führte von der Schweiz aus neben anderen US-Agenten in Deutschland einen hohen Beamten im Auswärtigen Amt, dessen Deckname »Wood« war und dessen Identität nie gelüftet wurde. Wood schickte Nachrichten über die deutsch-japanische Zusammenarbeit im diplomatischen Kuriergepäck nach Bern. Dulles war auch der kluge Kopf hinter den deutsch-alliierten Kapitulationsverhandlungen in Zürich und Ascona. Die separate bedingungslose Kapitulation der deutschen Streitkräfte an der Südfront schon am 28. April 1945, zwei Wochen vor dem Waffenstillstand vom 9. Mai 1945, hat zigtausend Soldaten auf beiden Seiten das Leben gerettet. Im Januar 1953 wurde Dulles zum Leiter des neu geschaffenen US-Geheimdienstes Central Intelligence Agency (CIA) berufen.

ga« berichtete aus dem Allgemeinen Heeresamt, »Stefan« aus dem Reichsluftfahrtministerium. Ein »Bill« informierte über Geheimes aus dem Heereswaffenamt, eine »Anna« versorgte den Kreml mit Nachrichten aus dem Außenamt.

Die Informationen waren an Präzision kaum zu überbieten: Am 1. Juli 1943 beispielsweise legte Hitler im Führerhauptquartier bei Rastenburg in Ostpreußen den Termin für die Sommeroffensive an der Ostfront fest: Am 5. Juli sollte »Unternehmen Zitadelle« starten. Am 2. Juli eröffnete Generalleutnant Nikita Chruschtschow seinen Kommandeuren von der Woronesch-Front: »Die Faschisten greifen zwischen dem 3. und 5. Juli an. Das ist keine Vermutung. Wir wissen es.«

Am 5. Juli begann im Kursker Bogen das »Unternehmen Zitadelle«. Die Rote Armee schlug den deutschen Großangriff ab. Hitler beendete die Offensive am 17. Juli 1943.

Die deutschen Kommandierenden wußten um den Verrat. Sie wußten, daß da geheimste Informationen sprudelten. Doch sie fanden die Quellen nicht. Generaloberst Franz Halder, Hitlers Generalstabschef bis Herbst 1942: »Nahezu alle deutschen Angriffshandlungen wurden unmittelbar nach ihrer Planung im Oberkommando der Wehrmacht, noch ehe sie auf meinem Schreibtisch landeten, dem Feinde durch Verrat eines Angehörigen des OKW bekannt. Diese Quelle zu verstopfen, ist während des ganzen Krieges nicht gelungen.«

● Nach dem Krieg enthüllte Dr. J. C. Meyer vom Schweizerischen Nachrichtendienst (ND) einige dieser Quellen – vage:

● »Berliner Großindustrieller, der mit General Keitel und Reichspressechef Dr. Dietrich enge Beziehungen unterhält«;

● »bestinformierter deutscher Journalist und Vertrauter (des Reichsaußenministers) Ribbentrops«;

● »alter Münchner Pg (Parteigenosse der NSDAP), Mitgliednummer unter 50«;

● »Verproviantierungs-Oberst im Oberkommando des Heeres«;

● »Oberregierungsrat einer Dienststelle des Reichsluftfahrtministeriums. Er ist 1943 SS-Major geworden«;

● »Obergruppenführer der SS und Direktor der Münchner Metallwerke«;

● »General ohne Kommando«;

● »Botschaftsrat in der Nachrichtenabteilung des Auswärtigen Amtes«;

● »Generaldirektor eines großen süddeutschen Industriewerks«.

Entschlüsselt werden konnte – ebenfalls nach dem Krieg – nur einer: der »bestinformierte deutsche Journalist«. Es war der spätere CDU-Bundesminister und Berlin-Beauftragte Ernst Lemmer. Aber Lemmer bestritt seine Tätigkeit im Kriege.

Von ihm wie von rund 200 weiteren Agenten – die von Meyer angedeuteten eingeschlossen – liefen Informationen in die Schweiz. Dort saßen »Lucie« in Luzern und »Dora« in Genf und sammelten jedes Detail über Deutschlands Politik, Rüstung, Wirtschaft, Industrie und natürlich über Deutschlands Wehrmacht. Hinter dem Decknamen »Dora« verbarg sich der Kommunist und Oberst der Roten Armee Alexander Radolfi; »Lucie« war der Deutsche Rudolf Rößler, erfolgloser Verleger, Schöngeist und konservativer Hitler-Gegner. Der Mann, welcher der Agentengruppe zu ihrem Namen »Rote Drei« verhalf, funkte aus Lausanne, hieß Alexander Foote, war ein Engländer und führte den Decknamen »Jim«.

Zwei weitere Sender waren in Genf (Funker: der Radiohändler Edmond Hamel; Deckname: »Eduard«; monatliches Spionagehonorar: 1000 Franken; sowie Radolfis Geliebte, die Ex-Kellnerin Marguerite Bolli; Deckname: »Rosa«; monatliches Spionagehonorar: 800 Franken).

Marguerite-»Rosa« war ein sehr lebenslustiges Mädchen, der ernsthafte Ungar Radolfi – er war Anfang 40 – fand die Zwanzigjährige beinahe zu lebenslustig. Aus ihrer Zeit als Serviererin am Bahnhofsbüfett von Basel kannte die lebhafte Marguerite noch eine ganze Menge Jungs, die ihre Lebenslusterlebnisse gern geteilt hätten. Aber sie war ja Geheimfunkerin, Geheimagentin. Das verpflichtete – meinte sie – dazu, wählerisch zu sein.

Ihre Wahl fiel auf einen schlanken, blonden, gut aussehenden jungen Friseur. Hans Peters hieß er und wohnte auch in Genf. Marguerite verliebte sich bis über beide Ohren in den blonden Hans.

Eines Tages erschien dieser Hans Peters auf dem deutschen Konsulat in Genf. Er ging dort ein und aus, aber der liebestollen Marguerite war das nie aufgefallen. Peters besuchte einen gewissen Hermann Henseler. »Herr Henseler, es gibt Neuigkeiten«, sagte er.

»Was gibt's?« fragte Henseler.

»Ich war mit dieser Bolli im Bett«, eröffnete Peters dem verdutzten Henseler.

»Was interessiert mich das?« knurrte Henseler. »Ist das ein Grund, hierher ins Konsulat zu kommen?«

Peters hatte einen eher einfachen Sinn für Humor. Erst einmal schilderte er alle Vorzüge der sehr fraulichen Marguerite, vor allem ihre körperlichen. Henseler hörte zu, schließlich war so etwas wirklich selten: eine temperamentvolle Eidgenossin in den Federn! Peters schloß seine ausführliche Erzählung: »Aber das Mädchen kann noch viel mehr. Es kann funken.«

Da horchte der »Abwehr«-Angestellte Hermann Henseler zum zweitenmal auf. Und so kam er über seinen Informanten Peters auf die Spuren der Marguerite »Rosa« Bolli. Und nach nunmehr erleichterten Recherchen kam er auch auf die Spur der »Roten Drei«. Nur: In der Schweiz konnten weder »Abwehr« noch SD oder Gestapo zugreifen. In Berlin sann man noch auf Mittel, die »Rote Drei« zu zerschlagen, da schlugen die Schweizer selber zu.

Im Herbst 1943 wurde der sowjetische Agentenring, der von der Schweiz aus gegen Deutschland spionierte, von eidgenössischer Bundespolizei ausgehoben. Von Mitte Oktober bis Mai 1944 verhaftete sie: die Funker Alexander Foote,

Marguerite Bolli, Edmond Hamel und Ehefrau Olga (die seine Chiffriererin war und den Decknamen »Maud« führte), die Sowjetagenten Rachel Dübendorfer (»Sissy«), deren Lebensgefährten Paul Böttcher und Dr. Christian Schneider (»Taylor«), den Verbindungsmann zu dem Meisterspion Rudolf Rößler.

Nach seiner Haftentlassung setzte sich Foote nach Frankreich ab, auch Rachel Dübendorfer und Böttcher tauchten unter. Der sowjetische Chefagent in der Schweiz, Alexander Radolfi, versteckte sich mit seiner Frau Helena (»Maria«) bei dem Dirigenten Hermann Scherchen in Neuchâtel; im Sommer 1944 entkam er ebenfalls nach Frankreich.

Rößler stieg einfach um: Er arbeitete unbehelligt für den eidgenössischen Nachrichtendienst weiter. Denn Rößler hatte immer doppelt gespielt: für die Schweiz und für den »Direktor« in Moskau. Und hohe Schweizer Nachrichtendienstoffiziere müssen von Rößlers Doppelfunktion gewußt haben. Der Chef der ND-Deutschlandabteilung NS 1, Dr. Bernhard Mayr von Baldegg, gab 1943 zu Protokoll: Die Geheimdienstbeamten der Schweiz legten Rößler häufig Informationen zur Prüfung vor.

Wie freilich Rößler seine Nachrichten aus Deutschland bezog, wurde nie geklärt. Zwischen ihm und seinen Informanten gab es keinen Funkkontakt: Die Laufzeit der Meldungen dauerte nie weniger als drei, oft sogar vier bis sechs Tage. Wahrscheinlich bezog Rößler seine Informationen über Telefonleitungen, von denen die Anrufer wußten, daß sie nicht abgehört wurden. Der Historiker Wilhelm Ritter von Schramm berichtete, daß die Meldungen »an die Vertretung eines bestimmten Landes« gingen, »das sie gegen hohe Bezahlung durch die diplomatische Post befördert«.

Im gleichen Dunkel wie die Wege, auf denen Rößler an seine Informationen kam, liegen immer noch seine Quellen. Rößler gab sie nie preis; er hatte sich sogar im Juni 1941 geweigert, sie den Russen zu nennen.

Unter den vielen spekulativen Namen, die als mögliche Informanten Rößlers genannt wurden und werden, taucht am häufigsten der des Rittmeisters Dr. Wilhelm Scheidt auf. Scheidt arbeitete in der Dienststelle des »Beauftragten des Führers für die militärische Geschichtsschreibung«. Alle militärischen Entscheidungen aus dem Führerhauptquartier und aus dem OKW gingen über seinen Schreibtisch. Seine Verbindungen zu Hitler-Gegnern sind nachgewiesen – ebenso das Vertrauen, das Hitler ihm entgegenbrachte.

Doch der Göttinger Historiker Percy E. Schramm – von 1943 bis 1945 Kriegstagebuchführer im Führerhauptquartier – glaubt, daß Scheidt sein Material viel zu spät erhalten habe: »Wenn Scheidt die Sachen auf den Tisch bekam, waren sie längst Geschichte. Dann hätte er sie getrost den Russen in Leder gebunden schenken können.«

Scheidt hat sein Geheimnis gewahrt. Er starb 1954. Auch Rößler hat darüber geschwiegen. Er ist seit 1958 tot. Gewiß ist aber, daß Rößler keine Meldungen über die sogenannte Wiking-Linie erhielt. Dieser Nachrichtenstrang war von der Schweizer NS-1-Abteilung eingerichtet worden und reichte bis ins Führerhauptquartier und in andere militärische Kommandostellen.

Im übrigen gab es noch andere, sehr prominente Kontakte zwischen dem Deutschen Reich und der Schweiz: SD-Auslandchef Walter Schellenberg traf sich wiederholt mit dem Schweizer Brigadier Roger Masson, und zwar in der Schweiz. Den Kontakt hatte der Schriftsteller und Rechtsanwalt Dr. Paul Meyer-Schwertenbach hergestellt (der für das Schweizerische Holzsyndikat eine große Lieferung von Holzbaracken für die SS abwickelte). Masson und Schellenberg sprachen am 8. September 1942 erstmals im deutschen Waldshut miteinander; weiter vom 16. bis 18. Oktober 1942 auf Meyer-Schwertenbachs Schloß Wolfsberg ob Ermatingen, Anfang 1943 im »Bären« zu Biglen, bei einem Skirennen zwischen dem 3. und dem 10. März 1943 in Arosa und im Oktober 1943 nochmals auf Schloß Wolfsberg.

Im Zwielicht: SD-Chef Walter Schellenberg war zwar ein getreuer Gefolgsmann Hitlers, geriet aber durch Kontakte zum Ausland in eine zwielichtige Rolle.

Schellenberg schlug Masson einen regelmäßigen deutsch-schweizerischen Nachrichtenaustausch vor. Masson lehnte ab. Gab es noch andere Gründe für Schellenbergs Reisen? Der Schweizer Journalist Karl Lüönd: »Es ist gut denkbar, daß dieser scharfsinnige und intelligente Geheimdienstmann schon damals wußte, daß Deutschland den Krieg verlieren würde und daß er sich für diesen Fall mit Hilfe von Freunden in der Schweiz rückversichern wollte.«

Selbstverständlich war der treue Hitler-Gefolgsmann Schellenberg kein Mitläufer des Widerstands. Dennoch unternahm er Alleingänge, bei denen er Widerstandskreise berührt haben muß.

Widerstand mit Laotse

Zwei Studenten, Geschwister, wurden zu Symbolfiguren der Auflehnung gegen Hitler, gegen den Krieg und gegen die Nazi-Diktatur: Hans und Sophie Scholl. Ihr Mentor war der Münchner Universitätsprofessor Kurt Huber; zu ihrem Widerstandskreis »Weiße Rose« gehörten ihre Freunde Christoph Probst, Alexander Schmorell und Wilfried Graf. Das Geschwisterpaar und seine Kommilitonen hatten im Februar 1943 im Lichthof der Universität München von den Treppenaufgängen Flugblätter herabgeworfen. »Studentinnen! Studenten! Auf uns sieht das deutsche Volk! Von uns erwartet es, wie 1813 die Brechung des napoleonischen, so 1943 die Brechung des nationalsozialistischen Terrors aus der Macht des Geistes. Beresina und Stalingrad flammen im Osten auf!« In Diskussionen mit Freunden und Vertrauten, aber auch offen im Gespräch mit nicht befreundeten Studenten hatten sie lange zuvor bereits mit Zitaten von Goethe und Schiller und dem chinesischen Philosophen Laotse gefordert: Der Tyrann muß fallen!
Am 18. Februar 1943 wurden die Geschwister Scholl verhaftet, am 22. Februar verurteilte sie Blutrichter Freisler zum Tode, am selben Tag noch wurden Hans (25) und Sophie (22) hingerichtet. Wenig später ereilte Professor Huber und die Mitverschwörer Probst, Schmorell und Graf dasselbe Schicksal.

Hochverrat aus Verantwortung: Zu den erbittertsten Widerstandskämpfern gegen Hitler gehörten Abwehrstabschef Hans Oster (oben), Admiral Wilhelm Canaris (S. 171) und Oberst Graf von Stauffenberg (rechts). Am 20. Juli 1944 mißlang Stauffenberg ein letztes Attentat auf Hitler.

Hitlers Gegner, Freislers Opfer

Was im Dritten Reich Rechtsprechung genannt wurde, ist untrennbar vom Namen des Mannes, der in einer verbrecherischen Rechtsauffassung Gedanken zur Gründung eines Reichsstrafgerichts und zur Blutgerichtsbarkeit verfocht: Dr. Roland Freisler, Präsident des am 24. April 1933 eingerichteten Volksgerichtshofes. Seine Prozesse führte der furchtbare Jurist im Stolz darauf, den Henkern der Gestapo und der SS immer neue Opfer zu liefern. In den »Hochverrat«-Prozessen nach dem 20. Juli 1944 verhängte er reihenweise Todesurteile über achtbare und prominente Mitglieder des Widerstandes gegen Hitler: Generalfeldmarschall von Witzleben sowie die Generale Paul von Hase und Hellmuth Stieff und viele andere hohe Offiziere; unter den Beamten Staatssekretär a.D. Planck, die Botschafter von Hassel und Graf von der Schulenburg, der Gesandte Kiep, Legationsrat Dr. von Trott zu Solz; die Politiker Dr. Goerdeler, Dr. Popitz, die Sozialdemokraten Wilhelm Leuschner und Julius Leber; Pater Alfred Delp und den evangelischen Theologen Dietrich Bonhoeffer sowie weitere Geistliche beider Konfessionen und eine Anzahl von Mitgliedern des christlich-konservativen, vom Grafen Helmuth von Moltke geleiteten »Kreisauer Kreises«.
Der General Friedrich Olbricht, die Obersten Ritter Mertz von Quirnheim und Claus Schenk Graf von Stauffenberg sowie der Oberleutnant Werner von Haeften waren auf Befehl des Generalobersten Fritz Fromm unmittelbar nach dem Putschversuch standrechtlich erschossen worden (Fromm wurde bald danach gleichfalls verhaftet – und erschossen). Durch Selbstmord entzogen sich einem »Auftritt« vor dem Volksgerichtshof die Generalfeldmarschälle Erich von Kluge und Erwin Rommel; vor die Alternative »Gift oder Anklage« gestellt, entschieden sich Generaloberst Ludwig Beck sowie die Generale Erich Fellgiebel, Henning von Tresckow und Eduard Wagner gegen die Anklage.
Nach § 2 der Kriegsstrafverfahrensordnung unterstanden die Offiziere ausschließlich der Kriegsgerichtsbarkeit. Diesen rechtlichen Tatbestand umging Hitler, indem er einen »Ehrenhof« berief. Gleichzeitig gab er diesem »Ehrenhof« den Befehl, alle Offiziere aus der Wehrmacht auszustoßen und so der zivilen Gerichtsbarkeit zu übergeben, bei denen – nach dem Ergebnis der Voruntersuchung – eine Verurteilung zu erwarten war.

Dem NS-Regime war es mit Hilfe eines perfekt funktionierenden Spitzelsystems immer wieder gelungen, die oppositionellen Kräfte zu zerschlagen und ihre Sammlung zu verhindern. Die Ansätze des Widerstandes mußten sich folglich zu einem »Aufstand des Gewissens« verengen.

Schon einmal, am 13. März 1943, war ein Attentatsversuch gescheitert. General Henning von Tresckow hatte unter dem niederschmetternden Eindruck des Rußlandfeldzuges an Canaris gekabelt, daß es »höchste Zeit ist, zu handeln«. Der Admiral wußte, daß Hitler nach Smolensk fliegen würde und daß ein Anschlag vorbereitet war: Auf dem Rückflug nach Berlin am 13. März, nach der Besichtigung der Armeegruppe Mitte, sollte Hitlers Maschine in der Luft gesprengt werden. Leutnant Fabian von Schlabrendorff hatte die Bombe in ein Sprengstoffpaket in Form einer Kognakflasche an Bord der Maschine versteckt. Aber die Kälte in großer Höhe zerstörte den Zünder. Schlabrendorff hatte Mühe, in Rastenburg am Führerhauptquartier die Bombe wieder aus dem Flugzeug zu schmuggeln!

Am 20. Juli 1944 sollte es besser klappen. Es war ein letzter, verzweifelter Versuch der Offiziersopposition, Hitler zu beseitigen und

Vor großer Zukunft: Ihre ersten Erfahrungen im Nachrichtendienst sammelten Reinhard Gehlen (Kreis) und Gerhard Wessel (Kreuz) bereits im Zweiten Weltkrieg. Beide verband in der Gruppe »Fremde Heere Ost« (FHO) mehr als nur Kameradschaft.

Deutschland womöglich noch einen glimpflichen Frieden zu sichern.

Oberst Claus Schenk Graf von Stauffenberg, der im Afrikafeldzug (1940 bis 1942) einen Arm und zwei Finger der anderen Hand verloren hatte, war für diesen Tag zu einer Lagebesprechung nach Rastenburg befohlen worden. Also hatte er, Mitglied der militärischen Verschwörergruppe, den Anschlag durchzuführen. Nach dem Attentat sollte das Stichwort »Walküre« bei den beteiligten Offizieren und eingeweihten Politikern Maßnahmen zur Machtübernahme und zur Entmachtung der Gestapo auslösen.

Stauffenberg trug die Bombe in seiner Aktentasche. Es war englisches Sprengmaterial mit Säurekapseln und Zeitzünder. Zehn Minuten lang nahm Stauffenberg an der Besprechung teil. Die Aktentasche lag auf seinem Schoß. Die Säurekapseln waren zerdrückt, in weiteren fünf Minuten würde der Zeitzünder die Explosion auslösen. Der Graf stellte die Tasche auf den Boden und wurde (verabredet) vom Mitverschwörer General Erich Fellgiebel aus dem Konferenzzimmer gerufen.

Um 12.45 Uhr zerriß eine Detonation die Stille der »Wolfsschanze«. Flammen schossen aus dem Gebäude, in dem der »Führer« die Lagebesprechung abhielt. Ein Regen von Holztrümmern, Mörtel und Glassplittern prasselte auf die Erde, auf die Dächer.

Rauchschwaden drangen aus dem langen Korridor der Baracke. Durch den Rauch taumelten zwei Figuren. Der Generalfeldmarschall Wilhelm Keitel stützte einen Mann, der wie ein Schlafwandler an seiner Seite tappte, mit zerfetzter Hose, wirrem Haar, rauchgeschwärztem Gesicht und staubbedeckt. Der Mann war Adolf Hitler. Geringfügig blessiert, hatte er überlebt.

Stauffenberg flog in einer zweimotorigen Heinkel He 111 nach Berlin. Für ihn war Hitler tot.

Die Verschwörung, von der Bendlerstraße ausgegangen, war fehlgeschlagen. Nur die Verschwörer wußten es nicht. Noch um Mitternacht desselben Tages war der Aufstand unter Kontrolle der hitlertreuen Gestapo und der »Führer«-Anhänger unter den Generalen.

Ziel der Verschwörer war eine Regierung mit Generaloberst Ludwig Beck als Staatsoberhaupt gewesen. Er sollte mit dem Gegner verhandeln. Himmler ließ sofort alle Verdächtigen und deren Angehörige festnehmen. Rund 7000 Personen wurden binnen weniger Wochen in Zusammenhang mit dem Attentat verhaftet. Die Untersu-

Leere Worte im Tagesbefehl

Am 20. Juli 1944 erließ Generalfeldmarschall Erwin von Witzleben um 17.30 Uhr einen Tagesbefehl als »neuer Oberbefehlshaber der Wehrmacht«. Er wußte, nicht, daß der Anschlag Stauffenbergs mißlungen und Hitler noch am Leben war. »Der Führer Adolf Hitler ist tot. Eine gewissenlose Clique frontfremder Parteiführer hat es unter Ausnutzung dieser Lage versucht, der schwerringenden Front in den Rücken zu fallen und die Macht zu eigennützigen Zwecken an sich zu reißen. In dieser Stunde höchster Gefahr hat die Reichsregierung zur Aufrechterhaltung von Recht und Ordnung den militärischen Ausnahmezustand verhängt und mich mit dem Oberbefehl der Deutschen Wehrmacht beauftragt…«

chungen ergaben, daß der Kreis der unmittelbaren und mittelbaren Mitwisser größer war, als befürchtet. Vor allem: Es waren leitende Parteimänner wie Berlins Polizeipräsident Wolf-Heinrich Graf von Helldorf sowie der SS-Obergruppenführer und Reichskriminaldirektor Arthur Nebe aktiv an der Verschwörung beteiligt gewesen. Auch ein Regierungsprogramm war vorbereitet; der ehemalige Leipziger Oberbürgermeister und Legationsrat im Auswärtigen Amt, Carl Friedrich Goerdeler – der wie Kleist bereits vor Kriegsausbruch Winston Churchill in London über den deutschen Widerstand informiert hatte – galt als »das Herz der Widerstandsbewegung« und war an den politischen Leitlinien der geplanten künftigen Regierung maßgeblich beteiligt. Am 23. Juli 1944 verhaftete Walter Schellenberg sogar seinen verhaßten Konkurrenten, den Admiral Canaris.

Der Volksgerichtshof unter Vorsitz von Dr. Roland Freisler verhängte in einer Kette von Schauprozessen Hunderte von Todesurteilen (Zahl der in Zusammenhang mit dem 20. Juli 1944 Hingerichteten insgesamt: etwa 4980). Sie wurden durch Strang und Fallbeil vollzogen.

Der deutsche Historiker Dr. Gert Buchheit betrachtet die Verschwörung mit dem Abstand des Wissenschaftlers sehr sachlich so: »Der Aufstand des 20. Juli 1944 stellt einen jener Grenzfälle dar, wo es sich nicht um absolut gerechte Gründe oder Grundsätze, sondern um eine vereinzelte Tat, geboren aus einem einmaligen, prägnant gegebenen Staatsnotstand heraus, handelt. Dabei sollte man freilich berücksichtigen, daß es sehr viel einfacher war, als Opportunist oder als überzeugter Nationalsozialist mit dem Strom zu schwimmen, als sich gegen eine Entwicklung zu stemmen, die nur mit dem Sturz in den Abgrund enden konnte. Das Sichtreibenlassen war zu allen Zeiten bequemer als der Entschluß zu einer einsamen und gefährlichen Tat.

Solche Überlegungen waren begreiflicherweise den damals an den Hebeln der Macht befindlichen Männern des Systems völlig fremd. Sie sahen in dem Umsturzversuch eine hochverräterische, ja sogar landesverräterische Handlung und hätten es einfach nicht begriffen, wenn man ihnen gesagt haben würde: Hochverrat ist kein Verbrechen, und Attentate gehören nun einmal zu den ›Berufskrankheiten‹ der Diktatoren. Die Verquickung der Beschuldigung des Hochverrats mit der des Landesverrats war zwar ebenfalls begreiflich in der Lage, in der die Machthaber des Dritten Reiches sich damals befanden, aber abwegig, weil man sich damit ganz einfach über die eigentlichen Beweggründe der Verschwörer wie über den ideologischen Spannungszustand in dem autoritär beherrschten und terrorisierten Deutschland hinwegsetzte.«

Terror und Hinrichtungen endeten erst im Frühjahr 1945. Am Montag, dem 9. April 1945, schreckten Stiefeltrampeln und Kommandogebrüll die Gefangenen im »Bunker« des Konzentrationslagers Flossenbürg hoch. In Zelle 21 lag der Chef des geheimen Nachrichtendienstes der Königlich-Dänischen Armee, Hans-Mathiesen Lunding. Er hörte den Befehl: »Zelle 22!« Er hörte, wie die Nachbarzelle aufgeschlossen wurde. Der Häftling aus Zelle 22 wurde davongeführt, Lunding vernahm das Klirren der Ketten, mit denen sein Nachbar gefesselt war. Leise stand Lunding auf. Durchs Guckloch seiner Zellentür erblickte er das leichenblasse Gesicht seines Nachbarn, dessen Nase und rechte Wange Schlagspuren zeigten.

Lunding sah seinen Nachbarn aus Zelle 22, Admiral Wilhelm Canaris, nie wieder.

SS-Männer legten dem Admiral eine Klaviersaite um den Hals und erwürgten ihn langsam. Der Tod des Admirals stand am Ende monatelanger seelischer Folter und körperlicher Quälerei – »auf Befehl des Führers«. Es gab weder ein Geständnis des klugen »Abwehr«-Chefs, noch hatte die Gestapo Beweise gegen ihn gefunden.

Einen Tag nach der Ermordung Canaris' setzte Hitler den Chef seines militärischen Aufklärungsdienstes »Fremde Heere Ost« (FHO), Generalmajor Reinhard Gehlen, ab. Er war über die allzu nüchternen Feindlage-Berichte des Generals empört. Was Hitler nicht wußte: Gehlens Nachfolger Oberstleutnant Gerhard Wessel führte FHO im Sinne seines Vorgängers weiter.

Neun Tage später setzte sich Gehlen mit Wessel und einem Troß von Mitarbeitern nach Bayern ab. In ihrem Gepäck: eine Kiste mit Fotokopien von FHO-Unterlagen sowie 50 Stahlkoffer – die brisantesten Geheimnisse eines Nachrichtendienstes.

Auf der »Elendsalm« über Valepp, nicht weit vom bayerischen Tegernsee, versteckte sich Reinhard Gehlen in den Bergen. Dort erlebte er die Kapitulation, noch in Freiheit. Er besaß 51 vergrabene Behälter mit einem Material, das später die Grundlage zu einem der besten – selten mal umstrittenen – Geheimdienste der Welt bildete: des Bundesnachrichtendienstes (BND).

Am 30. April 1945 machte Hitler seinem Leben ein Ende: Er erschoß sich mit einer Pistole. Am 7. Mai 1945 unterschrieb Generaloberst Alfred Jodl in Reims die Gesamtkapitulation der deutschen Wehrmacht, am 9. Mai 1945 um 0.01 Uhr trat sie in Kraft. Es gab keine deutsche Nation mehr.

Nun kamen die Gerüchte hoch, welche die Flüsterpropaganda vom Zusammenbruch der Fronten durch »Verrat« in Umlauf setzten. Waren nicht viele hohe Offiziere am Putsch des 20. Juli beteiligt gewesen? Doch gerade sie brauchten feste Fronten, um nach einem Sturz des Regimes in Verhandlungen mit den Gegnern die bestehende Forderung der bedingungslosen Kapitulation mildern zu können. Sie hatten tatsächlich alles getan, um die Fronten zu stärken. Auch die Maßnahmen der »Abwehr«, ihrer Canaris und Oster, waren zur Schwächung des Regimes gedacht und haben sich auf die Fronten nie ausgewirkt.

Die Bilanz aus knapp sechs Jahren Krieg Hitlers gegen die Welt: 55 Millionen Tote.

7. KAPITEL

HOHE SCHULE WEST – HOHE SCHULE OST

1945–1980

Duftmarken

Die Grenzen zwischen Spitzeln und Spionen und biederen Zuträgern waren in der ersten Zeit nach dem Krieg fließend. Unter den Dienstältesten der deutschen Nachrichtenorganisationen erzählt man sich darüber diese Anekdote: Zwei Männer sitzen auf einer Bank am Rand einer Hauptstraße in einer deutschen Großstadt. Sie kennen einander nicht. Beide notieren die Kennzeichen der vorüberfahrenden Autos. Beide rauchen. Schnuppert der eine und sagt: »Für die Amis?« Blickt ihn der andere an, nimmt eine Nase voll Rauch vom Nebenmann, nickt und fragt zurück: »Für die Franzosen?«

Von weitem sah die Gruppe aus wie eine Handvoll Alpinisten: Fünf Männer gingen im Gänsemarsch an der Rotwand entlang; sie trugen Rucksäcke, zwei von ihnen hatten Bergstöcke. Bei näherer Betrachtung mochte sich der Eindruck ändern. Die »Bergfreunde« trugen Uniformröcke, allerdings ohne Dienstgradabzeichen und ohne Koppel, auch die Hosen waren feldgrau, und von den Breeches des einen Mannes – das sah man – waren Seitenstreifen abgetrennt worden: Generalstabsstreifen.

In den Tagen gleich nach der Kapitulation 1945 waren solche Trüppchen keine Seltenheit in Deutschland. Millionen Soldaten kamen in Gefangenschaft, ein paar Glückliche wurden sofort entlassen und kreuzten nun durch das, was von Deutschland übriggeblieben war – auf der Suche nach ihren Angehörigen, nach der Heimat, nach der Bleibe.

Die Fünf in der Rotwand am Schliersee kamen von der »Elendsalm« über dem Valepptal, einem Staatsbesitz, den das Forstamt Fischbachau an den Bauern Ludwig Priller verpachtet hatte. Priller war noch nicht heimgekehrt aus dem Krieg, da hatten sich die fünf Soldaten auf der Flucht vor amerikanischen und französischen Kampftruppen dort oben auf der »Elendsalm« Quartier gesucht. Nun stiegen sie über die Ruchenköpf', die Rotwand und die Taubensteinhänge östlich vom Spitzingsee ab. Sie wollten über Neuhaus nach Fischhausen.

Am 19. Mai 1945 hatte der Ortskommandant von Fischhausen, ein junger amerikanischer Oberleutnant, seinen großen Tag. Er hatte die Kommandantur im Bürgermeisteramt eingerichtet, und an diesem Morgen um halb neun Uhr traten fünf Männer mit Rucksäcken durch die Tür. Einer ging auf den Oberleutnant zu und sagte: »Ich bin Generalmajor Gehlen. Ich bin der Chef der Abteilung Fremde Heere Ost im deutschen Oberkommando des Heeres. Diese Herren sind meine Mitarbeiter.« Das sagte er auf deutsch. Der Amerikaner hatte nur »General« verstanden.

»Who are you?« fragte er aufgeregt (und auf englisch), »where is that damned interpretor?« Der »verdammte Dolmetscher« kam und machte dem Ortskommandanten klar, wer ihm da durch die Tür geschneit war. Er telefonierte. Einzeln wurden die deutschen Offiziere nach Wörgl zum amerikanischen G-2, dem Feindlagenbearbeiter der Division, gebracht.

Als der Krieg zu Ende ging, als gar nichts mehr zu gewinnen und nur noch alles zu verlieren war, hatte sich der erst im Frühjahr von Hitler abgesetzte Leiter der militärischen Aufklärungsabteilung Fremde Heere Ost (FHO), Gehlen, vorgenommen: Das unschätzbar wertvolle Material, das er in jahrelanger Arbeit über die Sowjetunion zusammengetragen hatte – Standorte, Stärke und Zusammensetzung sowjetischer Divisionen, Produktionszahlen aus den sowjetischen Rüstungskombinaten, Luftaufnahmen russischer Eisenbahnlinien und -knotenpunkte, Berichte über die Stimmung der Bevölkerung und in der Roten Armee –, alles das sollte unversehrt in die Hand der einzigen Weltmacht gelangen, die dem kommunistischen Expansionsdrang zu begegnen imstande war: die USA. Zwar lebte ganz Amerika zu dieser Zeit noch in der Überzeugung, daß »Uncle Joe«, wie der Moskauer Diktator Josef Stalin genannt wurde, seinen Weg zu einer russischen Demokratie schon finden würde. Aber Gehlen wußte mehr, er wußte es auch besser. Er ahnte richtig, daß sich »die Amerikaner« eines Tages glücklich preisen würden, sein Material zu besitzen.

Bei diesen Gedankengängen war nur wenig Überheblichkeit im Spiel. Gehlen behielt recht.

Doch bevor er mit dem Material aus 51 vergrabenen Kisten und mit ein paar Mitarbeitern darangehen konnte, einen der wirkungsvollsten Geheimdienste der Welt aufzubauen, mußte auch er den »Marsch durch die Institutionen« antreten, den damals Millionen gingen: von Vernehmung zu Vernehmung, von Lager zu Lager, schließlich sogar von Deutschland in die Vereinigten Staaten. Daß er bei dieser Odyssee ein wenig besser behandelt wurde als Hunderttausende von durchschnittlichen Kriegsgefangenen, mag auch an seinem Rang gelegen haben, aber vor allem wohl an seiner Bedeutung. Der Generalmajor überstand Deutschlands schwärzeste Zeit mit Anstand und ohne Not.

Die Städte waren zerstört. Zwölf Millionen Flüchtlinge aus den verlorenen deutschen Ostgebieten irrten durch ein Land, in dem es keine staatliche Gewalt mehr gab. Ganze Industrieanlagen wurden von den Siegern aus Ost und West demontiert. Reparationszahlungen und eine Staatsschuld von 400 Milliarden Reichsmark lähmten das wirtschaftliche Leben in den von Amerikanern, Sowjets, Engländern und Franzosen beherrschten Besatzungszonen. Ein »Alliierter Kontrollrat« war die einzige organisatorische Klammer, die alles zusammenhielt. Die Bildung einer deutschen Zentralgewalt scheiterte am Veto Frankreichs. Die Besatzungsmächte richteten die wirtschaftliche, gesellschaftliche und politische Entwicklung in ihren Zonen nach den Vorbildern ihrer eigenen Systeme aus. Am drastischsten geschah das in der Sowjetzone. Dort wurden die politischen Parteien zu einem »antifaschistischen Block« zusammengeschlossen, der rasch völlig unter den Einfluß der KPD geriet: SPD und KPD wurden schließlich zur »Sozialistischen Einheitspartei Deutschlands« (SED) zwangsvereinigt.

Die USA waren die stärkste Macht und vom Krieg am wenigsten erschüttert. Die stalinistischen Praktiken in den besetzten Ostländern brachten Amerika folgerichtig zu einer Politik der »Eindämmung des Kommunismus«. Damit änderte Washington seine Haltung gegenüber Deutschland und zwang die wirtschaftlich von den USA abhängigen Staaten England und Frankreich auf seinen Kurs. Also waren Gehlens Überlegungen bestätigt.

Engländer und Franzosen hatten keinerlei nachrichtendienstliche Erkenntnisse über Sowjetpolitik, -wirtschaft oder -rüstung. Amerikas »Joint Intelligence Committee« beim US-Generalstab (das die Tätigkeiten der militärischen Geheimdienste koordonierte) verfügte ebensowenig über ausreichendes Sowjetmaterial – oder solches aus dem Sowjetsatelliten Ostzone – wie das zivile »Office of Strategic Services« (OSS), welches Spionage, Sabotage und Propaganda zugleich betrieb. Die Siegermächte setzten zwar sehr unorganisiert und oft geradezu stümperhaft Spitzel in ihren eigenen Besatzungszonen ein und spähten ungeniert auch beim Nachbarn. Auch ein ausuferndes Denunziantentum unter Deutschen bremsten die Alliierten keineswegs – es war durchaus in ihrem Interesse. (Die Denunziationen reichten von »Mein Nachbar hat immer mit ›Heil Hitler!‹ gegrüßt« bis »Der Bauer im übernächsten Hof in unserem Dorf hat schwarzgeschlachtet.«) Sehr wählerisch aber gingen die Geheimdienstmänner der vier Siegermächte bei der Auswahl ihrer V-Männer nicht immer vor.

So unterhielten die Engländer an der Universität Bonn einen V-Mann, der sich ihnen als Spitzel selbst angedient hatte. Ende 1946 war beim Intelligence-Officer der britischen Stadtkommandantur im Gebäude der ehemaligen Stadtsparkasse am Friedensplatz in Bonn ein umtriebiger Twen vorstellig geworden, eben aus kanadischer Kriegsgefangenschaft entlassen und nun arbeitslos. Er habe sich an der Universität Bonn umgehört, sagte er. Er könne den Herren Besatzungsoffizieren gewiß von Nutzen sein, wenn er erst mal an der Hochschule eingeschrieben sei, meinte er. »Wie denn?« fragte der Engländer trocken. »Und wer sind Sie überhaupt?«

»Mein Name ist Heinz Felfe, ich bin 28 Jahre alt. Mich bewegt große Sorge um Deutschlands Zukunft. Von der Universität wurden mir Tendenzen bekannt, die meinen Glauben an einen demokratischen Neubeginn meines Vaterlandes erschüttern. Kommunisten geben den Ton an. Eine radikale Linke unterwandert die junge Intelligenz, manche von den jungen Männern predigen offen eine Anbindung Deutschlands an Moskau. Das muß im Auge behalten werden. Das muß man beobachten.«

Der Engländer hatte sich das alles ruhig angehört. Auch als Felfe seine wohlgesetzte Rede beendet hatte, blieb er stumm. Da kam der Deutsche zur Sache: »Ich würde das gern für Sie besorgen. Ich will den Kommunismus verhindern. Für Deutschland.«

»Und für Geld«, sagte der britische Offizier, »auch für Lebensmittelmarken.« Felfe nickte ungerührt. Da sei nur eine Kleinigkeit, fuhr er fort. Die Kleinigkeit: Er war noch nicht durch die Entnazifizierung gegangen – jenes Polit-Gerichtsverfahren, durch das höchst unvollkommen und unbefriedigend Deutsche mit weißer Weste von Deutschen mit brauner Weste geschieden werden sollten. Felfe war SS-Obersturmführer gewesen. Brauner konnte eine Vergangenheit kaum sein. Doch für einen wendigen Agent provocateur, willkommenen Denunzianten und skrupellosen Spion waren die Engländer bereit, etwas zu tun. Auf nie geklärte Weise schlüpfte Felfe als »Entlasteter« durch das Entnazifizierungsverfahren. Mit diesem »Persilschein« konnte er sich auch an der Uni in Bonn immatrikulieren. Bald gründete er in englischem Auftrag den gut besuchten »Zirkel zum Studium des Marxismus« an der Bonner Hochschule. Damit hatten die Engländer einen guten Mann auf dem Campus am Rhein.

Die Deutschen auch. Denn ab April 1949 informierte Heinz Felfe auch die deutsche Polizei, soweit sie sich für Politik und Subversion und solche Dinge interessieren durfte. Ein Jahr später merkten das die Briten. Felfe flog raus.

Einmal im Spitzelgeschäft, wollte er Anschluß halten. Er bot dem Bundesinnenminister Gustav Heinemann im April 1950 an, den Russen frisiertes Material zuzuspielen, »Desinformazija«, wie das neue geheimdienstliche Modewort hieß. Er habe Verbindung nach Dresden, seiner Heimatstadt, gab er an. Hätte Heinemann diesen Felfe von der »Organisation Gehlen« prüfen lassen, wäre es möglicherweise Jahre später nicht zu einem der größten Skandale des Bundesnachrichtendienstes gekommen.

Die »Organisation Gehlen«, unter dem Kürzel »Org.« inzwischen als CIA-Filialgeheimdienst bekannt geworden und zu Ansehen in der Branche gelangt, war mittlerweile in Pullach vor München angesiedelt und checkte solche Fälle wie Felfe mit professioneller Routine.

Der Ostexperte und Spionagefachmann Gehlen war am 9. Juli 1946 mit einer Schar von Getreuen in Oberursel im Schloß Kransberg und im Opel-Jagdhaus untergebracht worden. Washington hatte die Bildung eines westdeutschen Geheimdienstes unter US-Aufsicht offiziell gebilligt, noch bevor es Ansätze zu einer deutschen Selbstverwaltung gab.

Gehlen hatte den Amerikanern empfohlen, Nachrichtenbeschaffung und -auswertung bei der neuen Organisation unter einem Dach zu vereinigen. Sein früherer FHO-Frontaufklärer Oberstleutnant Hermann Baun, der den USA unabhängig von Gehlen einen neuen Geheimdienst vorgeschlagen hatte, wollte die beiden Bereiche trennen. Die Amerikaner neigten zu Gehlens Plan. Baun wurde von seinem Ex-Vorgesetzten als möglicher Chef eines neuen Nachrichtendienstes ausmanövriert.

1947 stellten die Amerikaner Gehlens »Org.« das große, bewaldete Gelände der ehemaligen »Rudolf-Heß-Siedlung« in Pullachs Heilmannstraße zur Verfügung. Hinter kilometerlangen, stacheldrahtbewehrten Mauern residierte der »Generaldirektor der ›Organisation Gehlen‹« alias »Dr. Schneider« alias »Herr Gebler« – er bediente sich seiner Tarnnamen mit der Unbefangenheit eines Meisterspions. Sein Gehalt betrug 1200 Mark, sein »Org.«-Dienst arbeitete mit einem Etat von 3,5 Millionen Dollar jährlich, die Washington zahlte (Etat 1979: 127,2 Millionen Mark).

Wer neu hinzustieß, wer schon dabei war, wurde belehrt: Es gibt nichts in der »Org.«, das nicht geheim ist. Alle die hohen und kleinen Mitarbeiter des Spionageapparates, die Gruppenleiter und die V(ertrauens)-Mann-Führer, die V-

Späte Flucht

Ein alter Hase kam neu ins Geschäft: Am 1. August 1947 flüsterten sich die in Berlin besonders zahlreich vertretenen Agenten aller Schattierungen zu, daß »Alexander Foote wieder aufgetaucht« sei. Foote war der Funker der legendären Spionagegruppe »Rote Drei« in der Schweiz gewesen. Nun hatten ihn die Sowjets nach Ostberlin geschickt, wo er sich in Karlshorst zur Entgegennahme eines neuen Auftrags meldete. Foote nutzte die Situation, um dem kommunistischen Leben, das er im »Vaterland aller Werktätigen« persönlich kennengelernt hatte, zu entfliehen. Er verschwand am 2. August in Westberlin und kreuzte in seiner Heimat England erst wieder auf, als er sich sicher wähnte. Die Russen machten eine Ausnahme im harten Spionagebusiness – sie ließen den Abtrünnigen ungeschoren.

Chefaufklärer in Deutschland (Ost): Eine der geheimnisumwittertsten Figuren im internationalen Spionagegeschäft ist der Chef der Auslandsaufklärung in der DDR, Markus »Mischa« Wolf (oben). Von ihm existieren nur wenige Fotos, im Westen ist kaum etwas über ihn bekannt. Ernst Wollweber (rechts) stand dem Staatssicherheitsdienst der DDR von 1953 bis 1957 vor. Ihm gelang es 1955, den SSD von einer Abteilung des Innenministeriums (Ost) zu einem eigenen Ministerium aufzuwerten.

Männer und die Agenten, die festen »Werber« wie das Heer von freiwilligen Helfern vom »Tipper« bis zum »Forscher« durften nur Maschen sein in einem Netz, das unsichtbar zu bleiben hatte.

Trat ein V-Mann in »Org.«-Dienste, so durfte er seine »Lebensverhältnisse nicht ändern, durch nichts auffällig werden, keine großen Ausgaben tätigen, ständig mußte er sich der Gefahr bewußt sein, enttarnt zu werden«. Für einen V-Mann-Führer galt die Regel: »Beim Zusammensein muß der V-Mann dauernd ideologisch über die Gefahren seiner Umgebung (Freunde usw.) geschult werden.«

Kam ein V-Mann vom Einsatz »im Feind« zurück, so war sein Führer zu besonderem Mißtrauen verpflichtet: »Es kann alles in Ordnung sein; er kann ›umgedreht‹ worden sein; er kann einen ›Schwanz‹ (Verfolger) haben, der seine Auftraggeber ermitteln will. Daher sind folgende Sicherheitsmaßnahmen zu beachten. Beim ersten Treff ihn nicht ansprechen, ihn zu einem zweiten Treff bestellen, dort anrufen und einen dritten Treff vereinbaren. Inzwischen kann ermittelt werden, ob er einen ›Schatten‹ hat.«

Kuriere mußten (und müssen) eine eiserne Gesundheit haben, »Vorsicht, Umsicht, Geistesgegenwart und Korrektheit in Abmachungen« waren Bedingung. »Körperlich muß ein Kurier kräftig, gewandt und elastisch sein. Er ist der gefährdetste Mitarbeiter, da er am häufigsten die Bahn benutzen muß und dabei Material mitführt.«

So von Gehlens Abteilungsleitern ausgewählt und von Instrukteuren geschult, taten ein paar tausend Agenten in Ostzone und nachmaliger DDR ihre Aufklärerpflicht. Ähnlich ausgebildet, spähten ein paar tausend Spione in den Westzonen und dann in der Bundesrepublik für ihre Führer und Auftraggeber im Osten. Die Zeit des Kalten Krieges war die Hoch-Zeit der Spione in beiden Teilen Deutschlands.

Die Geschichte von Verrat und Spionage in beiden Staaten ist bis über die Mitte der fünfziger Jahre eine Geschichte der Widersacher Reinhard Gehlen (West) und Ernst Wollweber (Ost).

Beide dienten mittelbar den Ideologien ihrer Systeme und deren Herrschern, auch denen im Hintergrund, dargestellt von den Siegermächten. In Westdeutschland setzten die Amerikaner die Wiederherstellung des privat-kapitalistischen Wirtschaftssystems durch. In Ostdeutschland wurde die Wirtschaft durch Kollektivierung von Grund und Boden sowie Vergesellschaftung von Banken und Schlüsselindustrien auf ein sozialistisches Planwirtschaftssystem umgestellt.

Am 14. August 1949 fanden die Wahlen zum ersten Deutschen Bundestag statt; seit dem 15. September 1949 gab es wieder eine deutsche Regierung – in Bonn. Die Richtlinien ihrer Politik bestimmte – nicht ganz unabhängig – Bundeskanzler Konrad Adenauer (CDU). Am 7. Oktober 1949 konstituierte sich der Deutsche Volksrat des »Blocks der antifaschistisch-demokratischen Parteien« als provisorische Volkskammer und wählte eine weitere deutsche Regierung – in Ostberlin. Gleichzeitig übertrug die Sowjetunion ihre bisherigen Verwaltungsfunktionen der Militärverwaltung an die provisorische Regierung. Die Richtlinien ihrer Politik empfingen – in völliger Abhängigkeit – Ministerpräsident Otto Grotewohl, ein früherer Sozialdemokrat, und sein Stellvertreter, der Altkommunist Walter Ulbricht, aus Moskau.

Gehlen und Wollweber waren die akkreditierten obersten Aufklärer in diesen zwei Staatsformen. Reinhard Gehlen stand jahrzehntelang auf allen Abschußlisten hinter dem Eisernen Vorhang. Für kommunistische Agenten aus den Staaten des Warschauer Pakts galt Gehlen als gefürchtetster Gegner. Seine Personenbeschreibung in den Akten des Ministeriums für Staatssicherheit in der Normannenstraße 22 von (Ost-) Berlin-Lichtenberg:

»Größe: 1,72 Meter. Figur: schlank. Haare: wenig, schütter, fast kahlköpfig. Gesicht: blaß. Nase: spitz. Grauer Schnurrbart wie Hitler. Gleicht einem Bankkaufmann. Trägt im allgemeinen Tirolerhut mit grüner Kordel, die abgetragen wirkt. Sportmantel in Trenchcoat-Form.«

Ein gepackter Koffer stand stets in seinem Büro. Eine geladene Pistole lag in seinem Schreibtisch. Einen echten Paß mit falschem Namen trug er immer bei sich – einen von mehreren, über die er verfügte.

Der Volkszorn war stärker: Von Unterdrückung und wirtschaftlicher Not gepeinigt, protestierten 1953 Ostberliner Arbeiter gegen die Unmenschlichkeit des Systems. Am 17. Juni wurde aus der Demonstration in Ostberlin ein Volksaufstand in der ganzen DDR, der von russischen Panzern niedergewalzt wurde. Der blutige Freiheitskampf war auch eine Niederlage für den Staatssicherheitsdienst: Er hatte die Unmutsstimmung unter den Bürgern unterschätzt.

S

Früher Fluchthelfer: Unter bisher ungeklärten Umständen verschwand im Juli 1954 Dr. Otto John, Präsident des Bundesamtes für Verfassungsschutz, aus Westberlin. Als die DDR ihn wenige Tage später auf einer Pressekonferenz als Überläufer präsentierte (Abb. oben, rechts mit dem britischen Journalisten Sefton Delmer und dem SED-Funktionär Dr. Wilhelm Girnus), geriet er in den Verdacht der Spionagetätigkeit. Im Dezember 1955 floh John mit Hilfe des dänischen Journalisten Bonde-Hendriksen (unten).

Widersprüche: Bei der Entführung Johns spielte dessen Freund Dr. Wolfgang Wohlgemuth (Abb. rechts) eine zwielichtige Rolle.

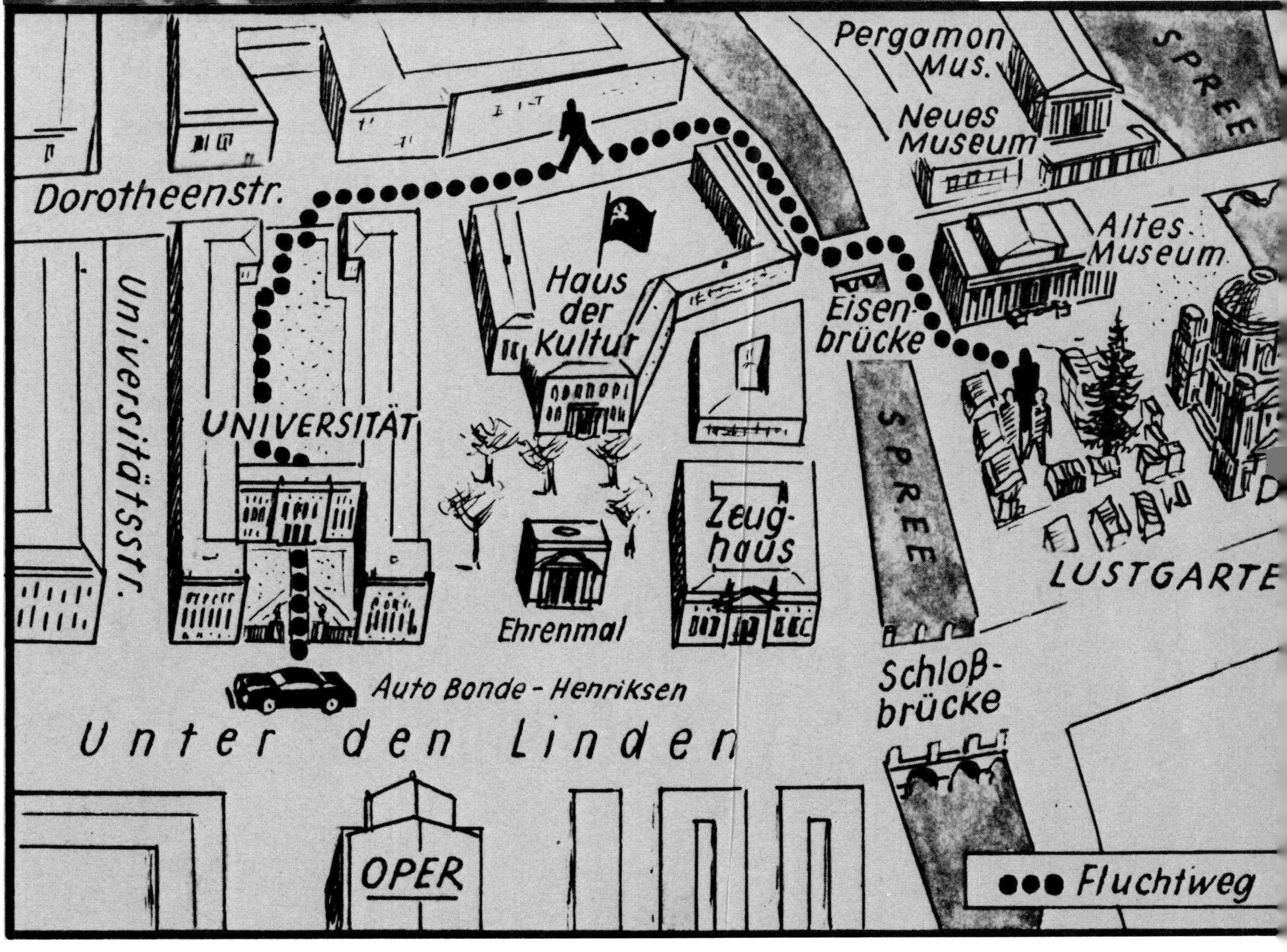

Tipper, Forscher, Werber

Wie jeder andere Berufszweig hat auch ein Geheimdienst seine eigene Sprache mit Fachwörtern aus der Praxis. *Tipper* suchen systematisch in nachrichtendienstlich interessanten Kreisen nach geeigneten Mitarbeitern, ohne daß diese zunächst davon erfahren. Sie geben ihren Tip weiter an die *Forscher,* welche den Hinweis erhärten, indem sie alle erreichbaren Unterlagen über den möglichen Mitarbeiter beschaffen. Das Ergebnis ihrer Nachforschungen leiten sie an ihre Führungsstelle weiter. Diese entscheidet, ob eine Werbung versucht werden soll. Wenn ja, spricht der *Werber* die Zielperson an und versucht, sie zur Mitarbeit zu gewinnen.

Agentenjäger Gehlen war immer auch Wild: Der Leiter des MfS, Ernst Wollweber, setzte auf den Gegenspieler Gehlen eine Kopfprämie von einer Million Mark (West) aus. Gehlen über Wollweber: »Als international berüchtigter Berufsrevolutionär und Sabotageexperte gehörte er zweifellos zu den farbigsten und skrupellosesten Figuren an der Spitze des Ulbricht-Regimes. Gegen ihn blieb selbst der heute noch amtierende General Mielke, der sich noch immer rühmt, zwei Polizeibeamte auf dem Berliner Bülowplatz eigenhändig erschossen zu haben, ein Mann der zweiten Garnitur.«

Gegen Wollweber, den Mann der ersten Garnitur, errang Gehlen seine spektakulärsten Erfolge. Dieser Wollweber aber brachte ihm auch seine bittersten Niederlagen bei: Wechselspiel in der Grauzone von Spionage und Abwehr, Aufklärung und Gegenspionage. Bei seiner Abwehrarbeit war Gehlen geradezu beseelt von einem Motiv, das bei ihm alle anderen staatspolitischen Regungen und Überlegungen überschattete: Drang und Drohung des Kommunismus, die Weltherrschaft anzutreten, zu bekämpfen.

So geriet ihm der Job zur Mission. Dabei hatte dieser Gehlen – dessen Arbeitszimmer in Pullach ein Bild des »Abwehr«-Admirals Canaris schmückte – einmal von sich gesagt: Er habe sich »davor gedrückt, lebende Sprachen zu lernen, weil ich auf keinen Fall in den Nachrichtendienst wollte«, als er seine Offizierskarriere in Reichswehr und Wehrmacht durchlief. Nun war er drin. Und da blieb er, mit Leib und Seele.

Freilich hatte er Konkurrenz bekommen. »Org.« mußte ihre Aufklärungsarbeit seit je auf Gebiete außerhalb der Bundesrepublik beschränken. Für die innere Sicherheit, den Schutz der verfassungsmäßigen Ordnung waren das »Bundesamt für Verfassungsschutz« (BfV) mit Sitz in Köln und die Landesämter für Verfassungsschutz in den Hauptstädten der Bundesländer zuständig. Das Gesetz zur Zusammenarbeit des Bundes und der Länder vom 27. September 1950 hatte – nach Artikel 73/10 des Grundgesetz und Artikel 87 Absatz 1 Satz 2 – die Bundesregierung zur Einrichtung des Verfassungsschutzes ermächtigt. Das Amt ist eine Zentralstelle zur Sammlung von Nachrichten über sicherheitsgefährdende und verfassungsfeindliche Bestrebungen.

Während Gehlens Agenten nur hinter dem Eisernen Vorhang und vor allem in der DDR kundschafteten, waren die BfV-Spionenjäger im Bundesgebiet aktiv, unterhielten jedoch auch eigene V-Leute in der DDR. Von Beginn an litten sie nicht unter Beschäftigungsmangel.

Noch herrschte im Ostberliner MfS nicht der Spionageaktionist Wollweber, sondern sein Vorgänger Wilhelm Zaisser. Dieser Zaisser hatte neben einigen tausend anderen Spionen einen Lieblingsspäher im Westen, den er mit besonders kniffligen Aufgaben betraute. Spion Klaus Wensien (32) sollte herausfinden, wie die neuaufzustellenden Europaeinheiten der amerikanischen Armeen gegliedert sind und welche Rolle deutschen Einheiten – die es noch gar nicht gab – im Falle eines Sowjetangriffs zugedacht sein würden.

Wensien war für seinen Job ausgebildet. Ver- und Entschlüsseln hatte er lernen müssen, auch funken, dazu unauffälliges Benehmen in der Öffentlichkeit, getarnt als Kaufmann oder Stellungssuchender; das Abschütteln von Verfolgern, vor allem: »Hände weg von Weibern!« predigten seine Instruktoren in der Mühlenstraße von (Ost-)Berlin-Pankow. (Den Rat hätten sie sich sparen können: Wensien war wegen Vergehens gegen den damals noch gültigen Paragraphen 175 [Homosexualität] vorbestraft.) Nun bekam er den Decknamen »Kurt Schleicher« und reiste mit ein paar hundert Mark (West) nach Mannheim. Hier beobachtete er Verpflegungslager und Munitionsdepots der Amerikaner, tratschte beiläufig mit Kasernenposten – er sprach gut englisch –, spähte Motor-Pools aus und befragte Ortsansässige über Stärke und Zusammensetzung von US-Einheiten. Anweisung bekam er über Radio auf dem 36-Meter-Band nach dem Ankündigungsschlager »Cowboy Jimmy« (»Von den blauen Bergen kommen wir«). Geld erhielt er über Tote Briefkästen in einem Münchner Trümmergrundstück an der Ecke Karlstraße/Seidlstraße. Dort hinterlegte er auch seine Informationen.

Als er wieder mal nach München reiste, schnappte eine Falle zu, die von Zollfahndung und Verfassungsschutz aufgestellt worden war. Am 20. Januar 1952 sollte Wensien seinen V-Mann-Führer »Walter 2« abends um acht Uhr vor dem Deutschen Theater treffen. Entsprechend dem ungeschriebenen »Handbuch für Spione« wickelte sich folgender lichtvoller Erkennungsdialog ab:

Walter 2: »Kennen Sie den Defreggerplatz?«
Wensien: »Meinen Sie den alten General?«
Walter 2: »Haben Sie einen Stadtplan?«

Walter 2 beorderte Wensien zum Treffpunkt 2 nach Goslar. Observanten hingen sich an. In Goslar am Bahnhof griffen Polizisten zu und nahmen Wensien fest. Dann warteten sie auf Walter 2. Es kamen nur die Überwacher im Zug an. Sie hatten den Ostagenten verloren – Routine war noch nicht die Stärke der Verfassungsschützer.

Wensien wurde an die US-Abwehr CID überstellt. Dort hörten dann Funkexperten noch lange die »Cowboy Jimmy«-Sendungen auf dem 36-Meter-Band. Bloß der Empfänger war längst aus dem Verkehr – ein erster Erfolg des jungen Verfassungsschutzes.

In diesen Jahren des Kalten Krieges zwischen Ost und West war keine Seite zimperlich in der Wahl auch brutaler Mittel. Zu den gängigen Praktiken des Ostberliner Staatssicherheitsdienstes (SSD) gehörte Menschenraub; die Ostberliner zeigten darin nicht nur auffallende Skrupellosigkeit, sondern auch Phantasie. Das geeignetste Territorium für den Dschungelkampf der Spione und Menschenjäger war Berlin, West wie Ost.

In der Nacht vom 13. zum 14. November 1953 landeten Wollwebers Kidnapper einen sensationellen Coup: Sie fingen in Westberlin den Verbindungsführer einer BND-Operationsgruppe und schleppten ihn in den Osten. Major a. D. Werner Haase wollte ein Telefonkabel durch einen Kanal an der Sektorengrenze nach Ostberlin verlegen. »Drahtschleuse« hieß eine solche Verbindung zu V-Männern im Ostsektor.

Haase war erfinderisch. Er befestigte das Kabel an einem Spielzeugdampfer und ließ diesen in der Dunkelheit vom Stapel. Ein Ostberliner BND-Agent half ihm. Doch der spielte ein doppeltes Spiel. SSD-Häscher sprangen auf einen Wink des Verräters aus Verstecken und schleiften den blitzschnell geknebelten Haase ostwärts.

In einem Schauprozeß erhielt der Major a. D. eine lebenslange Zuchthausstrafe. Anfang 1957 konnte er ausgetauscht werden.

Haase war ein kleiner Fisch. Der größte dieser Jahre, der Wollweber ins Netz ging, war Dr. Otto John, Präsident des Bundesamtes für Verfassungsschutz.

Bundesdeutschlands oberster Verfassungshüter verschwand am 20. Juli 1954 aus Westberlin. Wenige Tage drauf präsentierte ihn Pankow im Rundfunk als Überläufer. Am 12. Dezember 1955 verschwand John aus Ostberlin. Später, nach seiner »Rückflucht«, rechtfertigte er sich: Er sei verschleppt worden. Sein Freund, der angesehene Frauenarzt, gefeierte Schürzenjäger und bejubelte Hobby-Trompeter Dr. med. Wolfgang Wohlgemuth habe ihn mit einer Droge betäubt und entführen lassen. Wohlgemuth: »John war betrunken. Der ist freiwillig mitgegangen.«

Wie es wirklich war, kam nie ans Licht. Dennoch verurteilte der dritte Strafsenat des Bundesgerichtshofes in Karlsruhe den feinsinnigen Dr. Otto John, der so gar nicht in den harten Spitzenjob eines Geheimdienstes gepaßt zu haben schien, wegen Konspiration und Landesverrat zu vier Jahren Zuchthaus. Nach zwei Jahren kam John frei.

Wohlgemuth, den führende Mitarbeiter des SSD offen als ihren Agenten bezeichneten, wurde 1958 vom Vorwurf des Landesverrats freigesprochen. Nicht einmal Menschenraub mochte ihm derselbe Senat anlasten, der das John-Urteil gesprochen hatte. Der Arzt starb im Mai 1978 in Westberlin.

Verbittert: Dr. Otto John zog sich nach seiner Entlassung aus der Haft auf ein Gut nahe Salzburg zurück, noch immer um seine Rehabilitierung bemüht.

Licht am Ende des Tunnels

Die Bewunderung war echt: »Das ist Wertarbeit«, sagte der sowjetische Stadtkommandant des Ostsektors von Berlin. Er führte – am 24. April 1956 – auf einer Pressekonferenz ein 300 Meter langes, fünf Meter unter Erde verlegtes mannshohes Tunnelsystem vor, das in einer komfortabel eingerichteten Abhörzentrale endete, die mit Klappenschränken, Meß- und Tonbandgeräten und sogar einer Air-condition-Anlage ausgestattet war. Freigelegt an einer Tunnelwand: 98 Leitungspaare mit drei Kabeln – den Zentralkabeln zwischen der Sowjetkommandantur in Karlshorst (wo auch die GRU- und KGB-Zentralen für Deutschland sitzen) und dem sowjetischen Hauptquartier in Zossen. Das andere Tunnelende, mit einer Stahltür verschlossen, führte in den US-Sektor und den Ortsteil Rudow.
»Haben Sie einen Horchposten erwischt?« fragte ein Reporter.
»Nein«, antwortete Kommandant Oberst Kosjuba, »aber als wir runterkamen brannte an diesem Ende des Tunnels noch Licht.« Kommentar der US-Streitkräfte in Westberlin: »Kein Kommentar.«

KA
59-82

Doch auch in Subversion – gepflegtes Stekkenpferd des gelernten Saboteurs Wollweber – zeigten sich MfS und SSD geübt. So teilte der ehemalige Hauptgeschäftsführer der neonazistischen »Deutschen National-Zeitung« und Herausgeber der »Internationalen Militär-Korrespondenz«, Rudolf Steidl, am 30. Juli 1955 auf einer Pressekonferenz in Bonn mit, daß ihm seit 1951 aus der DDR durch kommunistische Mittelsmänner 2,36 Millionen Westmark übermittelt worden seien. Mit diesem Geld habe er die von ihm begründeten Publikationen finanziert. Außerdem habe er, auftragsgemäß, Offizierstreffen und Soldatentagungen mit dem Geld unterstützt. Die Ostberliner Regierung und die Sowjetische Militär-Mission (SMM) in Karlshorst seien bereit gewesen, eine bürgerlich-nationale Partei in der Bundesrepublik zu gründen und zu unterstützen, in der Altliberale ebenso wie ehemalige Nationalsozialisten einen Platz haben sollten.

Steidl und sein »Geldbriefträger«, der schwäbische Ingenieur Karl Simm, waren der Bundesanwaltschaft in Karlsruhe aufgefallen, die den Verfassungsschutz eingeschaltet hatte. Aber Steidl ging von sich aus an die Öffentlichkeit. Er und Simm gingen straffrei aus. Offenbarte Subversion dieser Ordnung war peinlich, aber strafrechtlich nicht zu fassen.

Die Fälle Steidl und Haase machten ein Problem deutlich, das den Geheimdiensten der Republik-West seit langem – und in seltenen Fällen noch – zu schaffen macht: Viele Tausende von Kriegsgefangenen waren aus der Sowjetunion entlassen worden, nachdem sie sich schriftlich bereit erklärt hatten, Spionage für die Russen in der Bundesrepublik zu treiben.

Diese Problematik veranlaßte auch Gehlens BND, die eigenen Sicherheitsmaßnahmen schärfer zu überdenken. »Ein Nachrichtendienst«, sagte der pensionierte BND-Präsident in seinem letzten Interview mit dem Autor und seinem Kollegen Paul Limbach, »ist ein feinfühliges Instrument. Wenn oben eine Schwankung, eine Schwierigkeit auftritt – gleich spürt man das hinunter, bis in jede Abteilung. So ist auch die Verwaltung eines Geheimdienstes problematisch, weil man sie nicht mit den Methoden machen kann, die bei anderen staatlichen Stellen erprobt und bewährt sind.«

Eine staatliche Stelle wurde schließlich die »Org.« am 1. April 1956, als sie zum Bundesnachrichtendienst und damit der Bonner Regierungsaufsicht – stellvertretend dem Staatssekretär und später dem Staatsminister beim Bundeskanzler – unterstellt wurde. Gehlen, der Generalmajor der Bundeswehr (was viele Leute gar nicht wußten), blieb als Ministerialdirigent an der Spitze.

Er war schon zuvor Spitze gewesen. In den Staaten des Ostblocks war wenig unmöglich für die unterdessen Tausende von freien Mitarbeitern der Organisation, in der DDR nahezu nichts:

- Einer der Besten aus Pullach spielte jahrelang einen der engsten Vertrauten des DDR-Sabotage- und Sicherheitschefs Wollweber. Unter dem Decknamen »Brutus« spionierte der Ministerialrat Walter Gramsch bis 1955 in Wollwebers Amt. Dann pfiff ihn Gehlen zurück.
- Im Ministerrat der DDR sprach ein Mann aus Pullach mit: der stellvertretende Ministerpräsident und Vorsitzende der Liberal-Demokratischen Partei Hermann Moritz Wilhelm Kastner. Gehlen holte auch ihn nach getaner Arbeit aus der »Frontlinie«.
- Im Vorzimmer des DDR-Ministerpräsidenten Otto Grotewohl spähte die »Org.«-Agentin Elli Barczatis jahrelang die Geheimnisse der SED-Führung aus. Ihr Deckname war »Gänseblümchen«. »Gänseblümchen« wurde geschnappt – und 1956 hingerichtet.

Ein Jahr davor hatte die »Rote Gestapo« Wollwebers ihren vernichtendsten Schlag gegen rund 300 Agenten Gehlens in der DDR führen können. Ein gewisser Hans-Joachim Geyer hatte die Operation mit möglich gemacht:

Geyer, Krimi-Autor, westlicher Geheimagent im Osten bis 1953, war umgedreht worden. Aber das wußte natürlich keiner im Westen, als sich Geyer nach dem DDR-Volksaufstand am 17. Juni 1953 nach Westberlin absetzte und fortan in der Berliner »Org.«-Filiale arbeitete. Am 29. Oktober 1954 setzte sich Geyer in eine U-Bahn, Richtung Friedrichstraße. Er kam nie wieder. Statt dessen trat er im Ostberliner Rundfunk auf – als Doppelagent. Ganze Stapel fotografierter Geheimnisse Gehlens hatte er über die damals noch mauerlose Sektorengrenze geschafft; Personalangaben über Dutzende von Leuten Gehlens in der DDR versetzten Wollweber in die Lage, bis Ende 1955 diese Agenten und ihre Informanten dingfest zu machen – samt Sendeanlagen und Code-Büchern.

Das erfolgreiche Netz Gehlens hinter dem Eisernen Vorhang bestand (und besteht) aus Agenten, V-Männern und Nachrichten-»Quellen«. Der General, dessen Erfahrung natürlich auch fernab von militärischer Nachrichtenbeschaffung ständig wuchs, hatte seinen »Dienst« klug konstruiert: Da gibt es Ü-Quellen (Überprüfung), P-Quellen (die in gegnerische Organisationen eindringen, sie penetrieren) und R-Quellen (Reisende). Das sind die Männer am Ort. Hinter der »Front«, in Pullach – vergleichsweise in Verfassungsschutz und MAD – wird ausgewertet und von Spezialisten analysiert, was die Quellen bringen.

BND und Verfassungsschutz waren längst routinierte und erfolgreiche Nachrichtendienste, als ein dritter Geheimdienst in der Bundesrepublik gegründet wurde: der Militärische Abschirmdienst (MAD). Bereits im »Amt Blank«, in dem der spätere Bundesverteidigungsminister Theodor Blank den Wiederaufbau deutscher Streitkräfte vorbereitete, hatte Gehlens zweimaliger Nachfolger Gerhard Wessel die Aufgabe eines G-2 (Generalstabsoffizier Sicherheit und Nachrichtenwesen) übernommen. 1956 wurde diese Abteilung zur Vorprüfstelle für die neuen Rekruten geschlagen; als am 2. Januar 1956 die ersten 1000 Freiwilligen der neuen Bundeswehr einberufen wurden, richtete sich auch der MAD mit seiner als »Amt für Sicherheit der Bundeswehr« (ASBw) bezeichneten übergeordneten Dienststelle ein. Seine Aufgaben:

- Sicherheitsüberprüfungen für die Bundeswehr,
- Beratung und Unterstützung der Streitkräfte und der Wehrverwaltung in Fragen personeller und materieller Sicherheit,
- Aufklärung von Spionage- und Sabotagefällen sowie kommunistischer Unterwanderung und
- Abwehroperationen – das ist die direkte Aktion gegen Spione und Saboteure.

Heute ist der MAD für die Sicherheit von mehr als 700 000 Menschen verantwortlich: eine halbe Million Soldaten und fast eine Viertelmillion zivile Angestellte der Bundeswehr.

Ein Land wie Deutschland, zweigeteilt, ist natürlich ein idealer Tummelplatz für gleichsprachige Agenten, die gegeneinander arbeiten. Der gleiche Kulturkreis, dieselbe Sprache erleichtern das Geschäft des Spionierens. Kein Agent der Bundesrepublik muß in der DDR in eine fremde Nationalität schlüpfen. Das gilt auch umgekehrt. Spionenjagd in Deutschland ist somit schwerer als in jedem anderen, ungeteilten Land der Welt. Folglich rissen auch die kleinen und die großen Spionage- und Verratsskandale nie ab. Am 12. Oktober 1957 aber gab es den ersten Toten im Untergrundkrieg der Agenten.

Dr. Lev Rebet betrat wie jeden Tag das Haus Nummer 8 am Münchner Karlsplatz um 10.30 Uhr. Auf der Treppe zum ersten Stock trat ihm ein Mann in den Weg. Rebet sah den andern an, der eine Stufe höher stand. Er kannte ihn nicht.

Dem Unbekannten schossen in Sekundenbruchteilen Erinnerungen durch den Kopf. »Dieses Rohr«, es war etwa zwanzig Zentimeter lang und zwei Zentimeter dick, »enthält eine Ampulle mit Blausäure, die mit Hilfe einer kleinen Pulverladung herausgeblasen wird«, war ihm von einem KGB-Offizier in Karlshorst erklärt worden. »Das Gas verengt augenblicklich die Blutgefäße des Opfers und führt sofort zum Tod. Anschließend erweitern sich die Gefäße wieder. So kann ein Mord nicht festgestellt werden.«

Jetzt stand der Mörder seinem Opfer gegenüber. Er hatte vorsorglich eine Tablette eingenommen, die auch seine Gefäße verengt hatte für den Fall, daß er etwas von dem Gas abbekam.

Lev Rebet öffnete den Mund zu einer Frage. Der Mörder drückte auf die Feder, die den Mechanismus auslöste. Aus einem knappen Meter Entfernung sprühte das tödliche Gas in Rebets Gesicht. Der Ukrainer fiel um, Augenblicke später war er tot.

Der Mörder ging nicht zu rasch die Treppe hinab. Dabei zerdrückte er eine dünne Ampulle, hielt sie an seinen Mund und atmete tief ein. Es war ein weiteres Gegengift, sozusagen eine zusätzliche Sicherung zu der Tablette, die er bereits geschluckt hatte.

Als der Mörder die Waffe beim Münchner Hofgarten in den Köglmühlbach warf, war Rebet schon gefunden. Daß der KGB-Offizier mit seiner Andeutung der Unnachweisbarkeit des Giftes recht hatte, las der Mörder anderntags in der Zeitung: »Ukrainischer Exilpolitiker tot aufgefunden: Herzinfarkt!«

Ein KGB-Killer hatte ein perfektes Verbrechen begangen. Die deutschen Nachrichtendienste gingen über den unsensationellen Infarkttod zur Tagesordnung über, und die brachte genügend Routinefälle. Da hatte sich in Westberlin ein halb privater Geheimdienstverein gebildet, der »Untersuchungsausschuß freiheitlicher Juristen«. Seine selbstgestellte Aufgabe: Menschenrechtsverletzungen in der DDR zu registrieren und anzuprangern. Ein edles Vorhaben. Nebenbei fielen über die V-Männer aus Ostdeutschland natürlich auch andere Informationen ab, die weniger mit Menschenrechten als mit dem Geschehen in Rüstung und Industrie, Volkspolizei und -armee zusammenhingen.

In den Reihen dieser Kämpfer für ein freies Deutschland wurde eines Tages – im Grunde nicht verwunderlich – ein Ostagent entdeckt. Unter dem Verdacht, als Mitarbeiter des SSD der DDR im »Untersuchungsausschuß« spioniert zu haben, wurde am 19. Dezember 1958 der Referatsleiter des Ausschusses, Dr. Kurt Werner, auf der Straße verhaftet. Er war eben dabei, sich in den Ostsektor abzusetzen.

Geheimwaffe aus Moskau: Mit einer solchen Blausäurepistole beging der russische Agent Bogdan Staschinskij den »perfekten Mord«. Ärzte diagnostizierten später bei den beiden Getöteten Herzversagen.

SO ARBEITET DER SOWJETISCHE GEHEIMDIENST:

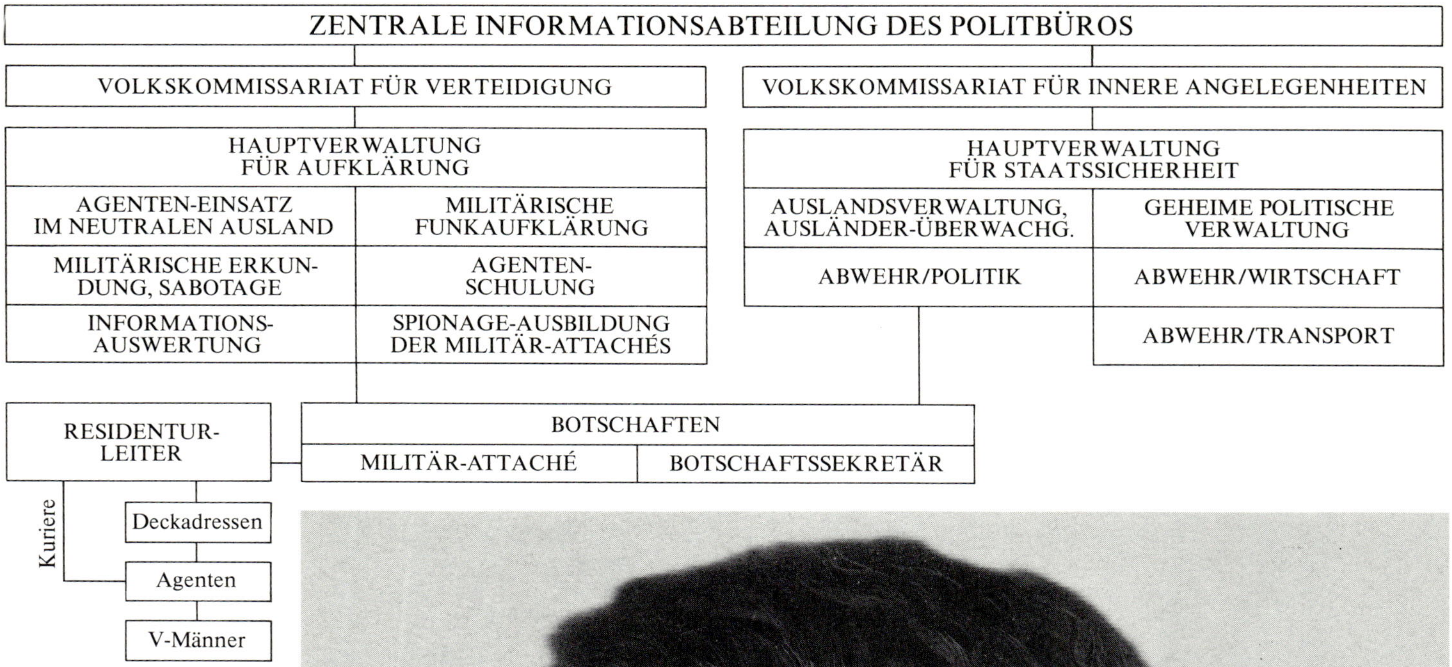

Verrat aus Liebe: Daß der Tod der Exil-Ukrainer Lev Rebet und Stefan Bandera Mord war, wurde erst klar, als sich Bogdan Staschinskij 1961 der Westberliner Polizei stellte, als Agent des sowjetischen KGB zu erkennen gab und die Morde gestand. Seine Frau Inge Pohl (unten rechts), die er in Ostberlin kennengelernt hatte, soll ihn dazu überredet haben. Alexander Scheljepin (Abb. nächste Seite, links), der damals den straff gegliederten sowjetischen Geheimdienst (Schema oben) leitete, wollte Staschinskij für die beiden Morde den Rot-Banner-Orden verleihen. Später wurde Scheljepin Gewerkschaftsvorsitzender der UdSSR. (Die Abb. zeigt ihn später mit dem Vorsitzenden des deutschen Gewerkschaftsbundes, Heinz Oskar Vetter, bei einem Besuch in Düsseldorf.)

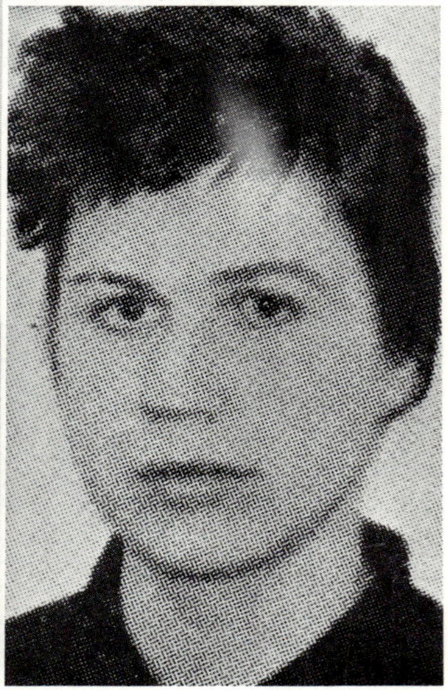

Das sind die Gegner

Diese Spionage-organisationen der Warschauer-Pakt-Staaten sind in der Bundesrepublik Deutschland besonders aktiv:

DDR: Ministerium für Staatssicherheit (MfS) mit der Hauptverwaltung Aufklärung (HVA), die etwa unserem Bundesnachrichtendienst (BND) vergleichbar ist; HVA-Chef ist der General Markus Wolf; MfS-Chef ist der General Erich Mielke. Ministerium für Nationale Verteidigung (MfNV) mit Verwaltung Aufklärung, Normannenstraße 22, in Ostberlin-Lichtenberg.

*

Sowjetunion: Komitee für Staatssicherheit (KGB); Chef ist der General Juri Wladimirowitsch Andropow; II. Hauptverwaltung Aufklärung beim Generalstab des Verteidigungsministeriums (GRU).

ČSSR: Hauptverwaltung Aufklärung (STB); Nachrichtenabteilung des Generalstabes der Volksarmee »Zpravodejsna Sprava« (ZS).

*

Polen: Sicherheitsdienst; II. Verwaltung des Generalstabs (Z II); Chef der Deutschlandabteilung ist Oberst G. Russin.
Hinzu kommen die Nachrichtendienste Bulgariens, Rumäniens und Ungarns. Die Spionage des ND Jugoslawiens zielt wesentlich auf Exilpolitiker und -kroaten.

Seit Mai 1956 hatte der 59jährige SSD-Mann von seinem Horchposten bei den »Freiheitlichen Juristen« aus an seine Ostberliner Auftraggeber berichtet. In dieser Zeit verlor die Organisation 28 Mitarbeiter im Osten, die der SSD verhaftete. Werner war geständig.

Am Beispiel Werners werden die sehr unterschiedlichen Methoden und Motive deutlich, mit denen die Geheimdienste in Deutschland-Ost arbeiten und aus denen heraus ihre Spione tätig werden. Unter den enttarnten Ostagenten findet sich eine sehr große Zahl Erpreßter. Sie werden mit der Drohung, daß Belastendes, Enthüllendes oder Kompromittierendes über den Angesprochenen veröffentlicht oder an eine Exekutivbehörde gegeben wird, zum Spitzeldienst gezwungen. Auch Geld spielt oft eine Rolle (obwohl »der Osten« in der Regel schlecht zahlt: Ein sehr ergiebiger Spion gab an, mit monatlich 200 Mark Ausbildungsbeihilfe für jedes Kind, dazu 20000 Mark einmalige Abfindung – für den Fall, daß er erwischt würde – entlohnt worden zu sein). Die gefährlichsten und professionellsten Spione, die aus dem Osten kommen, sind zweifellos die, welche aus fester kommunistischer Überzeugung jene Arbeit tun, die sie in ihrem Jargon »Kundschaftertätigkeit für den Frieden« nennen.

General Gehlen über seine Spione in der Sowjetzone und späteren DDR: »Galt in den Anfangsjahren der ›Organisation‹ der Grundsatz, daß nur mit Vertrauensleuten im gegnerischen Machtbereich gearbeitet wurde, die sich aus freien Stücken, aus Idealismus, bereit erklärten, ihren Anteil an der Bekämpfung des Kommunismus und der östlichen totalitären Regime zu leisten, so änderten sich diese Motive im Laufe der Jahre. Vor allem die allseits bekannten und vielfach beschriebenen Entwicklungen in der ›DDR‹ verringerten die Zahl derer, die sich zum Einsatz für den freien Westen zur Verfügung stellten. Mit der Ausweitung der Aufgaben des Dienstes traten neben die V-Leute, deren Einsatzbereitschaft und Opfermut in den 40er und 50er Jahren nicht zu übertreffen waren, auch bezahlte Agenten, wurden vermehrt Ausländer der verschiedensten Nationalitäten neben Deutschen tätig. Es ist außerdem sicher richtig, daß in den 60er Jahren auch bei V-Leuten, die vorwiegend aus ideellen Gründen arbeiteten, die materielle Seite eine zunehmend größere Rolle spielte.«

In diesem innerdeutschen Spionenkampf mischten selbstverständlich die Dienste der Alliierten kräftig mit. Während freilich Englands Secret Service und der Auslandsnachrichtendienst der Franzosen, SDECE (Service de Documentation Extérieure et de Contre-Espionage), in der Bundesrepublik zurückhaltend operierten und sogar schnell zu einer erfolgreichen Zusammenarbeit mit dem Bundesnachrichtendienst fanden, und während Amerikas CIA das westdeutsche Territorium eher als Basis für Einsätze hinter dem Eisernen Vorhang nutzte, war das sowjetische KGB von Beginn an mit allen Mitteln aktiv: mit Sabotage, Subversion und Spionage. Und, am 14. Oktober 1959, auch wieder mit einem Mord. Wieder in München.

An diesem Tag, einem Donnerstag, ging der Mörder Lev Rebets gegen neun Uhr aus seinem Hotel, schluckte eine Antigift-Tablette und schlenderte zur Ludwigsbrücke, um dort das ukrainische Emigrantenbüro zu beobachten. In seiner Tasche trug er eine neue, verbesserte Ausgabe der Waffe, mit der er Rebet getötet hatte.

Der Mörder wußte, daß der Exilpolitiker Stefan Bandera zum Mittagessen nach Hause fahren wird. Kurz vor der Abfahrt Banderas nach Hause fuhr er mit einer Straßenbahn der Linie 1 voraus in die Kreittmayrstraße zur Wohnung seines Opfers. Gegen 13 Uhr sah er Banderas Opel kommen. Der Mörder entsicherte seine Waffe. Mit einem Nachschlüssel öffnete er die Haustür und trat ins Treppenhaus. Bandera kam herein, beide Arme voller Einkaufstüten. Mit der linken Hand fummelte er am Türschloß seiner Wohnung. Er stand mit dem Rücken zu seinem Mörder. Der tat so, als knüpfe er seine Schuhbänder, als Bandera sich umwandte und fragte: »Funktioniert es nicht?« »Doch doch«, antwortete der Killer und schoß die Giftwolke aus seinem doppelläufigen Gerät dem Opfer direkt ins Gesicht.

Bandera hatte im Zweiten Weltkrieg gegen Stalin mit den Deutschen gekämpft. Noch nach der Kapitulation hatte er den Partisanenkampf fortgeführt. In einer abenteuerlichen Flucht schlug er sich erst 1946 aus der Sowjetunion über Österreich nach Deutschland durch. Jetzt rang er in seinem Treppenhaus mit dem Tode. Lev Rebet hatte damals, als ihn 1957 das Gift aus Moskau tötete, nur kurz aufgestöhnt. Bandera aber röchelte und schrie. Über die Treppenstufen kullerten Tomaten. Niemand hörte den erstickten Schrei. Binnen Sekunden war Bandera tot.

Zwei Stunden später saß der Mörder im D-Zug nach Frankfurt am Main. Dort übernachtete er im Hotel »Wiesbaden« und flog am nächsten Tag nach Berlin. Ein KGB-Offizier in Karlshorst sprach ihm seine Anerkennung aus. »In München ist ein gewisser Stefan Bandera einem Herzschlag erlegen«, sagte er und lächelte.

In Moskau war auch der sowjetische Geheimdienstchef Alexander Nikolajewitsch Scheljepin mit sich und dem Killer zufrieden. Er hatte den Auftrag gegeben, Rebet und Bandera zu liquidieren. Nun schlug er den Mörder für den Rot-Banner-Orden vor.

Sabotage – die war den Sowjets zuzutrauen. Spionage – das wußte man – war für die Sowjets im kranken Gefüge des niedergehenden Kapitalismus eine Notwendigkeit. Aber Mord? Mitten in Deutschland? »Es war Selbstmord«, wußte die Münchner »Abendzeitung« über die Todesfälle.

Agent aus Überzeugung: Dr. Kurt Werner (rechts) gehörte als DDR-Spion dem »Untersuchungsausschuß freiheitlicher Juristen« in Westberlin an, dessen Ziel es war, Menschenrechtsverletzungen in der DDR aufzudecken.

Spannungsfeld Berlin: Am 13. August 1961 begann die DDR mit dem Bau der Mauer. »Betriebskampfgruppen« riegelten das Brandenburger Tor ab (Abb. nächste Seite). Mit diesen Maßnahmen sollte »westliche Subversion« unterbunden werden.

Zubehör für Agenten:
Kamera im Feuerzeug

Fotos durchs Knopfloch:
Westenkamera

Zeitlos: Kamera in der
Taschenuhr

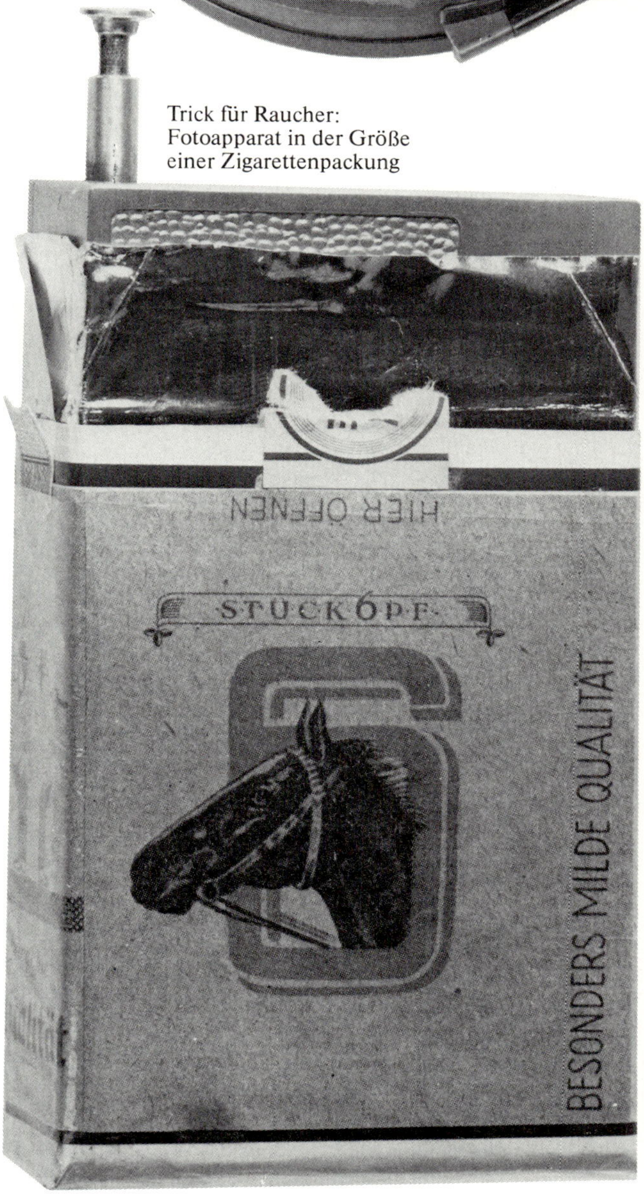

Trick für Raucher:
Fotoapparat in der Größe
einer Zigarettenpackung

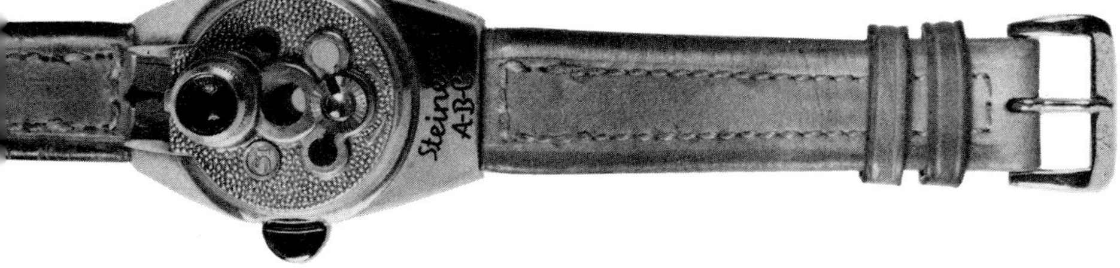

Spion am Handgelenk:
Armbanduhrkamera

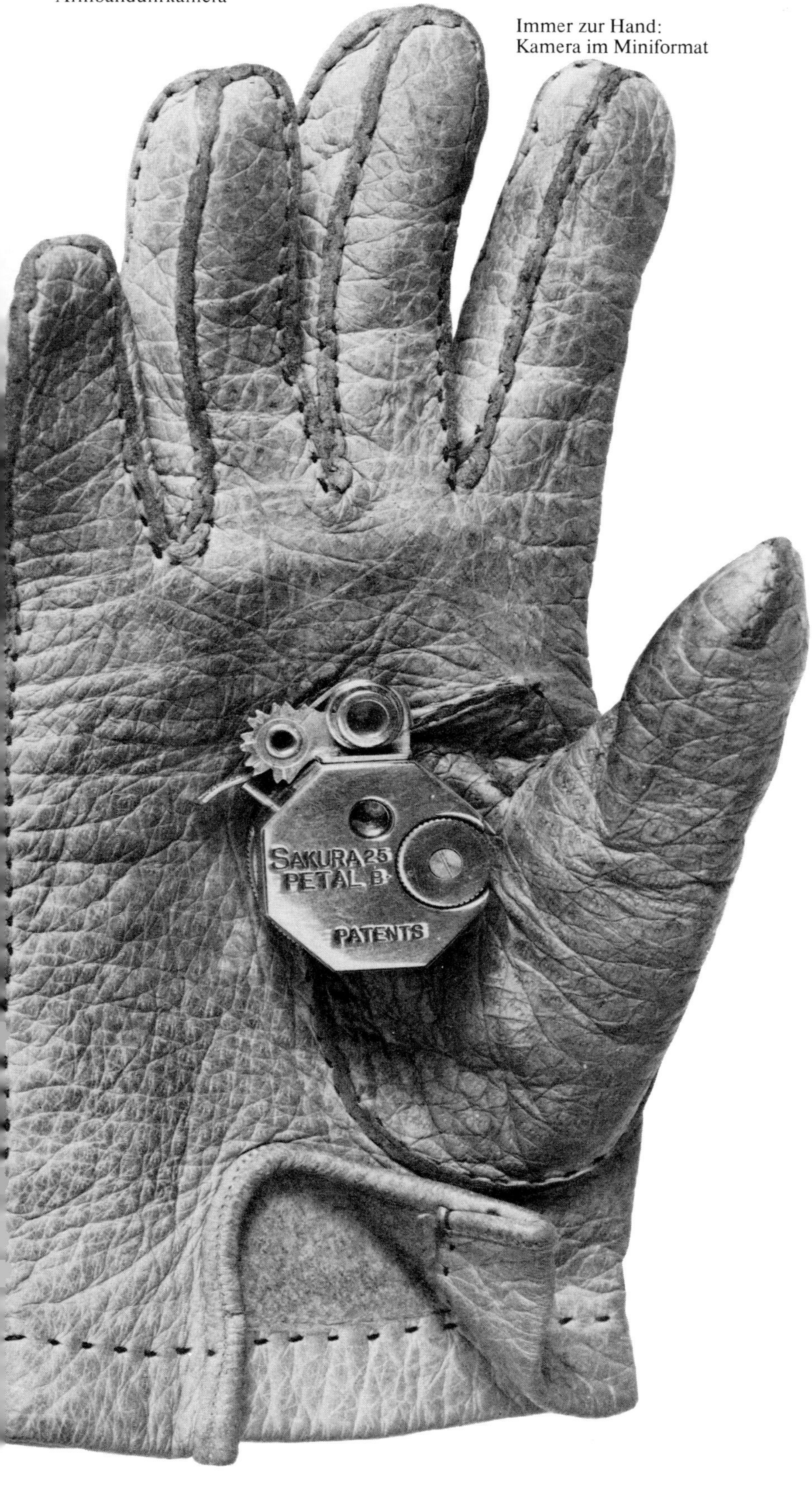

Immer zur Hand:
Kamera im Miniformat

Die Stimme seines Herrn

Wo es einen Markt für ihre Ware gibt, gibt es auch Spione: In Wirtschaft und Industrie finden die Agenten der »indiskreten Konkurrenz« immer Marktlücken, in die sie – ausgestattet mit gestohlenem Wissen vom geschäftlichen Gegner – stoßen können.
Das beginnt bei den Marktforschern, welche die Grenze zwischen Markterkundung und Wirtschaftsspionage überschreiten, und endet bei hochhonorierten Privatdetektiven, die in Labors von Großunternehmen einbrechen, um geheime wissenschaftliche Erkenntnisse zu entwenden.
Skurrilster Auswuchs im Rüstzeug der Spione und Privatagenten, die mit dem Tonbandgerät in Armbanduhr oder Schulterhalfter auf Raub ausgehen: der Minisender, der dem Hund eines observierten Forschers oder Managers ins Fressen gegeben wird. Aus dem Magen des Tieres – das durch Körperwärme den Energiebedarf des Geräts speist – gibt der Sender den Lauschern die Stimme seines Herrchens weiter.
Unter aufgeklärten Wirtschaftlern gilt der Spruch: Kein Geheimnis darf mehr als fünf Leuten preisgegeben werden, bei sechs ist der Verrat so gut wie sicher (Hund eingeschlossen). Kardinal Jules Mazarin (1602 bis 1661) sah es noch enger: »Was drei wissen, wissen alle.«

Ladylike:
Puderdosen-Kamera

Unbezahlbar:
Geldbörsen-Kamera

Fernglas:
Stereo-Kamera

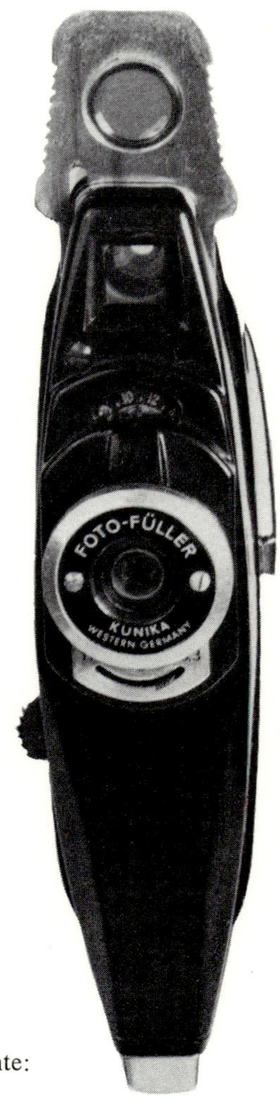

Schrieb Geschichte:
Foto-Füller

Ohnedies gab es immer wieder mal Sensationelleres als den Freitod eines Exilpolitikers zu melden. Eine Schlagzeile mit den Worten »roter Casanova« und »Agentenchef am ›Toten Briefkasten‹ geschnappt« konnte ihre verkaufsfördernde Wirkung gar nicht verfehlen.

Der »rote Casanova« hieß Carl Helfmann, war ein rüstiger Sechziger und stammte aus Rüdesheim am Rhein. Er galt als einer der gerissensten Spione der Nachkriegszeit – damals. Fünf Jahre lang war der hochgewachsene Mann mit den silbergrauen Schläfen und dem Aussehen eines Leinwand-Liebhabers eines der Asse des SSD. Helfmann, seit 24. Februar 1958 in Untersuchungshaft, stand genau ein Jahr später vor dem dritten Strafsenat des Bundesgerichtshofes in Karlsruhe. Landesverrat warf ihm der Vertreter der Bundesanwaltschaft, Oberstaatsanwalt Erwin Fischer, vor.

Helfmann hatte von Helferinnen im Auswärtigen Amt zu Bonn aus den Panzerschränken des Hauses Geheimstes stehlen lassen. Er hatte sich – immer mit Hilfe von Frauen – Informationen aus der Scientific Research Division (einer US-Dienststelle) in Wiesbaden beschafft. Schließlich entpuppte sich Helfmann als erster großer Wirtschafts- und Industriespion der Nachkriegsgeschichte: Unterlagen aus dem Junkers-Büro in Bonn gingen über ihn nach Ostberlin. Aus dem Bundesverband der deutschen Schiffahrtsindustrie, der Mannesmann AG, den Heinkel-Flugzeugwerken Stuttgart-Zuffenhausen, aus dem Bundeswirtschaftsministerium und dem Arbeitgeberverband der hessischen Metallindustrie besorgte er geheime Unterlagen und sandte sie in die DDR.

Er war ein Spion wie aus einem Agentenfilm. Mit Minikameras fotografierte er Staatsdokumente. Über ein Funkgerät im Luxus-Mercedes empfing er chiffrierte Anweisungen. In Baumlöchern und Telefonzellen legte er »Tote Briefkästen« an. Seine Frauen traf er in Konspirativen Wohnungen.

Dabei belohnte er seine weiblichen Helfershelfer nicht bar, sondern mit Liebe. Für Organisationspläne des Finanzministeriums bezahlte er die goldblonde Elfriede Büchner (36) mit bemerkenswerten Schäferstündchen und Vergnügungsreisen in DDR-Erholungsheime. Die ehemalige Chefsekretärin des Mannesmann-Vorstandsmitgliedes und Bundestagsabgeordneten Dr. Pohle war dem alten Herrn völlig verfallen. Von den 84000 Westmark aber, die Helfmann aus Ostberlin bezog, sahen weder sie noch die anderen Damen seiner Riege je einen Groschen.

Helfmann wurde wegen Geheimnisbruchs, Landesverrats, Anstiftung zum Diebstahl und aktiver Bestechung zu viereinhalb Jahren Zuchthaus verurteilt – ein Strafmaß wie für ein Kavaliersdelikt. Die blonde Elfriede kam mit neun Monaten auf Bewährung davon; die 47jährige Ex-Sekretärin im Auswärtigen Amt, Irmgard Römer, die Mann und zwei Kinder um des liebeslustigen Spionagegreises willen verlassen hatte, erhielt drei Jahre Zuchthaus.

»Ich bereue tief und werde alles wiedergutmachen«, lauteten die Schlußworte des Spitzenspions vor der Urteilsverkündung.

Nach Verrat ist Reue möglich, Wiedergutmachung kaum. Doch just von Wiedergutmachung redete auch ein weit prominenterer Spion: Alfred Frenzel, 1899 in Josefsthal im Kreis Gablonz (Sudetenland) geboren, von 1953 bis 1960 gleichzeitig SPD-Abgeordneter des Deutschen Bundestages und Agent des Geheimdienstes der ČSSR.

Bundesanwalt Max Güde erschien am Freitag, den 28. Oktober 1960, kurz nach 17 Uhr bei Thomas Dehler (FDP), dem Vizepräsidenten des Bundestages, und legte ihm einen bedrükkenden Bericht vor – das Belastungsmaterial gegen den Parlamentarier Frenzel. Dehler gab in Anwesenheit des Bundestagsdirektors seine Zustimmung zu der von Güde verlangten Festnahme Frenzels. Güde hätte diesen Schritt auch ohne Rücksprache mit dem Präsidium vornehmen können. Denn Artikel 46 Absatz 2 des Grundgesetzes ermächtigten ihn, die Verhaftung eines durch die Immunität geschützten Parlamentariers »bei Begehung der Tat oder im Laufe des folgenden Tages« vornehmen zu lassen.

Die Sicherheitsbehörden der Bundesrepublik hatten am Morgen dieses 28. Oktober zwei ČSSR-Agenten gefaßt, von denen einer in seinem Gepäck Geheimmaterial mitführte, das er kurz zuvor von Frenzel erhalten hatte. Das genügte, um nach Einbruch der Dunkelheit vor Frenzels Bonner Wohnung vorzufahren und den früheren Glasschneider festzunehmen.

Der Spion gab sich eilfertig: Noch während er in den Wagen der Kriminalbeamten stieg, gestand er, für den tschechoslowakischen Nachrichtendienst gearbeitet zu haben. Er war erpreßt worden – mit einem Meineid, den er 1953 geleistet hatte, um seine etwas dunkle Vergangenheit zu vertuschen.

Als Mitglied des Verteidigungsausschusses erhielt Frenzel Kenntnis von

- den Grundzügen der nach wie vor geheimgehaltenen Nato-Akte »MC 70«, in der die Verteidigungspläne für die 15 Partner der Nato verbindlich festgehalten sind, und zwar vor allem auf dem Gebiet der Atom- und Raketenbewaffnung,
- den Stützpunkten und bodenständigen Einrichtungen der westalliierten Truppen auf deutschem Boden,
- den Plänen zum Aufbau der Bundeswehr und
- von sämtlichen Schwierigkeiten, die personell und materiell in der Verteidigung der Bundesrepublik entstanden sind.

Überdies verriet er das langfristige Programm der deutschen Luftverteidigung, den geheimen Verteidigungshaushalt für 1961 sowie Planungen, die Rückschlüsse auf die gesamte Verteidigungskonzeption der Bundesrepublik zuließen.

Die beiden tschechischen Abwehroffiziere, die gleichfalls in Haft genommen worden waren, nannten sich Altmann und Langer. Sie standen im Rang eines Majors und eines Kapitäns (Hauptmann). Ein weiterer verhafteter Spion hatte das bei den Tschechen gefundene Funkgerät geliefert. Er hatte es bei Siemens gestohlen.

Wie man Spione entdeckt

Eine BfV-interne Untersuchung von Ermittlungsverfahren hat ergeben, daß der Anfangsverdacht gegen einen möglichen Feindagenten beinahe immer auf den gleichen Indizien beruht, und zwar auf

- **einem anonymen Hinweis,**
- **Befragungsprotokollen,**
- **der Auswertung von Ermittlungsergebnissen und Beweismitteln,**
- **den Angaben eines Spions, der sich selber stellt,**
- **amtlichen oder privaten Beobachtungen,**
- **den Aussagen eines Überläufers,**
- **Überprüfungen aufgrund des erkannten Modus operandi, also der typischen Arbeitsweise eines gegnerischen Nachrichtendienstes,**
- **den »Seitenwissen« genannten Hintergrundkenntnissen eines überführten Agenten oder**
- **auf intensiver personeller Überprüfung bei geschützten Objekten.**

In einem aufsehenerregenden Prozeß wurde Frenzel am 28. April 1961 wegen Geheimnisverrats und Landesverrats zur Höchststrafe von 15 Jahren Zuchthaus verurteilt. Nach fünf Jahren wurde er Ende Dezember 1966 in die ČSSR abgeschoben. Im Austausch ließen die Russen die Frankfurter Journalistin Marina Kischke frei, und die DDR entließ drei wegen Spionage zu lebenslanger Haft verurteilte Häftlinge in den Westen. 1968 starb Frenzel in dem Land, für das er Deutschland verraten hatte.

»Ich habe oft daran gedacht, Schluß zu machen, mich der Polizei zu stellen und den Schaden wiedergutzumachen«, hatte er vor Gericht gesagt. »Aber dann habe ich doch nie den Mut zu diesem letzten Schritt gehabt.«

Darin unterscheidet er sich nicht von den Hunderten kleiner Frenzels, die sich fast täglich in den Netzen ausländischer Geheimdienste verstricken.

Zu diesem Typ gehörte auch Horst Schötzki, der 35jährige V-Mann-Führer der Spionin im Bundesverteidigungsministerium Rosalie Kunze. Schötzki, im Sommer 1961 verhaftet, war kein großer Fall für den Bundesanwalt, doch bezeichnend für die »Werbungsmethoden« des MfS. Als er heimlich seine Mutter in Ostberlin besuchte, wurde er zum Dienst für den Osten erpreßt.

Auch der Kapitänleutnant der Bundesmarine Wolfgang Krenz (49), den der MAD im Frühjahr 1961 zur Strecke brachte und der wegen Landesverrats und Geheimnisbruchs zu zehn Jahren Zuchthaus verurteilt wurde, war ein eher alltäglicher Fang.

Und typisch für eine unglückliche Spionenlaufbahn war auch der Weg des 31jährigen Ungarn Miklos Vasas. Die CIA hatte Vasas nach Ungarn geschickt (und für 14 Erkundungsreisen 54 000 Mark bezahlt). Die Ungarn drehten ihren Landsmann gleich bei der ersten Reise um – als Doppelagent kehrte er zurück.

Zur Sensation des Jahres aber geriet der Besuch eines Mannes, der am 12. August 1961 – einen Tag vor dem Bau der Mauer durch Berlin – im Polizeipräsidium von Berlin-Tempelhof um Weitervermittlung an eine amerikanische Dienststelle bat. Dort eröffnete er einem US-Offizier: »Ich habe die ukrainischen Exilpolitiker Rebet und Bandera in München im Auftrag des sowjetischen Geheimdienstes KGB ermordet. Mein Name ist Bogdan Nikolajewitsch Staschinskij.« Seine aus Mitteldeutschland stammende Frau Inge, geborene Pohl, hatte er mitgebracht.

Am 19. Oktober 1962 wurde der Russe zu acht Jahren Zuchthaus verurteilt. Fünf Jahre saß er in einer bayerischen Anstalt ab. Heute lebt er im Westen als freier Mann.

Die politische Stabilität der Bundesrepublik konnte unter all diesen Affären, die beinahe unvermeidliche Übel im Alltag einer geteilten Nation sind, nicht leiden. Westdeutschland hatte einen außerordentlichen wirtschaftlichen Aufstieg zu verzeichnen. Innerhalb weniger Jahre setzte sich die Republik an den dritten Rang unter den großen Industrienationen der Erde (bis Japan

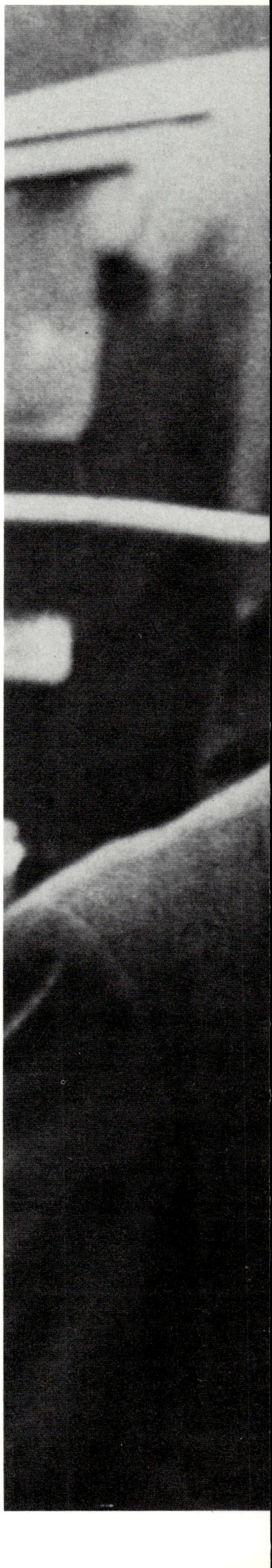

Zu Spitzeldiensten gezwungen: Sechs Jahre lang spionierte der Bundestagsabgeordnete Alfred Frenzel (SPD) für den Geheimdienst der Tschechoslowakei. Er war aufgrund eines früheren Meineids dazu erpreßt worden.

1968 diese Stelle einnahm). Der Aufstieg wurde zum »Wirtschaftswunder«. Deutschland (West) klomm in höchste Höhen der Konjunktur. Dann passierte diese Sache mit dem »Abgrund von Landesverrat«, gerade so, als wollte die junge Wirtschaftsmacht auch im trüben Bereich der politischen Skandale zu einem der ersten Plätze vorstoßen.

Freitags ist Schlußtag für die Redaktion des Hamburger Magazins »Der Spiegel«. Freitags werden die letzten Nachrichten, die jüngsten Informationen ins Blatt gesetzt; da sind Redakteure mitunter bis in die frühen Morgenstunden im Haus. Die Kriminal- und Bereitschaftspolizisten, die am Freitag, dem 26. Oktober 1962, die Hamburger und Bonner Redaktions- und Verlagsräume des »Spiegel« in einer martialischen Blitzaktion besetzten, kannten die Arbeitsgewohnheiten der Journalisten des Blattes. Die Aktion mußte also ein Erfolg werden. Sie wurde zu einem der zweifelhaftesten, den deutsche Exekutivbehörden je für sich beanspruchten.

Herausgeber Rudolf Augstein war verhaftet worden, ebenso die Chefredakteure Claus Jacobi und Johannes K. Engel. Der stellvertretende Chefredakteur Conrad Ahlers war in Spanien unter entwürdigenden Umständen festgenommen worden. Das Verteidigungsministerium unter Franz Josef Strauß (CSU) hatte durch den deutschen Militärattaché in Madrid, Oberst Achim Oster, die Aktion auslösen lassen. Frau Ahlers war gleich mit eingesperrt worden.

Generalbundesanwalt Max Güde hatte die Nacht-und -Nebel-Aktion veranlaßt. Dem »Spiegel« wurden Landesverrat, landesverräterische Fälschung und – im Fall der Informationsbeschaffung – aktive Bestechung zur Last gelegt. Ausgelöst wurde die Affäre durch einen drei Wochen vorher veröffentlichten Beitrag der Autoren Ahlers und Hans Schmelz über die Nato-Übung »Fallex 62« unter dem Titel und mit dem Tenor: »Bedingt abwehrbereit«.

Der Skandal erschütterte das junge Demokratieverständnis der Deutschen.

Strauß am 3. November: »Ich habe mit der Sache nichts zu tun, im wahrsten Sinn des Wortes nichts zu tun.« Später mußte er seine direkte Beteiligung einräumen.

Innenminister Hermann Höcherl (CSU): Die ganze Sache sei wohl »etwas außerhalb der Legalität« abgewickelt worden. Und: »Man kann nicht den ganzen Tag mit dem Grundgesetz unter dem Arm herumlaufen.«

Justizminister Wolfgang Stammberger (FDP) war gar nicht eingeweiht worden. Von der »Operation Ahlers« im fernen Spanien erfuhr auch der Außenminister Gerhard Schröder (CDU) erst hinterher.

Bundeskanzler Konrad Adenauer aber tat seinen berühmten Ausspruch in einer Bundestagsdebatte zur Affäre: »Wir haben einen Abgrund von Landesverrat im Lande.«

Jahre später wurden das Magazin und seine beschuldigten Redakteure vom Vorwurf des Landesverrats freigesprochen. Tatsächlich waren strittige Teile des »Fallex«-Artikels vor der Veröffentlichung Generalen und hohen Beamten der deutschen Geheimdienste vorgelegt worden. Beanstandete Stellen hatten die Journalisten nach dieser Konsultation gestrichen.

Am 7. November 1962 ergriff der FDP-Abgeordnete Wolfgang Döring nach Adenauer das Wort im Bundestag. Unter dem verstörten Murmeln des Parlaments sagte er: »Ich glaube, Herr Bundeskanzler, es wäre im Zuge der Untersuchung vielleicht der Aufklärung wert, welcher Nachrichtendienst der Bundesrepublik es für zweckmäßig gehalten hat, mit dem ›Spiegel‹ zu arbeiten, und welcher es für zweckmäßig gehalten hat, gegen ihn zu arbeiten. Ich bin heute noch nicht bereit, hier darüber zu sprechen, welche Bemühungen ich persönlich angestellt habe, um einen mir unerträglichen Kampf zwischen zwei Institutionen abzumildern oder beseitigen zu helfen.« Döring kam nicht mehr dazu – er starb.

Ein Zwist der Geheimdienste, wie weiland im Dritten Reich? Seit der Äußerung Dörings sind die Gerüchte über eine Auseinandersetzung zwischen dem BND und dem MAD vor dem »Spiegel«-Eklat nicht verstummt.

Der BND war diesmal nicht in die Front-, sondern in die Schußlinie geraten. Schon ein Jahr später hatte der »Dienst« seinen eigenen bedrohlichen Skandal, und der war auch noch hausgemacht.

Hinter der Frontlinie, in der stillen Abgeschiedenheit der Zentrale, hatte jahrelang ungestört und auf höchst empfindliche Weise erfolgreich das östliche Spionentrio Heinz Felfe, Hans Clemens und Erwin Tiebel gearbeitet.

6. November 1963. Heinz Felfe, Abteilungsleiter des Ressorts »Gegenspionage Sowjetunion«, blickte von seinem Schreibtisch im Zimmer eines der schmucken kleinen Zweifamilienhäuschen auf, die hinter der Pullacher Mauer liegen. Ein Vorgesetzter trat ein. Er wies dem überraschten Felfe ein offenes Etui vor. Darin schimmerte die Medaille, die Sankt Georg zeigt, dieweil er eben den Drachen sticht – die Verdienstmedaille für zehnjährige Zugehörigkeit zum BND.

Der Vorgesetzte hielt eine kurze Rede. Er pries Felfe. Der überlegte: War die Auszeichnung nicht erst am 15. fällig? Was sollte das Theater?

Da fiel der Vorhang zum letzten Akt: Die Tür wurde aufgerissen, drei Kriminalbeamte von der Sicherungsgruppe Bonn gingen sofort auf Felfe los: »Hände hoch, ganz hoch!«, herrschten sie ihn an. »Sie sind verhaftet.«

Felfe, der BND-Regierungsrat und ehemalige SS-Obersturmführer, war von Hans Clemens – einem früheren SS-Hauptsturmführer – zum Dienst für die Sowjets überredet worden. Der Dritte im Bunde, Ex-SS-Oberscharführer Erwin Tiebel, war der Kurier des Dreigespanns gewesen. Rund 15 000 Geheimdokumente hatten die drei dem russischen Spionagedienst GRU in die Hände gespielt. 95 Geheimagenten Gehlens ließen sie in der DDR verhaften (manchmal in einem makabren Tauschverfahren: Felfe bestand darauf, daß er seinerseits in der Bundesrepublik

Agent im Herzen der Abwehr: Aus der Zentrale des Bundesnachrichtendienstes in Pullach spionierte Hans Clemens (links) für den sowjetischen Geheimdienst. Gemeinsam mit Heinz Felfe und Erwin Tiebel, zwei ehemaligen SS-Kollegen, bildete er ein erfolgreiches Spitzeltrio, das die deutschen Geheimdienstler empfindlich traf.

ein paar Sowjetspione ans Messer lieferte; dafür wurde er dann in Pullach gelobt).

Jeder der drei kassierte zirka 140 000 bis 200 000 Mark. Heinz Felfe alias »Friesen« (sein West-Tarnname) alias »Paul« alias »Gerhard« alias »Kurt« (seine Ost-Decknamen) war bis Günter Guillaume Moskaus bedeutendster Agent im Bonner Nachkriegsdeutschland. Dabei war er nur einer von etwa 15 000 Agenten, die damals im Ausland und in der Bundesrepublik für die sowjetischen Geheimdienste und damit für die rote Weltrevolution wirkten.

Die SS-Vergangenheit der drei Spitzenspione wurde Gehlen angekreidet. Der »Dienst«-Chef forstete aus in der Hierarchie seines Hauses. Die Mehrzahl der ehemaligen SS-Männer – und die belastetsten – zwang er, aus dem Amt zu gehen, bei Abfindungen bis zu 100 000 Mark. Viele von ihnen hatten hochdotierte Dienstränge. Damals argwöhnte »Die Welt«, linker Trends gewiß nicht verdächtig, in Pullach habe eine »fatale Personalpolitik kleinen und größeren Nazis fröhlichen Unterschlupf« gewährt. Zum Kahlschlag wurde das Ausforsten nicht. Gehlens Nachfolger, Generalleutnant außer Dienst Gehard Wessel, räumte noch einmal aus.

Der Dienst, der – zum Kummer Gehlens, doch auch weil er selbst jede Öffentlichkeit scheute – von seinen Gegnern nicht nur in Ost, sondern auch im Westen in den Geruch der Rechtsdrift gebracht wurde, gewann wieder Format und Ansehen, auch bei befreundeten Organisationen.

»Meine Erfahrung führte mich zu der Erkenntnis, einerseits mit Verdammungsurteilen behutsam zu sein«, erkannte der Geheimdienst-General, »andererseits mich zu bemühen, nach Kräften zur Beseitigung der Zwielichtigkeit, die den geheimen Meldedienst so oft umgibt, beizutragen.« Und »jeder geheime Nachrichtendienst hat den Auftrag, die Staatsführung mit all den geheimen Informationen in ausgewerteter Form zu versorgen, die für die Führung der eigenen Politik von Nutzen und deren Kenntnis für die äußere Sicherheit des eigenen Staates von Bedeutung sind.«

Die äußere Sicherheit der Bundesrepublik hatte Gehlen immer im Blick. Auch nach Adenauers Rücktritt 1963. Aber von nun an mußte der alte Fuchs von Pullach mit Gegenwind arbeiten – Gegenwind aus Bonn. Lange bevor 1969 mit Willy Brandt der erste SPD-Kanzler ins Bonner Palais Schaumburg einzog, hatte dessen künftiger Kanzleramtsminister und spätere Geheimdienstaufseher Horst Ehmke zum Sturm auf den General geblasen: »Wir müssen den Gehlen-Mythos knacken!«

Er wurde ein wenig angekratzt. Geknackt wurde er nicht.

Der Ruf des Dienstes selbst litt allerdings ein wenig Schaden, als 1968 eine Reihe mysteriöser Selbstmorde von Bundesbediensteten und einem BND-Angehörigen die Öffentlichkeit aufschreckte:

- Am Vormittag des 8. Oktober 1968 erschoß sich Generalmajor Horst Wendtland, Leiter der Verwaltungs- und Personalabteilung, in seinem BND-Dienstzimmer. Als Grund wurde Depression über seine nicht erfolgte Beförderung zum Vizepräsidenten der Organisation angegeben.
- Drei Stunden später, am selben Tag, erschoß sich der Flottillenadmiral a. D. Hermann Lüdke in der Eifel mit einem Jagdgewehr. Zuvor hatte er bei einem Bonner Fotolaboranten einen Mikrofilm abgegeben, auf dem Ablichtungen von Nato-Geheimdokumenten der Stufen »Top-Secret« und »Secret« waren.
- Am 15. Oktober erhängte sich in Köln der Regierungsdirektor im Bundeswirtschaftsministerium, Hans-Heinrich-Schenk.
- Einen Tag drauf schluckte die Lektorin im Bundespresseamt, Edeltraud Grapentien, eine Überdosis Schlaftabletten.
- Am 18. Oktober tötete sich Oberstleutnant Johannes Grimm, Bereitschaftsoffizier im Führungsstab der Streitkräfte.
- Am 21. Oktober verschwand der Regierungshauptsekretär Gerhard Böhm vom Bundesverteidigungsministerium und wurde später tot aufgefunden.

In keinem Fall wurde ein Spionageverdacht erhärtet. Gleichwohl blieb öffentliches Mißtrauen. Die Mordkommision hatte nämlich festgestellt, daß sich der Admiral geradezu zirkusreif akrobatisch hätte verrenken müssen, um den Schuß auf sich selbst auszulösen. 1974 behauptete der in den Westen geflohene ehemalige Major des tschechoslowakischen Geheimdienstes, Josef Frolik, Wendtland sei in der Tat ein Spion gewesen.

Ein »ganz dicker Fisch«: Heinz Felfe wurde in den sechziger Jahren zum wichtigsten Agenten der Russen auf deutschem Boden. Sein Job prädestinierte ihn dafür: Er war Leiter des Ressorts »Gegenspionage Sowjetunion« beim BND.

Mysteriöser Tod:
Im Oktober 1968 wurde Admiral a. D. Hermann Lüdke unter rätselhaften Umständen erschossen aufgefunden. Ob es Selbstmord war, der mit Spionage in Zusammenhang stand, konnte nie eindeutig geklärt werden.

Das Geheimnisvolle um diese Freitodserie wurde noch durch die Undurchdringlichkeit des Schleiers unterstrichen, den der BND grundsätzlich um sich und seine Arbeit legt. Dennoch erschütterte der Imageverlust die Organisation nicht so stark, wie das befürchtet werden mußte.

Daß vielmehr der Bundesnachrichtendienst ebenso wie das Bundesamt für Verfassungsschutz und der Militärische Abschirmdienst von den Gegenspielern in den Staaten des Warschauer Pakts gefürchtet blieben, bestätigte ein prominenter Überläufer: der KGB-Oberstleutnant Jewgeni Runge. Er ließ mit seinem Absetzmanöver im Oktober 1967 einen ganzen Spionagering mit hochgehen. Bei seinen Aussagen schilderte Runge den Zorn Moskaus auf die Organisation in Pullach sehr plastisch.

Als biederer Automatenaufsteller hatte der sowjetische Top-Spion Runge jahrelang Agentenringe in Deutschland geleitet. In den fünfziger Jahren, als es in Berlin noch keine Mauer und zwischen Ost und West nur seltene Kontrollen gab, kam der hervorragend ausgebildete KGB-Mann (Jahrgang 1928) über Berlin nach Nürnberg. Seine Auftraggeber hatten ihm einen meisterhaft gefälschten Westberliner Personalausweis auf den Namen Willy Gast, geboren in einer kleinen Stadt in Mitteldeutschland, mitgegeben.

Runges erste Aufgabe: Er mußte sich »legalisieren«. Also gab er beim Nürnberger Einwohnermeldeamt seinen Berliner Ausweis ab und erhielt einen echten bundesdeutschen. Dann ließ er sich in Köln nieder, wo er zunächst einen Schnellimbiß und eine Wäschereiannahme eröffnete. Später stieg er in Frankfurt ins Automatenaufstellergeschäft ein und verdiente damit sehr gut.

Fünf Jahre lang koordinierte Runge die Arbeit seiner V-Männer und Quellen. Eines Tages machten ihm – bei einem Kurzbesuch in Moskau – seine KGB-Vorgesetzten klar, daß sein Sohn nun groß genug für ein sowjetisches Internat sei. Das gab den Ausschlag für Runges Flucht nach vorn, in den Westen. Seine Frau und sein Kind nahm er mit. Er stellte sich den US-Sicherheitsbehörden.

Sein freiwilliger Übertritt am 11. Oktober 1967 zu den Amerikanern, gegen deren Gesetze er nicht verstoßen hatte, entzog ihn der deutschen Gerichtsbarkeit. Der mußte sich indes Runges bestes Mitarbeitergespann, das Ehepaar Leonore und Heinz Sütterlin, stellen. Mitte Oktober wurden sie mit anderen Mitgliedern des Runge-Ringes verhaftet.

Die 39jährige Frau Leonore beging in der Untersuchungshaft Selbstmord. Als sie erfuhr, daß Sütterlin sie auf Befehl des KGB geheiratet hatte, riß sie nachts ihren Schlafanzug in Streifen, flocht sich einen Strick und erhängte sich am Fenstergitter ihrer Zelle.

Die Spur des Erdbeerpflückers

Ein Junitag in Gießen, ein Idyll in einer deutschen Universitätsstadt: Im Gärtlein des Professors Paul Ehrlich kniete ein Student und pflückte Erdbeeren für den verehrten Lehrer. Da riefen drei Herren über den Zaun. Volkswirtschaftsstudent Jeung Gil Choe (26) blickte hoch, ging aus dem Garten, setzte sich auf sein Fahrrad und verschwand auf Nimmerwiedersehen. Die Spur des Erdbeerpflückers – viel später erst verfolgt – führte nach Seoul in Südkorea. Vom 11. Juni 1967 an waren etwa 25 Geheimagenten des südkoreanischen Nachrichtendienstes CIA in die Bundesrepublik eingereist, unbemerkt und mit Dienstpässen des Diplomatischen Corps, für die sie keine Visa brauchten. Mitte Juni begannen sie, 17 Landsleute »einzusammeln«: Sie holten sie mit freundlichen Worten, mit Drohungen, mit Erpressung (»Wenn du nicht mitkommst, wirst du deine Verwandten in Korea nie mehr sehen!«) und mit Gewalt in die südkoreanische Botschaft in der Adenauerallee 124 zu Bonn. Organisator am Rhein: Botschaftsrat Yang. Drahtzieher in Seoul: CIA-Chef General Hyung Wook Kim. Grund für die Entführung: Die Verschleppten seien Kommunisten und hätten gegen südkoreanische Staatssicherheitsbestimmungen verstoßen – in Deutschland. Ende Juni merkten die Landeskriminalämter und das BKA auf. Aber da waren alle 17 schon in Südkorea hinter Gittern. Auf – allerdings nicht zu starken – Druck der Bundesregierung kamen ein paar wieder frei und zurück nach Deutschland. Doch die fremde Geheimdienstoperation auf deutschem Boden brachte den Koreanern keine spürbare diplomatische Verwicklung. Spottete CIA-General Kim: »Unsere Leute waren schon wieder zu Hause, als bei Ihnen in Deutschland die ersten Pressemeldungen erschienen.«

Echter Paß für falsches Spiel: Bei seiner »Flucht nach vorn« legte der rote Agent Jewgeni Jewgenewitsch Runge im Westen seinen Sowjetpaß vor.

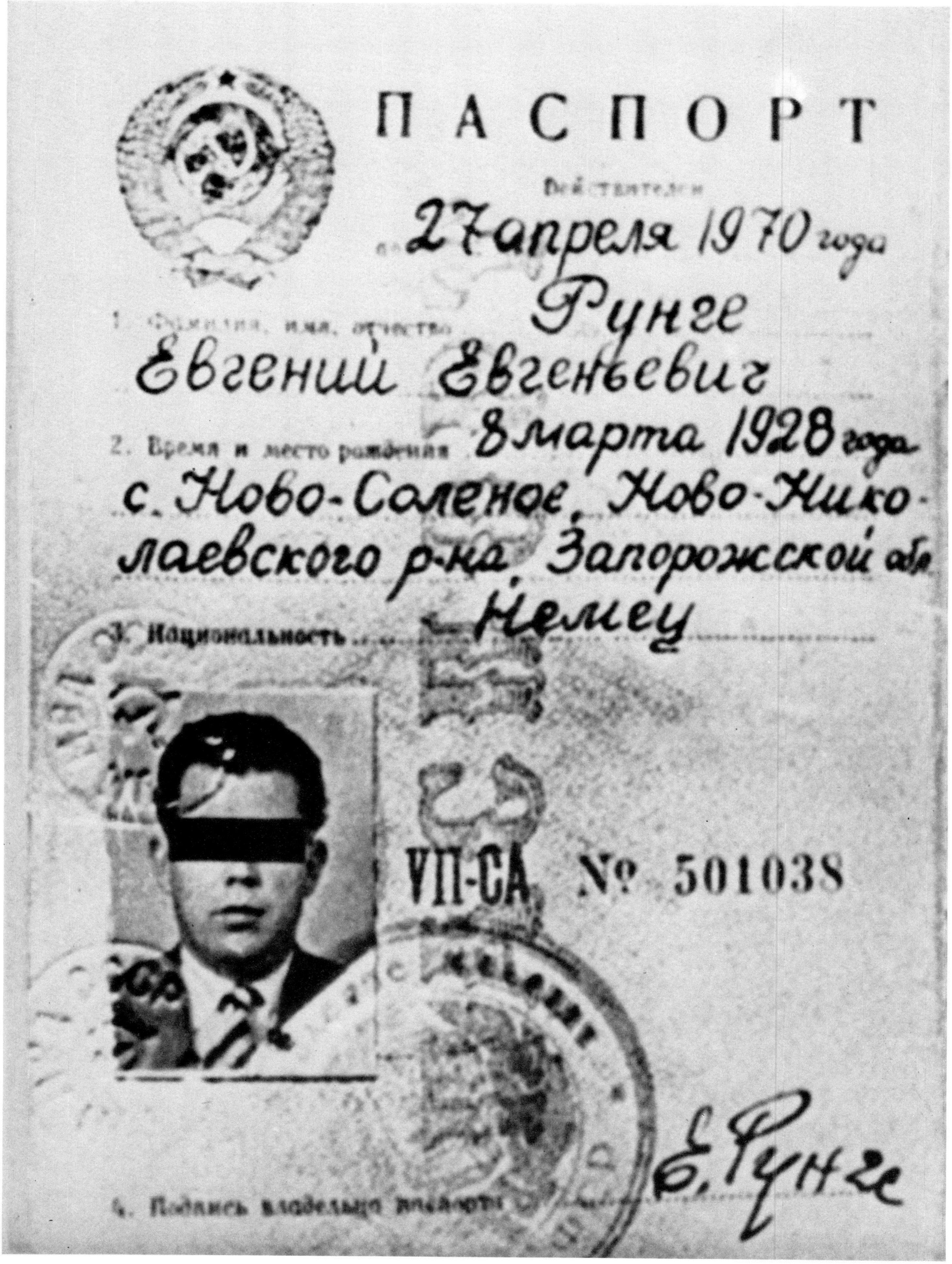

ПАСПОРТ

Действителен

27 апреля 1970 года

1. Фамилия, имя, отчество Рунге

Евгений Евгеньевич

2. Время и место рождения 8 марта 1928 года

с. Ново-Соленое, Ново-Николаевского р-на, Запорожской обл.

3. Национальность немец

VII-CA № 501038

4. Подпись владельца паспорта Е. Рунге

Wo nimmt ein Geheimdienst sein Wissen her?

Eine Organisation wie der Bundesnachrichtendienst (BND) bezieht heute ihre Erkenntnisse in der Regel zu

- **25 Prozent aus offenen Quellen wie Berichte in Funk, Fernsehen und Presse, Fachliteratur und veröffentlichte Dokumente, aber auch Politikerreden, -interviews und -aufsätze,**
- **25 Prozent aus Routineberichten staatlicher Stellen wie Außen- und Verteidigungsministerium,**
- **30 Prozent aus den Berichten der Militärattachés und Militärvertreter bei internationalen Organisationen wie etwa der Nato oder der EG, und**
- **nur zu 20 Prozent aus geheimen Quellen wie Agenten oder elektronischer Spionage.**

Allerdings: »Abenteurernaturen vom Typ James Bond können wir nicht brauchen«, versichert ein Sprecher des BND (und das gilt für BfV wie für MAD gleichermaßen). Er sagt aber auch: »Über die wahren Absichten der gegnerischen Führung informieren allein die echten Spione. Sie sind unsere geheimen ›Quellen‹ in den entsprechenden Entscheidungsgremien.«

Das Ausmaß, in dem da jahrelang in der Bundesrepublik spioniert worden war, kam erst im Prozeß gegen Heinz Sütterlin und seine Mitangeklagten ans deutsche Licht. Denn die Amerikaner hatten sich über Runges Aussagen ausgeschwiegen – wenigstens der Öffentlichkeit gegenüber. Erst zu Beginn des Sütterlin-Prozesses reisten Richter, Staatsanwalt, Verteidiger und Protokollführer nach Washington, um Runge zu seinen Kontakten zu befragen. (BfV-Präsident Hubert Schrübbers hatte diese Gelegenheit schon früher gehabt.)

Leonore Sütterlin war Sekretärin in der Verwaltungsabteilung des Bonner Außenamtes gewesen. Als Vertrauensperson hatte sie Umgang mit Verschlußsachen der höchsten Geheimhaltungsstufe. Im Sommer 1957 lernte sie Sütterlin kennen. Er war gerade erst in Berlin vom KGB geworben worden. Im Dezember 1960 heiratete der 36jährige Agent Sütterlin seine Geliebte Leonore – auf Geheiß Moskaus. Fortan trug Frau Sütterlin im doppelten Boden ihrer Handtasche im Laufe der Jahre 2000 vertrauliche, 900 geheime und streng geheime Akten sowie 50 Staatsgeheimnisse aus dem Amt. Sie nahm sie aus den Panzerschränken, Sütterlin fotografierte sie mit der Minox.

Er fotografierte Berichte zum Chiffrierwesen in den Botschaften, Personalakten von Diplomaten, Berichte über eine Ministerratskonferenz der Nato-Partner in Ottawa, Schlüsselunterlagen für das Alarmsystem der Nato und Lageberichte des BND. Das Honorar aus dem Osten betrug rund 100 000 Mark.

Helfer und weitere Informanten Sütterlins und Runges waren der Amtsbote und Hausmeister in der französischen Botschaft am Rhein, Leopold Pieschl (50), und dessen Schwager, der Bonner Partykellner Martin Marggraf (46). Der Kellner, der auch auf Staatsempfängen und in Bonner Hotels servierte, in denen Staatsgäste untergebracht waren, montierte Mikrofone in Konferenzsälen und Hotelsuiten, um politische Unterredungen wichtiger Personen aufzunehmen. Pieschl, der aus einem Panzerschrank der Franzosen – zu dem er einen von Marggraf besorgten Nachschlüssel besaß – Geheimdokumente stahl und fotografierte, wurde zu drei Jahren Freiheitsstrafe verurteilt; Marggraf erhielt nur ein Jahr auf Bewährung.

So leicht kam Sütterlin nicht davon. Über den aus Freiburg stammenden Fotoreporter verhängte das Oberlandesgericht Köln wegen Landesverrats mit landesverräterischer Ausspähung und wegen geheimdienstlicher Tätigkeit für eine fremde Macht sieben Jahre Freiheitsstrafe. In einer Revisionsverhandlung des vierten Strafsenats beim Oberlandesgericht Düsseldorf steckten die Richter auf sechs Jahre zurück.

Jetzt lief ein bürokratisches Schelmenstück ab. Bis zur Rechtskraft des Urteils wurde der Haftbefehl außer Vollzug gesetzt. Sütterlin erhielt auch im Mai 1971 Paß und Personalausweis zurück.

Am 2. November 1971 sollte der verurteilte Spion seine Reststrafe antreten. Aber er kam

Verpfiffen: Als Moskaus Topagent Jewgeni Runge zu den Amerikanern überlief, ließ er mehrere Spionageringe auffliegen. Darunter auch den Bonner Fotografen Heinz Sütterlin (links), der auf Geheiß des KGB eine Sekretärin des Bonner Außenministeriums geheiratet hatte und durch diese »Quelle« an zahlreiche Staatsgeheimnisse kam.

Freudenkuß: Das Revisionsurteil für Heinz Sütterlin lautete auf sechs Jahre Haft. Doch der Vollzug wurde vorübergehend außer Kraft gesetzt. Die Reaktion des Spions und seiner zweiten Frau Ute-Gisela ist verständlich: Sütterlin wurde auf freien Fuß gesetzt – und verschwand auf Nimmerwiedersehen in die DDR. Seine Frau folgte ihm später.

nicht. »Mein Mann macht gerade Urlaub in einem kleinen Ort in Jugoslawien«, erzählte seine neue Frau Ute-Gisela Sütterlin den Polizeibeamten, die Sütterlin aus seinem Bungalow in Bonn zur Haft holen wollten.

Vom Kölner Generalstaatsanwalt Dr. Franz Drügh heißt es, er habe angesichts dieser Sachlage gesagt: »Vielleicht kommt er zurück.«

Sütterlin kam natürlich nicht. Er hatte sich nach Dresden abgesetzt. Seine Frau folgte ihm wenig später, unauffällig, unbemerkt.

Der Fall hatte Schlagzeilen gemacht, obwohl es weder um sehr hohe Honorare für den Verrat noch um spektakulär gefährliche Geheimnisse gegangen war. Als jedoch im Mai 1973 »das Millionending mit der ›Phantom‹« aufflog, nahm eine mittlerweile an Agentenstorys gewöhnte Öffentlichkeit eher am Rande Notiz davon.

Der sowjetische Geheimdienst hatte einer Agentengruppe eine Million Mark Prämie versprochen, wenn es gelänge, ein McDonnel-Douglas-F 4-»Phantom«-Kampfflugzeug zu liefern. Das besondere Interesse der Auftraggeber galt dem Seitenradar, mit dem man noch bei dichter Wolkendecke Objekte bis zu einer Entfernung von 50 Kilometern gut aufnehmen kann. Im übrigen, hatten die Offiziere von KGB und MfS in Ostberlin gemeint, sei alles willkommen, was man an geheimen Waffen aus Nato-Beständen kriegen könne.

Aus dem »Phantom«-Geschäft wurde nichts. Die Dienste MAD und BND kamen – unterstützt vom Verfassungsschutz – im Herbst 1972 dem Agentenring auf die Spur. Die Gruppe wurde eingekreist. Agenten des MAD observierten die Ostspione bei ihren Reisen zu Bundeswehreinheiten im Raum Hamburg, Bremen, Hannover, Braunschweig und Schleswig-Holstein.

Als der »Kopf« des Teams, der 36jährige Kaufmann Lutz Bredschneider aus Berlin, Kontakt zu Angehörigen des Aufklärungsgeschwaders 52 auf dem Luftwaffenstützpunkt Leck aufnahm, schlugen der MAD und die Sicherungsgruppe Bonn zu. Bredschneider und sein Begleiter Horst Mewes (35) wurden in einem Gasthaus nahe der Garnison Leck festgenommen.

Am Hamburger Flughafen hatten die beiden von einem Bundeswehrsoldaten gegen eine Anzahlung von 1000 Mark ein Maschinengewehr HK 21 und eine Minihandgranate erhalten. Die Übergabe wurde observiert; der Soldat hatte nämlich nach dem ersten Kontakt den MAD eingeschaltet.

»Wir sind auf Tips angewiesen«, sagen MAD-Offiziere. »Die, die wir schützen sollen, müssen mit uns zusammenarbeiten – und das tun sie auch in aller Regel.«

Ausnahmen bestätigen diese Regel. Und Zahlen: solche, die bekannt werden; andere, die man schamhaft verschweigt. Wie etwa diese: Allein im Jahr 1977 verschwanden bei der Bundeswehr neun Funkgeräte vom Typ SEM 35 im Wert von 185 518 Mark pro Stück. Dem Diebstahl steht der MAD sehr kritisch gegenüber. »Sollte ein Teil dieser Geräte in nachrichtendienstlichem Auftrag entwendet worden sein, so bietet sich dem Gegner die Möglichkeit, Leistungsmerkmale zu ermitteln und Verfahren zu entwickeln, mit denen der Funkverkehr gestört und getäuscht werden kann«, schließen MAD-Funkexperten aus dem Schwund.

Dennoch ist die Erfolgsquote des Militärischen Abschirmdienstes in Aufklärung und Vorsorge beachtlich. Seit 1956 hat der militärische Nachrichtendienst über vier Millionen Sicherheitsüberprüfungen durchgeführt – davon jeweils über 200 000 allein in den Jahren 1977, 1978 und 1979.

1974 gab der Sowjet-Überläufer und Ex-KGB-Offizier Alexander Myagkow die Zahl der Ostagenten in der Bundesrepublik mit 8000 an. Dazu der Sowjet-Überläufer Runge: »... und unter diesen 50 Runges!« Sicher ist, daß viele davon auf die Bundeswehr angesetzt sind. Sie kommen mit handfesten Aufträgen von kalt kalkulierenden Auftraggebern. Als Lutz Bredschneider beispielsweise mit Warschauer Kaufleuten über die Lieferung von Büromaschinen sprach, verhandelte er bereits mit Offizieren des polnischen Geheimdienstes. Er könne auch mit Tschechen Geschäfte machen, wurde Bredschneider versichert. Bald redete er mit Offizieren des tschechoslowakischen Geheimdienstes. Endlich kam er sogar mit dem nordkoreanischen Militärattaché in Ostberlin, dem Oberst des (Nordkorea-) Geheimdienstes, Kim Hak Tschul, ins Gespräch. Der »große Kim«, wie er in seiner Branche genannt wird, machte Bredschneider eine Anzahlung für die Beschaffung militärischer Geheimnisse über 300 englische Pfund (damals ungefähr 2250 Mark).

Grundsätzlich ging es den Leitern des Ministeriums für Staatssicherheit, bei denen Bredschneider am Ende landete, ganz gezielt um Schaltpläne von Elektroniksystemen der »Phantom«, um die einzigartigen Infrarotaufklärungsgeräte der Maschine und, wenn machbar, um ein komplettes Flugzeug dieses Typs.

Als Bredschneider mit diesem Forderungskatalog konfrontiert wurde, erlebte er – so seine Aussage – die größte Überraschung seiner Spionenkarriere. Als er im Ostberliner Hotel »Johannishof« mit seinem Führungsoffizier vom MfS verabredet war, erschien dieser in Begleitung eines Mannes, den der künftige Spion von Bildern her kannte: Professor Dr. Klaus Fuchs, der Atomspion, der aus England den Russen die britischen Nukleargeheimnisse zugespielt hatte. Fuchs folgte dem Gespräch zwischen Bredschneider und dessen MfS-Chef schweigend.

Zu Ruhm vom Format Fuchs' reichte es bei dem unglücklichen Bredschneider nicht. Die Abwehr machte ihm einen Strich durch die Rechnung, die er für den Osthandel nach seiner Art kassieren wollte.

Enttäuschung: Als Leonore Sütterlin (Abb. unten) erfuhr, daß ihr Mann sie nur auf Geheiß des sowjetischen Geheimdienstes geheiratet hatte, erhängte sie sich in ihrer Zelle.

Kopfgeld: Der sowjetische Geheimdienst setzte eine Million Mark Prämie für den Agenten aus, dem es gelingen würde, ein Kampfflugzeug des amerikanischen Typs »Phantom« nach Moskau zu entführen. Das Geld verdiente sich keiner.

Spione aus dem Weltall

Sie sind unsichtbar. Man hört sie nicht. Niemand kann ihnen – konventionell – auf den Pelz rücken. Trotzdem sind sie die verläßlichsten Spione für Ost und West und gegeneinander: Foto-Satelliten, die das Territorium der Sowjetunion und das der USA überfliegen (sowie nahezu alle anderen Staaten der Erde) und die jeweils aufgenommenen Bilder in ihr Ursprungsland funken. Die militärischen Detektive im Weltraum sehen nicht nur mit Adleraugen (Schärfe von Gegenständen bis zu einem halben Meter Durchmesser), sondern hören auch mit hochempfindlichen Ohren.

Ihre Empfangsgeräte zeichnen Impulse von Radargeräten auf, sie registrieren und speichern den Militär-Funkverkehr des Gegners und hören auch Telefongespräche mit, die über Mikrowellen gebündelt durch die Atmosphäre übertragen werden. Den Anfang dieser Entwicklung machten 1962 die Amerikaner mit dem Start eines Samos-Satelliten. Diesem System folgte Mitte der sechziger Jahre MIDAS (Missile Defence Alarm System). Statt Radar besitzt MIDAS Infrarotdetektoren. Mühelos durchdringen sie Nacht und Nebel, Wolken und Dunst.
Noch besitzen die Nachrichtendienste der Bundesrepublik keine eigenen Himmelsspione. Doch ihre Experten der Luftbildauswertung sind geschult im Lesen von Satellitenfotos, die deutschen Diensten – auch zu Studienzwecken – von befreundeten Organisationen zur Verfügung gestellt werden.

Rakete gestohlen: Im Oktober 1968 verschwand aus dem Kasernengelände in Neuburg/Donau eine »Sidewinder«-Rakete. Schmunzeln in der Bevölkerung, Entsetzen unter den Geheimdienstlern. Hektische Untersuchungen folgten. Es war kaum vorstellbar, daß ein einzelner Mensch ein solches Geschoß unbemerkt davontragen konnte (Abb. ganz links im Größenvergleich). Unter Diebstahlsverdacht wurde schließlich der Starfighter-Pilot und Hobbyreiter, Hauptfeldwebel Wolf-Diethard Knoppe (links) festgenommen.

Abwehrschulung: Der Militärische Abschirmdienst (MAD) unterrichtet Soldaten und Offiziere der Bundeswehr in Spezialkursen über Aufbau und Methoden feindlicher Nachrichtendienste.

In der Politik, in Wirtschaft und Industrie ist die Abwehraufgabe womöglich noch differenzierter. Und je höher ein unerkannter Agent in der Hierarchie seiner Arbeitswelt steigt, desto katastrophaler sind die Folgen seines Tuns. Ein Spion im Zentrum der Macht, der unmittelbar Zeuge politischer Beschlüsse wird und die Vorgänge der Entscheidungshilfen kontrollieren kann, wird zur Gefahr für den Bestand eines Staates. In der DDR war das einmal der stellvertretende Ministerpräsident Hermann Kestner, der für den BND arbeitete.

In der Bundesrepublik war dieser Mann Günter Guillaume. Der MfS-General Markus (»Mischa«) Wolf hatte den Mann 1956 als »Schläfer« in die Bundesrepublik geschleust. Als Mann, der auf seine Chance zum rechten Einsatz wartet. Gemeinsam mit einer geschätzten halben Hundertschaft anderer Langzeit-Agenten wurde Guillaume auf die SPD angesetzt. MfS-Mann Hans Fruck (heute stellvertretender Leiter der Hauptverwaltung Aufklärung – HVA – im MfS) hatte Guillaume bereits 1955 in der Ostberliner MfS-Bezirksverwaltung, Kreisdienststelle Mitte, Prenzlauer Berg 63–79, instruiert. Am 3. Dezember meldete sich der 31jährige künftige Superspion mit seinr gleichaltrigen Frau Christel im Westberliner Notaufnahmelager Marienfelde. Von da an verlief die Spionagekarriere des unscheinbaren Durchschnittstypen Günter Guillaume langsam, aber stetig nach oben.

Ein Prominenter als Agent: Großes Aufsehen erregte 1969 der Fall Hannsheinz Porst (links unten). Der Inhaber des damals größten Fotoversandhauses der Welt wurde wegen verräterischer Beziehungen zur DDR zu einer Gefängnisstrafe verurteilt.

Im September 1957 trat das Ehepaar Guillaume dem SPD-Ortsverein Frankfurt-Nordend bei. Sie betrieb mit ihrer Mutter einen kleinen Wollhandel, er verdiente sein Geld als freier Fotograf. Nichts war aufregend an dieser Existenz, sie bot dem Langzeit-Agenten einen sicheren Rahmen. Er hatte keinen Führungsoffizier. Er machte keine Meldungen nach Ostberlin. Er wartete, er »schlief«.

1959 wurde Christel Stenotypistin in der Frankfurter SPD-Bezirksleitung. Ihre Chefs waren mit ihr zufrieden. So zufrieden, daß der Genosse Birkelbach, als er 1964 Staatssekretär bei der hessischen Staatskanzlei in Wiesbaden wurde, Frau Christel mitnahm. Sie wurde seine Sekretärin. Inzwischen war Günter Guillaume Geschäftsführer des SPD-Unterbezirks Frankfurt geworden. Hier organisierte er den Wahlkampf seines Parteifreundes Georg Leber. Das Ehepaar, schön unauffällig, bewohnte ein unscheinbar graues Reihenhaus im Stadtteil Sindlingen. Im Januar 1970 revanchierte sich Georg Leber für geleistete Dienste und holte Günter Guillaume als kleinen Mitarbeiter zum Parteivorstand nach Bonn. Er stand am Tor zur Macht.

Christel Guillaume zog mit dem zwölfjährigen Sohn Pierre nach; bald wohnte die unauffällige Familie in einer Wohnung an der Ubierstraße in Bad Godesberg. »Der fleißige Guillaume«, sagten die Kollegen über ihn. Mehr nicht. Es gab auch nicht mehr über diesen etwas spießigen Typ zu reden. Als der MfS-Mann endlich in die Abteilung IV des Kanzleramts einzog, war seine Sicherheitsüberprüfung fällig. Kanzleramtschef Horst Ehmke (SPD) fragte in Pullach beim BND an, ob etwas gegen »das kalte Wiesel« (Ehmke über Guillaume) vorliege. Es lag was vor. BND-Präsident Wessel ließ wissen, Guillaume stehe wegen früherer »Agententätigkeit« und »Infiltrationstätigkeit« für den Ostberliner Verlag »Volk und Wissen« unter Verdacht. Der Verlag galt unter Abwehrleuten der fünfziger Jahre als Basis für DDR-Agenten. (Frankreichs Geheimdienst führte ihn auch in seinen Akten, aber die Franzosen fragte niemand.)

Ehmke ließ die Quelle checken. Die Information stammte vom »Untersuchungsausschuß freiheitlicher Juristen« in Westberlin. Ehmke fragte nun auch noch beim Verfassungsschutz nach. Er bekam dieselbe Auskunft. Sie stammte aus derselben Quelle wie die des BND. »Ja, ja«, gab Günter Guillaume im Gespräch mit Ehmke zu, »ich bin mal bei diesem Verlag gewesen. Aber ein Agent! Ein Infiltrant! Das bin ich entschieden nicht.« Das Ganze mit entsetzten Augen hinter dünnrandiger Brille. Für Ehmke war das Ergebnis dieser Unterhaltung Grund, dieses »kalte Wiesel« einzustellen. Das doch auch noch von Leber und dem neuen Chef der Abteilung Wirtschaftspolitik im Kanzleramt, Herbert Ehrenberg, empfohlen worden war.

November 1972: Günter Guillaume erreichte endlich die Position, die ihn für 17 Jahre Warten und 17 Jahre Kleinarbeit als »Schläfer« entschädigten. Er wurde Parteireferent des Bundeskanzlers Willy Brandt. Vom 17. Februar 1973 an

Agentenjäger als Zeuge: Günther Nollau, Präsident des Bundesamtes für Verfassungsschutz, mußte im September 1974 im Spionagefall Guillaume vor dem Untersuchungsausschuß aussagen.

erhielt er ein Gehalt von monatlich 4500 Mark. Er las den geheimen Schriftwechsel Brandts mit führenden Politikern in Europa, denn die Briefe der sozialistischen Parteivorsitzenden gingen über seinen Schreibtisch. Er kannte Parteivorstandsbeschlüsse lange vor den Provinzfürsten der SPD; er kannte alle Intrigen, wußte Kompromittierendes über jeden besseren Funktionär. Für streng geheime Akten war er ohnehin schon seit September 1970 zugelassen.

Im Frühjahr 1973 war wieder mal eine Routineüberprüfung aller mit »geheim« und »streng geheim« betrauten Mitarbeiter im Bundeskanzleramt durch den Verfassungsschutz fällig. Überprüft wurde auch Guillaume. Einer der Prüfer entsann sich einer Akte in seinem Amt, in der ein Agent, dessen V- oder Nachname mit »G« begann (mehr war nicht bekannt), in der Bundesrepublik tätig sein sollte. Da standen auch noch ein paar angedeutete Kennzeichen in der Akte – und diese Merkmale ergaben nun sogar eine gewisse Ähnlichkeit, ja sogar Übereinstimmung des »G« mit Guillaume.

Der BfV-Präsident Günter Nollau, der mittlerweile an Schrübbers' Stelle getreten war, trug den Verdacht im Mai 1973 seinem Innenminister Hans-Dietrich Genscher (FDP) vor. Der sagte es »ein paar Tage später« beiläufig dem Kanzler, jedoch in Andeutungen, »nicht so direkt« (wie sich Brandt erinnerte). Jedenfalls riet Nollau, den Verdächtigen auf seinem Platz zu lassen, um ihn nicht mißtrauisch zu machen. Nollau: »So abgebrüht sind wir eben.«

Schließlich nahm der Kanzler seinen Referenten auch mit in Urlaub, »um sich nichts anmerken zu lassen« (Brandt). Die Familien Brandt – Ehefrau Rut und Sohn Mathias – und Guillaume – Ehefrau Christel und Sohn Pierre – reisten also im Juli 1973 in die Ferien im norwegischen Vangasen.

Dort mußte natürlich die Nachrichtenverbindung mit Bonn aufrecht erhalten werden. Also wurde ein Fernschreiber aufgestellt. Über den lief auch Geheimes. Deshalb wurden als Fernschreiber zwei Spezialisten des BND abkommandiert. Aber die hatte niemand von dem Verdacht gegen den Kanzlerreferenten unterrichtet. Und so durfte dieser denn auch schon mal die Telexbogen aus der Maschine nehmen, um sie seinem Kanzler an den Frühstückstisch zu bringen. Er selbst hatte sie dann schon gelesen.

Die langsam angelaufenen Verfassungsschützer hatten in der Zwischenzeit mehr über ihr »Zielobjekt« herausgefunden. Vor allem stießen sie nun auf häufige Reisen Guillaumes nach Paris und Südfrankreich. Südfrankreich gilt als bevorzugter internationaler Agententreffpunkt; hier muß sich der Kanzlerreferent auch jene moralische Aufrüstung geholt haben, der kein Spitzenspion im Streß seines Doppeldaseins entraten kann. In Frankreich blieb Guillaume auf seinen Reisen – die er nach dem Norwegen-Urlaub wieder aufgenommen hatte – nie mehr ohne »Schatten«. Er merkte das. Als er von einer dieser Fahrten im April 1974 nach Godesberg zurückkehrte, traf er Vorbereitungen für eine Flucht in die DDR.

Spionagefall mit Folgen: Die Affäre Guillaume brachte 1974 die Bonner Regierung ins Wanken. Bundeskanzler Willy Brandt mußte zurücktreten, weil sein persönlicher Referent Günter Guillaume als DDR-Spitzel enttarnt worden war. 17 Jahre lang hatte der Ostberliner Agent als »Schläfer« gemeinsam mit seiner Frau Christel auf solch einen ergiebigen Posten hingearbeitet. Das Foto ganz links zeigt das Ehepaar Guillaume im Jahr 1952 in der DDR. 23 Jahre später verging beiden vor dem Richter das Lachen (Abb. oben). Willy Brandt hatte seinen Vertrauten nicht nur an Sitzungen des Parteivorstandes teilnehmen lassen (Abb. unten, v. l.: Brandt, Guillaume, Börner, Wehner und Wienand), er nahm ihn auch auf Privatreisen mit.

Nutznießer: Das brandaktuelle Thema »Spionage« ließ sich die Werbung nicht entgehen. In einer Anzeige (Abb. rechts. Text: Werbeagentur Eiler und Riemel, München) wurden die Vorzüge einer bekannten Kleinstkamera (Abb. oben) ironisch anhand der Spionagepraxis erläutert.

Morgens um 6.32 Uhr am 25. April 1974 klingelten vier Herren von der Sicherungsgruppe Bonn an der Wohnungstür Guillaumes. Er öffnete, sah die Männer und sagte: »Ich bin Bürger der DDR. Was wollen Sie von mir?«

Daß er nicht nur ein Meisterspion, sondern auch ein Schürzenjäger war, kam fast nebenbei heraus: Er pflegte ein Liebesverhältnis mit der Vorzimmerdame von Egon Bahr, Marieluise Müller, als Bahr den Grundvertrag zwischen den beiden deutschen Staaten aushandelte und das Mädchen oft bis zwei Uhr nachts für den Politiker tippen mußte. Guillaume fuhr sie dann fürsorglich heim und blieb bei ihr, am »Kreuter 13« in Bad Godesberg, zum Schäferstündchen.

Später, als Marieluise Sekretärin bei einem anderen Unterhändler mit der DDR war, bei dem Staatssekretär Günter Gaus, hatte Guillaume die Romanze aufgefrischt.

Anzeichen für einen wissentlichen Verrat des Mädchens gab es nicht. Doch ihrem Liebhaber diente sie gewiß als »Abschöpfungsquelle«, als unwissentlicher Informationsträger, der ausgehorcht wird, ohne es zu bemerken.

Das Urteil für die Familie Guillaume war hart. Der vierte Strafsenat des Düsseldorfer Oberlandesgerichts verhängte am 15. Dezember 1975 unter dem Vorsitz des Richters Hermann-Josef Müller 13 Jahre Freiheitsstrafe über Günter Guillaume und acht Jahre über seine Ehefrau Christel. Begründungen: Landesverrat in einem besonders schweren Fall in Tateinheit mit Verletzung des Dienstgeheimnisses durch Günter, Landesverrat und Beihilfe dazu durch Christel Guillaume.

Die Folgen in Bonn waren nicht weniger hart. Kanzleramtsminister Horst Ehmke mußte gehen. Zögernd zog endlich auch der Bundeskanzler die Konsequenzen. Er trat am 6. Mai 1974 zurück.

Der Guillaume-Skandal hatte sich zu einer Affäre der sozialliberalen Regierung ausgewachsen. Der Koalitionsfrieden war ernstlich gestört. Führende Sozial- und Freidemokraten gerieten ins Zwielicht. Die Regierungschefs der verbündeten und befreundeten Länder und der europäischen sozialdemokratischen Parteien waren verschreckt. Mißtrauen gegenüber der Politik am Rhein kam auf. Was hatte dieser unscheinbare Meisteragent wirklich verraten? Der ganze Umfang dessen, was durch Günter Guillaume nach Ostberlin berichtet wurde, wird sich nie ausmessen lassen. Gesichert ist: Er wußte zuviel, und zuviel Geheimstes aus der Bonner Politik wie aus dem Privatleben des Mannes, der die Richtlinien dieser Politik bestimmte.

Damit sich freilich eine verunsicherte Öffentlichkeit nicht allzu lange in dem Gefühl: ›Jetzt ist alles ausgestanden‹, vom Guillaume-Schock erholen konnte, folgte der nächste Schlag noch im selben Jahr. Unter dem Verdacht der Spionage für die DDR wurden am 11. November der Leiter der DGB-Verbindungsstelle zur Bundesregierung und zu den Parteien in Bonn, Walter Boehm (56), und seine 39jährige Frau Irmgard verhaftet. Beide waren vom Verfassungsschutz monatelang observiert worden. Boehm war Vorstandsmitglied des »Arbeitskreises für Landesverteidigung e. V.«, einer Vereinigung von Offizieren und Politikern, bei der regelmäßig Expertenvorträge zur Verteidigungspolitik gehalten wurden. Spionenhysterie hatte zu einem Schlag ins Wasser geführt. Im März 1975 stellte die Bundesanwaltschaft ihre Ermittlungen gegen das Ehepaar ein. DerVerdacht sei vollkommen ausgeräumt, wurde mitgeteilt. Nicht mitgeteilt wurde, was bei der langen Observation eigentlich beobachtet worden war.

Doch der gute Ruf des Ehepaares Boehm war hin. Und das eigentlich Beklemmende an der Affäre ist: Jeder unbescholtene Staatsbürger kann in den gleichen Verdacht geraten. Geht es ihm wie Boehm, zerstiebt der Verdacht im Sturm der Ermittlungen, so muß er anschließend – makabres Merkmal unserer Spionenfurcht – mit seinem neuen guten Ruf weiterleben. Über das Wie kümmern sich kein Geheimdienst, kein Staatsanwalt und erst recht keine teilnahmslose Leistungsgesellschaft.

Allenfalls wenn es um Wirtschafts- oder Industriespionage geht, wird milder geurteilt – wie bei einem Kavaliersdelikt etwa. Als am 22. Dezember 1974 ein Zwölf-Personen-Team aufflog, das seit 1973 Computerteile und Wartungsunterlagen von IBM-Rechenmaschinen gegen hohe Honorare an den Osten verraten hatte, wurde das als unspektakuläre Meldung abgehandelt: Große Zeitungen verbargen die Story im Wirtschaftsteil. Dabei waren immerhin außer nachrichtendienstlicher Tätigkeit für eine fremde Macht auch Diebstahl und Unterschlagung, Bestechung, Verstoß gegen Embargobestimmungen und Steuervergehen im Spiel.

Zu den Hauptzielobjekten der Wirtschaftsspionage – vom Osten betrieben – gehören elektronische Datenverarbeitung, Chemie und Rüstung. Dabei ist die Arbeitsweise von Ostbehörden mitunter geradezu einfältig: So erhielten bundesdeutsche Firmen einmal ein Schreiben, in dem das Ostberliner »Institut für Dokumentation« bat, »zur Vervollständigung unserer Unterlagen die von Ihrer Firma herausgegebenen Prospekte, Kataloge und Industriezeitschriften – wenn möglich in doppelter Ausfertigung – kostenlos zuzusenden«.

Es wird aber noch direkter gearbeitet. KGB und MfS beziehen Informationen auch von Besucherdelegationen, die in wachsender Zahl westliche Betriebe besichtigen. Nach Erkenntnissen des Verfassungsschutzes sind derartige Delegationen dreigeteilt: in qualifizierte KGB-(oder MfS-)Angehörige und -Wächter, die – als Aufpasser – darauf achten, daß nicht etwa ein Delegationsmitglied in die Freiheit abspringt; gelten gewonnene Tips als wertvoll, so wird – aus der dritten Gruppe – ein spezialisierter Agent unmittelbar eingesetzt. Das ist offene Aufklärung.

Verdeckt, als Spionage, sieht Aufklärung anders aus. So schleuste das MfS 1958 einen 29jährigen Arzt aus Dessau in den Westen. Er erhielt eine Stellung im Max-Planck-Institut für Virusforschung in Tübingen. Dort sollte er herausfinden, ob an Mitteln für bakteriologische Kriegführung gearbeitet wird. Der Dr. med. konnte nichts berichten. Dafür wurde er vom BND enttarnt. Zwar hatte er lange Berichte über das Institut ans MfS geschickt, auch Forschungsergebnisse und Mikrofilme (in einer Kakaobüchse als Container). Dennoch sprach ihn der dritte Strafsenat des Bundesgerichtshofes frei.

Der Freispruch ermutigte. In Frankfurt wurde ein Agentenpärchen ertappt, das auf die Farbwerke Hoechst, die AEG, Degussa und Dunlop angesetzt war. Ebenfalls in Frankfurt am Main verfing sich die IBM-Computerbande; der Sicherheitsbeauftragte eines Forschungsinstitutes, der in derselben Operation festgenommen werden sollte und in einem Schwarzwälder Werk für Präzisionsinstrumente angestellt war, rettete sich in die DDR – er war SSD-Agent.

Der Schaden, den Industrie- und Wirtschaftsspione verursachen, beläuft sich nach einer Schätzung der Wirtschaftsredaktion der »Süddeutschen Zeitung« auf »mehrere Milliarden Mark im Jahr«. Denn die Genossen sind auf jede Art von technischem und wissenschaftlichem Know-how aus. So sparen sie Entwicklungskosten. Allerdings ist es nicht neu in der Geheimdienstbranche, daß staatliche Spione kommerzielle Details ausspähen: Exportangebote, Forschungsergebnisse, neue Produkte, Wartungsanleitungen und sogar Einkommen und Lebensgewohnheiten der Manager. Bloß wird eben das Verbrechen der Wirtschafts- oder Industriespionage noch immer zu leichtfertig abgehandelt und auch geahndet.

Jagd mit NADIS und »Raster«

Was Opas Abwehr mit Köpfchen und Kartei speicherte, erledigt im Bundesamt für Verfassungsschutz der Computer NADIS (Kürzel für: Nachrichtendienstliches Informationssystem). Allerdings liefert der Computer die vollständige Information nicht auf Knopfdruck. Vielmehr werden »personenbezogene Erkenntnisse« (BfV-Jargon) in den Rechner eingegeben. Der verweist dann auf Aktenfundstellen etwa im Einwohnermeldeamt (Wohnungswechsel, Familienangehörige) oder bei einer Krankenkasse (Arbeitsstellen) sowie im Kraftfahrtbundesamt (Kennzeichen und Typen der in den letzten Jahren gefahrenen Autos) und bei anderen Behörden. Ein Verfassungsschützer etwa in Bremen kann so sehr schnell feststellen, ob über eine bestimmte Verdachtsperson zum Beispiel beim LfV Bayern Erkenntnisse vorliegen. Dann läßt er sich die Akten kommen oder sieht sie am

Ort ein. In bestimmten Fällen wirft die Denkmaschine aus, wo und wann zum Beispiel die Kfz-Kennzeichen (die aus dem Kraftfahrtbundesamt angegeben wurden) schon einmal aufgefallen sind, möglicherweise in der Nähe eines anderen Verdächtigen oder eines Toten Briefkastens (TBK) in unverfänglicher Umgebung. Hat der Verdächtigte in der fraglichen Zeit auch noch eine dazu passende Automarke verwendet, paßt wieder ein Steinchen ins Fahndungsmosaik.
Das Computersystem zusammen mit neuen, durchschlagenden und in ihrer Wirksamkeit Ostberlin schockierenden Fahndungs- und Ermittlungsmethoden – dem sogenannten »Raster«, angeregt vom besten Abwehrprofi der Republik, Richard Meier – ermöglichte denn auch die harten Schläge des BfV gegen Ostagenten. Im Liniennetz des Rasters zeigen Vergangenheit, fehlende oder vorhandene Bekanntschaften, überprüfbare Ausbildung, nicht überprüfbare Auslandsaufenthalte, Neubeantragung eines beschädigten Passes und viele andere Details agententypische Merkmale oder Abweichungen vom Grundmuster.
Mit NADIS und »Raster« wurden in den Jahren 1978 und 1979 so viele Spione aus dem Osten enttarnt, daß allein 40 geheime Lauscher und Späher festgesetzt werden konnten. 127 weitere entzogen sich daraufhin durch panische Flucht zurück in die DDR ihrer Verhaftung.

Wo indes Geldgier zu politischem Verrat und groben Vertrauensbrüchen führt, sind harte Strafverfolgung und harte Beurteilungen gerechtfertigt. Für strenge Strafen bei Militärspionage hat allemal jedermann Verständnis.

Schon Ende 1975 war der MAD ausgerechnet im eigenen Schutzbereich, im Bundesverteidigungsministerium Georg Lebers (SPD), auf eine heiße Spur gestoßen. Als am 1. Juni 1976 in Bonn das Agententrio Renate Lutze (34), ihr Mann Lothar-Erwin (36) und beider Komplize Jürgen Wiegel (36) festgenommen wurden, ahnte man dunkel, daß die Lutzes – die im Verteidigungsministerium arbeiteten – Ostagenten von ganz großem Kaliber waren. Als sich herausstellte, wie groß dieses Kaliber wirklich war, war die Substanz der westlichen Verteidigungsbereitschaft berührt.

Renate Lutze (Deckname: Nana) war Chefsekretärin des Leiters der Sozialabteilung im Ministerium, Ministerialdirektor Herbert Laabs. Lothar Lutze, im selben Haus beschäftigt, hatte sich schon 1964 während seiner Zeit als Soldat bei der Bundeswehr vom Staatssicherheitsdienst werben lassen. Er erhielt den Decknamen »Charlie«, und er führte dem SSD dann auch seinen Freund Wiegel und dessen Frau Ursula zu. Schließlich spannte er seine Renate ein. Die attraktive Frau, kein Kind von Traurigkeit und ausnahmslos allen schönen Beschäftigungen des Lebens und Liebens zugetan, stahl über tausend geheime Dokumente aus dem Panzerschrank ihres Chefs.

Mitte der siebziger Jahre wurde das Verratsmaterial so umfangreich und so bedeutend, daß der SSD eigens einen Führungsoffizier für die Lutzes schickte, einen gewissen Frank Gerstner mit seiner Frau Christine. Renate trug die Dokumente in einem Container aus dem Haus, wie er von Spioninnen immer aufs neue dreist verwendet wird – und auf den Sicherheitsbeamte immer wieder hereinfallen: ihre Handtasche. Dennoch leugnete sie vor Gericht jede Agententätigkeit. Ihr Mann räumte ein: Ja, er sei Spion gewesen. Doch sie sei immer ahnungslos geblieben.

Der Nebenjob der Lutzes war einträglich. Lothar kassierte monatlich über tausend Mark. Für besonders geheime Papiere bezog er Sonderprämien. Und für das lustige Leben, das die Lutzes am Rhein führten, bezog er beträchtliche Aufwandsentschädigungen. Hier zeigte sich der sonst knausrige SSD (der seinen festangestellten Spionen – dieweil sie im Westen kundschaften – den Parteimitgliedsbeitrag für die SED doppelt abzieht) spendabel.

Er hatte auch allen Grund, großzügig zu sein. Durch die Lutzes erfuhren die Militärs der Warschauer-Pakt-Staaten

- die Einschätzung der gegnerischen Kräfte, wie sie in Verhältniszahlen zum Ausdruck kommt,
- die erwarteten Kriegsformen und Warnzeiten, wie sie den Szenarien der militärstrategischen Konzeption (Nato und Bundeswehr) zugrunde liegen,
- die Beurteilung des Einsatzwertes der Truppen,
- die Nato-Bewertung der Verbände,
- den Zeitbedarf für Mobilmachung und Aufmarsch und
- die Auswirkung von Mängeln, Schwächen, Rückständen und anderen Problemen in den Bereichen Personal (beispielsweise in bezug auf Disziplin, Stimmung der Truppe, Ausbildungsstand) und Material (Zustand und Wirksamkeit wichtigen Großgeräts, Eingang neuer Geräte, Reichweite von Geräten).

Durch diesen Verratsfall wurden die Strategen im Osten in die Lage gesetzt, ihre eigene langfristige Planung gezielt auf die Bundeswehr einzurichten. Sie konnten künftig alle Mittel so optimal einsetzen, daß das Kräftegleichgewicht in Europa zum Zeitpunkt des Verrats und noch lange hernach zu Ungunsten der Nato verändert war. Der Schaden übertraf noch den schweren politischen Verrat, den das Ehepaar Guillaume verübt hatte.

Lothar und Renate Lutze erhielten vom Oberlandesgericht Düsseldorf zwölf und sechs Jahre Gefängnis. Das Ehepaar Gerstner wurde zu je sieben Jahren verurteilt. Die Wiegels kamen glimpflicher davon. Jürgen Wiegel mußte für dreieinhalb Jahre hinter Gitter. Seine inzwischen von ihm geschiedene Frau bekam 22 Monate mit Bewährung.

Erfolgreicher als die Guillaumes: Das Ehepaar Renate und Lothar Lutze schadete der Bundesrepublik durch die Preisgabe von Nato-Geheimnissen noch mehr als die Meisterspione, die den Kanzler stürzen ließen. »Nana« (Abb. links), die das lustige Leben liebte, schaffte gemeinsam mit ihrem Mann soviel Material aus dem Verteidigungsministerium heraus, daß die DDR dem erfolgreichen Paar eigens den Führungsoffizier Frank Gerstner (unten) abstellen mußte.

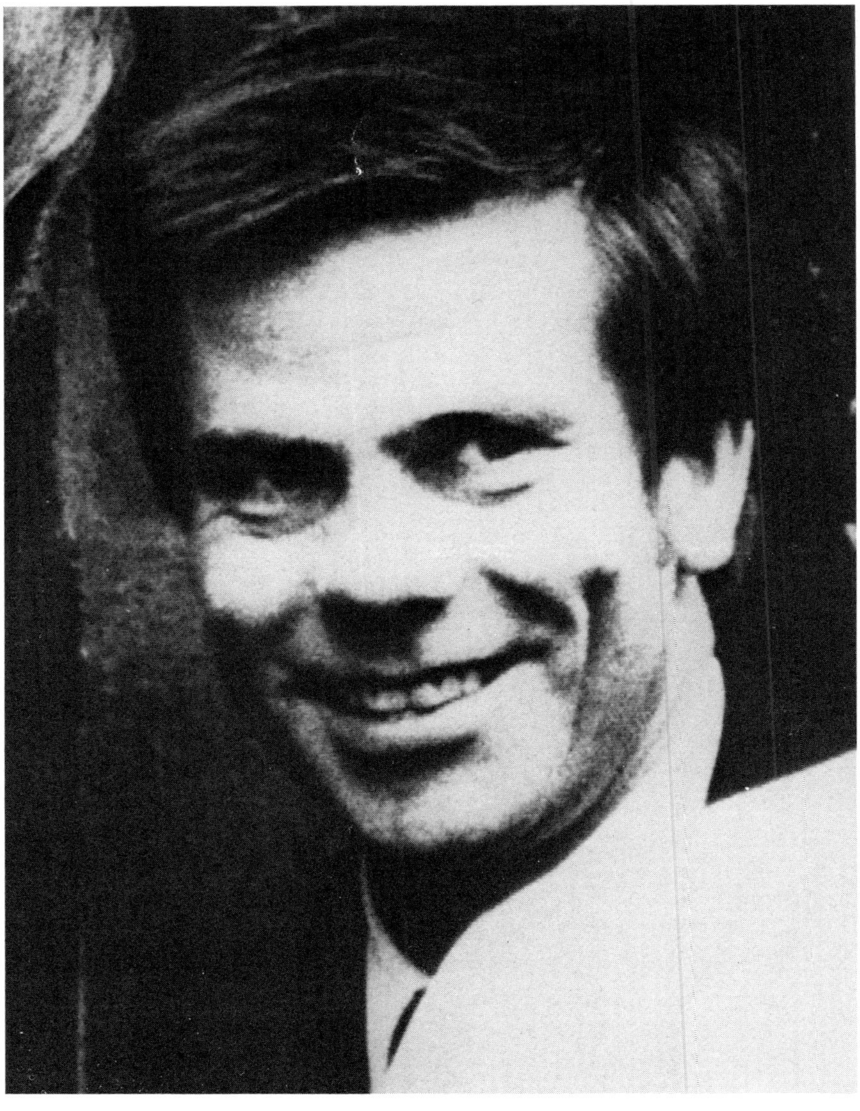

Stolperte über seine Sekretärin: Verteidigungsminister Georg Leber (oben) erfuhr von der Affäre Lutze erst aus der Zeitung. Auch von der Überwachung seiner Vorzimmerdame durch den MAD wußte er nichts. Dadurch geriet der Minister auf die Abschußliste.

Lebers Amt war damit in ein politisches Tief geraten. Denn der Minister hatte von der Bedeutung des Falles Lutze erst »aus der Zeitung« erfahren. Die Opposition setzte den obersten Verteidiger der Republik auf die Abschußliste.

Der Blattschuß kam im Februar 1978. Doch am Drücker hatten Lebers eigene Leute gespielt. Die Spionenjäger des MAD unter dem forschen Chef Brigadegeneral Paul-Albert Scherer (der inzwischen vom ranggleichen Gerd-Helmut Komossa abgelöst worden war) hatten eine Sekretärin aus dem Ministervorzimmer ins Visier bekommen. Sie setzten der arglosen Frau eine »Wanze« in die Wohnung, ein »Lauschmittel«. Aber sie montierten das Gerät so dilettantisch, daß es den Fernsehton der Nachbarn störte. Die benachrichtigten die Post. Also schalteten die MAD-Horcher das Ding wieder ab. Und sie fahndeten weiter – weiterhin dilettantisch. So mußten sie sich bei der Observation der verdächtigen Dame in einem österreichischen Ferienort (wo sie gar nicht tätig werden durften) von Polizei aus dem Hotel komplimentieren lassen. Die Unschuld der Sekretärin erwies sich endlich ganz klar.

Doch siehe: Der Minister hatte auch diesmal nicht gewußt, daß gegen seine eigene Sekretärin ermittelt worden war. Sein MAD-Scherer hatte es ihm verschwiegen. Zwei Reporter der Illustrierten »Quick« machten den Skandal publik. Am 2. Februar 1978 trat der Verteidigungsminister zurück.

Fünf Wochen später verhafteten Beamte des Landeskriminalamtes (LKA) Baden-Württemberg den 48jährigen Ludwig Dünner*). Er war Vertriebsdirektor einer Heidelberger Industriegüter-Vertriebsfirma gewesen. Seit 1972 hatte er Kontakt zu dem russischen GRU-Offizier Viktor Dworjankin, der sich Dünner gegenüber als Vertreter der Firma Technopromimport ausgab. (Den bundesdeutschen Geheimdiensten und dem Bundeskriminalamt BKA in Wiesbaden ist Dworjankin als Technikspezialist des Sowjetnachrichtendienstes bekannt.)

»Wie oft«, fragten die LKA-Vernehmer den verhafteten Direktor, »haben Sie ihren FO getroffen?«

»Meinen was?« fragte Dünner zurück.

»Ihren Führungsoffizier, diesen Viktor.«

Dünner dachte nach. Dann zählte er auf: »Fünfunddreißigmal. Ich war in Ostberlin, habe ihn in Wien und Zürich getroffen, und einmal war er auch in Frankfurt. Am Main.«

So erfuhren Verfassungsschutz und BKA, daß Dünner sich verpflichtet hatte, technische Schriften aus einer US-Firma zu liefern. Außerdem hatte er zugesagt, über diese Firma hochwertige Maschinen zur Massenproduktion von Halbleitern und Mikroschaltern bei amerikanischen Firmen zu bestellen. Unter Umgehung der Außenhandelsbestimmungen sollten diese Maschinen dann über Drittländer an die Sowjetunion geliefert werden.

»Haben Sie Geld dafür bekommen? Und wieviel?« wollten die Vernehmer wissen.

»Für die Beschaffung technischer Literatur und kleinerer Geräte, zum Beispiel eines Gyro-Kreisels und einmal eines VLF-Receivers, haben die 60 000 Mark gezahlt.« Ein schönes Zubrot für einen gut verdienenden Direktor.

Tatsächlich lieferte der Industriespion Dünner seinen sowjetischen Auftraggebern Maschinen des verlangten Typs, die unter die Handelsbeschränkungen fallen und nicht in die Sowjetunion verkauft werden sollen. Wert der Geräte: drei Millionen Mark. Für diesen Handelsdienst kassierte Dünner weitere 80 000 Mark. Davon baute er sich im Schwäbischen bei Stuttgart ein Häusle. Und als er 1975 gefeuert wurde, spannte er einfach seine Frau ein: Sie gründete eine Firma in Stuttgart, über die – wie gehabt – weiter Maschinen auf dem Umweg durch die Schweiz nach Rußland gingen.

Auch nach der Verurteilung des Agenten werden die Führer im GRU den Namen Dünner nicht aus ihrer Kartei löschen. Kein Geheim-

*) Der Name wurde aus Sicherheitsgründen geändert.

dienst tilgt die Klarnamen von Mitarbeitern je aus seinen Akten.

Im Ostberliner »Ministerium für Staatssicherheit« des Ministers Erich Mielke gibt es ein ähnliches Karteikartensystem. Dort steckt eine Karte, die den Spionagechefs im Ostblock seit Januar 1979 viel Kopfzerbrechen macht: die Karte des MfS-Oberleutnants in der Abteilung für Wissenschaft und Technik, Werner Stiller (33).

Stiller hatte vor ein paar Jahren als Führungsoffizier DDR-Spione in der Bundesrepublik besucht. Unter dem Namen »Werner« war er zirka 15mal in der Bundesrepublik. Dabei war er enttarnt und »umgedreht« worden. Als er nach Ostberlin zurückfuhr, war der MfS-Mann ein BND-Mann.

Das ging gut, über ein Jahr lang. Denn Stiller ist ein sehr gewandter Mann. Ein Verfassungsschützer sagte über ihn: »Der würde in jede bundesdeutsche Vorstandsetage passen.«

Am Abend des 19. Januar 1979 ging Stiller in Ostberlin durch die Sperre der S-Bahn nach Westen. Mit seinen echten Papieren, als Geheimdienstoffizier, durfte er natürlich »nach drüben«. Er trug zwei riesige Koffer.

Der Posten meinte leichthin: »Na, was schleppen Sie denn da, Herr Oberleutnant?«

Stiller, leutselig: »Da ist technisches Gerät drin für unsere Kundschafter.«

In Westberlin lief er eine BND-Kontaktadresse an. Und in Pullach landeten 20000 Blatt Papier. Mit Top-Geheimnissen aus dem MfS.

Was Stiller nicht im Koffer hatte, das hat er im Kopf. An einem geheimgehaltenen Ort berichtet Stiller seit seiner Flucht über Struktur und Aufbau, Arbeitsweise und Personalien, Intrigen und Klatsch, Ost- und Westverbindungen, Pläne, Strategien und Personalien des DDR-Geheimdienstes.

Der clevere Stiller brachte aber nicht nur dieses Wissen mit. Er lieferte dem BND sogar Mikrofilme aus der Ostberliner Spionagezentrale und Mikrate – das sind jene mikroskopisch kleinen Punkte, in denen Spione aus dem Westen ganze Textseiten im DIN-A-4-Format fotografisch verkleinert nach Ostberlin versenden. Stiller hatte obendrein das Zutrauen höchster MfS-Offiziere bis zur Generalsebene und führte vertrauliche Gespräche über seine Arbeit und alle möglichen anderen Bereiche der DDR-Spionage.

Fachleute schätzten Ende 1979, daß die Expertengespräche mit Stiller – den dann »auch die Amerikaner mal haben wollen« – wohl noch über ein Jahr dauern würden.

Vorerst bekam der Ex-Oberleutnant mit dem kurzgeschnittenen Haar die Bezüge eines Bundeswehrmajors (Grundgehalt: 2700 Mark). Dazu Honorare, die auf ein Sparkonto gingen. Auch später, wenn er mit neuem Namen irgendwo lebt, wird es ihm nicht schlecht gehen. Der BND, dessen größter Coup in jüngster Vergangenheit die Abwerbung Stillers war, wird dafür sorgen.

Es war ein Coup, der unter dem zweiten Präsidenten des Dienstes, Gerhard Wessel, noch eingefädelt worden war. Einer, der auch dem großen alten Mann Ehre gemacht hätte, den man in Pullach intern »Nummer 106« nannte: Reinhard Gehlen.

Daß Stiller umgedreht werden konnte, war einer jener Glücksfälle, wie sie sogar ein Geheimdienst – sonst eher auf Unzufälliges getrimmt – brauchen kann. Es hatten aber beim Umdrehen auch weniger die Lockungen des Kapitalismus mitgeholfen als die Liebe: Stillers Freundin lebt im Westen.

Der Fall Stiller hatte das Jahr 1979 gewissermaßen nachrichtendienstlich eingeleitet. Nach seinem Überlaufen ließ der Oberleutnant eine ganze Reihe von mutmaßlichen Spionen in Wirtschaftsunternehmen und Forschungsinstituten auffliegen:

- den Göttinger Professor Karl Hauffe, den Münchner Diplomphysiker Alfred Bahr, den Maschinenbauingenieur Günter Sänger aus Neustadt bei Coburg und den Münchner Geschäftsführer Gerhard Arnold am 20. Januar,
- am 23. Januar den »Bild«-Redakteur Wolf Moeller,
- am 28. Januar den Atomphysiker Rolf Dobbertin (den Frankreichs Geheimdienst festnahm)
- und am 29. Januar den Personalleiter der Rheinisch-Westfälischen Elektrizitätswerke, Karl-Heinz Glocke. Fünf mutmaßliche Spione wurden aus Ostberlin gewarnt und entkamen im letzten Augenblick: Reiner Fülle und das Ehepaar Koppe, der Bensberger Interatom-Mitarbeiter Schmidt und ein Preußag-Angestellter. Sechs Spionageverdächtige hatte Stiller als Führungsoffizier selbst betreut: Reiner Fülle (der während seiner Festnahme bei Glatteis dem begleitenden Polizisten entsprang), ferner Hauffe, Bahr, Arnold, Dobbertin und Sänger.

Kölns Spionageabwehrchef im Bundesamt für Verfassungsschutz, Heribert Hellenbroich, analysierte in einem Vortrag vor Sicherheitsbeauftragten der deutschen Industrie und Forschung: »Über die Notwendigkeit eines Erfahrungsaustauschs zwischen den Abwehrbehörden (zu denen in diesem Fall die Werkschutzeinrichtungen in Industrie und Wirtschaft gerechnet werden müssen. – *Verf.*) müssen wir jetzt nicht mehr nur nachdenken, wir müssen konkret etwas tun.«

Bislang nämlich suchen viele betroffene Firmen das Kapitel Wirtschafts- und Industriespionage herunterzuspielen. Doch Kernphysik (Interatom/Schmidt) und Kunststoffe (der Preußag-Mann) sowie Mikroelektronik (Dünner bei der US-Firma) sind nun einmal Schwerpunkte östlicher Ausspähung.

Zu diesem Zweck werden ständig perfekt geschulte Spezialisten in die Bundesrepublik eingeschleust. Nicht selten kommen sie auf langen Umwegen über Drittländer, skandinavische, südeuropäische; es sind sogar Fälle bekannt, da Ostagenten als Rückwanderer getarnt aus Übersee anreisten.

Ungewollte Entwicklungshilfe

Man muß vom Gegner lernen. Dieser Einsicht verschließen sich auch die Ober-Kundschafter im Ostberliner MfS nicht. Erst der Ex-MfS-Oberleutnant Werner Stiller enttarnte nach seinem Übertritt in den Westen einen Diplom-Ingenieur, der zwischen 1960 und 1973 dem MfS alle Unterlagen beschaffte, die ihm aufgrund seiner leitenden Stellung bei IBM zugänglich waren. Diese Informationen verwandte die DDR dazu, die Datenverarbeitung der Nationalen Volksarmee zu modernisieren und westlichem Standard anzugleichen.

Die unverhüllten Späher

Ein wesentlicher Teil der Spionage gegen die Bundesrepublik Deutschland geht von den offiziellen Vertretungen der kommunistischen Staaten im Bundesgebiet aus. In ihnen unterhalten die gegnerischen Nachrichtendienste »Legale Residenturen«: Spionagezentren im Rahmen von Recht und Gesetz! Der Anteil der erkannten oder verdächtigen Agenten unter den dort Beschäftigten beträgt in einigen Vertretungen bis zu 50 Prozent.

In der Bundesrepublik und Westberlin unterhalten elf kommunistische Staaten in 19 verschiedenen Orten über 100 Einrichtungen mit fast 1500 Mitarbeitern. Dazu zählen diplomatische, konsularische und Handelsvertretungen, Reiseunternehmen und Büros von Luftverkehrsgesellschaften, Agenturen staatlicher Wirtschaftsorganisationen sowie Vertretungen von Presse, Funk und Fernsehen.

Die bei den Oberbefehlshabern der Stationierungsstreitkräfte der drei Mächte akkreditierten Sowjetischen Militärmissionen (SMM) mit Sitz in Bünde (für die englischen Streitkräfte), Frankfurt/Main (für die amerikanischen) und Baden-Baden (für die Franzosen) haben einen durchschnittlichen Personalstand von 30 Offizieren und 21 Hilfskräften. Einen bedeutenden Teil ihrer Aktionen widmen sie der offenen Ausspähung von militärischen Anlagen sowie Manövern in der Bundesrepublik, aber auch von Objekten des Bundesgrenzschutzes und zivilen Einrichtungen. Angehörige der SMM erfüllen zumindest nachrichtendienstliche Unterstützungsaufgaben. Außerhalb eines bestimmten Umkreises um ihre Stützpunktstädte dürfen die SMM-Angehörigen kein Zivil tragen. Dem begegnen sie mit einem Trick: Sie tragen keine Mützen und ziehen Lederjacken an, die sehr zivil geschnitten sind und nur kleine, kaum erkennbare Rangabzeichen aufweisen.

Checklisten für Wissenschaftsspione

»Die holen, was sie können, was irgendwann einmal interessant sein könnte«, beschreibt der Spionageabwehrchef im Bundesamt für Verfassungsschutz, Heribert Hellenbroich, die Praktiken der Abteilung XIII (Wissenschaft und Technik) in der Hauptabteilung Aufklärung des MfS. Der Aktionsradius ihrer Technologiespione wird immer weiter gezogen. Ex-MfS-Oberleutnant Werner Stiller skizzierte einen Wissenschaftsspionageauftrag des MfS im Detail:

1. Struktur des Instituts
2. Aufgabengebiete der einzelnen Abteilungen
3.1. Wissenschaftliche Wertigkeit der Forschungsergebnisse
3.2. Bedeutung des Instituts für die Weiterbildung wissenschaftlicher Kader
3.3. Umfang und Bedeutung der Zuarbeiten des Instituts für andere wissenschaftliche und industrielle Einrichtungen (Testen von Substanzen)
4. Einschätzung der führenden Mitarbeiter des Instituts in politischer, fachlicher und charakterlicher Hinsicht
5. Zusammenstellung und Wertung der Verbindungen des Instituts nach Westeuropa und den USA.

Bäume haben keine Wanzen: Nach Erkenntnissen westlicher Geheimdienste treffen sich sowjetische Agenten bevorzugt in Wäldern. Nebenstehende Fotos gelten als authentisch.

Bild oben: In einem Wald bei Köln übergibt ein deutscher Kontaktmann einem Moskauer Führungsoffizier (rechts) gesammeltes Material.
Foto unten: Ein sowjetischer Diplomat leert einen Toten Briefkasten.

Das Einschleusen in eine demokratisch strukturierte, offene Gesellschaft ist nicht schwer. Manchmal macht ein Eingeschleuster sogar eine richtig schöne, kapitalistische Karriere. So wie etwa der (mutmaßliche) DDR-Spion Eberhard Lüttich (40).

1974 bewarb sich bei der (bundeseigenen) Speditionsfirma Schenker & Co. in Hamburg ein alerter Kaufmann, der hieß Hans Dietrich Steinmüller. Er hatte schon seit dem 6. Oktober 1972 in der Hansestadt gelebt. Bei seiner Bewerbung legte er also einwandfreie Papiere hervor, auch hatte er gute Empfehlungen. Der clevere Bursche schaffte den Aufstieg rasch. Schon wenige Monate nach seiner Einstellung wurde er zur Schenker-Filiale in New York versetzt, der International Forwarders Inc. Aber auch dort war er noch nicht am Ende der Leiter. Kurze Zeit nach seiner Einarbeitung beriefen ihn seine zufriedenen Vorgesetzten zum Vizepräsidenten.

Nun muß man wissen: Die Firma Schenker wickelt unter anderem auch Umzüge im Nato-Bereich ab. Offiziere und Mannschaften, die in die USA – zum Beispiel zur Ausbildung – oder zurück versetzt werden, lassen ihre sieben Sachen von Schenker spedieren. Wer bei Schenker sitzt und diese Umzugsbewegungen verfolgt, kann so leicht mittelbare Rückschlüsse auf Truppenbewegungen ziehen. Steinmüller galt als guter Speditionskaufmann. Bald war er auch ans US-Milieu so gut angepaßt, daß er heiratete: die feurige Zoila Rebeca Romero, eine aus dem (sozialistischen) Cuba stammende amerikanische Staatsbürgerin.

So saß also der Speditionskaufmann Steinmüller in New York und spähte einen kleinen, aber nicht uninteressanten Teilbereich der Nato aus. Ein paar Jahre lief das gut – bis er 1978 in der »Raster-Methode« des BfV hängenblieb: In Steinmüllers Lebenslauf rasterten die Verfassungsschützer nach ihrem System (Vergangenheit, Bekanntschaften – fehlende und vorhandene –, überprüfbarer Ausbildungshintergrund und nicht überprüfbare Auslandsaufenthalte und so weiter) einige typische Merkmale aus, wie sie MfS-Agenten eigentümlich sind. Das »Federal Bureau of Investigation« (FBI) wurde eingeschaltet. Die amerikanischen Kollegen beschatteten Steinmüller in Amtshilfe. Im August 1979 reiste der Präsident des Bundesamtes für Verfassungsschutz, Dr. Richard Meier, mit seinem Spionageabwehrchef Heribert Hellenbroich aus Köln in die USA. Dort verabredeten sie einen Plan mit den FBI-Kollegen, nach dem Steinmüller über den Atlantik und in Deutschland in eine Falle gelockt werden sollte.

Diese Falle klappte am 16. November 1979 in Hamburg zu. Steinmüller kam in einer KLM-Maschine mit Flug-Nr. KL 2II aus Amsterdam. Am Flughafen Fuhlsbüttel bereitete ihm ein zehnköpfiges Empfangskomitee einen Großen Bahnhof: Beamte vom Landeskriminalamt und der Abteilung Staatsschutz des BKA fingen ihn noch vor dem Ausgang ab.

Er suchte sich herauszureden. Er werde verwechselt, er heiße Eberhard Reinhard, sei DDR-Bürger aus Berlin-Karlshorst, Gundelfinger Straße 17.

Bei seiner ersten Vernehmung durch BKA-Männer deckte Steinmüller dann seine wahre Identität auf: »Ich heiße Eberhard Lüttich«, sagte er, »und ich bin Bürger der DDR.« Er sei in Anklam bei Swinemünde in der DDR am 9. August 1939 geboren, sagte er noch.

An diesem 16. November 1979 erfuhr auch Helmut Schmidt von dem Fang – am richtigen Ort. Just an diesem Tag nämlich hatte erstmals ein deutscher Regierungschef die Verfassungsschützer in ihrem Hause besucht. Nach seiner Ansprache im BfV-Sitzungssaal in der 5. Etage hatte sich der Kanzler mit Innenminister Baum und Richard Meier sowie Gefolge in einen abhörsicheren Raum zu einem Gespräch in kleinem Kreis zurückgezogen. Da trat »der Grieche« (wie Spionageabwehrchef Hellenbroich von seinen Kollegen genannt wird) auf den Kanzler zu. »Herr Bundeskanzler«, sprach der Verfassungsschützer, »in Hamburg wurde soeben der mutmaßliche DDR-Spion Steinmüller alias Lüttich verhaftet.«

Ein seltener Fall, daß einem so hohen Gast im Bundesamt für Verfassungsschutz Arbeitsmethoden und Erfolg an ein und demselben Tag demonstriert werden können.

Der Bundesinnenminister, Gerhart Rudolf Baum, kommentierte die Lage im ganzen: »Allein in den ersten fünf Monaten des Jahres 1979 wurden mehr Agenten enttarnt als im ganzen Jahr 1978 (30 zu 17 Festnahmen und Enttarnungen). Diese Ergebnisse belegen die unvermindert anhaltende Spionageaktivität der Nachrichtendienste kommunistisch regierter Staaten, die vor allem den Bereichen der Verteidigung, der Wirtschaft sowie der Wissenschaft und Technik gelten. Hauptträger dieser Spionagetätigkeit waren wiederum die Nachrichtendienste der DDR. Knapp drei Viertel aller Spionageaufträge werden von ihnen erteilt.«

Das ist die Situation im sinistren Bereich von Spionage und Verrat in Deutschland. Nichts deutet darauf hin, daß sich diese Situation in einem zweigeteilten Deutschland ändern wird.

Spionagezentrale im Nobelviertel: Der Bundesnachrichtendienst ist in Münchens grünem Vorort Pullach beheimatet.

Was sind Staatsgeheimnisse?

Verbrechen und Vergehen gegen den Staatsschutz werden in der Bundesrepublik Deutschland durch die Paragraphen 93, 94, 98 und 99 des Strafgesetzbuches mit Strafe bedroht.
Paragraph 93: Begriff des Staatsgeheimnisses
(1) Staatsgeheimnisse sind Tatsachen, Gegenstände oder Erkenntnisse, die nur einem begrenzten Personenkreis zugänglich sind und vor einer fremden Macht geheimgehalten werden müssen, um die Gefahr eines schweren Nachteils für die äußere Sicherheit der Bundesrepublik Deutschland abzuwenden.

Paragraph 94: Landesverrat
(1) Wer ein Staatsgeheimnis
1. einer fremden Macht oder einem ihrer Mittelsmänner mitteilt oder
2. sonst an einen Unbefugten gelangen läßt oder öffentlich bekanntmacht, um die Bundesrepublik Deutschland zu benachteiligen oder eine fremde Macht zu begünstigen und dadurch die Gefahr eines schweren Nachteils für die äußere Sicherheit der Bundesrepublik Deutschland herbeiführt, wird mit Freiheitsstrafe nicht unter einem Jahr bestraft.
(2) In besonders schweren Fällen ist die Strafe lebenslängliche Freiheitsstrafe oder Freiheitsstrafe nicht unter fünf Jahren.

Paragraph 98: Landesverräterische Agententätigkeit
(1) Wer
1. für eine fremde Macht eine Tätigkeit ausübt, die auf die Erlangung oder Mitteilung von Staatsgeheimnissen gerichtet ist, oder
2. gegenüber einer fremden Macht oder einem ihrer Mittelsmänner sich zu einer solchen Tätigkeit bereit erklärt, wird mit Freiheitsstrafe bis zu fünf Jahren oder mit Geldstrafe bestraft, wenn die Tat nicht in den Paragraphen 94, 96 Abs. 1 mit Strafe bedroht ist. In besonders schweren Fällen ist die Strafe Freiheitsstrafe von einem Jahr bis zu zehn Jahren.
2. Das Gericht kann die Strafe nach seinem Ermessen mildern (Paragraph 49, Abs. 2) oder von einer Bestrafung nach diesen Vorschriften absehen, wenn der Täter freiwillig sein Verhalten aufgibt und sein Wissen einer Dienststelle offenbart.

Paragraph 99: Geheimdienstliche Agententätigkeit
(1) Wer
1. für den Geheimdienst einer fremden Macht eine geheimdienstliche Tätigkeit gegen die Bundesrepublik Deutschland ausübt, die auf die Mitteilung oder Lieferung von Tatsachen, Gegenständen oder Erkenntnissen gerichtet ist, oder
2. gegenüber dem Geheimdienst einer fremden Macht oder einem seiner Mittelsmänner sich zu einer solchen Tätigkeit bereit erklärt,
wird mit Freiheitsstrafe bis zu fünf Jahren oder Geldstrafe bestraft.
In besonders schweren Fällen ist die Strafe Freiheitsstrafe von einem Jahr bis zu zehn Jahren.
(Die Strafen können höher ausfallen, wenn andere Delikte – Diebstahl, Bestechung, Erpressung, Einbruch und so weiter mit zu den Anklagepunkten gehören.)

Grandseigneur der deutschen Spionageabwehr: Von Pullach aus führte Reinhard Gehlen (Abb. links) als Chef des Bundesnachrichtendienstes die Agentenjagd. Der Mann, der sich zu Lebzeiten nie in die Karten schauen ließ, enthüllte posthum in seinen Memoiren geheimdienstliche Erkenntnisse über die politische Szene in der Bundesrepublik.

DEUTSCHLAND IM FARBBILD

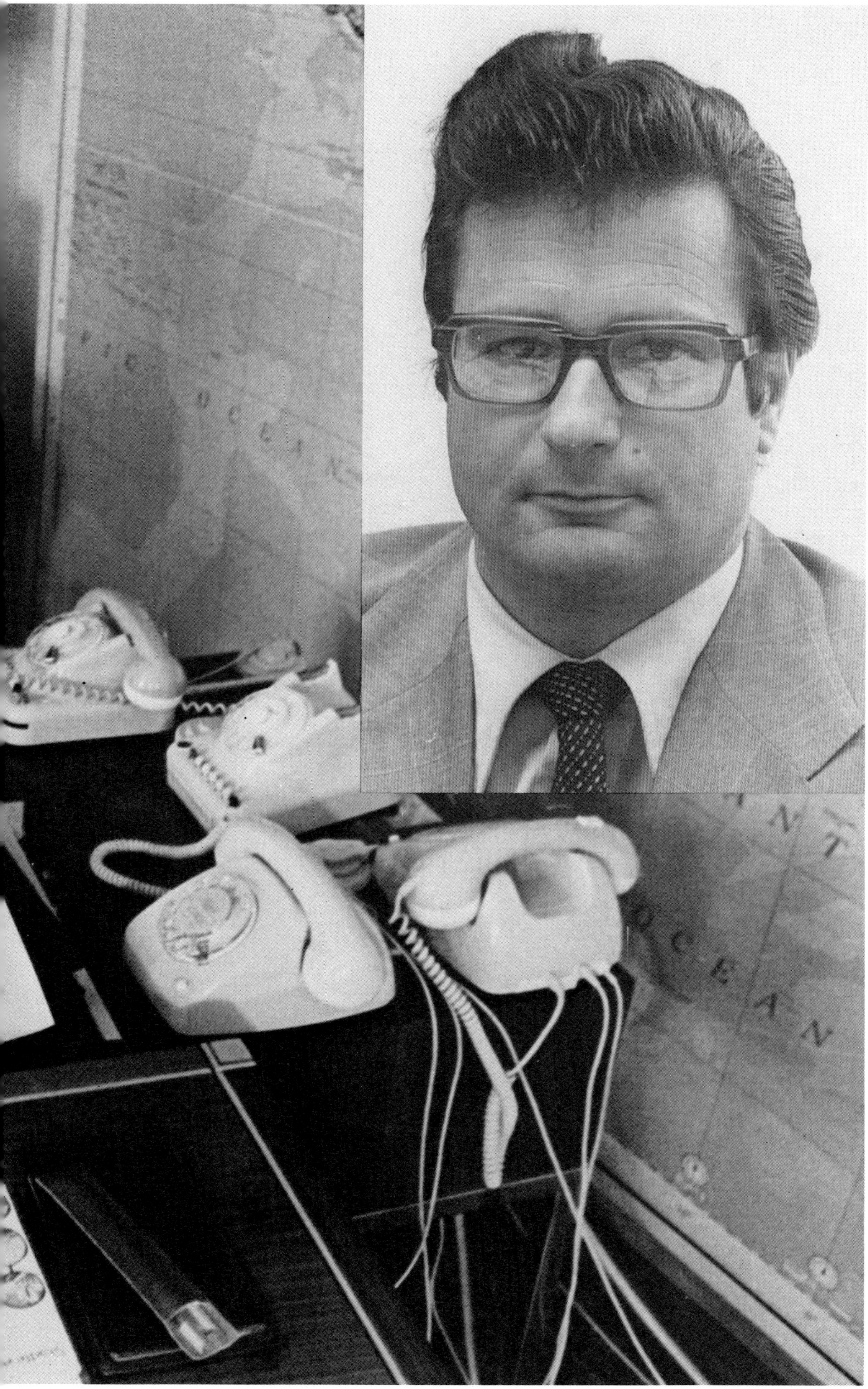

Wachablösung: Gerhard Wessel (Abb. ganz links), Nachfolger Gehlens als Chefaufklärer der Nation, machte im November 1978 mit Erreichen der Pensionsgrenze dem Ministerialdirektor im Auswärtigen Amt, Dr. Klaus Kinkel (Abb. links), Platz auf dem Chefsessel in Pullach.

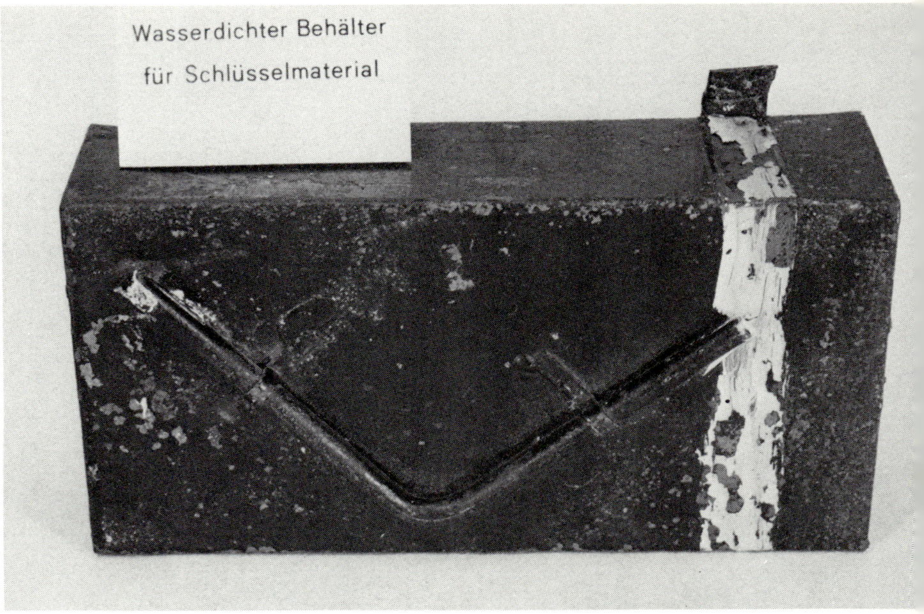

In der Mauer, auf der Lauer...

Beinahe verschämt, dafür bürokratisch korrekt, nennen die Geheimdienste ihre »Wanzen«, mit denen Telefongespräche und Unterhaltungen abgehört werden können, Lauschmittel. Das sind die gängigsten:

- **Passive »Wanzen« werden durch ein Funksignal in Funktion gesetzt und arbeiten unbegrenzt lange.**
- **»Wanzen« mit unbegrenzter Lebensdauer können auch im Handapparat des Telefons montiert werden; der Fernsprechstrom speist sie.**
- **Durch Richtmikrofone, die auf offene Fernsprechstellen und öffentliche Telefonkabinen sowie auf offene Räume eingestellt sind, kann gleichfalls mitgehört werden.**
- **Wird an den Verteilern einer Bundespost-Amtsleitung, die im Freien aufgestellt sind, eine Induktiv-Magnet-Kopplung angebracht, ist ebenfalls Mithören möglich.**
- **Mithörer können sich auch in Ferngespräche einschalten, die – zur Überbrückung großer Entfernungen – ins Funknetz gehen, indem sie sich in die Bundespost-Überleiteinrichtungen hängen.**
- **Schließlich ist Mithören möglich innerhalb einer hauseigenen Verbindung zwischen Haus- und Amtsleitung – durch galvanisches oder induktives Einschalten in die Leitung vom Verteilerraum aus.**

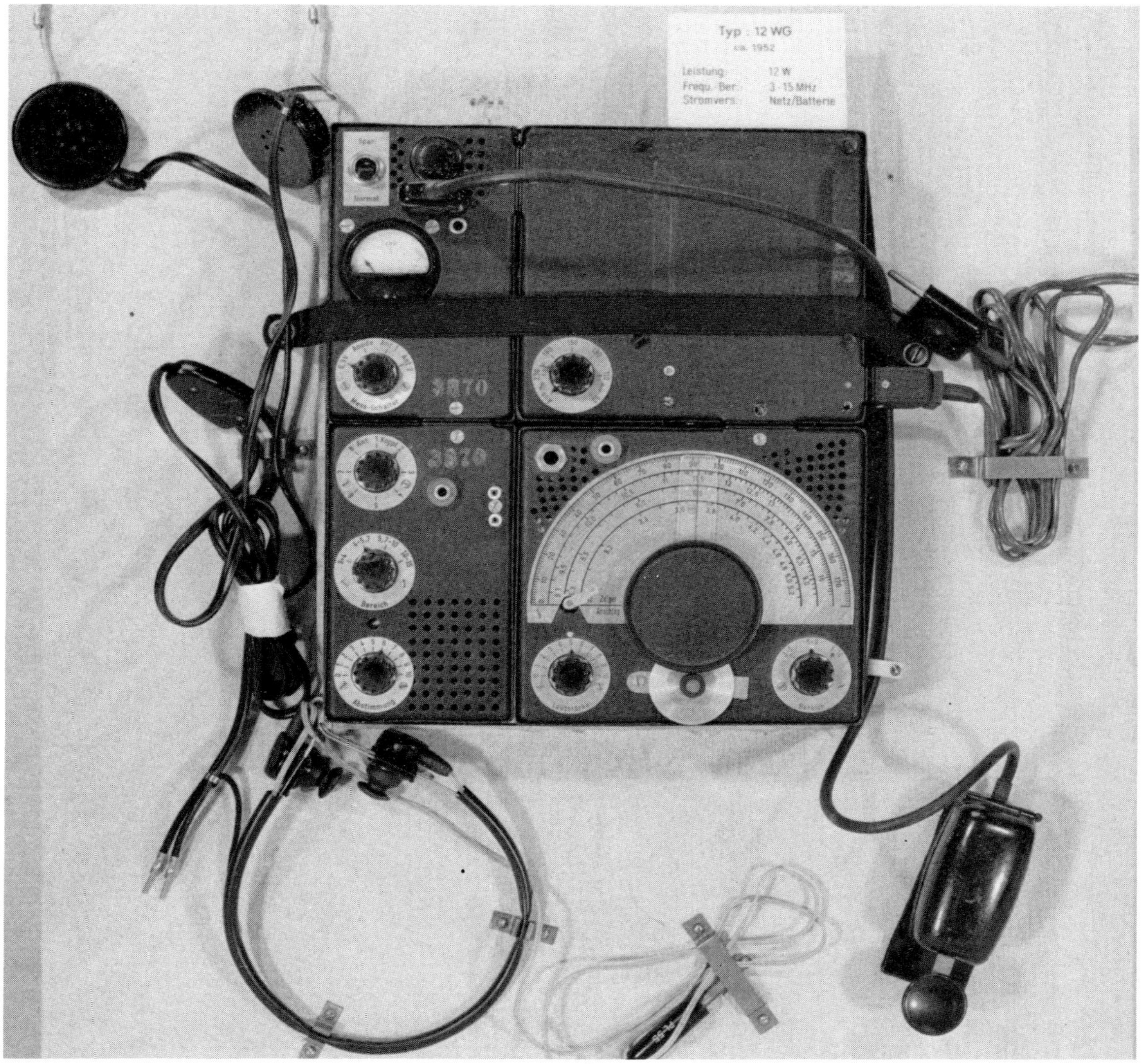

Technischer Fortschritt: Agenten und Abwehr machten sich gleichermaßen den Erfindergeist der Neuzeit zunutze. Ein wasserdichter Behälter für Schlüsselmaterial (Abb. links oben) erleichterte Spionen das Versteckspiel. »Lange Ohren« hatte der BND in Pullach dank modernster Richtantennen (Abb. links unten). Eine wesentliche Modernisierung machten die Sende- und Empfangsgeräte der deutschen Abwehr im Lauf eines einzigen Jahres durch: Wurde noch 1951 ein recht antiquiert anmutender Apparat verwendet (Abb. rechts unten), so leistete schon ein Jahr später ein technisch ausgereiftes Gerät beste Dienste (Abb. rechts oben).

Spionage in der Statistik

Im ersten Halbjahr 1978 registrierte die Abteilung Staatsschutz beim Bundeskriminalamt (BKA) in Wiesbaden 713 Spionageverdachtsfälle. In 201 Fällen (28,2 Prozent) konnten nach dem aktuellen Stand der Erkenntnisse strafrechtlich relevante Kontakte zu einem gegnerischen Geheimdienst beziehungsweise wirkliche nachrichtendienstliche Tätigkeit festgestellt werden. Gegenüber dem gleichen Zeitraum des Vorjahres (622 Spionageverdachtsfälle; 176 Fälle mit tatsächlichem geheimdienstlichem Bezug = 28,3 Prozent) bedeutet das einen Anstieg um 14 Prozent. Am häufigsten waren die Nachrichtendienste folgender Staaten tätig:

DDR
154 Fälle = 76,6 Prozent
ČSSR
18 Fälle = 9,6 Prozent
Polen
4 Fälle = 2,0 Prozent
UdSSR
9 Fälle = 4,5 Prozent

Diese Zahlen sind repräsentativer Durchschnitt. Schwankungen nach oben oder unten sind von Jahr zu Jahr geringfügig; mitunter wechseln die Staaten hinter der DDR die Reihenfolge der Plätze. So wurden im dritten Quartal 1979 von der DDR 175 Personen nachrichtendienstlich angesprochen, um sie zur Spionage zu veranlassen (erkannte Fälle). Weitere Auftraggeber waren die ČSSR mit 17, Polen mit 16, Rumänien mit zehn, die Sowjetunion mit fünf und Jugoslawien mit fünf nachrichtendienstlich tätig gewordenen Personen. Schlußlichter sind Bulgarien (zwei Personen) und Ungarn (eine Person). 1978 richteten sich über 70 Prozent der erkannten Werbungen und Werbungsversuche gegen Personen, die in der Bundesrepublik und Westberlin leben. Mehr als die Hälfte der angesprochenen Bundesbürger wurden bei Reisen in den kommunistischen Machtbereich nachrichtendienstlich angesprochen. Zum überwiegenden Teil gehen die Aktivitäten auf die Geheimdienste der DDR zurück: Zwischen 70 und über 80 Prozent (1977 waren es 85,6 Prozent!) aller Spionageaufträge gegen die Bundesrepublik werden vom zivilen und militärischen Nachrichtendienst der DDR erteilt.

In der Zange: Zu ihren Anwerbegesprächen wählen die Mitarbeiter des DDR-Ministeriums für Staatssicherheit gern feudale Restaurants. Ein gutes Essen, Versprechungen – so fängt es immer an. Ein Fotoreporter schoß unter großen Gefahren diese Aufnahme von zwei DDR-Agenten, die einen westdeutschen Studenten (Mitte) zur Spionagemitarbeit anwerben wollten. Tatort: das Ostberliner Hotel »Stadt Berlin«.

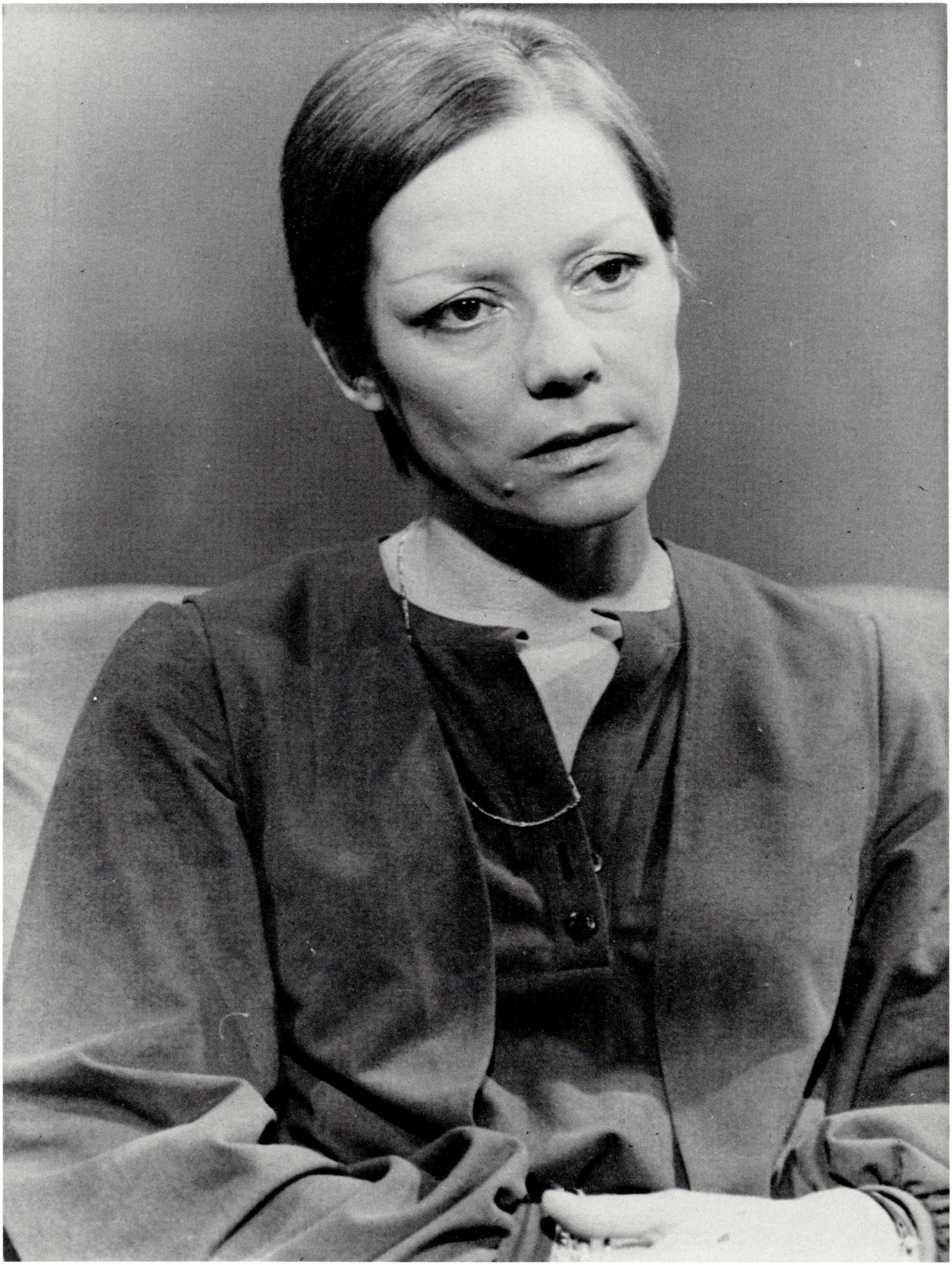

DIE MATA HARIS VON BONN

Emanzipation auf Abwegen: Ursel Lorenzen mischte kräftig mit im Agentengeschäft. Die Sekretärin verriet Nato-Geheimnisse.

Der Romeo sang wie eine Nachtigall. Flötete von Liebe, davon, daß sie die erste sei, bei der er Herzklopfen verspürte. Er pfeife auf alle anderen Frauen, die es gibt auf der Welt. Sagte er.

Die falschen Töne waren Musik in den Ohren der lebenslustigen Dagmar. Sie war 29, seit einem Jahr von einem Herrn Kahlig-Scheffler geschieden und machte Ferien am Schwarzen Meer. Die Sonne schien, die Wellen rauschten, nach einem Mann war ihr auch, und nun lief ihr dieser Typ über den Weg.

Gestern hatte sie ihn kennengelernt. Sie hatte mit ihrer kleinen Tochter vor einem Café an der Promenade gesessen und aus einem Eisbecher gelöffelt, da war er an ihren Tisch getreten und hatte – eine steinalte Masche, dachte sie – gefragt, ob der dritte Stuhl noch frei sei. Ja ja, hatte sie gesagt und gelächelt.

Manieren hatte er, das mußte man ihm lassen. »Gestatten Sie, daß ich mich vorstelle«, sagte er, bevor er sich setzte, »mein Name ist Richter. Herbert Richter. Ich bin hier auf Urlaub, wie Sie. Ich bin auch Deutscher – nur eben«, dabei zog er die Lippen zwischen die Zähne, »aus dem anderen Deutschland.« Komisch, hatte Dagmar gedacht, daß er das gleich dazusagt. Als ob er sich dafür entschuldigt. Das muß er doch nicht, das interessiert mich auch nicht. Mich interessiert etwas ganz anderes. Wenn der wüßte, woran ich interessiert bin.

Aber dann hatte er sich kaum noch um sie gekümmert. Er schäkerte mit dem Töchterlein. Wenn er jetzt fragt, ob sie noch ein Eis will, die Kleine, überlegte Dagmar, sage ich nein. Er fragte nicht. Statt dessen sagte er: »Ein Eis am Tag ist genug, Kind. Bei dieser Hitze.« Und pries die Vorzüge von kaltem Tee im Sommer.

Heute, am zweiten Tag der Bekanntschaft, saß er neben Dagmar im Sand und flüsterte die Dinge, die sie schon so oft gehört hatte, die sie auch immer wieder gern hörte, die auch immer wieder auf die gleichen mal hektischen, mal sanften Bindungen auf Zeit – Bettgeflüster eingeschlossen – hinausliefen und gegen die sie überhaupt nichts einzuwenden hatte. Allerdings war das diesmal anders. Dieser Herbert Richter brachte sie wahrhaftig durcheinander. Sie fragte sich ernsthaft zwei Dinge: Würde er ein guter Liebhaber sein?, und sollte das hier mehr sein als eine bloße Urlaubsliebelei?

Am dritten Tag wußte sie mehr. Der Kerl aus der DDR war der beste Liebhaber, den sie je in ihren Armen gehalten hatte. Die ganze Affäre begann nach mehr als einem Ferienflirt auszusehen.

Seit Jahren überprüfen »Tipper« und »Werber« der DDR-Geheimdienste systematisch Urlauber aus der Bundesrepublik Deutschland an der Schwarzmeerküste auf ihre Eignung als Spione. Auch »Romeos« werden eingesetzt: Männer vom Typ Mannsbild, vom Typ Kavalier, vom Schönling bis zum dreisten Draufgänger, alle ausgebildet und eingesetzt zum Ziel, Frauen den Kopf zu verdrehen und sie – nachdem sie sie von sich abhängig gemacht haben – zu Spioninnen zu machen. Ganz einfach, diese Methode, primitiv geradezu. Leider auch sehr wirkungsvoll.

Die Tipper und Werber bevorzugen alleinstehende Frauen, Mädchen ohne Freund oder Studenten; mitunter sprechen sie auch Ehepaare an – dann treten sie selbst mit Partner und sogar mit Kindern auf. Die Kontaktaufnahme, meist am Strand oder in Restaurants, die von Bundesbürgern gern besucht werden, erscheint zunächst unauffällig. Oft kommt es schon während des Urlaubs zu Freundschaften. Adressen werden ausgetauscht. Einladungen in die DDR werden ausgesprochen. Nach ihrer Rückkehr in die Zentrale des MfS in Ostberlin berichten die Tipper, Werber und Romeos ihrer Führungsstelle über die geschlossenen Bekanntschaften und über das den »neuen Freund« betreffende Hintergrundwissen.

Dagmar Kahlig-Scheffler, geborene Rimkus, war einem Romeo aufgesessen.

In einem Bericht des Bundesamtes für Verfassungsschutz (BfV) schildert ein Mitarbeiter der Abteilung IV »Spionageabwehr« (Leitung: Direktor Heribert Hellenbroich) den weiteren Verlauf der Anbahnung: »Unter Steuerung des DDR-Nachrichtendienstes entwickelt sich ein Briefwechsel, dem nach einer gewissen Zeit stets eine Einladung zu einem Besuch in der DDR oder zu einem Wiedersehen in Berlin (Ost) folgen. Bei diesen Zusammenkünften tritt dann der eigentliche Werber des Nachrichtendienstes, zunächst noch getarnt als Schulfreund oder Arbeitskollege der Urlaubsbekanntschaft, in Erscheinung. Durch anfangs banale und unwichtig erscheinende Beschaffungswünsche nach Büchern oder Zeitschriften wird der Kontaktierte allmählich in eine nachrichtendienstliche Mitarbeit verstrickt.

Die Werbung kann aber auch in der Bundesrepublik Deutschland erfolgen.«

Kein Jahr später heiratete Dagmar Kahlig-Scheffler in einem düsteren Raum eines düsteren Bürohauses in Ostberlin ihre Schwarzmeer-Liebe. Daß Herbert Richter in Wirklichkeit Herbert Schröter hieß, hatte er ihr längst gestanden. Die ganze Wahrheit sollte sie nach der formlosen Trauungszeremonie erfahren. »Das ist bei uns hier so«, meinte Schröter leichthin und wies auf den schmucklosen Raum. »Sozialismus duldet keinen überflüssigen Firlefanz.«

Und das, wo sie doch so romantisch war. Wenigstens ein paar Blumen gehören auf den Tisch, dachte sie; ein Kruzifix an der Wand kann ich ja hier schlecht erwarten. Aber ein bißchen Musik könnte schon auch sein. Nichts von alledem.

Dagmar Kahlig-Scheffler – verehelichte Schröter – mußte, wie ihre Vorgängerinnen, in der Bundesrepublik hinter Gitter. Sie weiß noch nicht einmal, ob sie überhaupt verheiratet ist mit diesem Schröter vom Ministerium für Staatssicherheit. »Man kann so etwas nur als Menschenverachtung bezeichnen«, sagte BfV-Spionenjäger Hellenbroich im Gespräch mit dem Verfasser. »Stellen Sie sich mal die Rücksichtslosigkeit vor, die Brutalität, mit der sich da eine immerhin

In der Falle des Romeo: Im Rumänien-Urlaub lernte Dagmar Kahlig-Scheffler (links) den Mann ihrer Träume kennen. Bald darauf war die Vorzimmerdame aus dem Bonner Bundeskanzleramt mit ihm verheiratet – mit dem DDR-Spitzel Herbert Schröter. Von nun an verriet sie aus Liebe Bonner Top-Geheimnisse. Ihre Leidenschaft büßte die lebenslustige Frau mit einem Aufenthalt hinter Gittern.

staatliche Ostbehörde so über Gefühle hinwegsetzt.«

Daß östliche Geheimdienste weibliche Spione in Bonn vorziehen, erklärt Hellenbroich so: »Sie haben Zugang zu vertraulichem Material; die Damen sitzen in Vorzimmern, da besteht ein gewisses Vertrauen zwischen Chef und Sekretärin, und das ist ja auch nötig. Aber es kann eben ausgenützt werden – wie die Praxis zeigt.«

Die Praxis im Fall der Frau Dagmar: Nachdem ihr Mann (der übrigens nicht mit ins Hochhaus an der Alexanderstraße 3 in Bonn-Beuel zog, sondern in Ostberlin wohnen blieb) sie in seinen Job als Geheimagent eingeweiht hatte, brachte sie es nicht fertig, sich von ihm zu trennen. Also beschaffte sie ihm aus der Abteilung II im Bonner Bundeskanzleramt, was ihr in die Finger und unter die Augen kam: Berichte von der Nachfolgekonferenz über Sicherheit und Zusammenarbeit in Europa (KSZE) und die Vorbereitungen der Bundesregierung dazu, auch Verhandlungsrichtlinien zu den Ost-West-Beziehungen und zum deutsch-deutschen Verhältnis. Was ihr aus der Gruppe 23 der Abteilung II (Sicherheitspolitik) bekannt wurde, brachte sie abends nach draußen. Sie trug, was sie – praktischerweise gleich als zusätzlichen Durchschlag – abgetippt hatte und was fotografiert werden sollte, nach Düsseldorf-Hassels in das Haus Am Schönenkamp 164. Dort nahm es der Ostagent Peter Georg Friedrich Goslar an; manchmal lieferte Dagmar auch bei dessen Mitarbeiterin Gudrun Maria Schlimper ab.

Nach ihrer Festnahme im Mai 1977 hörte sie selbstverständlich nichts mehr von Herbert Schröter. Die große Liebe war für sie zum großen Verrat geworden.

Wie weit das Spiel mit den Gefühlen des Opfers getrieben wird, hängt vom Einzelfall ab. Ostberlins Romeos sind da flexibel. Es kann bei einer simplen Freundschaft bleiben, und es kann eben – worauf die attraktive Dagmar hereinfiel – bis zur Hochzeit kommen.

Dabei war der Berufsverführer und Geheimagent Herbert Schröter schon zu der Zeit, als die Frau ihm aufsaß, den Spionenjägern in den Geheimdiensten der Bundesrepublik wohlbekannt. Und Dagmar war auch nicht sein erster »Erfolg«.

Sein erster Erfolg hieß Gerda. Gerda Ostenrieder war ein 19jähriges deutsches Au-pair-Mädchen in Paris, als sie sich dort 1963 in den 16 Jahre älteren Landsmann Herbert Schröter verliebte. Sie kam aus dem schwäbischen Denklingen. Er war sehr gewandt. Ihre Schwärmerei wurde zu Liebe.

Sie schwärmte und liebte unkritisch. Bei einem Besuch in Ostberlin ließ sich das Mädel zu »Sozialismus« und »Friedenslager« bekehren – »das Anfangsstadium war eine große Schwärmerei«, berichtete sie später. Das Ende bildete die Anklageschrift der Bundesanwaltschaft unter dem Aktenzeichen 7 BJS 125/73 »gegen Gerda Schröter geb. Ostenrieder«.

Im November 1965 trat die fest geworbene Geheimdienst-Gerda (Deckname: Rita), wohl wissend, was sie tat, als Sekretärin ins Auswärtige Amt zu Bonn ein. Der MfS-Gemahl Herbert arbeitete als technischer Kaufmann bei der Fried. Krupp Stahlhandelsfirma in Köln. Im Mai 1966 wurde die aufstrebende Jungsekretärin ins Referat ZB 6 (Chiffrier- und Fernmeldewesen) des Außenamts versetzt.

»Ich weiß gar nicht, was ich da alles rausgebracht habe«, erinnerte sich Gerda Ostenrieder/Schröter. Sie konnte zusätzliche Kopien von Berichten unbeobachtet und -kontrolliert anfertigen und sogar ganze Lochstreifen, auf die Telegramme vor der Sendung über den Fernschreiber gestanzt wurden, in der Handtasche mitgehen lassen. »Verschlußsachen flatterten da nur so rum«, erzählte sie freimütig.

Die Liebe hatte Gerda zur Spionin gemacht, aus Liebe machte sie damit Schluß. Im Mai 1970 war sie zur Sekretärin des Vortragenden Legationsrates Erster Klasse Niels Hansen aufgestiegen, im Oktober 1972 versetzte man sie an die deutsche Botschaft in Warschau (neuer Deckname: Greta).

In Warschau lernte sie den Korrespondenten einer westdeutschen Zeitung kennen. Erst ahnte er was. Dann stellte er neugierige Fragen. Schließlich legte sie ihm gegenüber eine Teilbeichte ab. »Stell dich doch selbst«, riet ihr der Mann, der ihre neue Liebe war. »Paragraph 153 c der Strafprozeßordnung macht die Einstellung eines Verfahrens möglich, wenn ein Spion vor Entdeckung seiner Tat durch Selbststellung eine Gefahr von der Bundesrepublik abwendet. Außerdem muß er natürlich sein Wissen offenbaren, das mit der Tat zusammenhängt«, drängte der Mann.

Nachmittags meldete sie ihrem Botschafter Hans Hellmuth Ruethe: »Ich habe seit acht Jahren für den Staatssicherheitsdienst gearbeitet.« Ihren Mann Herbert freilich hatte sie vorher in einem Telefongespräch nach Bonn gewarnt. Er setzte sich sofort nach Ostberlin ab.

Am 30. Mai 1973 standen vier Beamte der Sicherungsgruppe Bonn in Frankfurt am Main an der Gangway der Lufthansamaschine des Fluges LH 347 aus Warschau. Gerda Ostenrieder trat ihren Weg in die Reue an.

Bei Gerda Ostenrieder war noch Ideologie im Spiel gewesen. Bei Dagmar Kahlig-Scheffler war es nur mehr Gefühl. Verfassungsschützer Hellenbroich zum Autor: »An den Fällen der letzten Zeit sieht man, daß Ideologie fast gar keine Rolle mehr spielt. Zwar heißt es irgendwann mal, man sei ein Kämpfer für den Frieden. Aber das ist nicht entscheidend. Entscheidend ist die persönliche Bindung. Und es wird ja auch von drüben versucht, echte Bindungen herzustellen. Nicht Sex allein, sondern wirkliche Liebesbeziehungen.«

Die »Mata Haris von Bonn« haben das Urteil längst korrigiert, das Meisterspion Richard Sorge gefällt hatte: »Frauen sind für die Spionage völlig ungeeignet. Sie haben nur wenig Verständnis für die hohe Politik oder für militärische Sachen. Selbst wenn sie nur dafür eingesetzt werden, gegen ihre eigenen Ehemänner zu spionieren, verstehen sie nicht wirklich, worüber die Männer sprechen. Sie sind zu gefühlsduselig, sentimental und unzuverlässig.«

Ein Verdikt, das aus der Geschichte der Spionage heraus falsch ist. Denn Spioninnen – nüchtern, unsentimental und zuverlässig – gab es, seitdem es Spionage gibt. Falsch ist auch ein Vorurteil, das besonders in der Spionageliteratur gehätschelt wird: Spioninnen sind da immer schön, sexy, verführerisch, wahre Sirenen, die Männer in blinde Hörigkeit zu treiben pflegen und stets dramatisch, manchmal gar in einem Kloster enden. Gewiß gab und gibt es Geheimagentinnen, die sexy oder schön sind. Dagmar Kahlig-Scheffler konnte als attraktiv bezeichnet werden. »Die blonde Helma« aus der DDR – 1976 jüngste Spionin »von drüben« – galt als sexy.

Doch der Durchschnitt ist Durchschnitt. Was Schriftsteller gern ignorieren, ist obendrein die tausend Jahre alte Tatsache, daß gerade alte, unscheinbare Frauen unter ganz bestimmten Voraussetzungen die besseren Ergebnisse bringen. Ibn Kordadbeh etwa, im neunten Jahrhundert Postminister unter mehreren Kalifen im Orient, hatte sein frühes Postsystem (was sich bei Post allemal anbietet) zu einem dichten Zensur- und Spitzelnetz ausgebaut. In jeder großen Poststation saß ein Einsatzteam alter Frauen, die nichts anderes taten, als Klatsch zusammenzutragen. Was diese V-Frauen hörten, wurde gesammelt und nach Bagdad weitergemeldet. Der Kalif und sein Postminister waren so über nahezu alles informiert, was sich in ihrem großen Reich zutrug und zugeflüstert wurde.

Im Ersten Weltkrieg verfielen die Russen auf eine ähnliche Idee. Sie setzten keine verführerischen Vamps ein, sondern Muttitypen mittleren Alters, Frauen, die den Soldaten Socken stopften und Knöpfe annähten. Im Zweiten Weltkrieg griff die deutsche Gegenspionage das System auf. 1940 wohnte in Lissabon eine alte Engländerin, die ein offenes Herz und Haus für britische Mariner hatte. »Tantchen« nannten sie die Seeleute liebevoll; bei »Tantchen« gab es immer ein Glas Tee, sie stopfte Socken und sie sorgte für saubere Wäsche.

Eines Mittags stürmte ein junger Seemann in ihr Haus und rief: »›Tantchen‹, meine Wäsche, schnell!«

»Du wolltest sie erst Mittwoch holen, mein Junge.«

»Weiß ich«, sagte der junge Mann, »aber wir laufen heute abend mit der Flut aus und ...«

»Wieso das denn?«

»Wir stoßen auf See zu einem Geleitzug.«

»Und was wird aus deiner Wäsche? Willst du sie schmutzig mitnehmen?«

»Schick sie mir nach«, schlug der Seemann vor. Gefragt, wohin, meinte er: »Nach Gibraltar, ›Tantchen‹.«

Noch an diesem Nachmittag erfuhr der deutsche »Abwehr«-Resident in Lissabon von dem Geleitzug. Am Abend kannte die deutsche Marineleitung »Tantchens« Information.

Es gibt nicht viele Schiffswege zwischen Lissabon und Gibraltar, die in Frage kommen für einen Geleitzug. Aber es gab viele deutsche

Die Legende einer Legende

Jahrzehntelang galt sie als Inbegriff der Sünde, an der Spione untergehen. Ihr Leben füllt Bibliotheken. Ihr Name ist Pseudonym für Frauen zwischen Verrat und Liebe. Dabei hätte es bleiben sollen. Der Literatur, den Schwärmern und letztlich auch der Geschichte ist mit jener Demontage nicht geholfen, der Mata Hari so grausam ausgesetzt ist.
Sie, die selbst zur Legende wurde, hatte sich als einzige Parallele zu echten Spionen eine »Legende«, eine falsche Biographie, geschaffen. An diesem Lebenslauf, dem selbstgestrickten wie dem nachgedichteten, stimmt so gut wie nichts. Sie wurde nicht in Indien geboren, sondern im holländischen Leewarden. Den malayischen Namen Mata Hari gab sie sich selbst, sie war auf Margaretha Gertrude Zelle getauft. Ihr Mann Rudolph McLeod war kein Trinker, der sie schlug. Sie war es, die ihn betrog, die ihn schließlich verließ. Sie war nicht atemberaubend schön, vielmehr war sie gut beraten, nackt nicht ohne Büstenhalter aufzutreten. Sie hatte vom deutschen Geheimdienst die Codeziffer H 21 sowie 15 000 Mark erhalten – doch sie leistete keine wirklichen Spionagedienste für Deutschland: Ein Liebhaber, der zur deutschen Abwehr in Madrid gehörte, konnte sie nicht bezahlen und hatte sie auf seine Spesenliste gesetzt.
Der Liebhaber war auch nicht der spätere Admiral Canaris, wie kolportiert (allerdings hatte er die Tänzerin in Spanien kennengelernt). Tatsächlich tat sie gelegentlich Dienste für die Franzosen, verriet aber gegen Geld die Namen deutscher Spione, die sie in Frankreich gehört hatte, an die Belgier.
Und sie starb zitternd, arm und elend unter den Salven eines französischen Erschießungskommandos am 15. Oktober 1917 – nicht, wie Skandalreporter glauben machen wollten, mit weit geöffnetem Pelzmantel, unter dem sie nackt war, so daß die Schützen verwirrt danebenschossen.
Endlich bemächtigte sich die Legende noch ihrer Tochter – gleichfalls falsch. Die im Koreakrieg von Kommunisten 1950 erschossene Spionin Banda war nicht die Tochter Mata Haris. Deren lungenkranke Tochter Johanna Luise McLeod starb im Alter von 21 Jahren 1919 an einer Gehirnblutung in Velp bei Arnheim.
Doch es bleibt der Geschmähten, Geliebten und Unglücklichen der Triumph ihrer Unsterblichkeit: Mata Hari lebt!

U-Boote im Mittelmeer und im Atlantik vor der iberischen Halbinsel.

Zwar ist alle Welt geneigt, lieber den Storys von den schönen Mata Haris zu glauben. Dennoch vertrat »Abwehr«-Admiral Canaris den Standpunkt, daß Frauen in der Spionage zwar nützlich sind, in Auswertung und Analyse jedoch weniger. »Man kann sie zu Spitzeldiensten benutzen«, sagte er seinen Mitarbeitern, »aber man schläft nicht mit ihnen.« Just dazu aber, wer wollte das leugnen, bietet sich der Vamp eher an als das Muttchen.

Schon an den Höfen der Merowinger wurden Hausmeier und Hofadelige von schönen Intrigantinnen mit den Waffen einer Frau bekämpft und bespitzelt, selbstverständlich auf dem Umweg über die Pfühle in den Herrschaftshäusern. Ihren Einsatz lenkten die berüchtigt sittenlosen und unmoralischen Frankenkönige persönlich.

Auch daß der Hauptschauplatz von Spionage, durch weibliche Agenten betrieben, in Hauptstädten zu liegen pflegt, war zu allen Zeiten natürlich. Heute Bonn, gestern Berlin:

Ausgewählt und schön waren die Münchner Freundinnen des französischen Spezialkommissars im Pariser Geheimdienst, Hauptmann Tomps. Tomps war Ende des 19. Jahrhunderts in

eine Münchner Schule gegangen (sein Vater war Weinhändler in Bayern gewesen). Der Junge kannte Deutschland ausgezeichnet – und er wurde an der Isar zu einem gefürchteten Salonlöwen und Herzensbrecher. Die Zahl seiner Geliebten flüsterte Münchens damals noch ein wenig enger denkende feine Gesellschaft nur hinter vorgehaltener Hand. Von seiner Wehrdienstzeit kehrte der junge Tomps als ausgebildeter Geheimagent zurück: Seine gute Kenntnis Deutschlands hatte ihm dazu verholfen.

Nun veranlaßte er mit Geld und unter Vorwänden die Mehrzahl seiner vielen Freundinnen, nach Berlin und in Garnisonsstädte des Reichs überzusiedeln. Er besuchte sie gern und oft, und er erhielt immer kleine Mosaiksteinchen von ihnen aus dem militärischen Geschehen am Ort.

Am besten waren seine zwei schönen Lieblinge in Berlin (deren Namen die »Abwehr« nie preisgab): Noch vor dem Ersten Weltkrieg machten sich diese mehrere deutsche Offiziere in Berlin mit ihren Liebeskünsten so gefügig, daß die Herren »die Artillerie- und Ingenieurschule unter französischer Anleitung vollkommen ausstahlen« (»Abwehr«-Oberst Nicolai).

Romeos erstes Opfer: Schon Gerda Ostenrieder (unten) erlag Schröters Charme. Sie ließ sich mit Ideologie und Liebe zur Agentin bekehren.

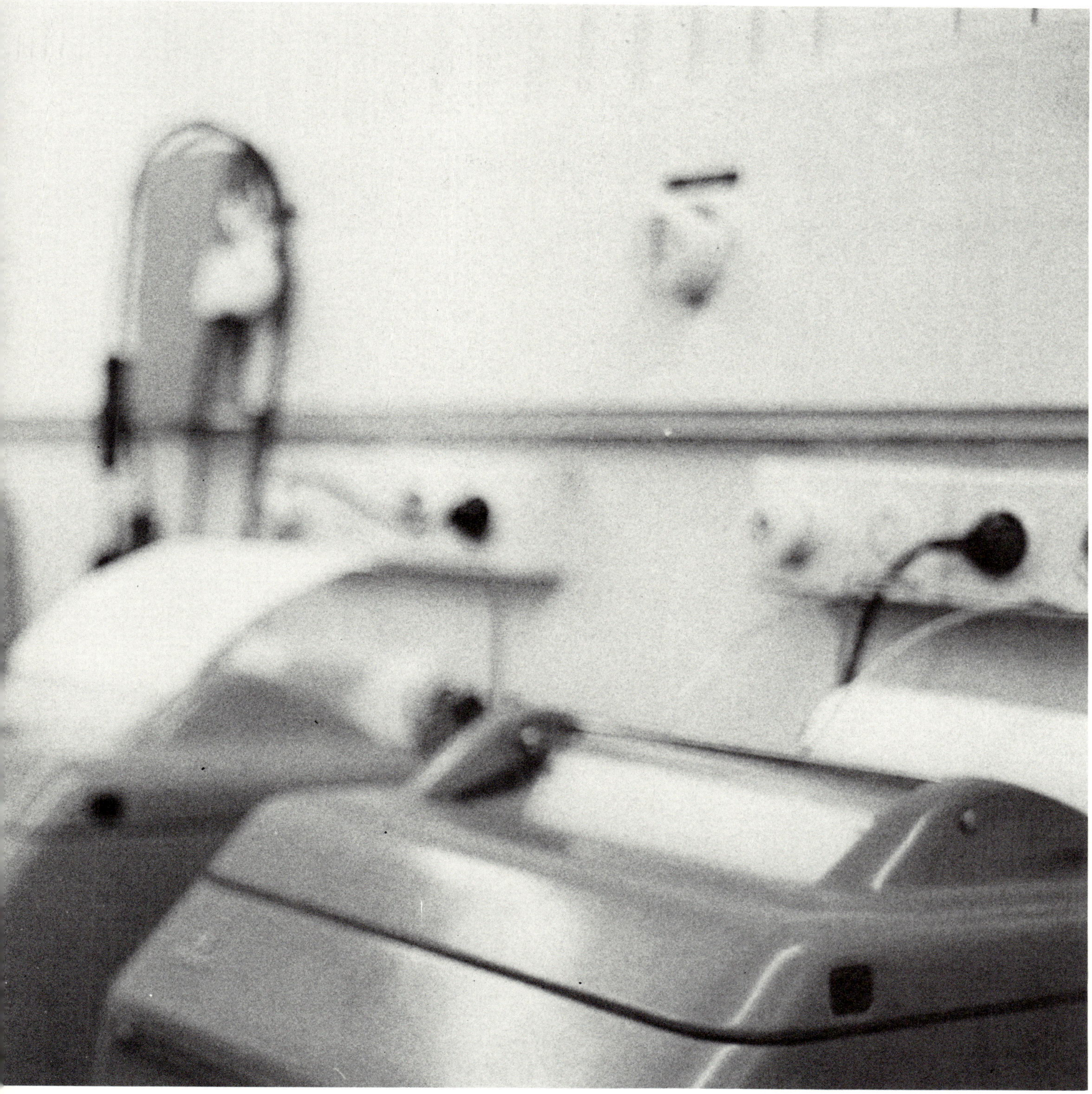

Die rote Ruth und die Weltrevolution

Die deutsche kommunistische Partei war – als KPD – noch keine vier Jahre alt, da schien sie fest in der Hand einer Frau zu sein: Ruth Fischer, die Kluge, Anziehende, Redegewandte, verhieß Deutschlands Arbeitern und Bauern Frieden, wirtschaftliche Gerechtigkeit und soziale Sicherheit. Mit ihrem russischen Mann Arkadij Maslow war sie für Lenin die deutsche Avantgarde in der Komintern. 1923 gehörte sie zum Strategiekader der GPU für Spionage, Subversion und Terror in Deutschland. Doch dann erkannte sie, daß Rußland die deutsche Rüstung brauchte und hofierte, daß deutsche Rohstoffe von den Sowjets eingekauft wurden, daß deutsche Maschinen und deutsches Kapital in der jungen Arbeiterrepublik willkommen waren. Sie fraß ihre Enttäuschung in sich hinein, blieb die radikalste, unnachgiebigste und politisch brutalste Frau im deutschen Reichstag – bis sie sah, wie Stalin Hitler und Hitler Stalin brauchte, der eine Diktator den anderen. Die Sowjetunion und die von ihr angestrebte Weltrevolution verloren ihre schneidigste Agentin. Stalin schloß sie aus der KP aus. Ruth Fischer blieb Sozialistin; dem Terror schwor sie ab. Am 13. März 1961 starb sie in Paris.

Lockmittel Liebe: Bei den Mata Haris von Bonn ist selten Geld im Spiel. Meist verführt männlicher Charme zur Spionage. So auch bei Inge Goliath (links), der Sekretärin des CDU-Politikers Werner Marx. In Ostberlin stellte sie sich mit ihrem Mann auf einer Pressekonferenz gemeinsam mit dem Chefredakteur der Zeitschrift »Horizonte« (Mitte) der Presse und damit östlicher Propaganda zur Verfügung.

Nicolais Untergebener Hauptmann Friedrich Monka war im Ersten Weltkrieg an der Westfront ähnlicher Versuchung ausgesetzt wie seine unglücklichen Berliner Offizierskameraden. Monka blieb freilich – in seinen aufgezeichneten Erinnerungen – standhafter. Der preußische Hauptmann über die französische Versuchung:

»In meinem Wirkungskreis wird mir eines Tages eine junge, bildschöne Dame als Mitarbeiterin vorgestellt – ›Madame du Pontis‹. Wie ich bald erfahre, ist es eine Französin aus aristokratischem Geblüt. – Sie macht einen ganz vorzüglichen Eindruck und ist das, was man eine der gefährlichsten Klippen für Männer nennt! – Eine sieghafte Schönheit! – –

Angeblich hat sie Frankreich verlassen, um sich bei angesehenen Verwandten in Belgien niederzulassen, weil sich ihr Vaterland ihr gegenüber undankbar erwiesen haben soll. Ohne auch nur im geringsten eine Höflichkeitsform zu verletzen, beobachte ich die Dame höflich reserviert, mit einem undefinierbaren Mißtrauen, das ich nach Kräften verberge. Die Französin gibt sich völlig unbefangen und plaudert mit der Gewandtheit der in aller Konversation sicheren Aristokratin drauflos. Offenbar kennt sie ihre Stärke oder glaubt die schwachen Männer zu kennen.

Ihr bestrickendes Äußere, die herrlichen Formen eines Weibes, in sehr gewählter Toilette wirkungsvoll zum Ausdruck gebracht, ein aus heißem, südländischem Temperament, Geist und Witz sprühendes Wesen, aber auch ein natürlicher Scharm und der gefährliche Reiz ihrer frischen, jugendlichen und sieghaften Schönheit, das alles ist dazu angetan, auch den stärksten Mann schließlich in Amors Bande zu schlagen.

Mit der Witterung eines Vampirs hat dieses diabolische Weib – ich mache mir kein Hehl daraus – auch sofort erkannt, daß ihr ›Kollege‹ (»Madame du Pontis« war dem »Abwehr«-Hauptmann als Mitarbeiterin vorgestellt worden – *Verf.*) einer schönen Frau den billigen Zoll der Bewunderung nicht versagt.

Doch instinktiv sage ich mir: Sei hier doppelt auf der Hut und stelle Taktik und Diplomatie auch in den Dienst der Minne – und Strategie und Männlichkeit in den Dienst des Vaterlandes!...

›Gewappnet‹, da ich in großen Zügen schon informiert bin, trete ich diesem ›Feind‹ gegenüber, mich konventionell höflich vorstellend: ›Fréd, mein Name!‹ –

›Das weiß ich bereits, Monsieur Fréd, und sogar noch mehr!‹ sprudelt es aus dem kleinen, entzückenden Mund. Die bezaubernd schöne ›Kollegin‹ macht gleich Anstalten, sich in meinem Arbeitszimmer häuslich niederzulassen. ›Sie sind, wie fast alle Deutschen, wohl sehr nett, aber durchaus nicht galant, sonst hätten Sie ihrem Famulus schon längst den Auftrag gegeben, eine Tasse Kaffee oder sonst was zu servieren?‹ ‹Ihr Wunsch, Madame, ist mir Befehl!‹ gebe ich höflich zurück. Mit einem einschmeichelnden Lächeln der Befriedigung und einer leichten Verneigung dankt Madame du Pontis mit der Geste einer großen Dame.

Pikante Chiffren

Daß V-Mann-Führer einer Mitarbeiterin »an die Wäsche gehen«, ist, wie man weiß, so selten nicht, wie sich das der Admiral Canaris gewünscht hatte. Daß man die laszive Formulierung auch anders verstehen und praktizieren kann, bewiesen 1917 ein deutscher »Abwehr«-offizier in Basel und sein Schweizer Kuriermädchen. Ihr Auftrag war es, in Frankreich bei den einzelnen deutschen Spionen Details über die Zusammensetzung von Fronttruppen abzufragen und über die Grenze zu tragen. Die Daten auswendig zu lernen, erwies sich als fehleranfällig. Also verfiel sie auf den Trick mit den Höschen. Kam sie nach Frankreich, führte sie Unterwäsche zum Wechseln mit. Verließ sie Frankreich, waren die Schlüpfer bestickt: mit Blüten und Blättern. Das rechte Bein war Norden, das linke Süd, vorn war Westen und hinten Osten. In der ersten Rose zählten die Dechiffrierer in Basel beispielsweise 14, in der zweiten 21, in der dritten Rose 30 Stiche. Auflösung: Die 14., die 21. und die 30. Division kamen an die Front. Waren Schmetterlinge dabei – einer mit 17, der andere mit 29 Stichen –, so blieben die 17. und die 29. Division in Reserve. Die Einheiten (Kavallerie, Artillerie, Infanterie) waren an den Farben kenntlich.
Das System funktionierte so gut, daß eine zweite Schweizerin, die für die Deutschen in Bern arbeitete, eingesetzt wurde. Sie war schlecht gewählt, denn sie war geizig. So erstand sie sehr preiswerte, ja schlicht billige Dessous. Während einer Grenzkontrolle bemerkte ein offensichtlich wäschekundiger französischer Zöllner, daß die Höschen des Mädchens zwar aus miserablem Material, aber reich bestickt waren. Er alarmierte seine Kollegen vom Deuxième Bureau. Die brachten die junge Frau zum Reden: Im Verhör brach sie zusammen. Sie wurde hingerichtet – ein Opfer ihres Mangels an Eitelkeit.

Bei einer Tasse Mokka setzt sich die schöne Französin in Positur. Völlig unbefangen plaudert sie, zieht sie – vielleicht unbewußt – bald alle Register weiblicher Betörungskunst. Äußerlich scheinbar begeistert, nehme ich – innerlich völlig ruhig – dieses herrliche Frauenbild in mich auf. Züge um Züge präge ich mir scharf ein. Eine unbestimmte Ahnung sagt mir, daß uns von diesem berückenden Weib Verderben droht... Und dazwischen spricht eine leise innere Stimme für sie...

Wie kannst du dieses göttliche Weib, dem die Unschuld förmlich aus Gesicht und Gebärden leuchtet, ohne weiteres mit dem Odium des Verdachtes, eine Verräterin hüben und drüben zu sein, behaften? frage ich mich.«

Monka widerstand trotz »rasenden Blutes« und zeitweise »sinnbetört dahintaumelnd«. Es folgte noch ein tätlicher, handgreiflicher Verführungsangriff auf den arg widerspenstigen Preußen; während eines Soupers – selbstverständlich in einem Chambre separée – schwebte sogar eine halbnackte Nymphe durchs Gemach; endlich fuhr man noch gemeinsam zu einem konspirativen Treff mit deutschen »Abwehr«-Offizieren.

Natürlich überführte Monka die Madame du Pontis als Spionin. Und das entgegen allen überaus plastisch geschilderten sinnbetörenden Aktivitäten der schönen Französin in kalter Profi-Manier. Als Monsieur Vandenberg und mit falschen Papieren auf diesen Namen lockte der Gegenspionage-Hauptmann seine aggressive Verführerin am Ende in die Falle.

Seine von unfreiwilliger grammatikalischer Komik bestimmten Memoiren hinterließ er nicht unter dem Pseudonym Vandenberg.

Dramatik ist allemal drin im Untergrundkrieg zwischen Spionen und Spionenjägern. Inzwischen aber sind es eben längst nicht mehr allein die L'amour-anfälligen Männer, die in steter Gefahr schweben, von engelhaften, aber tükkischen Weibern umgarnt zu werden. Die Mädchen und Frauen, die in Bonn und nicht nur da die Vorzimmer der Minister und der Bundesämter besetzen, sind mittlerweile nicht weniger gefährdet. »Oft sind sie allein«, skizzierte sie Spionageabwehrchef Heribert Hellenbroich (der selber aussieht wie ein Mann, auf den die Mata Haris fliegen), »oft haben sie keinen Kontakt, keinen Freund, keine Freundin. Ganz klar, daß sie besonders günstige Ansprechmöglichkeiten bieten.«

Ganz klar auch mithin, daß ausgerechnet Bonn, die betuliche Stadt, zum Hauptschauplatz immer neuer Spionageskandale gerät, in die mehr oder minder einsame, mehr oder weniger attraktive Frauen mit Haupt- oder Nebenrollen verwickelt sind. Neben dem Fall Lutze und den Agentinnen Kahlig-Scheffler, Sütterlin und Ostenrieder hielt just in jüngster Zeit eine stattliche Reihe von Verratsfällen mit weiblichen Akteuren die Abwehragenten unserer Geheimdienste in Spannung.

So hatten Vernehmungen aus dem Jahr 1978 dazu geführt, daß am 2. Februar 1979 die Sekretärin an der Ständigen Vertretung der Bundesrepublik Deutschland bei der Nato, Ingrid Garbe, unter Spionageverdacht festgenommen werden mußte. Sie war die Freundin eines eingeschleusten Ostagenten. Ihr Freund und Führungsoffizier vom MfS: der aus Kanada eingewanderte (inzwischen verschwundene) Christian Willes.

Offensichtlich als Reaktion auf diese Verhaftung setzte sich am 5./6. März 1979 die Mitarbeiterin im Nato-Generalsekretariat in Brüssel, Ursel Lorenzen, in die DDR ab. Ihr Freund und MfS-Führungsoffizier: ein gewisser Dieter Will, Hotelkaufmann in Brüssel, der vier Wochen nach Ingrid Garbes Verhaftung abtauchte.

Am 6. März konnte die Sekretärin des Hauptabteilungsleiters Organisation der CDU-Bundesgeschäftsstelle, Ursula Höfs, mit ihrem Mann Jürgen Erwin Willi Höfs – der als eingesetzter MfS-Offizier enttarnt wurde – verhaftet werden. Herr Höfs lebte, wie das Landesamt für Verfassungsschutz in Niedersachsen ermittelte, unter den biographischen Daten eines anderen, in der DDR lebenden Bürgers in der Bundesrepublik und war 1965 angeblich aus dem elsässischen Colmar zugewandert.

In den folgenden Tagen bis zum 19. März setzten sich zwei weitere Sekretärinnen prominenter CDU-Politiker sowie die Sekretärin eines Staatssekretärs im Bundesfinanzministerium ab. In allen drei Fällen waren die Liebhaber der Sekretärinnen eingeschleuste Ostberliner Romeos.

Seit dem 9. März 1979 ist die Sekretärin des außenpolitischen Sprechers der CDU/CSU-Bundestagsfraktion, Dr. Werner Marx, Inge Goliath, zusammen mit ihrem Mann Wolfgang verschwunden. Die DDR-Nachrichtenagentur ADN meldete ihre Ankunft in Ostberlin. Wolfgang Goliath war 1961 – angeblich aus Perth in Schottland kommend – in die Bundesrepublik eingereist. Frau Inge, geborene Hanke, hatte er 1967 geheiratet.

Auch die seit dem 12. März verschwundene persönliche Sekretärin des stellvertretenden CDU-Bundesvorsitzenden Professor Dr. Kurt Biedenkopf, Christel Broszwy, hat sich in die DDR zurückgezogen. Sie war mit dem Agraringenieur Konrad Kipping von der Firma Keller-Biomatik-Kopiertechnik befreundet – auch er ist abgetaucht.

Die Sekretärin des Staatssekretärs im Bundesfinanzministerium, Manfred Lahnstein, endlich ist seit dem 19. März abgängig: Helga Rödiger floh mit ihrem langjährigen Freund, dem Chemie-Facharbeiter Robert Kresse. Aus Ostberlin rief sie ihre Mutter an: »Ich bin jetzt hier drüben, und hier bleibe ich auch.«

Die Spionenjäger vom Bundesamt für Verfassungsschutz, vom Bundesnachrichtendienst und vom MAD sagen: Das ist die »Strecke« eines Jahres, nur die aus 1979.

Die Beute einer Jagdzeit markiert nicht das Ende aller Jagden. Wild wächst nach. Und seine Jäger sind immer auf der Pirsch. Spionage kennt keine Schonzeit.

TOTO

ANHANG

Im Rückspiegel: Schnüffelei und Spionage gibt es, seit Menschen in Gemeinschaften zusammenleben. Der Drang, mehr zu wissen als die anderen, besser informiert zu sein, bildet einen gefährlichen Reiz. So geht die Jagd immer weiter.

FACHSPRACHE VON SPIONAGE UND ABWEHR

A

A. Ausl. Abw.
Amtsgruppe Auslandsnachrichten und Abwehr (von 1933 bis 1945)

Abklären
Verdeckte Personenüberprüfung (Beruf, politische Einstellung, Schulden, Laster, Leidenschaften, Verwandtschaft)

Abschöpfen
Einem Gesprächspartner interessantes Wissen entlocken und ihn so unbewußt zur Spionagequelle machen

AbwB
Abwehrbeobachter

Agent
In geheimem Nachrichtendienst tätige Person

Agentennetz
Unter einer Führung stehende Spionagegruppe (2 bis 6 Agenten)

Akklimatisieren
Eingewöhnen im Einsatzgebiet

Analyse
Vergleichende Auswertung

Anbahnung
Getarntes vorfühlendes Gespräch vor einem späteren Anwerbungsversuch

Anwerbung
Verpflichtung zu Agenten- bzw. Spionagetätigkeit mit schriftlicher Geheimhaltungsverpflichtung

Anst
Abwehrnebenstelle

AO
Abwehroffizier

ASBw
Amt für Sicherheit der Bundeswehr

Augenerkundung
Spionage durch Beobachtung sichtbarer Objekte, beispielsweise Flugplätze, Depots, Kasernen, Dienststellen, Manöver

Auskunftspersonen
Unter einer Legende – Tarnung, falsche Berufsangabe, falscher Name – befragte Nachbarn, Bekannte und Kontaktpersonen einer Zielperson

Auslösen
Abgabe eines Vorgangs der Spionageabwehr an Polizei oder Staatsanwaltschaft zur strafrechtlichen Verfolgung

Ausweichtreff
Vorbeugend festgelegter neuer Treffpunkt und Rendezvouszeit, falls die erste vereinbarte Begegnung nicht zustande kam

Ausweisdeckung
Der vom Agenten verwendete Falschausweis hat Personaldaten einer existierenden Person

AVH
Allamvedelmi Hatosag (ungarisch = Ungarische Staatssicherheitsverwaltung)

B

BfV
Bundesamt für Verfassungsschutz

Beschattung
Unauffälliges Beobachten Spionageverdächtiger

BND
Bundesnachrichtendienst

BWB
Bundesamt für Wehrtechnik und Beschaffung

C

Chiffrieren
Verschlüsseln; in Geheimschrift abfassen

CIA
Central Intelligence Agency; Abwehr- und Nachrichtendienst der USA

CIC
Counter Intelligence Corps; militärische Abwehr der USA

Code
Zahlen- oder Wörtergruppen zum Chiffrieren geheimer Nachrichten

Container
Behälter mit Versteck zur Nachrichtenübermittlung und zur Deponierung von Mitteilungen

D

Deckadresse
Unverdächtig erscheinende Privatadresse, hinter der sich ein Nachrichtendienst verbirgt

Dechiffrieren
Entschlüsseln von Geheimschriften

DGSS
Direktiva Generala a Sigmanti/Statulni (rumänisch = Rumänische Generaldirektion für Staatssicherheit)

Dokumentenfoto
Fotografie eines geheimen Schriftstücks

DS
Dargawno Sigurnost (bulgarisch = Bulgarischer Staatssicherheitsdienst)

E

Einflußagent
Agent, der aufgrund seiner Vertrauensstellung bei einem Politiker, einem Staatsmann, einem Wirtschaftsführer oder Militär Einfluß im Interesse seines eigenen, feindlichen Nachrichtendienstes ausübt

E-Offz.
Ergänzungsoffiziere: Offiziere, die bei der Wiederaufrüstung der Wehrmacht im Dritten Reich für Organisationsarbeiten eingestellt oder reaktiviert wurden

Einschleusen
Ein Agent wird illegal über eine Staatsgrenze in sein Zielland »eingeschleust« oder bei Behörden oder Firmen mit Legende und falschen Papieren untergebracht

Einzelagent
Alleingänger ohne Anschluß an eine Spionagegruppe oder an ein Netz. Er hat nur Kontakt zu seinem Führungsoffizier und keine Verbindung zu Kurieren

Erkennungsparole
Stichworte, die bei Treffs einander unbekannter Agenten oder Kuriere oder Agenten und Kuriere zur Identifizierung ausgetauscht werden (auch: halbierte Ansichtskarte – eine Hälfte hat der V-Mann, die andere der Kurier)

Ermittler
Durch eine Legende getarnter Mitarbeiter eines Nachrichtendienstes (eingesetzt bei »Abklärung«)

Erstansprache
Erstes persönliches Gespräch eines Agenten (versteckt oder offen) mit einer zu werbenden Zielperson

F

FBI
Federal Bureau of Investigation (in den USA dem deutschen Bundeskriminalamt vergleichbar)

Forscher
Agent, der Hinweise eines Tippers durch Personenabklärung eines möglichen Nachrichtendienst-Mitarbeiters abklärt und alle erreichbaren Unterlagen über diesen ausforscht

Führungsoffizier
Agent im gegnerischen Führungsapparat, der die Ausbildung eines Spions leitet, seinen Einsatz lenkt und ihm Aufträge erteilt

G

G-2-Offizier
G-2- bzw. bei kleineren Bundeswehreinheiten S-2-Offiziere sind wie G 1/S oder G 3/S 3 Stabsangehörige der jeweiligen Truppe. Sie unterstehen dem Kommandeur (Kdr) der Einheit in jeder, also auch in fachlicher Hinsicht. So sind sie sozusagen Bindeglied zwischen Truppe und MAD

Getippt
Gegebener Hinweis auf eine Person, die als möglicher Spion/Agent angeworben werden kann

Gestapo
Geheime Staatspolizei (zwischen 1933 und 1945)

GI
Geheimer Informant

GM
Geheimer Mitarbeiter

GPU
Gossudarstwennoje polititscheskoje uprawljenie (russisch = Staatspolitisches Direktorium); gegründet am 6. Februar 1922

GRU
Glawnoje raswediwatelnoje uprawljenie (russisch = Hauptnachrichten-Direktorium); Hauptverwaltung für Erkundung im Volkskommissariat für Verteidigung der UdSSR

GUGB
Glawnoje uprawljenie gossudarstwennoj Bezopasnasti (russisch = Hauptverwaltung für Staatssicherheit im Volkskommissariat); für Innere Angelegenheiten der UdSSR

GV
Gelegentlicher Informant (Vertrauensmann)

GW
Abteilung des Ostberliner MfS zur »Gewaltsamen Aufklärung«: Menschenraub, Mord, Sabotage, Nachrichtenbeschaffung durch Erpressung, Einbruch oder andere Gewaltverbrechen

H

Hauskapelle
(HK) Sondergruppe der Gegenspionage (Abt. III F) in der Abwehr der Deutschen Wehrmacht für Sicherungsaufgaben innerhalb der eigenen Organisation

HA VIII
Hauptabteilung VIII im MfS

HVA
Hauptverwaltung Aufklärung im MfS (ausschließlich für operative Spionage in der Bundesrepublik und in westlichem Ausland zuständig)

I

Ia
I = römisch eins. 1. Generalstabsoffizier einer höheren Dienststelle und Leiter der Führungsabteilung (von Division aufwärts)

Ic
I = römisch eins. Nachrichtenoffizier (Feindbild)

IcAO
I = römisch eins. Leiter der Abwehrstelle beim Wehrkreiskommando

Illegale
Personenklärung siehe Abklären

Instrukteur
Kurier einer Spionagedienststelle mit Kontroll- und Weisungsrecht gegenüber einem Agenten im Einsatz

Intelligence Service
Britischer Nachrichtendienst

K

Kapelle
Agentengruppe mit eigenem Funkkontakt zur Zentrale

KD
Kreisdienststelle des MfS

KGB
Komitet Gossudarstwennoj Bezopasnosti (russisch = Komitee für Staatssicherheit); ziviler Nachrichtendienst der UDSSR. Nach der Hinrichtung des sowjetischen Geheimpolizeichefs Lawrentij Berija wurden Spionage und Gegenspionage aus dem Innenministerium ausgegliedert und dem KGB unterstellt

Kompromat
Aus der Terminologie des MfS: Belastendes Material gegen eine Person; bei Anwerbungsversuch zur Spionage wird mit Veröffentlichung gedroht

Konspiration
Verschwörung, geheimes Bündnis, Verpflichtung zur Geheimhaltung

Konspirativ
Sich getarnt und vorsichtig verhalten

Konspirativer Treff
Getarntes geheimes Rendezvous zwischen Agenten/Kurieren

KOS
Kontra Obavestajna Stuzba (jugoslawisch = Militärischer Sicherheitsdienst Jugoslawiens)

KPO
Katonai Politikai Osztaly (ungarisch = Militärischer Nachrichtendienst Ungarns)

Kurier
Beauftragter eines Nachrichtendienstes, der geheime Schriftstücke, Geld oder Ausrüstung abholt und überbringt und geheime Verstecke leert und füllt

KW
Konspirative Wohnung (siehe konspirativ)

L

Latente Schrift
Unsichtbare Schrift, die durch chemische Behandlung sichtbar gemacht wird

Legale Residenturen
Spionage-Stützpunkte der Warschauer-Pakt-Staaten in ihren Botschaften, Konsulaten, Handelsvertretungen und Pressevertretungen

LfV
Landesamt für Verfassungsschutz

Legende
Erfundener Lebenslauf oder erfundene Begebenheit, die echt erscheinen (und erster Überprüfung meist standhalten), aber gefälscht sind

M

MAD
Militärischer Abschirmdienst der Deutschen Bundeswehr

MfS
Ministerium für Staatssicherheit der DDR

MID
Military Intelligence Department (Militärischer Sicherheitsdienst der USA)

Mikrat
Fotografie eines Dokuments in Kleinstformat (die Kamera ist mit einem Mikroskop gekoppelt)

MI 5
Militärische Spionageabwehr (Abteilung 5) in Großbritannien

MI 6
Englische Militärische aktive Spionage (Abteilung 6/Ausland)

Musiker
Agentenfunker (auch: Pianist)

N

Nato
North Atlantic Treaty Organization (Nordatlantikpakt)

ND
Nachrichtendienst

ND-Kontakt
Unbewußter oder bewußter, vorsätzlicher oder ungewollter Kontakt zu einem gegnerischen Geheimdienst

NID
Naval Intelligence Department (Marine-Sicherheitsdienst der USA)

NKWD
Narodnij komissariat wnutrenich djel (russisch = Volkskommissariat für Innere Angelegenheiten); Hauptverwaltung der politischen Polizei

NTS
Narodno-Trudowoj Sojus (russisch = Nationaler Bund der Schaffenden; russische Emigrantenorganisation in der Bundesrepublik)

NVA
Nationale Volks-Armee der DDR

O

Observation
Unauffällige Beobachtung eines Spionageverdächtigen (Beschattung)

Offenbaren
Einer Abwehrbehörde die eigene nachrichtendienstliche Tätigkeit für eine gegnerische Spionage-Organisation mitteilen

OGPU
Objedinnoje gòssudarstwennoje polititscheskoje uprawljenie (russisch = Vereinigtes staatspolitisches Direktorium); Abteilung der reorganisierten GPU, die 1924 Aufgaben des militärischen Nachrichtendienstes übernahm

Operationspunkte
Standorte (Ausgangspunkte) des sowjetischen Geheimdienstes in der DDR gegen die Bundesrepublik

Operativ
Aktive gesteuerte Handlung zur Nachrichtengewinnung über einen Gegner. Passive Abwehr dagegen bedeutet die Abwehr gegnerischer Spione im eigenen Staat

OSS
Office of Strategic Services (Militärische Abwehr und Aufklärung der USA im Zweiten Weltkrieg)

P

Parole
Auch: Parolewort. Verabredetes Kennwort (siehe Erkennungsparole)

Personalausweisdeckung
Echter Ausweis mit ausgetauschtem Paßbild

Piano
Funkgerät

PND
Polnischer Nachrichtendienst

Q

Quelle
Nachrichtendienstlich interessante Auskunftsperson oder anderes Informationsmittel

R

Raven
Englischer Ausdruck für »Romeo«

Raswedupr
Glawnoje Raswedywatelnoje Uprawenije (russisch = Hauptverwaltung Aufklärung des sowjetischen Geheimdienstes/Ausland vor dem Zweiten Weltkrieg)

Resident
Führer eines Agenten im Einsatzland, als Konsular-, Botschafts- oder Wirtschaftsfunktionär getarnt

Romeo
Agent, zum Abschöpfen, zur Anbahnung oder Werbung eines weiblichen Opfers angesetzt

RSHA
Reichssicherheitshauptamt (von 1933 bis 1945)

RU
Raswedka Uprawljenie (russisch = Aufklärungsdienst im Militärbereich)

S

SB
Stuzba Bespieczenstwa (polnisch = Sicherheitsdienst)

Schläfer
Nicht aktivierter, stillgelegter Agent/Spion

Schweigeagent
Spion oder Funkagent, der getarnt im Einsatzgebiet wohnt und erst in Krisen- oder Kriegszeiten aktiviert wird

Schweigenetz
Ring stillgelegter Spione/Agenten

SD
Auch: SSD oder »Stasi«, Staatssicherheitsdienst der DDR

SHV
Sowjetische Handelsvertretung (Sitz in der Bundesrepublik: Köln)

Sicherheitskalender
Verabredete Wörter oder Zahlen oder Zeichen zwischen Agent und Agentenführer zur Warnung bei Gefahr

SIM
Servizio Italiano Militare (Italienischer Militärgeheimdienst)

S.I.S.
Englands »Secret Intelligence Service«, seit 1911 Geheimer Nachrichtendienst unter Kontrolle des Foreign Office (Außenamt)

SMM
Sowjetische Militärmission (in der Bundesrepublik mit exterritorialem Status in Bünde, Baden-Baden und Frankfurt)

SOVAG
Schwarzmeer- und Ostsee-Transport-Versicherungs-AG (deutsche AG mit sowjetischem Kapital und sowjetischer Leitung)

SOWFRACHT
Sowjet-Büro in Hamburg für die Befrachtung von Schiffen mit sowjetischer Handelsware

Standardtreff
Feststehende Treffzeiten zwischen Agent und Kurier oder Resident und V-Mann (Wochentag, Uhrzeit und Treffort bleiben unverändert)

Strohmann
Unbewußter Helfer gegnerischer Geheimdienste

StB
Statni Bezpecnosti (tschechisch = Staatssicherheitsdienst der ČSSR)

Subversiv
Durch Unterwanderung und Zersetzung auf Umsturz hinarbeiten

Swallow
Agentin, zum Abschöpfen, zur Anbahnung oder Werbung eines männlichen Opfers angesetzt

T

Tarnung
Maßnahmen, mit denen die eigene Tätigkeit abgedeckt oder unsichtbar gemacht wird

TBK
Toter Briefkasten (Versteck von Geheimmaterial in hohlen Bäumen, hinter Grabsteinen, in alten Mauern oder Radkappen zur Weitergabe an einen Kurier)

Tipper
Hinweisgeber. Sie sondieren systematisch interessante Kreise nach geeigneten Mitarbeitern, ohne daß diese zunächst davon erfahren

Tscheka
Tschreswitschainaja komissija po borbje s kontrrewoljuzieij, spekulziej i sabotazem (russisch = Außerordentliche Kommission für Bekämpfung der Konterrevolution, Spekulantentum und Sabotage); gegründet am 20. Dezember 1917

U

UB
Uczad Bespieczenstwa (polnisch = Amt für Sicherheit in Polen)

UDB
Uprava Drzarne Berbednosti (jugoslawisch = Staatssicherheitsdienst in Jugoslawien)

V

VfK
Verwaltung für Koordinierung. Tarnbezeichnung für den militärischen Spionagedienst der NVA

VKR
Vojenska Kontra Rozvedka (polnisch = Gegenspionage der polnischen Volksarmee)

VM
Vertrauensmann eines geheimen Nachrichtendienstes (auch: V-Mann)

VMF
V-Mann-Führer; Führungsoffizier

Vorsignal
Zeichen an Gebäuden, Brücken, Bäumen, Mauern oder ähnlichem, das auf Füllung oder Leerung eines TBK hinweist

VS
Verschlußsache (amtliches Schriftstück mit vertraulichem Inhalt) unter Geheimhaltungsgrad. VS ist unter Verschluß zu halten

W

Werber
Agent eines Nachrichtendienstes, der eine vom Tipper genannte und vom Forscher abgeklärte Zielperson anspricht und zur Mitarbeit für einen Geheimdienst zu werben beabsichtigt

Y

Y-Tag
Tag des Beginns einer militärischen Operation, der noch nicht festgelegt beziehungsweise geheimgehalten wird

Z

Zielperson
Person, die von einem Geheimdienst als Kandidat zur Anwerbung oder als Quelle zum Abschöpfen vorgesehen ist

BIBLIOGRAPHIE

Archenholz, J.W. von (Hrsg.): Minerva; Hamburg 1800

Beheim-Schwarzbach, Martin (Hrsg.): Streng geheim; München 1966

Bergier, Jacques: Industriespionage; München 1972

Bibl, Viktor: Metternich; Leipzig 1936

Botzenhart, Manfred: Metternichs Pariser Botschafterzeit; Münster 1967

Boveri, Margret: Der Verrat im XX. Jahrhundert; Hamburg 1956

Brandt, Otto H.: Die Fugger; Jena 1928

Braubach, Max: Die Geheimdiplomatie des Prinzen Eugen von Savoyen; Köln 1962

Brissaud, André: Canaris – le petit admiral, prince de l'espionage allemand; Paris 1970

Brückner, Peter: »... bewahre uns Gott in Deutschland vor irgendeiner Revolution!«; Berlin 1975

Bucher, Otto (Hrsg.): Das Mittelalter 300 bis 1500; Ebenhausen 1965

Buchheit, Gert: Der deutsche Geheimdienst; München 1966

Richter in roter Robe; München 1968

Cookridge, E.H.: Zentrale Moskau; Hannover 1956

Copeland, Miles: The Real Spy World; London 1978

Elton, G.R.: Europa im Zeitalter der Reformation; Hamburg 1963

Emde, Heiner: Conquerors of the Air; New York 1968

Die geheimen Nachrichtendienste der Bundesrepublik Deutschland; Bergisch Gladbach 1979

Emerson, Donald: Metternich and the Political Police; The Hague 1968

Farago, Ladislas: Das Spiel der Füchse; Berlin 1972

Flicke, W.F.: Agenten funken nach Moskau; Kreuzlingen 1954

Friede, Dieter: Der verheimlichte Bismarck; Würzburg 1960

Gehlen, Reinhard: Der Dienst; München/Zürich 1973

Grosser, Alfred/ Seifert, Jürgen: Die Spiegel-Affäre; Bd. I und II; Olten 1966

Hartau, Friedrich: Clemens Fürst von Metternich; Reinbek 1977

Heiber, Helmut: Die Republik von Weimar; München 1966

Herre, Franz: Freiherr vom Stein; Köln 1973

Herzfeld, Hans: Der Erste Weltkrieg; München 1968

Höhne, Heinz: Kennwort: Direktor; Frankfurt/Main 1970

Hohenleiter, Siegfried: Werturteil und Tatbestand; Breslau 1933

Horkel, J./Wattenbach, W.: Die Römerkriege; Bd. I; Leipzig 1940

Kempner, Kaspar: Die wirtschaftliche Berichterstattung in den sogenannten Fuggerzeitungen; München 1936

Kurz, Hans Rudolf: Nachrichtenzentrum Schweiz; Frauenfeld 1972

Lautemann, Wolfgang (Hrsg.): Weltkriege und Revolutionen 1914–1945; München 1961

Littnanski, Oswald Eugen: Hochverrat in Revolutionszeiten; Greifswald 1926

Lüönd, Karl: Spionage und Landesverrat in der Schweiz; Zürich 1977

Lynder, Frank: Spionage in Hamburg und auf Helgoland; Hamburg 1964

Meier, Eberhard: Die außenpolitischen Ideen der Achtundvierziger; Berlin 1938

Miethe, Dr. A.: Die Photographie aus der Luft; Halle 1916

Mildenberger, Gerhard: Sozial- und Kulturgeschichte der Germanen; Stuttgart 1972

Mommsen, Wilhelm: Stein. Ranke. Bismarck; München 1954

Monka, Friedrich: Spionage an der Westfront; Berlin 1930

Naujoks, Eberhard: Bismarcks auswärtige Pressepolitik und die Reichsgründung; Wiesbaden 1968

Das Nibelungenlied; Stuttgart 1954

Nicolai, Walter: Geheime Mächte; Leipzig 1925

Nöll von der Nahmer, Robert: Bismarcks Reptilienfonds; Mainz 1968

Nolte, Ernst: Die faschistischen Bewegungen; München 1966

Payne, Ronald: Private Spies; London 1967

Piendl, Max: Thurn und Taxis; Frankfurt/Main 1967

Ploetz, Karl: Auszug aus der Geschichte; Würzburg 1960

Reile, Oskar: Geheime Westfront; Wels 1962

Geheime Ostfront; Wels 1963

Macht und Ohnmacht der Geheimdienste; Wels 1968

Richter, Otto Viktor: Wallenstein und sein letzter Tag in Eger; Wunsiedel 1857

Ritter, Gerhard: Stein; Stuttgart 1958

Schaefer, Siegbert: Zeugnis vom Hörensagen und freie Beweiswürdigung im Strafprozeß; Breslau 1933

Schramm, Wilhelm von: Verrat im Zweiten Weltkrieg; Düsseldorf/Wien 1967

Schwarz, Walter: Industriespionage; Breslau 1937

Steinberg, S. H.: Der Dreißigjährige Krieg und der Kampf um die Vorherrschaft in Europa 1600–1660; Göttingen 1967

Tacitus, P. Cornelius: Germania; Stuttgart 1972

Wagner, Fritz: Europa im Zeitalter des Absolutismus; München 1959

Weigel, Christoph: Abbildung der Gemeinnützlichen Hauptständ; Nürnberg 1668

Winckler, Martin: Bismarcks Bündnispolitik; Stuttgart 1964

Zechlin, Egmont: Staatsstreichpläne Bismarcks und Wilhelms II.; Stuttgart 1929

Zeech, Ernst Walter: Das Zeitalter der Gegenreformation; Freiburg 1967

BILDNACHWEIS

Archives Municipales, Strasbourg 59

Bayerisches Nationalmuseum, München 48 ur

Bayerische Staatsbibliothek, München 13

Bayerische Staatsgemäldesammlungen, München (Alte Pinakothek, Foto: Blauel) 33 o

dpa, Frankfurt/Main 191, 205, 207, 221, 223, 241, 246/247

Sammlung Heiner Emde, München 49, 50 ml, 51 mr, 72 ol, 73, 78, 87 ur, 114 m, 114 u, 150 o, 228/229, 232/233, 234 o, 234 u, 235 o, 235 u

Fürstliches Thurn und Taxis'sches Zentralarchiv, Regensburg (Foto: W. Spitta) 39 m, 39 u

Archiv G. Grigoleit, München 26 u

Harzfoto Barke, Clausthal-Zellerfeld 8

Foto Heckel, Bad Windsheim 32 u

Keystone Pressedienst, Hamburg 183, 216

Hans Peter Kruse, München 230

Sammlung Helmut Kummer, München 196 ol, 196 or, 196/197 o, 196 ul, 196 ur, 197, 198 ol, 198 or, 198 ul, 198 ur, 220 ol

Leitz Museum, Wetzlar 82 u

Limesmuseum, Aalen (Württ.) 16 ol

The Mansell Collection Limited, London W2 22 u, 72 u

Bildarchiv der Österreichischen Nationalbibliothek, Wien 44 or, 50 ol, 53 mr, 56, 63 ur, 66/67, 67 mr, 68, 69 l, 69 r, 71 ul

Österreichisches Haus-, Hof- und Staatsarchiv, Wien 34, 35 o, 35 u

Bildarchiv Preußischer Kulturbesitz, Berlin 14 ol, 22 mr, 25, 29, 33 u, 44 ul, 48 or, 50/51 u, 55 ul, 55 ur, 60/61, 70 u, 71 mr, 76/77, 79, 80, 81 u, 82 o, 84 ol, 89, 92/93, 104, 114 o, 119 o, 119 u, 120, 122, 126, 127, 128, 129

Quick, Heinrich Bauer Verlag, München 244/245

Fotografie Toni Schneiders, Lindau (mit freundlicher Genehmigung des Rosgartenmuseums in Konstanz) 21 o (4 x)

Fotografie Toni Schneiders, Lindau 32 o

Siemens AG, München 150 u

Wilkin Spitta, Zeitlarn 37, 48 ol, 48 ml, 48 ul

Staatsgalerie Augsburg (Foto: W. Spitta) 36

Ullstein Bilderdienst, Berlin 11, 14/15, 21 u, 22 ol, 22 or, 24, 26 o, 30, 31, 41, 42, 44 ol, 44 ur, 45 ol, 45 or, 45 u, 46, 49, 51 ur, 52 l, 52 r, 53 o, 53 u, 54/55 o, 54 u, 63 ol, 63 or, 63 ul, 65 o, 65 u, 70 o, 72 or, 75, 81 o, 84/85, 86/87 u, 90/91 o, 90/91 u, 94, 97, 98, 99, 100, 101 ol, 101 or, 101 u, 102 ol, 102 ml, 102 r, 103 o, 103 u, 103 mr, 106 o, 106 u, 107 o, 107 u, 108, 109, 110, 111 o, 111 u, 113 o, 113 l, 113 mr, 115 o, 115 u, 116, 117, 123 o, 123 u, 124 o, 124 u, 125 o, 125 u, 130/131, 131 r, 133 o, 133 u, 134, 135, 137 o, 137 u, 139 ol, 139 mr, 140, 143, 145 o, 145 ul, 145 ur, 146, 148/149, 149 o, 149 u, 151, 152 ul, 152 ur, 153 ul, 153 ur, 154, 155, 157, 158/159, 159, 160, 162 o, 162 ul, 162 ur, 164, 165 o (2 x), 165 u, 166 u, 169, 170 o, 170 u, 171, 172/173, 178, 179, 180/181, 182 o, 182, 185, 186/187, 189, 190, 190 ur, 193, 194/195, 200/201, 203, 204, 208/209, 210, 211, 212/213, 214, 215 o, 215 u, 217, 218, 219 o, 219 u, 222, 224, 226/227 o, 226/227 u, 233 o, 238, 250

Hans Wagner, Vlotho 16 or